重探抗戰史

（第一卷）
從抗日大戰略的形成到武漢會戰

1931-1938

郭岱君主編

「重探抗戰史」研究計畫蒙史丹佛大學胡佛研究院（Hoover Institution, Stanford University）及中國與亞太研究學會（China and Asia Pacific Research Society）全力支持，特此致謝。

撰稿者

（按姓氏筆劃排序）

加藤陽子（Yoko Kato）
東京大學人文社會系研究科教授

肖如平
浙江大學中國近現代史研究所所長、蔣介石與近代中國研究中心副主任

岩谷將（Nobu Iwatani）
日本北海道大學法政治研究所教授、公共政策學院副院長

周珞
獨立軍事史研究者

洪小夏
上海師範大學法政學院教授

原剛（Hara Takeshi）
日本防衛廳防衛研究所調查員

深町英夫（Hideo Fukamachi）
日本中央大學經濟學部教授

郭岱君
史丹佛大學胡佛研究院研究員

張世瑛
中華民國國史館纂修

張玉萍
東京大學總合文化研究科講師

傅應川
中華軍史學會副理事長、前中華民國國防部史政編譯局局長

蘇聖雄
中華民國中央研究院近代史研究所助研究員

Kanou Seikichi
中日文翻譯

寫在前面

不容青史盡成灰

郭岱君

　　抗日戰爭是 20 世紀中華民族最重要的歷史大事、也是最珍貴的歷史資產。這場史無前例的戰爭，攸關中華民族存亡，數億中國人或死、或傷、或家破人亡，整個民族的命運因之改變，世界政局也因此而重組。

　　這場戰爭對日本、歐美、及其他亞洲國家的影響也極為深重。日本幾乎因此而亡國，戰爭的後遺症至今猶在。許多被日軍占領的亞洲人民，對日本軍國主義仍有餘悸；而中、美、蘇、日的角力，更造成東北亞、南亞的不安。戰爭帶來的破壞和衝擊，長久反映在戰後各國及國際政經社會各方面。

　　如此重要的世紀大事，卻因為黨派隔閡、政治考量、或史料不足，以至於現存的抗戰史多失之單薄、偏頗，許多事實真相尚待挖掘、釐清。

　　日本為何處心積慮要侵略中國？這場戰爭是如何打起來的？日本原本只想拿下滿蒙、控制華北，卻為何陷入中國地廣人眾的泥沼之中？貧窮落後的中國如何與國力強大的日本對抗？又如何打破日本速戰速決信念、贏得最後勝利？中日之戰與二次世界大戰的關係為何？對中國有什麼影響？中國、日本、美國、以及所有參與這場戰爭的政府和

人民，在慘重的損傷中得到了什麼經驗與教訓？我們如何避免再犯同樣的錯誤？這場戰爭與現在的我們有什麼關聯？

80 多年過去了，許多問題仍待解答。

抗戰史研究著有成績

好在青史並未成灰。近年許多歷史資料逐漸公開，美國、日本、台灣、中國大陸、英國、蘇俄都有珍貴的歷史檔案問世。其中最受矚目的，當屬史丹佛大學胡佛研究院檔案館收藏並公開了蔣介石日記、蔣經國日記、國民黨黨史資料、以及許多近代中國領導人物的個人檔案（宋子文、孔祥熙、陳立夫、黃鎮球、黃杰等人的私人文件）。這些第一手資料問世，立刻激起中國研究的巨浪，迄今已有許多中外學者使用這些檔案，撰寫了數百篇研究論文、也出版了不少專書。這些著作試著還原歷史，讓世人重新認識、評價這場戰爭，有些甚至顛覆了我們熟知的抗戰史。

另方面，抗戰史研究自 2000 年以來，逐漸受到中外學術界的關注。幾位歐美學者嘗試結合中西所長，探索抗戰史。哈佛大學的傅高義（Ezra F. Vogel）教授、劍橋大學的方德萬（Hans van de Ven）教授、牛津大學的米德（Rana Mitter）教授都曾邀請中國、美國、日本學者，共同研究這場戰爭。例如，方德萬與兩位美國軍事史權威——皮蒂（Mark R. Peattie）及敦葉（Edward J. Drea）——共同主編 *The Battle for China* 論文集，作者包括中、美、日、英學者，對這場中日之戰進行深度的探討，提出不少新的線索與觀點。

隨著新資料的開放和運用，重新審視抗戰史已成中外學界的共識。

這些發展令人振奮，但卻還不夠。因為這些研究成果僅在學術圈流傳，一般大眾並不清楚；而同時使用中、日、英、美、蘇檔案來探究這場中日之戰的亦不多見。

蔣介石日記解開不少抗戰史的謎題

胡佛研究院檔案館（Hoover Institution Archives）得天獨厚，近代中國檔案收藏豐富，尤其是民國人物個人文件的保存，可謂獨步全球。

以蔣介石日記為例，自 2006 年開放以來，一直是胡佛檔案館最受歡迎的文件。蔣介石長期主導中國軍政，他是抗戰時期中國軍政領袖、也是中國軍隊的最高統帥，他的日記讓我們得窺其決策思維與心路歷程，許多過去撲朔迷離的事情，忽然有了理解的脈絡，猶如進入浩瀚黑暗的森林，突然一線天光，周遭頓時了然眼前，一些長期難解的疑問隨之茅塞頓開。

例如，1937 年盧溝橋事變明明是個偶然的意外，東京已發布「臨命 400 號」宣布「不擴大事態」，蔣介石也明白「（倭寇）志在華北局部而不敢擴大」。卻為何仍命中央軍四個師北上？中央軍進入華北，導致日本不安，立即增兵華北，緊張情勢頓時升高。多年來，無法合理解釋蔣介石的決策，直到他的日記公開，原來他是想趁此機會「打破何梅協定也」。

透過他的日記，我們進一步了解，早在 1935 年《何梅協定》要求中央軍與國民黨退出河北時，蔣介石就決心不再隱忍，要與日本一戰，因為「華北乃黨國存亡之所在」，「黨部取消，中央軍隊撤退，華北實已等於滅亡，此後最多不過製造華北偽政權而已。……嗚呼，寇患至此，國既不國，人亦非人，不再決戰，復待何時？應毅然決斷，不稍顧慮，徘徊與猶豫於其間也」。

如果不是蔣日記，我們可能永遠不會知道，蔣介石派兵北上，只是擺出一個不畏戰的樣子，實際上他是要以戰求和，「示以決心，否則不能和平解決也」。

而英國大使許閣森（Sir Hughe Montgomery Knatchbull-Hugessen）原已同意出面斡旋中日衝突，正因為這個「何梅協定」，使得他改變

態度，婉謝主導調停，以致蔣介石期望的國際斡旋落空。

像這樣的例子，不一而足。

重探抗戰史研究：以「人」為軸

胡佛研究院（Hoover Institution）與中國與亞太研究學會（China and Asia Pacific Research Society）合作，在 2013 年發起「重探抗戰史」（Revisiting the 2nd Sino-Japanese War,1931-1945）研究計畫，邀請美、台、中、日多國學者，使用最新檔案、從不同角度、共同探究當年這場戰爭。

多國學者合作，並不容易，特別是抗戰這個題目。十幾位學者先在胡佛研究院聚首，目的是取得議題、研究方法、及史觀方面的共識。白天各自看檔案，檔案館閉館後立刻齊聚討論，連續一個月，幾乎每天討論、辯論。此外，我們還在胡佛、上海、東京舉辦了多次小型討論會 （workshop），包括特別就「汪精衛與汪政權」這個議題在上海及東京舉辦的討論會。

共識是逐漸形成的。起初爭論頗多，首先，書名就有爭議。日本學者不能接受「抗日戰爭」的名稱，認為應稱為「中日戰爭」或「日中戰爭」。選題與內容也有不同意見。有的希望多寫戰時政經社會的變化，有的想把主要會戰的經過與影響寫清楚。對於研究方法和史觀大家也有不同想法。

最後，大家同意兼顧軍事史與政治史，內容涵蓋抗戰時期的戰事、政經社會、領導人物的心路歷程與彼此間的互動等各個層面；既探索戰爭的真相，也兼顧戰爭中「人」的互動。

我們嘗試以兩個概念為主軸：「人與戰爭的關係」、以及「中國民族國家的構建」。我們相信，戰爭使人變得偉大，目不識丁的小兵，為了保家衛國，可以做出奮不顧身、氣吞山河的偉大行為。但是，戰爭也會使人變得邪惡，受過嚴格軍事訓練的將軍或是單純樸實的士兵，

當他陷入戰場的殺戮氣氛中，很容易變成冷酷無情的屠夫。所以，我們想了解日本為什麼侵華？為什麼會發生南京大屠殺？汪精衛為什麼甘做日本傀儡？散漫落後、「帝力於我何有哉」的中國人為什麼願意茹苦含辛追隨國民政府與日軍周旋 14 年，堅持到最後勝利？

　　另一方面，這場戰爭帶給中國民族國家建立和發展的機會。1930 年代的中國，仍是農業社會，蔣介石、汪精衛領導的南京國民政府，僅統治了長江下游的 6 個半省，各地軍閥割據，根本不是個統一的國家。

　　1931 年「九一八事變」，日本侵略東北，國民政府勉強在華北與日軍周旋了 6 年。1937 年「七七事變」後，中日大戰爆發，中國軍隊在長江沿岸與日軍大戰。1938 年底遷都重慶，以西南為最後根據地，與日軍作持久消耗的作戰。前後 14 年，國民政府在蔣介石領導下，安定了西北與西南、進行了一系列建設（交通建設、新生活運動、幣制改革等），還有戰爭期間的社會變化（建設西南、人口大流動、婦女地位抬頭、政治經濟活動西移等等），都使得中國快速朝著統一的民族國家發展。

　　抗戰史涵蓋的議題太多，而我們雖志在「重探」，但能力有限，僅能選擇其中若干議題探討。對於戰爭，我們僅敘述主要會戰經過，而把重點放在它們的影響與意義上。對於人物，我們盡量不臧否是非，但希望探究他們行為的動機與思維。如此，才能冷靜客觀的了解抗戰，還原史實。

　　總共有 23 位學者參與撰寫，我們希望同一個議題，能關照到不同的角度、參用多方面的檔案。所以，只有極少數篇章是獨立執筆；絕大多數是兩、三位學者合作完成。

　　研究中國與日本的戰爭，不能沒有日本方面的觀點及檔案。6 位日本學者參與這個研究計畫，他們都是嚴謹認真、氣度恢宏的學者，都認為當年日本發動那場戰爭實是「不義之戰」，希望以專業客觀的研究來防止日本重蹈覆轍。

新史料、新觀點

　　書名「重探抗戰史」表示嘗試提出新看法。我們發現，日本當年侵占東北後，雖覬覦中國資源，但並未規劃在中國大規模用兵。日本陸軍的主假想敵是北方的蘇聯；海軍則是太平洋對岸的美國。中國太弱，不足以用兵，只要利用其地方割據的現實，分而治之即可。東京參謀本部很清楚，「不能對支那出手，使大局支離破碎，……陷帝國於兩端之動盪。」反而是蔣介石的大戰略，一步步把日軍拖入局。

　　國民政府軍事領導在 1935 年 10 月底就確定了抗戰大戰略的持久戰、消耗戰、誘敵深入的原則與施行辦法。雖然中日之戰是由七七盧溝橋事變而起，但八一三淞滬會戰才正式揭開中日大戰。國軍在武漢淪陷前的各個作戰（淞滬、南京、徐州、武漢，還有北方的南口、太原）都打得辛苦、慘烈。過去一般把這些會戰視為各個不相干的作戰，其實，它們是一個整體，目標是阻止日軍速戰速決，輕易結束戰爭；這幾個會戰擴大了作戰面，消耗日軍資源，拖死日本。

　　我們試圖對於盧溝橋事變以來的中日戰爭提出新的觀點，例如：日軍占領了中國半壁以上的江山，卻為何始終沒有進攻國民政府的抗日中樞重慶？「三次長沙大捷」究竟是怎麼回事？第一次滇緬戰，是否真如中方所言，因為英國一再阻擋遠征軍入緬而貽誤戰機？為何 1 萬多位國軍精英冤死在渺無人跡的原始森林？第二次滇緬戰（收復緬甸），究竟誰才是反攻的主力？日軍已被困中國戰場，為何還要冒天下之大不韙，掀起太平洋作戰？

　　研究重點也放在幾個過去未能充分探討的議題，例如：抗戰時期中日間絡繹不絕的祕密和議、敵後作戰、戰時國共關係、各地偽政權、汪精衛及汪政權，還有，為何中華民國政府歷盡艱辛贏了抗戰，卻失了江山？我們試圖把這些議題弄清楚。

誠摯的感謝

這個研究能順利進行，得到許多機構與師友的幫助和支持。胡佛研究院一如既往，提供我們研究的資源與空間；中國與亞太研究學會（CAPRS）是我們背後的支柱；台北中央研究院近史所的朋友在本書撰寫過程也熱心提供支援。

楊天石教授提供資料、叮囑我們應注意的事項；楊奎松教授鼓勵我們拋棄窠臼、以「人」為中心來看待這場戰爭；吳景平教授協助我們舉辦工作討論會，並仔細審閱我們的研究報告；方德萬教授參加我們的討論，鼓勵我們不畏人言，勇敢提出新觀點。

當然，還有美國及台灣朋友熱心的支持。宋曹琍璇（Shirley Soong）女士出錢出力，一路陪著我們前行。龔行憲先生、朱偉人先生、樓裕民、王美惠夫婦熱心贊助，還有許多默默地支持我們、鼓勵我們的師友，例如：張作錦先生、黃年先生、黃清龍先生、王伯元先生、江宜樺先生、管中閔先生、林載爵先生、龍應台女士等等，關切我們的研究，時時給予我們鼓勵與協助。

中國與亞太研究學會的張帆、許治英夫婦，除了義務幫忙這個計畫的庶務，還細心周到的協助學者在胡佛的生活起居。阮大仁先生是這個研究計畫發起人之一，他浸淫抗戰史數十年，有獨到的見解，許多年輕學者都喜歡聽他「說古」。

特別要感謝中央研究院近史所的蘇聖雄先生以及日本北海道大學公共政策學院副院長岩谷將（Nobu Iwatani）先生。他們都是本書作者，蘇聖雄還協助本書的編輯整理，更提供不少獨到的見解；與他談抗戰史，總是淋漓暢快，欲罷不能。岩谷將撰寫本書時是日本防衛省防衛研究所戰史研究中心主任研究官，2015年轉入北海道大學任教。他中文流利，幾乎所有與日文相關的問題或檔案資料都請教他，他總是耐心解答。這兩位的學養與敬業，令人感佩。

還要謝謝史丹佛大學的嚴飛、卓牧融、以及國史館的羅國儲三位優秀的年輕學者，他們以專業的訓練協助我們蒐集資料、編目、校對。也感謝擔任中日文翻譯的 Kanou Seikichi 先生，他把日文論文精準地譯成流暢的中文，還主動協助查詢日文訊息。

此外，我們這個研究很特別，沒有向任何機構或企業募款，而是靠著許許多多認識、不認識的朋友小額贊助。第一筆贊助來自中國的畢成先生。他偶然在一個聚餐上聽到這個研究計畫，立刻慷慨解囊。畢先生夫婦還熱忱接待參與的學者，畢府的美食與溫暖令人難忘。

絕大部分贊助來自中國的一群年輕朋友。他們是新中國的精英，年輕、熱忱、學有專長、具國際經驗、關懷社會，對於新知有巨大的好奇心與學習力。有些是第一次聽到抗戰史，但立刻理解這是件有意義的事；他們不但慨然贊助，而且跟著我們的研究一起學習、成長。

幫助我們的朋友難以盡數，史丹佛大學東亞圖書館的薛昭慧女士，舊金山灣區的蔡時鼎、蔡少農父子、魏德珍女士、林美蓮女士、鍾瑪莉女士、曾麗香女士、陳鈞亞先生、王維先生，南加州的傅中夫婦、王曉蘭女士，華府的白越珠女士，馬里蘭州的洪小韻女士，德州的甘幼蘋女士，紐約的張學海先生等等，他們的情義，點滴在心。

特別要感謝許多不認識的熱心朋友。我們在美國做過幾次公開演講募款，許多熱心的朋友 1 百、2 百美元的支持我們的研究。每一位的盛情，我們都銘感五內。

這只是初步的嘗試，我們能力有限，肯定做得不夠好，必有不少不足或謬誤尚待方家指正。我們希望為抗戰史研究打開一扇小窗戶，跳出自己國家與意識形態的框框，以客觀公正、嚴肅認真的態度，來探討當年這場戰爭。我們也希望中外人士都能了解中國在二次世界大戰中巨大的犧牲和貢獻，更期望所有中國人都能在讀歷史中學習、反省，策勵將來。

目次／

不容青史盡成灰——寫在前面 ⋯⋯⋯⋯⋯⋯⋯⋯⋯⋯⋯⋯⋯⋯⋯⋯⋯⋯ iii

第一編　中日戰爭的起源

第一章　日本軍國主義的興起　加藤陽子 ⋯⋯⋯⋯⋯⋯⋯⋯ 3

一、日本歷史的朝鮮觀與中國觀 ⋯⋯⋯⋯⋯⋯⋯⋯⋯⋯ 4

二、日本近代政治制度的形成和軍政關係 ⋯⋯⋯⋯⋯⋯ 8

三、日本的主權線與利益線論 ⋯⋯⋯⋯⋯⋯⋯⋯⋯⋯⋯ 13

四、甲午戰爭與日俄戰爭 ⋯⋯⋯⋯⋯⋯⋯⋯⋯⋯⋯⋯⋯ 15

五、第一次世界大戰後日本的國防新政策 ⋯⋯⋯⋯⋯⋯ 24

第二章　日本走向九一八　加藤陽子 ⋯⋯⋯⋯⋯⋯⋯⋯ 35

一、九一八事變的萌芽與日本的雙重外交 ⋯⋯⋯⋯⋯⋯ 36

二、五三濟南慘案 ⋯⋯⋯⋯⋯⋯⋯⋯⋯⋯⋯⋯⋯⋯⋯⋯ 41

三、日本的滿蒙領土論 ⋯⋯⋯⋯⋯⋯⋯⋯⋯⋯⋯⋯⋯⋯ 44

四、九一八事變 ⋯⋯⋯⋯⋯⋯⋯⋯⋯⋯⋯⋯⋯⋯⋯⋯⋯ 53

第三章　國民政府隱忍備戰　傅應川、張玉萍 ⋯⋯⋯ 59

一、不抵抗的命令是怎麼回事？ ⋯⋯⋯⋯⋯⋯⋯⋯⋯⋯ 60

二、九一八後國民政府高層的反應 ⋯⋯⋯⋯⋯⋯⋯⋯⋯ 62

三、日本退出國聯與熱河戰役 ⋯⋯⋯⋯⋯⋯⋯⋯⋯⋯⋯ 69

四、長城抗戰與《塘沽協定》 ⋯⋯⋯⋯⋯⋯⋯⋯⋯⋯⋯ 75

五、重探《何梅協定》 ⋯⋯⋯⋯⋯⋯⋯⋯⋯⋯⋯⋯⋯⋯ 82

六、國民政府戰前的準備 ⋯⋯⋯⋯⋯⋯⋯⋯⋯⋯⋯⋯⋯ 88

第二編　大戰略形成

第四章　一二八淞滬抗戰　肖如平、洪小夏　107

一、中國反日運動、日軍上海挑釁　108

二、蔣介石運籌帷幄　115

三、一二八淞滬之戰　122

四、日本四度增兵、三易統帥　131

五、國際調停　139

六、觀察與檢討　144

第五章　抗戰大戰略的形成　傅應川、郭岱君　155

一、對日苦無良策　156

二、持久戰、消耗戰、戰而不屈　162

三、四川回歸、積極備戰　170

四、德國軍事顧問　174

五、確立持久抗戰大戰略　179

六、持久戰成功的關鍵因素　185

第六章　綏遠抗戰與西安事變　肖如平、郭岱君　193

一、中共統戰：西北大聯盟與逼蔣抗日　194

二、蔣介石大意致禍　200

三、綏遠抗戰　204

四、西安事變　210

五、事變後各界反應　216

六、宋子文千里救援　225

第三編 大戰初起

第七章　重探七七盧溝橋事變　岩谷將、郭岱君 ⋯⋯⋯⋯⋯⋯ 237

　一、七七事變是偶發的意外 ⋯⋯⋯⋯⋯⋯⋯⋯⋯⋯⋯⋯⋯⋯ 238

　二、從七七到八一三究竟發生了什麼事？ ⋯⋯⋯⋯⋯⋯⋯⋯ 243

　三、盧山談話亮出抗日底線 ⋯⋯⋯⋯⋯⋯⋯⋯⋯⋯⋯⋯⋯⋯ 264

　四、七七為何不能和平解決？ ⋯⋯⋯⋯⋯⋯⋯⋯⋯⋯⋯⋯⋯ 283

　　　　地圖　七七盧溝橋事變後形勢圖 ⋯⋯⋯⋯⋯⋯⋯⋯⋯ 293

第八章　重探八一三淞滬會戰　傅應川、岩谷將、洪小夏 ⋯⋯ 295

　一、蔣介石另闢淞滬戰場 ⋯⋯⋯⋯⋯⋯⋯⋯⋯⋯⋯⋯⋯⋯⋯ 296

　二、轟轟烈烈的淞滬大戰 ⋯⋯⋯⋯⋯⋯⋯⋯⋯⋯⋯⋯⋯⋯⋯ 311

　三、國軍大撤退成為大潰敗 ⋯⋯⋯⋯⋯⋯⋯⋯⋯⋯⋯⋯⋯⋯ 335

　四、八一三淞滬大戰觀察與檢討 ⋯⋯⋯⋯⋯⋯⋯⋯⋯⋯⋯⋯ 337

　　　　地圖　抗戰初期全盤局勢圖 ⋯⋯⋯⋯⋯⋯⋯⋯⋯⋯⋯ 348

　　　　地圖　八一三淞滬大戰形勢圖 ⋯⋯⋯⋯⋯⋯⋯⋯⋯⋯ 349

第九章　重探南京保衛戰　洪小夏、傅應川、原剛 ⋯⋯⋯⋯⋯ 351

　一、南京能不能守？該不該守？ ⋯⋯⋯⋯⋯⋯⋯⋯⋯⋯⋯⋯ 352

　二、部署南京保衛戰 ⋯⋯⋯⋯⋯⋯⋯⋯⋯⋯⋯⋯⋯⋯⋯⋯⋯ 354

　三、從淞滬到南京 ⋯⋯⋯⋯⋯⋯⋯⋯⋯⋯⋯⋯⋯⋯⋯⋯⋯⋯ 358

　四、血戰南京 ⋯⋯⋯⋯⋯⋯⋯⋯⋯⋯⋯⋯⋯⋯⋯⋯⋯⋯⋯⋯ 362

　五、南京撤退方寸大亂 ⋯⋯⋯⋯⋯⋯⋯⋯⋯⋯⋯⋯⋯⋯⋯⋯ 366

　六、南京大屠殺 ⋯⋯⋯⋯⋯⋯⋯⋯⋯⋯⋯⋯⋯⋯⋯⋯⋯⋯⋯ 377

　七、南京保衛戰觀察與檢討 ⋯⋯⋯⋯⋯⋯⋯⋯⋯⋯⋯⋯⋯⋯ 388

　　　　地圖　南京保衛戰形勢圖 ⋯⋯⋯⋯⋯⋯⋯⋯⋯⋯⋯⋯ 399

第四編　走向持久戰

第十章　重探徐州會戰　傅應川、洪小夏⋯⋯⋯⋯403

　一、中日軍力整補⋯⋯⋯⋯404

　二、徐州大戰⋯⋯⋯⋯412

　三、滕縣與臨沂保衛戰⋯⋯⋯⋯416

　四、孫連仲血戰台兒莊⋯⋯⋯⋯422

　五、蘭封會戰⋯⋯⋯⋯435

　六、徐州會戰觀察與檢討⋯⋯⋯⋯442

　　　地圖　華北形勢圖（1937-1938）⋯⋯⋯⋯454

　　　地圖　徐州會戰形勢圖⋯⋯⋯⋯455

第十一章　重探武漢會戰　傅應川、洪小夏⋯⋯⋯⋯457

　一、中日雙方對武漢會戰的部署⋯⋯⋯⋯458

　二、武漢會戰的經過⋯⋯⋯⋯463

　三、武漢會戰觀察與檢討⋯⋯⋯⋯486

　　　地圖　武漢會戰形勢圖⋯⋯⋯⋯495

【第 一 編】

中日戰爭的起源

第一章

日本軍國主義的興起

加藤陽子（東京大學人文社會系研究科教授）

日本在甲午戰爭後，幾乎每隔 10 年就進行一次戰爭，例如：1894-1895 年的中日甲午之戰、1904-1905 年日俄戰爭、1914-1919 年第一次世界大戰。這之後曾有 20 年的和平，但 1931 年爆發九一八事變，10 年後又爆發太平洋戰爭。[1]

在中外歷史中，一個國家如此頻繁的參與對外戰爭，相當特殊。我們試從下面三個問題來探究其原因：

(1) 日本人的國家安全意識：作為一個東亞的島國，其國民（日本人）的安全觀、國防觀是什麼？特別是日本人是如何看待中國的？

(2) 日本政治制度中的軍事制度有什麼特徵，使得日本總是對外參戰？

(3) 日本在獲得台灣、吞併朝鮮後，成為一大殖民帝國，在亞太地區的國際秩序中，與美英等國的對立是如何逐步升級的？

---

1 這裡說的每 10 年一次戰爭，是指甲午之戰（1894 年 7 月 25 日 -1895 年 4 月 17 日）、日俄戰爭（1904 年 2 月 6 日 -1905 年 9 月 5 日）、第一次世界大戰（1914 年 8 月 23 日 -1919 年 6 月 28 日）、九一八事變（1931 年 9 月 18）、太平洋戰爭（1941 年 12 月 8 日）。

一、日本歷史的朝鮮觀與中國觀

日本傳統的安全觀

　　探究日本為政者和國民如何看待世界局勢、為何經常選擇戰爭，不可避免地要觸及日本這個國家和日本人的安全感。美國歷史學家馬克‧皮蒂（Mark R. Peattie）這樣評價第一次世界大戰前的日本：「在近代殖民帝國中，像日本這樣，當局者有清晰的戰略思想指導、對島國的安全保障上始終審慎研究、並獲得從政者和國民一致的共識，可謂絕無僅有。」[2] 皮蒂把這點視為日本的特徵之一。

　　那麼，在近代日本，追求島國在安全保障上的利益這一目標，為何在為政者和國民之間獲得廣泛的支持？還有，日本快速發展成近代化國家，勢必重劃東亞格局，但是，為何把武力瞄準朝鮮半島和中國大陸呢？

　　在討論中日關係時，不能漏掉朝鮮問題。因為，僅看甲午戰爭和日俄戰爭的開端，很明顯，這兩場戰爭都以日本入侵朝鮮半島開始。事實上，對於日本或日本人來說，「朝鮮觀」和「中國觀」時常被看作是一個整體。

　　對於這點，中國古代史學者西嶋定生所提出的觀點值得參考。古代日本國自從在隋唐帝國時代誕生起，文化上就處於落後地位。西嶋認為，古代天皇制的日本，為了維繫其自身的向心力，向國內顯示其統治地位的權威性，有必要製造一個假象：日本國對朝鮮半島諸王朝（新羅等）具有支配地位，而與中國歷代王朝則是處於對等關係。[3] 西元 720 年的日本首部史書《日本書紀》，就把朝鮮半島諸國描述為效忠天皇的國家（神功皇后征討新羅、三韓朝貢）。朝鮮史專家吉野誠

2　　馬克‧皮蒂著，淺野豐美譯，《殖民地》（東京：讀賣新聞社，1996），頁 26。
3　　西嶋定生，《日本歷史的國際環境》（東京：東京大學出版會，1985），頁 105。

指出，類似這樣虛構和創作的假象對於維繫國內統治不可或缺。[4]

古代日本在天皇統治開始，就藉著對朝鮮、中國和日本的定位，來彰顯天皇對國內統治的權威性。

為什麼用近代的觀點去審視古代日本的對外意識？這裡有一個史實可以說明。1946 年 8 月 14 日，昭和天皇決定接受《波茨坦宣言》無條件投降的一週年，天皇邀請前任首相鈴木貫太郎、現任首相吉田茂等人召開茶話會，會後，天皇侍從長稻田周一記錄了昭和天皇的發言：

> 輸掉了戰爭實在抱歉。但是，這並不是日本第一次戰敗。過去向朝鮮派兵，在白村江戰役中一敗塗地，最後從朝鮮半島撤兵。之後推行新政，成了日本文化發展的重大轉機。（諸君）考量到這點，自然會領悟這次戰敗後，日本應走的道路吧！[5]

所謂「白村江之戰」，是 663 年倭國（日本）軍大敗於唐帝國和新羅聯軍的一次戰役。昭和天皇就戰敗的責任向身邊有關人員致歉的同時，卻提出 1 千 3 百年前的白村江之戰，這點很值得關注。

追根溯源，「日本」這個國號是 702 年日本恢復派遣自 669 年以來長期陷入中斷的「遣唐使」（朝貢使）時，不再自稱「倭」而使用「日本」這一說法後確立的。日本的《日本書紀》等史書，煞有介事地將日本和唐朝之間的關係描述為對等關係，當然這是虛構的。

由此可見，儘管日本與唐朝的關係實際上並非對等，但天皇和他的官員卻一直以「唐為鄰、新羅為藩」這樣的對外意識為前提進行統治。[6]不僅如此，日本長期向唐朝派遣朝貢使（遣唐使），卻不願進入

4　吉野誠，《明治維新與征韓論》（東京：明石書店，2002），頁 15。

5　〈稻田周一備忘錄〉，收入東野真，《昭和天皇的兩個「獨白錄」》（東京：NHK，1998），頁 246。

6　「藩」是指冊封給諸侯的領地。在制定文件發布格式的政令中，對「明神御宇日本天皇詔旨條」進行說明的部分中，可以看到以唐為鄰國、以新羅為藩國的表述。

唐朝的冊封體制，它所持的理由也值得注意。[7] 這是因為，一旦日本進入了唐朝冊封體制，就不得不與同樣受中國冊封的朝鮮（新羅）處於同等地位，如此一來，日本支配新羅這個虛構的故事就會土崩瓦解。研究日本古代史的石母田正認為，從根本上講，日本製造出「天皇」這個稱號的動機，就是為了要模仿中華帝國，製造出一個「東夷的小帝國」。[8] 既然仿照唐朝的皇帝號稱「天皇」，就必須有朝貢的國家才對，如果要在周邊諸國裡面找到這樣的國家，只能是朝鮮半島的新羅。所謂「天皇」，「這一稱號本質上只有在支配他國的前提下才能成立，天皇之所以為天皇，朝鮮的從屬是不可或缺的」。[9]

從上述觀點出發，就不難理解，1868 年明治新政府指導者之一的木戶孝允提倡「征韓論」的原因了。木戶寫道：「派使節去朝鮮，責問他們（朝鮮）的無禮，若拒不認錯，則懲罰他們的罪責，攻擊他們的領土，大展我神州（日本）之威力。」[10] 令人訝異的是，5 年後，木戶卻是反對征韓的主要人物。木戶恰恰是主張避免無謀的外征、專心治理內政的「內治派」代表。那麼，他為何在明治初年提倡征韓呢？

1868 年 12 月，對馬藩的使節持日本「王政復古」的通告書前往朝鮮後不久，木戶認為朝鮮無禮的原因，恰恰是朝鮮和德川幕府建有外交關係這一點。朝鮮與武家政權締結「私交」，而非與天皇政府進行外交，朝鮮的外交態度因此被木戶視為「無禮」。木戶認為，明治維新後，天皇親政的理念得到確立，朝鮮理應像對待古代天皇制國家一樣，對王政復古後的日本俯首稱臣（當然這一切不過是在虛構的基礎

....

7　西嶋定生，《日本歷史的國際環境》，頁129。

8　石母田正，〈論日本古代的國際意識〉，收入《石母田正著作集》第4卷（東京：岩波書店，1989）。

9　吉野誠，《明治維新與征韓論》，頁46。

10　《木戶孝允日記》第一卷（東京：日本史籍協會，1932。複刻版，東京大學出版會，1967），頁159-162。

上編造的故事而已），這個意識是日本征韓問題的前提。

　　不論木戶是否意識到《日本書紀》所載究竟是真的還是假的，他需要的僅僅是這樣一個邏輯，來提高明治初年政局陷入困難的新政府。當時的政府受到主張將歐美列強逐出日本的「攘夷論」的猛烈攻擊。可以認為，為了避免來自國內反對派的猛烈批判，同時又能夠通過「王政復古」團結國內輿論，政府需要朝鮮稱臣這個虛構故事。也就是說，為了穩定新國家的認同感，有必要以古代神話來團結國民。

　　所以，日本的朝鮮觀和中國觀所體現出的特徵，最初並非是為了攫取通商利益，也不是領土等對外關係上的問題，而是內部政局穩定上的需要。為了獲得對內統治所需要的權威，或者說，為了獲得將國民集結到新生國家腳下所需要的民族認同感，朝鮮和中國的形象被拿來用於國內施政之便。

外征論的意義

　　明治維新政府推翻了德川幕府，在形式上擁立年輕、尚不成熟的明治天皇，實質上卻是一個由薩（鹿兒島藩）、長（山口藩）、土（高知藩）、肥（佐賀藩）等舊雄藩勢力所組成的聯合政權；在 1885 年明治政府實施內閣制之前，依 1868 年《政體書》所設置的太政官一直是政府最高決策機構。薩摩出身的西鄉隆盛和大久保利通、長州出身的木戶孝允和伊藤博文、土佐出身的板垣退助、肥前出身的大隈重信等人，都是以參議官身分參加這個機構的。明治政府在 1871 年決定施行廢藩置縣，成功地讓舊藩體制下的身分等級制軍隊繳械，全拜薩摩、長州、土佐三藩的御親兵（特別是西鄉隆盛所率領的舊薩摩藩兵）強大的軍事實力所賜。但在這支軍隊中，西鄉隆盛個人的影響力過於強大，作為中央集權國家的軍隊，這支靠鄉黨關係集結、以薩摩士族為中心的近衛兵勢力過於危險。木戶孝允與山縣有朋等長州系政治家對此深感憂慮，才會在 1873 年 1 月 10 日頒布徵兵令，明確以國民皆兵

作為中心。

　　這段時間裡，在政府內部，木戶所提倡的內治優先路線，和西鄉隆盛、板垣退助所主張的外征（出兵台灣、征韓論）路線產生對立。1873 年在朝議中落敗的西鄉、板垣下野，外征論派逐漸失勢。根據大島明子的最新研究，以「琉球人殺害問罪」為契機興起的征台論，以及以「侮日」為理由興起的征韓論的根本目的，其實並不在於對外出兵。[11] 外征論興起的目的之一是，以薩摩和土佐出身者為主要成員的鄉黨派為了對抗以長州系為中心的內地派，試圖通過對外出兵這個機會獲得作為對抗籌碼的兵權。另外一個目的則是，1874 年爆發的「佐賀之亂」等不滿新政的士族所發動的叛亂，獲得了鹿兒島出身的士族的回應。為了防止動亂波及全國，住在東京身居太政官正院的舊薩摩藩出身者（大久保利通、西鄉隆盛的弟弟西鄉從道等人）因此強行向台灣派兵。最終，征韓論落敗，以征台為契機險些爆發的日清開戰也成功避免，1874 年 11 月，以鹿兒島士族為中心編制的台灣駐留部隊接到了歸國的命令。外征派對政府的抵抗最終在 1877 年的西南戰爭中終結。新政府成立後，長達 10 年的內部鬥爭畫上了句號。

二、日本近代政治制度的形成和軍政關係

統帥權獨立與軍政分離主義

　　很多研究指出，1889 年的《大日本帝國憲法》制定之前，「統帥權獨立、軍政分離主義」的原則就已經是不成文的規定了。[12] 但是，

11　大島明子，〈1873 年的平民控制：征韓論正面中的軍隊和政治〉，收入《史學雜誌》117：7（2008 年 7 月）。大島明子，〈士族叛亂期的正院與陸軍〉，收入藤村道生編，《日本近代史的再檢討》（東京：南窗社，1993）。

12　1878 年 12 月制定參謀本部條例，關於軍隊的指揮——即軍令由參謀本部長進行管

統帥權也並未因此不受其他政府機構的制約而失去控制。山縣有朋在 1878 年將參謀本部獨立出來、謀求統帥權獨立的背後，有諸多理由：

(1) 對德國軍制進行研究的桂太郎回國。

(2) 1874 年發生的佐賀之亂中，國家最高決策機構太政官正院的一些人（在東京的薩摩派大久保、西鄉從道），擔心發生武裝顛覆政府的可能性，發出了不當使用軍隊的命令。

(3) 由於對 1877 年西南戰爭後論功行賞的不滿，近衛砲兵大隊的士兵殺害了大隊長和士官等長官，史稱「竹橋事件」的爆發。

(4) 為了防止呼籲設立議會的民權運動波及到軍隊。

出於以上理由，1878 年 12 月制定的《參謀本部條例》，第 6 條規定「戰時一切關於軍令事項均由親裁決定（由天皇進行判斷）」；1879 年 10 月，《陸軍職制》第 1 條規定「帝國日本的陸軍直接隸屬於天皇陛下」。

自始至終反對外征論、對西南戰爭進行鎮壓的山縣有朋，主張禁止使用軍隊呼應內亂，為防止政治運動波及軍隊，必須謀求統帥權獨立，把軍隊從政治的影響中隔離出來。

如果說明治前期的統帥權獨立是因為這個狹義的原因的話，那麼昭和時期的統帥權獨立則是為了拒絕內閣和議會對軍隊的干涉，包含了攻擊性的意義。在明治時代，就算統帥權獨立，政治和軍事還是在很大程度上保持和諧。在甲午、日俄兩次戰爭中，政府和軍隊的決策保持一致，很大程度上是因為掌管軍事的元老山縣有朋和掌管政治的伊藤博文存在。但是，日俄戰爭後的大正時代（1912 年後）統帥權獨立的弊端開始顯現。原來在鄉黨派閥的元老協助下的統治權，隨著時

續⋯⋯⋯⋯⋯⋯⋯⋯⋯⋯⋯⋯

轄，與陸軍省所管轄的預算、制度等軍政問題進行嚴格區分。此外，1882 年軍人敕諭中寫道：「兵馬大權由朕所統帥」，將統帥大權歸於天皇，其輔弼（有些地方稱輔翼）由國務大臣以外進行。

間推移，開始鬆動；這個鬆動為政黨、官僚、軍閥三種勢力從元老的影響中獨立出來製造了機會。[13]

　　那麼，現在一個疑問浮現出來：讓軍隊直隸天皇，把天皇推到前台，是否會使軍隊有機會掌握政治上的實權？在明治時代，政治領袖伊藤博文向歐洲各國學習的內閣、憲法、議會等近代先進制度下，軍隊的膨脹還是可以得到控制的。1882 年赴歐考察憲法的伊藤博文遇到了維也納大學政治經濟學教授勞倫斯・馮・斯坦因（Lorenz von Stein），理解了行政權的重要性，即「行政亦應獨立於議會的意志和君主的意志之外」、「憲法限制君主權」。伊藤回國後，於 1888 年 6 月 18 日在樞密院審議憲法草案時論述道：「所謂制定憲法實施政治，既明文規定君主大權，並對其若干部分進行限制。（中略）所謂憲政的意義，即在於對君主權進行限制。」[14]

　　因此，明治憲法第 13 條，規定「由天皇宣戰、媾和、締結條約」。但在解釋憲法的《憲法義解》中，這一條的解釋是：將宣戰媾和權與條約締結權賦予天皇，是因為此項權力不容議會置喙，實際行使該權的是構成內閣的國務大臣和顧問條約內容的樞密院。[15]《憲法義解》把宣戰的決定定為國務，由國務大臣和相關負責人（包括大臣、元老、臨時外交調查會）負責。[16]

　　憲法 11 條規定「天皇統帥陸海軍」，賦予天皇統帥大權。在統帥上負責輔弼天皇的是陸軍大臣、海軍大臣、參謀總長、海軍軍令部長（1933 年後為軍令部總長）、侍從武官長等人，而國務大臣則受到了

13　三谷太一郎，《增補・日本政黨政治的形成》（東京：東京大學出版會，1995）；北岡伸一，《日本陸軍與大陸政策 1906-1918 年》（東京：東京大學出版會，1978）。

14　瀧井一博，《伊藤博文演說集》（東京：講談社學術文庫，2011）。

15　伊藤博文，宮澤俊義校注，《憲法義解》（東京：岩波書店，岩波文庫，1940），頁 40-41。

16　美濃部達吉，《憲法撮要》（東京：有斐閣，1932）。

限制。

　　1925 年，時任法制局的長塚本清治在帝國議會就統帥權獨立的政府意見進行了如下答辯：「憲法第 11 條規定的統帥大權應從憲法第 55 條規定的國務大臣輔弼責任中排除。當然，在與統帥相關的事項之中，將與國務大臣的職責相關的事項存在緊密聯繫的事物，在國務大臣相關範圍內，交由國務各大臣參加其中，任之以輔弼之責。」也就是說，政府決定，統帥大權原則上從憲法第 55 條所規定的「任命國務大臣負責輔弼天皇。一切法律敕令及其他有關國務之詔敕均需由國務大臣附署」這項規定的範圍中排除。

　　對於這點，被稱為編制大權的憲法第 12 條規定：「由天皇規定陸海軍的編制及常備兵額」，《憲法義解》的解釋亦為「此項由責任大臣負責輔弼」，將此認定為國務事項。如上所述，編制大權由國務大臣負責輔弼，還將預算議定權賦予議會。以此，議會可以通過行使預算審議權對經費進行削減，限制軍隊增設師團、新建艦隊等為進行戰爭而進行的擴軍行為。實際上，1890 年帝國議會開設以來直至明治中期，政府和民權派各政黨的對立一直圍繞增加軍費和削減政府開支、休養生息這幾個方面展開。但問題是，1937 年開始的中日戰爭和 1941 年的太平洋戰爭都持續多年，軍費開支自始至終都採用獨立預算的特殊財政進行處理，議會通過預算審議權對戰爭進行干預的範圍十分有限。

元老的職責和戰時大本營

　　綜上所述，宣戰與和議由政府內閣對天皇大權進行輔弼，指揮軍隊方面則由統帥機關對天皇進行輔弼，事關大局的國家最高決策則由元老們把持。而開戰時，則設置大本營。甲午戰爭時，第二屆伊藤內閣的伊藤博文首相在開戰前就在參謀本部設立了戰時大本營。大本營成員為天皇與陸海軍統帥部各六人，即參謀總長（陸軍）、參謀次長（陸

軍）、參謀本部作戰部（第一部）部長、參謀本部作戰部作戰課課長、陸軍兵站總監（負責管轄所有後勤事務）、海軍軍令部長、海軍軍令部次長、海軍作戰部部長、海軍作戰部作戰課課長、海軍後勤總監；陸軍大臣和海軍大臣列席大本營會議。大本營的設置，對全國鐵路網的規劃，以及建設、動員、與物資儲備機構，起了積極作用。[17]首相伊藤博文、外相陸奧宗光、陸軍大臣大山巖和海軍大臣西鄉從道之所以能參加所有的大本營會議，是明治天皇專門的命令，其原因是首相、外相、陸軍大臣、海軍大臣負責軍費開支和外交活動，需要熟知軍事動態。[18]

　　在日俄戰爭前夕，日本再次於 1903 年 12 月設立大本營。不同的是，修訂了《戰時大本營條例》，置陸海軍於對等地位。[19]日俄開戰時，首相和外相受天皇之託參加大本營，使得內閣和元老對急於開戰的統帥部起了控制作用。與戰前的昭和時期相較，此時的軍政關係頗為順暢。這是因為伊藤博文、山縣有朋、松方正義、井上馨等元老在政戰兩略、軍費籌措方面使政府內部和軍方保持一致。但也正是因為政府對軍隊的干預，使得統帥部戰後把旅順口攻防戰中發生的指揮不利和彈藥不足等問題，歸咎於內閣和元老在開戰問題上猶豫不決。1925 年，陸軍大學兵學教官谷壽夫在課堂上的講義就集中體現了統帥部的這種看法。谷壽夫認為，在日俄戰爭中，日本的最高統帥其實都是元老們，但他們沒有將與俄方交涉的內容報告參謀本部，結果造成日本不宣而戰，陷於外交上的被動，因此軍方應儘早對開戰外交進行干預。[20]

　　而憲法第 55 條第 1 項規定「任命國務各大臣輔弼天皇」，更加劇

17　齋藤聖二，《日清戰爭〔譯注：甲午戰爭，下同〕的軍事戰略》（東京：芙蓉書房，2003）。

18　宮內廳編，《明治天皇紀》第 8 卷（東京：吉川弘文館，1973）。

19　宮內廳編，《明治天皇紀》第 10 卷（東京：吉川弘文館，1974）。

20　谷壽夫，《機密日露戰史》（東京：原書房，1966），頁 43。

了這個缺陷。各個國務大臣單獨輔弼，使得內閣各大臣與首相處於平等地位。當時的內閣與現代不同，還不是議院內閣制，首相並無對國務大臣的任免權，國務大臣的地位具有不穩定性，再加上 1900 年開始，規定軍部大臣必須是現役軍人，使得閣內陸海軍大臣的意向變得重要，甚至可以左右內閣的存亡。1912 年，陸軍大臣上原勇作不滿第二屆西園寺公望內閣拒絕陸軍增設駐朝鮮兩個師團的要求，憤而辭職，而且未向內閣推薦新任陸軍大臣，造成西園內閣被迫總辭。昭和時期也發生類似事例。1937 年，廣田弘毅內閣總辭後，準備再度組閣，但被推薦擔任陸軍大臣的宇垣一成是陸軍的穩健派，因此遭到陸軍內部強烈反對，造成組閣失敗。

三、日本的主權線與利益線論

山縣有朋眼中的亞洲新秩序

　　日本既然在軍政關係上存在制度性的缺陷，再加上日本自古以來，就把朝鮮視為自己的藩屬（雖然是虛構的），以致明治維新後，這個虛構的想望與軍政制度上的缺陷相結合，就產生了「征韓論」。征韓論給日本國民帶來了不安全感，又缺乏適當的機制來節制，自然把日本引上了武力擴張之路。

　　明治維新後的兩次對外戰爭（1894 年與清朝的甲午戰爭及 1904 年的日俄戰爭），可以單純概括為一點，那就是為政者一致認為，為了保障日本的國家安全，必須防止朝鮮半島落入他國控制。那段時期，日本的國策制定均由伊藤博文和山縣有朋等元老主導，其中山縣有朋的影響力最大。山縣在 1890 年出任首相，在日本政府和軍隊中勢力龐大，是日本陸軍之父。1909 年伊藤博文逝世，山縣更成為日本最有權勢的元老。1890 年山縣在第一次帝國議會上，提出《外交政略論》意

見書，其中的東亞觀與中國觀，影響了日本執政者數十年的思維，多少導致後來中日戰爭的爆發。

《外交政略論》意見書最著名的是《主權線與利益線論》。山縣指出，俄羅斯動工興建西伯利亞鐵路（1891 年開工，1904 年全線開通），表示沙俄南下遠東的風險日益增加，勢必與日本利益衝突。為了日本的獨立自衛，有必要在守衛主權線的同時，對利益線進行保護。所謂「主權線」就是日本本土；「利益線」則是與日本國家安全密切相關的鄰接地域，具體來說，指的就是朝鮮半島。山縣強調《主權線與利益線論》對日本安全的重要性，要求議會通過政府提出的陸海軍預算。

「主權線」和「利益線」這兩個概念，來自德國著名的社會經濟學家斯坦因（Lorenz von Stein）。山縣在 1888 年赴歐時曾求教於斯坦因。斯坦因曾將憲法理論教給伊藤博文，這次則將日本的安保政策授予山縣。[21] 斯坦因認為，一旦俄國尋求海軍基地、考慮占領朝鮮的時候，西伯利亞鐵路將左右日本的生死存亡。

斯坦因從未說過日本應採侵略朝鮮的政策。他建議日本，只要能夠使俄羅斯不在朝鮮建設海軍基地，把朝鮮置於日俄之間，並要求英俄承認朝鮮的中立，就無須對朝鮮進行武力干涉。山縣根據斯坦因的建議，在「主權線與利益線論」中描繪了這樣一條道路：只要通過英德中任何一方仲介，由日清兩國共同保證朝鮮的中立即可。[22]

對於中國，山縣在甲午戰爭開戰前一年（1893）提出的《軍備意見書》，代表了日本的中國觀。他指出：「十年之內，東洋將有禍端；而日本的敵人既非中國也非朝鮮，而是英國、法國、俄國。」[23] 山縣的

---

21 〈斯丁氏意見書〉，收入《中山寬六郎文書》（藏於東京大學法學部附屬法政史料中心原資料部）。

22 大澤博明，〈日清共同朝鮮改革論與日清開戰〉，收入《熊本法學》75 號（熊本法學會，1993 年 3 月）。

23 大山梓編，《山縣有朋意見書》（東京：原書房，1996），頁 220-221。

理由是：列強紛紛湧入中國，英國已布局長江權益，法國覬覦雲南，俄國意在蒙古，而中國則在 1885 年後「陷入衰退的狀況」。[24] 在西伯利亞鐵路即將全線開通之際，中國卻處於如此衰敗狀況，對日本非常不利。中國無力自保，因此，日本應一方面保證日本不受其害，另方面「如果有機可乘，要主動收穫（在中國的）利益」。[25]

在山縣的安全感中，中國是帝國主義瓜分的對象，日本除了要小心不被捲入列強和中國的紛爭外，還要留心如何與列強抗衡，從中伺機漁利。不過，山縣要警惕的對象是英、法、俄，而不是中國。

四、甲午戰爭與日俄戰爭

《宣戰詔敕》中的中國

1894 年 6 月，朝鮮政府因甲午農民戰爭（東學黨起義），請求清廷派兵支援，日本卻在未收到朝鮮求援的情況下，就自行決定派兵，於是引發中日甲午之戰。

坊間廣泛認為，日本政府在決定派兵的時候，已下決心要跟清朝開戰。近年來，檜山幸夫和大澤博明等人的研究則提出更有力的說明。[26] 他們指出，1894 年伊藤博文首相和陸奧宗光外相在和中國交涉朝鮮問題時，曾提出「日清共同推行朝鮮的內政改革」，並對此持樂觀態度。也就是說，在決定向朝鮮派兵時，日方並無跟清朝開戰的決心，而最終導致開戰的原因，在於伊藤內閣對當時的形勢過於樂觀，以為日清

24　大山梓編，《山縣有朋意見書》，頁218。

25　同上，頁219。

26　檜山幸夫的一系列論文，特別是〈日清戰爭中的外交政策〉一文，收入《日清戰爭與東亞世界的變化》下卷（東京：ゆまに書房，1997）。以及大澤博明，〈日清開戰論〉，收入《日清戰爭與東亞世界的變化》下卷。

一定不會開戰，因此對清廷交涉時強硬地提出日本的建議，最後導致日中交惡，雙方開火。

我們只要嚴密地解讀史料，就能看出伊藤內閣的誤判。結果，戰爭變得無法避免時，日本又急忙為自己行為的合法性找理由，想辦法渲染這場戰爭的正當性。他們把日本渲染成推進朝鮮政治改革的文明國家，而清廷則是阻撓改革的非文明國家。福澤諭吉正是這種說法的鼓吹者，1894 年 7 月 29 日他在自己創刊的《時事新報》上評論：「日清之戰是文明與野蠻之戰」，是「文明開化、謀求進步之國，與阻礙進步之國的戰爭」。[27]

福澤諭吉的論調，與日本政府發出的「宣戰詔敕」在邏輯上不謀而合。這份詔敕把日清之戰歸咎於清朝：「朝鮮為一獨立國家，帝國欲為其啟蒙以與各國為伍。而清國則每每稱朝鮮為其屬邦，且干預朝鮮內政，又拒絕日本提出的共同內政改革案，欲讓朝鮮依靠清朝維持治安。」[28]

很明顯，日本的主政者為了向國民解釋開戰的理由，製造了一個「為解釋而解釋的邏輯」。這套邏輯對伊藤內閣自己外交上的誤判隻字未提，全然不顧清朝的觀點，硬把戰爭合理化。很不幸，10 年後，日本又故技重施，向俄羅斯開戰，並強辭合理化出兵的行為。這種行為一再重演，積非成是，誤導了日本民眾，把日本引上軍國主義與對外擴張之路。

日俄對立的焦點

甲午戰爭在 1895 年 4 月結束，日清簽訂的《馬關條約》中，中國

27　《時事新報》，1894 年 7 月 29 日。

28　外務省編，《日本外交年表並主要文書 1840-1945》上卷（東京：原書房，1965），頁 154。

「確認朝鮮為完全獨立自主國家」，等於承認了日本控制朝鮮的事實。條約還要中國把遼東半島割讓給日本，並給予日本不少特權。

　　但是，割讓遼東半島給日本，直接觸及俄國在遠東的利益，德、法也想分一杯羹，結果演變成俄、德、法「三國干涉還遼」。三國態度強硬，最後迫使日本把遼東半島歸還中國（實際上是中國付給日本 3 千萬兩白銀贖回）。此外，朝鮮獨立後不但沒有改善與日本的關係，反而使朝鮮國王選擇了親俄路線。日本這個剛崛起的帝國，怎能忍受如此的折辱？日俄在遠東的利害衝突進一步激化，於是，舉國鼓吹發展軍事工業，等待復仇之機。

　　與此同時，俄國加強了對中國的干預。1896 年，俄國以迫使日本還遼有功，要求清政府簽署《中俄密約》，獲得中東鐵路（東清鐵路）的鋪設權，並於同年 10 月將縱貫黑龍江、吉林、盛京的南滿鐵路與西伯利亞鐵路對接。1898 年 5 月進一步獲得了旅順和大連租借權，俄羅斯在遼東半島最南端的旅順修建海軍基地。

　　俄國這一連串在遠東的發展，多年前斯坦因對山縣有朋的警告變成了現實，日本有極大的危機感。不僅如此，俄國趁 1900 年義和團之亂八國聯軍時派兵進駐南滿洲（中國東北），到 1903 年 4 月，義和團之亂早已結束，所有國家都退兵，只有俄國沒有撤兵。俄國還對俄朝邊境的鴨綠江、圖們江的開發顯示了很大的興趣。俄國對清朝以及朝鮮的企圖，嚴重威脅到日本的安全觀。

　　日本學者對日俄戰爭的探討一直關注，近年的研究不斷深入，有不少新的發現。例如，研究顯示，在日俄開戰的問題上，日本的帝國議會、內閣，以及元老，表現出令人意外的慎重。[29] 在眾議院占過半席位的立憲政友會認為，根據 1902 年簽訂的《英日同盟條約》，以英國

29　伊藤之雄，《立憲國家與日露戰爭》（東京：木鐸社，2000）。

在遠東地區的威懾力，應當能化解遠東的危機，日本沒有擴軍的必要。[30]

英日同盟條約在 1905 年續約（這是第二次英日同盟），1911 年再度續約為第三次英日同盟。其內容為締約國為抵抗他國侵略進行交戰時，同盟國應保持中立。英日同盟的目的倒不是日本能指望英國為了日本和俄羅斯作戰，它真正的意義是，當日俄間的矛盾因朝鮮問題和中國問題加劇的時候，英日同盟能遏制俄國與法國和德國結盟。日本把假想敵限定為俄國一國，藉著英國勢力去孤立俄國，而俄國因其重心在歐洲，日本若在遠東有所作為，俄國恐怕也無法全力應付。英日同盟顯示日本對其安全觀、國防觀用心之深。

英美等列強也不願意見到俄國勢力大舉進入朝鮮與中國東北，1903年夏，日本在英美的支持下，與俄國談判，要求俄軍從滿洲撤軍，俄國拒絕，談判不歡而散。

談判開始時，桂太郎內閣和元老們一致認為「滿洲問題和朝鮮問題密不可分，這兩個問題應同時與俄方進行交涉」。[31] 他們並樂觀的期待談判會有所進展。但是，軍部卻有不同意見。軍部認為，日本應該在西伯利亞鐵路完全開通之前，或在俄國完成備戰之前，搶先對俄開戰。軍部並就此對政府施加壓力。首相桂太郎難於應付，不得不在 1903 年12 月 21 日致函山縣元老，敦促其盡快就此表態。[32] 桂太郎表示：「在朝鮮問題上，我方應充分表達修正的意願，如對方不願接受，則應不惜使用最終手段（即戰爭手段）進行解決。」字裡行間可以看出桂內閣就算不惜進行戰爭也要解決朝鮮問題的決心。但是，山縣的回信卻明白反對戰爭：「對於開戰之論，老夫（指山縣自己）不敢苟同。」[33]

30　坂野潤治，《大系‧日本歷史〈13〉近代日本的出發》（東京：小學館，1993）。

31　千葉功，《舊外交的形成──日本外交 1900-1919》（東京：勁草書房，2008）。

32　尚友俱樂部山縣有朋關係文書編纂委員會編，《山縣有朋關係文書》第 1 卷（東京：山川出版社，2005），頁 333。

33　千葉功編，《桂太郎關係文書》（東京：東京大學出版社，2010），頁 396。

桂太郎只得帶著陸軍大臣寺內正毅，於 12 月 24 日拜會山縣元老，這才得到山縣對開戰的同意。

於是，1904 年 2 月 6 日日本向俄國發出最後通牒，並宣布斷絕日俄外交關係。2 月 8 日，日軍偷襲旅順口（亞瑟港），2 月 9 日俄國對日宣戰，2 月 10 日日本正式對俄宣戰。日俄戰爭全面爆發。

以上敘述，最值得注意的是，朝鮮問題對日本的安全太重要了，是日本寧願付諸戰爭也要解決的問題。

日俄戰後日本的選擇

日俄戰爭實際上是日俄兩國對朝鮮半島的爭奪。日本欲在朝鮮進行排他性的統治，而俄國則寸土不讓。但是，為了讓同盟的英國和友好中立的美國站在自己這邊，日本必須合理化這場戰爭。於是，日本重演甲午戰爭的故技，故意避開不起眼的朝鮮問題，反而在滿洲門戶開放上大作文章。

當時東京帝國大學教授吉野作造發表評論為戰爭的合理性找藉口。[34] 他抨擊沙俄藉義和團事變占領滿洲，滿洲不能任由俄國獨占，應該門戶開放。他在日俄開戰時發表的論考《征俄目的》指出：「我國並無理由反對俄國領土擴張的行為，但俄國的領土擴張政策經常伴隨排斥外國貿易這種最最不文明的行為，（日本）不得不行使自衛權，對它進行猛烈反抗。」[35] 俄國占領滿洲地區，又在事實上壟斷貿易，這種態度在吉野看來是「非文明」的。

主張滿洲門戶開放，也反映了日本當時的經濟需求。1885 年到 1890 年這段期間，日本經濟增長的主要動力是企業的設備投資和建設

34　吉野作造是大正年間頗活躍的政治學者、思想家，也是大正民主運動的發起人。

35　吉野作造〈征露的目的〉，收入《新人》1904 年 3 月號，後收入《吉野作造選集》5 卷（東京：岩波書店，1995）。

投資；1890 年到 1900 年則是政府的設備投資和經常支出；1900 年到
1910 年期間的經濟增長則轉由出口帶動。[36] 出口在總需求中所占比率
由 1885 年的 4.9% 上升至 1910 年的 12.8%。可見資本制確立時期的經
濟增長，在出口的擴大中逐漸加速。當時，日本出口的對象主要是韓
國和滿洲，但俄國拒絕在滿洲地區開放通商門戶，日本就給俄國貼上
「非文明」的標籤，獲得英、美的支持，並通過獲得外國債券使日本
取得戰爭中的財政優勢。

　　1905 年，日本在日俄戰爭中得勝，占領旅順和滿洲南部，並打敗
了俄國艦隊。9 月，日俄簽訂《樸資茅斯條約》，確定日俄在滿洲及東
北亞地區的勢力劃分。條約內容廣泛，主要包含五點：

(1) 俄國承認日本對朝鮮政治軍事經濟上，均享有卓絕的利益；
(2) 日俄兩國從滿洲撤軍；
(3) 俄國將旅順口、大連及附近領土、領海的租借權，長春、旅順
　　口間的東清鐵道支線轉讓日本；
(4) 俄國將北緯 50 度以南的庫頁島割讓給日本；
(5) 日本漁民有權在日本海、鄂霍次克海、白令海等俄國沿岸捕
　　魚。

當時日本國民和輿論預計戰爭賠款將高達 30 億日圓，然而合約並沒有
提到賠款，日本國民相當失望。合約未提賠款，是因為日本急著結束
日俄戰爭。這是因為當時的參謀總長山縣有朋深諳西伯利亞鐵路開通
後對日俄國勢的影響。西伯利亞鐵路開通後，俄國運兵能力大增，能
迅速在滿洲集結大兵團。相形之下，日本則苦於兵力短缺，財政困難。
山縣認為，戰爭久拖對日本不利，應見好就收。他在 1905 年 8 月的《戰
後經營意見書》中表示，和平條約賦予日本掌握朝鮮國防、財政和外

36　三和良一，《概說日本經濟史・近現代》第 3 版（東京：東京大學出版會，2012）。

交實權，「是近來的一大成功，應十分體察當局者的一片苦心」，滿意之情溢於言表。[37]

　　山縣還表示：「戰後將滿洲之地交還清朝乃理所應當。」[38] 但為了維護日本權益，在將滿洲歸還清朝的同時，應繼續鞏固日本在戰爭中獲得的各項權益。這些權益包括關東州的租界（即旅順、大連地區）。

　　雖說如此，日本卻沒有把滿洲還給清廷的打算。根據中俄《旅大租地條約》，俄國向清廷租借旅順、大連的租期是 25 年，應於 1923 年歸還清朝，南滿鐵路也將於 1940 年期滿。但是，桂太郎內閣在 1908 年 9 月內閣會議已決定期滿也不歸還。山縣自己在 1909 年 4 月的《第二對清政策》中也改變了他的態度。他表示，租借期滿後清廷一定會要回來，但滿洲是「日本花費二十億資財、犧牲二十餘萬死傷換來的戰利品」，[39] 絕不能歸還。自此之後「二十億資金和二十萬生命換來的滿洲」這句話，就成了一句慣用語，影響日本政府與人民對滿洲的思維，也為日後的九一八事變埋下伏筆。

日俄戰爭的總結和概括

　　日本在日俄戰爭後取得東北亞的軍事優勢，並獲得在朝鮮半島、中國東北駐軍的權利，而俄國在這個地區的擴張則受到阻撓，日俄之間的矛盾與競爭更加直接。

　　除了日俄勢力變化外，日俄戰爭也影響了日本陸海軍的軍事思想。

　　戰前，日本陸軍一直以普魯士陸軍為楷模，日本陸軍參考 1870 年普法戰爭中德國參謀總長毛奇的德式軍事戰略和戰術，將砲兵和步兵的火力集中在一點，達到 3 比 1 的優勢，在步兵接近戰之前以火力集

37　大山梓編，《山縣有朋意見書》，頁281。

38　同上，頁278。

39　大山梓編，《山縣有朋意見書》，頁308。

中猛擊，然後再以步兵近戰突破敵方。這種「火力中心主義」消耗大量砲彈，靠的是國家的工業力量。[40]

但在日俄戰爭之後，日本陸軍的軍事思想卻從「火力中心主義」轉向「步兵白刃戰主義」。所謂「白刃突擊戰術」就是步兵拚刺刀近戰突破敵方，以精神力量克服砲彈不足的步伐。日本採用這個土法煉鋼、逆時代的做法，是因為日俄戰爭時，砲彈的消耗遠超預計，日軍的砲彈在短短半年內便消耗殆盡，日本被迫向德國克虜伯公司和英國阿姆斯壯公司大量訂購砲彈。此時日本國防工業初創，產品成本高、品質亦不如理想，砲彈的殺傷力又遠遠低於預期（俄軍因砲彈而傷亡者僅占總傷亡數的 14%），面對高昂的軍費，日本不得不轉為逆時代發展的白刃突擊戰術。[41]

海軍方面，日俄戰爭使日本海軍過度依賴大艦巨砲主義。記錄日本大海戰、厚達 147 冊的極密版《明治三十七八年海戰史》一直被列為機密資料；但另外一個全 4 卷的普及版《明治三十七八年海戰史》卻以「故事」的方式，推向海內外。普及版中，日本聯合艦隊面對敵人做了一個大掉頭，然後只用了 30 分鐘的砲擊，就擊沉了俄國的艦隊，這個故事把複雜的海戰簡單化、神話了，無疑只是個大艦巨砲主義的「故事」。

田中宏巳的研究指出，極密版《海戰史》與普及版的內容有相當大的出入。[42] 真實的情況是，主力艦和巡洋艦使用丁字和乙字戰法，對波羅的海艦隊進行攻擊，其後的水雷艇隊和驅逐艦隊通過水雷攻擊才終於掌握勝機。在沒有正確戰史指導的狀態下，海軍產生了對大艦巨砲主義的迷思。

....

40　山田朗，《軍備擴張的近代史》（東京：吉川弘文館，1997）。

41　山田朗，《軍備擴張的近代史》，頁33。

42　田中宏巳，《秋山真之》（東京：吉川弘文館，2004），頁201-203。

持久戰論的登場

　　日俄戰爭的另一個影響是日本軍政人員對「速戰速決論」的迷信。這個迷信使日本只看到精兵主義的長處，而忽視日本地狹民寡、無力久戰的短處。

　　石原莞爾是九一八事件的策劃人，也是日本著名的戰略家。他的回憶錄清楚地說明日本戰略上的弱點。石原說：「我進入陸軍大學後，最困擾的一個問題就是日俄戰爭。日本的確在日俄戰爭中大獲全勝。但是，我總覺得日本的勝利是僥倖。如果俄羅斯再頑強一些，再堅持一點，日本就很危險了。」[43]

　　帶著這個疑問，石原在 1923 年到歐洲留學。他在柏林大學師從德爾布呂克（Max Ludwig Henning Delbrück）教授學習戰略理論。當時，第一次世界大戰結束不久，德國普遍認為，德國戰敗的原因在於德軍參謀本部戰爭指揮不夠徹底，未能實施大規模圍殲戰，以短期決戰包圍殲滅敵軍全部主力部隊。但德爾布呂克則不以為然。他對當時居於主流的大規模圍殲戰思想一向持批判態度，他指出：美國內戰已說明，工業化已經改變了戰爭的形式；工業化國家享有巨大的物資資源和高效的組織能力，因此，彼此之間的戰爭會呈持久戰狀態。[44]

　　而石原也受到德爾布呂克的影響。石原對戰爭的形態看法如下：戰爭分為速決戰和持久戰兩種，在速決戰中，採取殲滅戰略，統帥的獨立地位居於首位；而持久戰，採取的是消耗戰戰略，因此，政略和戰略都應放在首位。由於第一次世界大戰的本質屬於持久戰，德軍參謀本部應將國民動員與反經濟封鎖等政治手段相結合，政略與戰略一

43　石原莞爾，〈戰爭史大觀序說〉，收入《最終戰爭論・戰爭史大觀》（東京：中央公論社，1993），頁123-124。角田順編，《石原莞爾資料・戰爭史論》（東京：原書房，1994），頁402。

44　馬克・皮蒂《「日美對決」與石原莞爾》（東京：たまいらぼ，1992），頁42。

致，採用消耗戰略。德國的敗因並不是沒有堅決執行圍殲戰，而是沒有認清戰爭本質。石原因而思考日本的情形，日本是個資源匱乏的國家，若敵方對日本採取消耗戰略，日本將如何應對？因此，日本應如何構建一個不懼經濟封鎖、自給自足的國防體系，成為石原等陸軍骨幹參謀人員研究思考的重要課題。[45]

五、第一次世界大戰後日本的國防新政策

戰後日本的挑戰

日本在第一次世界大戰後遇到一系列新的挑戰，包括日本在東亞地區地位上升、英日同盟的終結、日美關係趨於緊張、中國形勢混亂、日本對華新政策等等，使得日本朝野愈發感到需要建立一個自給自足的國防經濟體系，以維繫日本的國家安全。

日本出於英日同盟的「情誼」，同時覬覦德國在中國（特別是山東半島膠州灣）的特權，參加了第一次世界大戰。1914 年 8 月 15 日，日本對德國發出最後通牒，要求德國將膠州灣租界地、膠濟鐵路、及其他相關特權「以歸還支那國為目的」，全部轉讓給日本。這個莫名其妙的最後通牒有兩個目的：一是作為對德宣戰的藉口，同時也想迴避日本繼承德國在膠州灣的特權後英美方面可能的譴責。

中國當時聲明中立（三年後中國對德宣戰），任何交戰國利益的轉移都不該牽涉到中國。但日本為了從德國手裡奪取中國的權益，採取了兩手措施。日本當年海軍實力已相當強大，在東亞僅次於英國。日本以幫助英、法、俄作戰作為條件，換取他們承認日本繼承德國在

45　加藤陽子，《日本近現代史系列 ⑤ 從滿洲事變到日中戰爭》（東京：岩波書店，2007），頁95。

華特權的資格。1917 年 2 月，日本應英國要求派遣驅逐艦隊前往地中海，為盟國商船隊實施護航，而英國則承諾支持日本在戰後的和會上取得德國在山東半島和赤道以北的南洋諸島的權益。日本從法、俄、義也獲得了同樣的承諾。

另一方面，日本趁著列強忙於歐洲戰事，積極擴張在華特權，先造成既成事實，然後再要列強接受。當時中國正處於兩個政權的對立，一個是以袁世凱為首的北京政府，另一個是以孫中山為首的廣州革命政府，而這兩個政府都面臨了巨大的財政困難。

1915 年 1 月，日本趁著袁世凱向日本借款的機會，提出《對華二十一條》的一籃子要求。此約一共 5 項、21 條，第一項 5 條都是針對德國在山東的權益，要求中國承認日德將來的協定。第二項有 7 條，要求擴大日本在「南滿洲和內蒙古東部」的權益，將旅順、大連的租期（應於 1923 年到期）、南滿支線（應於 1940 年到期），以及奉安鐵道（應於 1923 年到期）的租期延長 99 年。其餘三項也是要求中國政府給予日本在華特殊利益與權利。

這些蠻橫的要求，在中國引起極大的反感，英美也有質疑，以致談判並不順利。美國在 1915 年 5 月 13 日聲明，如果中日談判有損中國領土完整和門戶開放原則，美國將不承認談判內容。

不久，1919 年召開的巴黎和會上，中日代表針對《對華二十一條》的有效性做了激烈的辯論。中國全權代表主張，1917 年 8 月中國已對德宣戰，中德間過去締結的不平等條約均已無效，因此德國在山東等地的權益應立即歸還中國。而且，《對華二十一條》是中國在日本的威逼下被迫簽訂的，所以不具有效性。

日方則以 1917 年 2 月英、法、俄、義的保證和 1918 年 9 月 24 日與中國政府簽訂的《關於山東省諸問題處理的交換公文》作為理由，堅持它在戰爭中接收的膠濟鐵路以及附屬礦山的權益應交予日本。兩國代表針鋒相對。

戰後的反省潮流

結果，日本拒絕簽署和約，直接回國，以此向英、美、法三國施壓。最終，山東權益按照日本的意思被寫進了 1919 年 6 月簽署的對德和約的第 156 至 158 條。但是，與前兩次（日中、日俄）戰後不同的是，這次就連日本代表團內部，都傳出質疑日方的主張是否正當的聲音。外務省主管宣傳的松岡洋右以隨員身分參加代表團，對日本蠻不講理的態度不以為然。會議結束後，1919 年 7 月 27 日，他致函首席全權代表牧野伸顯，吐露了心中所感：「我方所做辯解實屬不義。我方所言多為『special pleading』，因為他人也是強盜，就主張免除自己做強盜的責罰，終究是狡辯。是否能獲贊同實屬疑問。」[46]

松岡信中所說的「special pleading」是個法律用語，意為「片面辯護」。意思是，只片面列舉對自己有利的事情，單方面進行辯護。松岡的意思很明顯，日方在會議上的發言跟小偷說別人也是小偷來為自己開脫一樣，不具說服力。

松岡這封信和他自己後來的行為相比，判若兩人。多年後，1933 年 3 月，國際聯盟通過了關於日本發動九一八事變、強占東北的《李頓報告書》。在這個報告書裡，日本被稱為侵略國。此時，松岡是日本駐國際聯盟代表，為了抗議國聯的決議，松岡先發表了一個強詞奪理的演說，宣布日本退出國聯，然後拂袖而去。他步出日內瓦國聯總部大廳的身影，成為一個歷史性畫面，令人印象深刻。很難想像，1919 年在《二十一條》和山東問題上，松岡對日本政府的立場是持批評態度的。

事實上，牧野伸顯本人去參加巴黎和會之前，1918 年 12 月 8 日，他曾在一個臨時外交調查會上，抨擊了日本的外交政策。他說：「縱

46　〈在巴黎英美法文員等對山東問題及我國一般對支那政策的感想〉，牧野伸顯文書（檔案部）R22/306（藏於國立國會圖書館憲政資料室）。

觀帝國於國際歷史上之行動，或標榜正義公正，或聲明機會均等門戶開放，或宣導不干涉內政、日支親善，但帝國實際所為與帝國政府所聲明之方針意思往往缺乏一致。各國觀帝國之所為，難掩帝國表裡不一、背信棄義之事實。」[47]

　　牧野伸顯的意思很明顯，日本所標榜的正義公正、門戶開放、不干涉內政這些道理，不過是表面文章，實際上所作所為卻是十足的帝國主義。牧野把日本這種「表裡不一、背信棄義」的事實提到當時的原敬首相及其他外交調查委員會面前，敦促他們反省日本的外交政策。

　　不僅如此，近衛文麿也有類似的呼籲。近衛當時還年輕（後來在1937年出任日本首相），他以隨員的身分也參加了巴黎和會。1920年，他在東京的國際聯盟協會上發表演說，坦率地表達了自己的感慨：如果各國對日本的譴責、歐美對日本的誤解僅僅是「因為他們被高明的支那人特有的反日政治宣傳所迷惑」，那我們日本人應該「樂意選擇光榮孤立」。但是，「在座沒有一個人能斷言日本絕非侵略國，也不能證明支那人的政治宣傳是徹徹底底的顛倒是非、汙蔑誹謗」。「我國軍閥對支那和西伯利亞進行了所謂沉重打擊和伺機偷襲策略。像我們這樣對這些做法皺眉頭的人，面對國外的譴責和攻擊，心中實在羞愧至極。」[48]

　　松岡、牧野、近衛等參與巴黎和會，目睹了造成歐洲1千多萬人死亡的第一次世界大戰的戰後處理，一定程度上對日本推行的帝國主義外交進行了反省。所幸松岡他們的呼籲獲得原敬內閣的重視。原敬內閣是日本第一個正式的政黨內閣，也是第一個平民首相，原敬內閣在宮中設置臨時外交調查委員會，來制定、處理巴黎和會的方針、指

47　〈外交調查會會議筆記〉，收入小林龍夫編，《翠雨莊日記》（東京：原書房，1966）。

48　〈關於國際聯盟的精神〉，近衛文麿檔（微縮膠片版，藏於國立國會圖書館憲政資料室）。

揮西伯利亞派兵的事務。

在這種反省的氣氛下，日本在 1921-1922 年的華盛頓會議上簽署了一系列與太平洋區域安全有關的條約，例如，《華盛頓條約》把日、英、美主力艦保持在 3:5:5 的比例，以及對華九國公約、中國關稅條約等。同時，日本結束英日同盟，選擇了以國聯和美國為中心的凡爾賽及華盛頓體系，與西方保持協調一致。

華盛頓會議

1921 年在美國華盛頓召開的華盛頓會議其實是 1919 年巴黎和會的延續，因為巴黎和會雖然暫時調整了列強在西方彼此的勢力關係，但他們在東亞太平洋地區的利益矛盾仍然十分尖銳，尤其是日本和美國、英國間海軍競爭的衝突，亟待協調。

巴黎和會上，美國總統威爾遜（Woodrow Wilson）支持中國，但英、法等國不願因為日本拒絕簽字而使和約流產，而未支持美國和中國的立場。日本提出自己的方案，這些方案涉及滿蒙地區不穩定的形勢及日本在內蒙古東部的特權。由於和會參與國沒有詳細研究分析日本的提議，致使東亞與中亞的安全沒有得到實際的討論和解決。當時英國與美國正在醞釀海軍軍備競賽，為了順應戰後渴望和平的民意，穩定太平洋和東亞地區的形勢，美國總統哈定（Warren Harding）建議在華盛頓召開限制海軍軍備的會議（華盛頓會議），這個建議得到有關各國的積極回應。

華盛頓會議在 1921 年 11 月 12 日召開，這個會議對中國至為重要，中國期待趁這個機會解決山東問題。不過，此時美國總統已換了共和黨的哈定，而美國在遠東問題上的看法已開始轉為維持現狀。

中國全權代表施肇基向華盛頓會議的「太平洋及遠東問題委員會」提出解決中國問題的十項原則，包括各國尊重並遵守中國領土完整及行政獨立原則；中國聲明不以本國領土或沿海任何地方割讓或租借給

外國；中國贊同開放門戶、工商業機會均等主義，並自願將其實行於中國各地；各國不得私下簽訂有關中國的條約或向中國要求特別權益；取消或修改有礙中國行政主權的各種限制；保障和平解決遠東及太平洋問題，尊重中國的中立權等。

美國全權代表魯特（Elihu Root）根據這個「十原則」，綜合英國全權代表貝爾福（Arthur Balfour）的草案，歸納出關於中國問題的「魯特四原則」，提交大會。魯特的四原則為：

(1) 尊重中國之主權與獨立暨中國領土與行政之完整；
(2) 給予中國最完全無礙之機會，以發展並維持一有效力而整固之政府；
(3) 各國在華商務、實業機會均等；
(4) 各國不得營謀特權，而減少友邦人民之權利。

魯特四原則在大會獲得通過，客觀地說，英、美、法等各國的原則是維持各自在中國的既得利益，所以，魯特四原則雖然遏制了日本獨霸中國的企圖，但卻是把中國攤開來讓列強共同分享。大會承認各國已取得的所謂「合法權益」（包括日本在山東的權益），不顧中國抗議，自行劃定在華勢力範圍。

對日本來說，日本單方面修改了關於關東州（旅大地區）的租借期，還有所謂的「安寧條款」，照顧了「帝國國防及經濟安全高度依賴滿蒙特權」這個日本一貫的主張，[49] 同時承認將來並無對不平等條約進行審議的義務這項解釋。[50]

華盛頓會議還討論了山東問題。中國全權代表王寵惠強烈要求收回山東主權和廢除《二十一條》，在美英斡旋下，中日兩國於 1922 年

49　麻田貞雄，《兩次大戰間的日美關係》（東京：東京大學出版會，1993）。
50　服部龍二，《東亞國際環境的變動與日本外交1918-1931》（東京：有斐閣，2001）。

2 月 4 日在會外簽訂了《解決山東懸案的條約》及其附約。中國恢復了對山東的主權，日本將膠州灣德國舊租借地交還中國，中國將其全部開為商埠，並尊重日本在該區域內的既得利益；日軍撤出山東，青島海關歸還中國，膠濟鐵路及其支線由中國向日本贖回，之前屬於德國人的煤礦由中日合辦。這樣，山東問題得到若干程度的解決，日本在中國的擴張也暫時受到阻遏，但日本在山東仍繼續保持相當大的勢力。

新四國銀行團與滿蒙特權的實際狀態

英、美、法在華盛頓會議上對日本的態度一致，但是，涉及中國權益部分，這些殖民帝國主義國家卻是毫不客氣。[51] 英、美、法與日本在號稱經濟版「小國聯」的「新四國銀行團」重組過程中就顯露無遺。[52]

早在 1910 年，英、美、德、法四國為了壟斷對華貸款，由在中國的滙豐、花旗、德華、東方匯理四銀行組成的「四國銀行團」，1912 年，俄國道勝銀行和日本橫濱正金銀行加入，成為「六國銀行團」，次年美國退出，成為「五國銀行團」。巴黎和會後，1920 年，英、美、法、日為了掌控一戰後國際金融進入中國的市場，另外在紐約又成立了一個銀行團，為了有別於原來的四國銀行團，這個新組織叫做「新四國銀行」。新四國銀行主要是美方由華爾街最具實力的摩根商會擔綱，而日方則派出了橫濱正金銀行。這個組織最初的構想是，凡是中國中央政府和地方政府在海外的貸款，以及與中國政府有關的一切實業投資，都由這個新四國銀行包攬。

「新四國銀行」提供了美國勢力進入中國的機會。英法因為戰後疲憊，國力大減，無法全力在中國施為，美國趁著這個機會，鼓吹門

51　詳細說明請參照加藤陽子，《日本近現代史系列 ⑤ 從滿洲事變到日中戰爭》，第 2 章。

52　三谷太一郎，《華爾街與遠東：政治裡的國際金融資本》（東京：東京大學出版會，2009）。

戶開放和維護中國主權，一方面阻止日本政府進行政治色彩濃厚的貸款，同時趁機進入英法既得利益集中的長江流域。

　　日本代表在成立之前的會議中宣示：「一直以來，各國在各種場合均承認，無論在地理上還是在歷史上，日本對滿蒙都具有特殊關係。」因此新銀行團的投資應特別尊重日本在南滿洲和內蒙古東部地區所擁有的權利和優先權。美國立刻駁斥日本發言，認為絕不能容忍任何將滿蒙從投資對象中排除的計畫。

　　原敬內閣在 1920 年 3 月給英、美、法政府的答覆中表示，並非要求將南滿鐵道及其他相關既得利益從銀行團投資對象中排除，轉而採取限定列舉方針。日方還重新解釋要求把滿蒙的特權排除在新四國銀行投資計畫之外的理由。之前日本所持的理由是為了維持當地治安的需要，但這次日本說明是因為「我國國防及國民生存上的需要」。[53]

　　美國卻不同意。美國認為：日本的自衛權在國際關係中是全世界都承認的權利，因此無須在此特意宣布，並再次要求日本無條件放棄把滿蒙地區排除在外的要求。為了打破僵局，摩根商會出面協調，經過銀行團成員書面溝通，最後達成協議，日方放棄了把內蒙古東部排除在投資區之外的要求，還放棄對滿蒙方面進行概括性排除的要求；但美、英、法同意將吉林會寧、鄭家屯洮南、開原海龍、吉林長春、新民府奉天及四平街鄭家屯間的各鐵道線排除在新借款團活動範圍外，也就是認可日本在這裡擁有獨占權。

　　事後，原敬首相在日記中表示滿意：「儘管此次銀行團問題交涉曠日持久，但從前我方只是單方面主張滿蒙是我勢力範圍，在這次銀行團問題解決後，我方主張獲得了各國承認，我方將來必將收益諸多。」[54]

53　外務省編，《日本外交文書・大正九年》，2卷上，頁160。

54　原敬1920年5月4日日記，原奎一郎編，《原敬日記》第5卷（東京：1965），頁236。

原敬如此看重此次交涉結果，是因為他很清楚，日本長期堅持自己在中國東北地區的特權，但從未有獲得英美真正的承認，這次等於對此現狀的變相認同。

參謀本部的反美論調

儘管原敬高度評價銀行團爭議的結果，但軍部卻有異議。1920 年6 月 15 日，參謀本部第二部制定《新銀行團的成立和帝國的對策》，表示「排除滿蒙是帝國財團加入新四國銀行團的條件，但最終沒被各國接受」，「在此問題上帝國的政策徹底失敗」。在日本陸軍心目中，俄國是主要敵人，日本須始終堅持「扼守滿蒙地區」，因為滿蒙「事關帝國生死存亡」。[55]

此外，美國在 1924 年通過的所謂「排日」移民法，也遭到軍部強烈的反彈。雖然日本因為這個新法每年失掉的移民人數並不多（150 人左右），但參謀本部仍舊十分重視。在參謀本部的文件《美國新移民法與帝國國運的未來》中，[56] 可以看到他們的關切。此前，日本公民一直享受日美君子協定所帶來的特殊待遇，而新移民法則不再給予日本人特殊待遇。最值得憂慮的是：美國竟把日本人和中國人列為同類，在提到一些被禁入境的「支那人及其他無法獲得市民權」的國家中，竟然包含了日本。[57]

參謀本部認為美國新移民法使日本大失體面，「毫無掩飾地體現了對日本國力和實力的輕視」。參謀本部指出，新移民法對日本人待遇的變化，是因為 1923 年關東大地震和 1922 年華盛頓海軍條約削弱

55　加藤陽子，《日本近現代史系列 ⑤ 從滿洲事變到日中戰爭》，頁 51。

56　參謀本部編，〈美國新移民法與帝國國運的未來〉，收入《大正 13 年密大日記》（陸軍省／密大日記／ T13-5，藏於防衛研究所戰史研究中心）。也可在亞洲歷史資料中心網站閱讀（http://www.jacar.go.jp）。

57　同上註。

了日本國力的緣故。

參謀本部文件還討論美國新移民法對日中關係的影響。文件稱，新法案「貶低日本的地位」，意義重大。這並不只是面子問題，而是意味著日本「武威的減退」。美國不允許日本人獲得國籍，把日本人和中國人同等對待，這會造成日本對中國武威的減少，使中國輕視日本，導致戰爭的機會增大。

日本的心態值得玩味。回顧古代，日本一直試圖通過與中國建立平起平坐的外交關係來在國內樹威；而現在，制定國防計畫的中心部門卻把「日本人和中國人同等對待」視為對日本的輕視，前後的變化令人感慨。此時的中國正處於軍閥混戰、四分五裂，國力衰敗，以致日本竟不願和中國相提並論。

國防方針的制定

日本陸海軍對「未來戰爭」進行各種設定，制定了各種計畫方案，其中最為關鍵的部分就是帝國國防方針。[58] 第一次世界大戰的影響很明確地體現在國防方針的改訂之中。1907 年制定的國防方針，第一假想敵是俄國，其次是美國、德國、法國。1918 年 6 月修訂的國防方針明顯體現出一戰後各國對中國的新政策，以及日本必須應對中國日益激化的排日運動。這次修訂案，日本把美、俄、中三國列為假想敵，同時制定了陸海軍共同武力干涉中國的方案。其中劃時代的一點是，中國首次成為日本陸海軍共同的假想敵。

5 年後，1923 年，日本再度修訂國防方針。由於美國和蘇俄均未加入國聯，而且其經濟封鎖和總動員的能力已經浮現出來，日本針對

58　島貫武治，〈國防方針、所要兵力、用兵綱領的變遷〉上／下，收入《軍事史學》
　　8 卷 4 號、9 卷 1 號（均為 1973 年）；齋藤聖二，〈國防方針第一次改訂的背景〉，收入《史學雜誌》96 編 5 號。

這個情勢的態度在新方針第三項「世界局勢」表露無遺。日本認為，美國拒絕加入國聯，國聯的效力令人懷疑。另一方面，九國公約和四國條約都難以保證東亞長期的和平穩定。

日本帝國是這樣來看世界局勢的：[59]

醞釀禍患的主要原因在於經濟，可以預見，隨著大戰瘡痍逐漸癒合，列強經濟戰的焦點將轉向東亞大陸。東亞大陸地域廣大資源豐富，不僅需要他國來開發，同時也是擁有數億人口的世界第一大市場。帝國在這點上與他國利益背道而馳，不能不考慮衝突升級、最終干戈相見的情況。而與帝國衝突機會最大的應屬美國。

1923 年修訂版中美國成為日本陸海軍共同的頭號假想敵。新的國防方針指出，日本和美國在中國有經濟競爭，再加上美國對日本的種族歧視，對立狀況將長期存在，所以，日美間發生戰爭的可能性最高。

這個變化，值得注意。這次修訂，暗示了九一八事變，以及隨之而來的中日戰爭、太平洋戰爭。事實上，石原莞爾自 1928 年已開始構想奪取滿洲，並將其作為即將到來的對美、對蘇作戰的後方基地。

59　島貫武治，〈國防方針、所要兵力、用兵綱領的變遷〉上／下；齋藤聖二〈國防方針第一次改訂的背景〉。

第二章

日本走向九一八

加藤陽子（東京大學人文社會系研究科教授）

　　日本資源有限，一直具有生存與發展的危機意識，他們把資源豐富、地大物博的中國作為發展的腹地，認為只有控制中國，日本才能成為強國。所以，經略中國的大陸政策，就成為日本明治維新以來，舉國一致的對外目標。同時，在日本人眼中，滿洲是他們以「二十億資金和二十萬生命換來的」，早已視滿洲為囊中之物。

　　另一方面，日本獨特的政軍關係，軍方獨斷，內閣無法節制軍方的行動，導致內閣和軍方的對華政策不同調。更糟的是，軍部被少壯派軍人把持，而軍事體系外重內輕（東京的陸軍省長官和參謀本部主管的官階或資歷往往不如在外帶兵的將校），中央軍部的命令，在外統兵的將校有時竟不予理會。這種種緣由的激盪，隨著日本在華勢力逐漸擴張，日本最終走向九一八，以軍事行動侵略中國東北，其來有自。

一、九一八事變的萌芽與日本的雙重外交

1918 年 9 月，日本出現第一個真正的政黨內閣，原敬的立憲政友會成為執政黨，原敬首相體會到與美國保持協調的重要性，因此在出兵西伯利亞（第一次世界大戰末期對俄羅斯革命的干涉戰爭）、巴黎和會、朝鮮三一獨立運動等諸多懸案的應對上，比之前各屆內閣更加穩妥。[1]

此時日本政情已有相當轉變，以往在內閣和統帥部間調和意見的元老影響力日漸衰弱，大正天皇也不像明治天皇一樣具有高超的協調力。因此，原敬內閣運作的空間相對的變大了，他善用臨時外交調查會，來協調、制定內外政策，包括戰爭的發動與指揮。[2]

政黨方面，軍方逐漸將長期以來由武官壟斷的政治部門開放給文官，這個變化通過殖民地長官武官制改革（1919 年）具體落實。大正時代的軍政關係，可以說是一個政黨和軍部間權力競爭和分配的關係。

正因為內閣掌握了部分政治權力，日本在 1920 年代顯現的「雙重外交」開始萌芽。這裡所謂的「雙重外交」是指日本同時出現兩種對華政策：一個是內閣（主要是外務省）推行的對中不干涉路線，另一個是以軍方（特別是陸軍）為首的對中干涉路線。

從原敬內閣到 1927 年田中義一內閣，不到 10 年間，日本對中國執行的是兩條並行的對華「雙重外交」：外務省主張與美國保持協調、對中國不加干涉；而陸軍則主張援助張作霖政權、培養親日政權。[3] 在這段時間，不干涉中國路線的代表是在加藤高明、若槻禮次郎、濱口

1 　三谷太一郎，《增補 日本政黨政治的形成：原敬政治指導的展開》第二部（東京：東京大學出版會，1995）。

2 　雨宮昭一，《近代日本的戰爭指導》（東京：吉川弘文館，1997）。

3 　基本文獻為阪野潤治，《近代日本的外交與政治》（東京：研文出版，1985），頁 122-181。

雄幸三朝內閣中出任外相的幣原喜重郎。他主張協調外交，特別強調維護日、英、美之間的協和關係。在對華政策上，反對使用武力，主張以經濟的方式，擴大日本在華權益和影響力。

但是，陸軍為了確保滿蒙權益，卻在幣原外交的背後援助張作霖。例如，1924 年第二次奉直戰爭時，加藤內閣已聲明採取不干涉方針，但陸軍為了援助張作霖的立場，卻悄悄策反直隸派的馮玉祥。

1927 年 4 月，國民革命軍北伐即將成功，蔣介石的國民黨政府定都南京。無巧不巧的是，同一時間，以立憲政友會為執政黨的田中義一內閣也在東京成立了。蔣介石北伐勢如破竹，田中內閣首先遇到的挑戰就是北伐成功後中國的新局面。

東方會議與「田中奏摺」

1927 年 6 月，田中內閣在東京召開東方會議，目的是解決下列問題：

(1) 如何因應蔣介石北伐成功後中國的新局勢？
(2) 蔣介石和張作霖之間的戰鬥勢不可免，屆時日本將如何保護在東北的權益？
(3) 張作霖政權正在鋪設的打通線（打虎山—通遼）鐵路和海吉線（海龍—吉林）鐵路，將成為滿鐵的平行線，如何應對這個問題？

與會者除了外務省主要成員以外，還有駐華公使、海軍省、陸軍省、大藏省、殖民地相關部門（關東軍、關東廳、朝鮮總督府）等對華政策相關部門的次官、課長級人員，例如：首相兼外相田中義一、外務省政務次官森恪、駐華公使芳澤謙吉、奉天總領事吉田茂、關東軍司令官武藤信義、關東廳長官兒玉秀雄等。會議幹事長則由外務省

亞細亞局局長木村銳市擔任。[4]

對於上面這三個議題，各單位沒有共識，特別是外務省與陸軍省態度差距甚大，結果沒能以內閣名義制定出具體對華政策。唯一達成一致的是在滿洲地區應緊急鋪設鐵路的優先順序問題。[5]但就算是在鐵路優先順序的問題上，外務省和陸軍省也僅在最先修建吉會（吉林─會寧）鐵路上達成一致，其餘線路上仍有分歧。外務省主張修建昂齊（昂昂溪─齊齊哈爾）線，而陸軍則主張修建洮索（洮南─索倫）線，雙方立場對立。

東方會議還決定，由外務省負責敷設計畫的具體安排，而實際施工則由南滿鐵道株式會社（簡稱滿鐵）承擔。但是，田中首相卻任命他的好友、立憲政友會議員山本條太郎出任滿鐵總裁，松岡洋右出任副總裁，並把與張作霖進行的鐵路談判全權交給了滿鐵，而非外務省。

鐵路的談判進行順利，但外務省極為不滿。外務省不滿的理由不僅是負責談判的單位有違東方會議決定；更因為山本條太郎和張作霖達成的協定內容。他們要鋪建的是陸軍要求的洮索線，而沒有外務省要求的昂齊線。

值得注意的是，田中內閣的雙重外交不久有了變化。這時的雙重外交已不是外務省和陸軍各自推行的雙重外交，而是田中首相和滿鐵主張的援助張作霖方針，對抗外交部和陸軍推行的打倒張作霖方針。

為何田中首相如此執著於通過張作霖控制滿蒙地區？第一屆加藤高明內閣是由立憲政友會、憲政會，以及革新俱樂部合組執政黨。受到革新俱樂部的影響，立憲政友會的執掌綱領加入了「產業立國論」，因此對滿蒙資源開發顯示出巨大的關心。不僅如此，第二屆加藤內閣

4   外務省編，《日本外交文書》昭和期I，第1部，第1卷（東京：外務省，1986），頁18-19。

5   佐藤元英，《昭和初期對中國政策研究：田中內閣的對滿蒙政策》（東京：原書房，1992）。

由憲政會單獨組閣，立憲政友會變為在野黨，開始對執政黨的經濟政策持批判態度。為了擺脫經濟不景氣，立憲政友會特別強調「產業立國論」，他們不僅要通過條約獲得南滿洲和內蒙古東部的權益，還想攫取北滿洲的權益。而幣原外交被批為「軟弱外交」，既然不願干涉中國事務，又要想合法向北滿推進，那麼，除了通過張作霖的東北政權這個關係外，別無他法。所以田中外交戰略的實質內容可以概括為「通過援助當地政府進軍北滿」。[6]

　　1929 年夏，一篇內容為田中義一首相把東方會議的決議上奏昭和天皇的匿名文件開始在中國流傳，同年秋天，這個文件也流傳到美國。對於這個問題，服部龍二在他的《日中歷史認識：圍繞〈田中奏摺〉的爭議，1927-2010》中，做了仔細的考究。[7]這份被稱為「田中奏摺」的文件約 2 萬 6 千字（日文約 3 萬 4 千字），內容多達「對滿蒙的積極政策」、「滿蒙非支那領土」、「對內外蒙古的積極政策」等 21 條。其中「欲征服支那必先征服滿蒙，欲征服世界必先征服支那」一句，引起國內外廣泛關注。[8]

　　根據服部龍二的研究，這份文件有幾個不合情理之處：

　　這篇被稱為「田中奏摺」的內容與「東方會議」的議事錄和其他資料相比，在東方會議的決定事項上有出入。

　　文中提到，簽署九國公約時，大正天皇曾召開御前會議商討對策，山縣有朋元老出席會議。但是，當時山縣有朋早已去世，更沒有召開過御前會議。

　　關於該文件的真實性直到現在都受到質疑。但是，這份文件又確

6　酒井哲哉，《大正民主運動體制的崩潰　內政與外交》（東京：東京大學出版會，1992）。

7　服部龍二，《日中歷史認識：圍繞〈田中奏摺〉的爭議，1927-2010》（東京：東京大學出版會，2010）。

8　日華俱樂部編，《支那人眼中的滿蒙政策》（日華俱樂部，1930），頁22。

實包含了當時東方會議上分發的部分資料內容。因此，日本一般認為，這份文件是有人以東方會議的資料為基礎創作的偽書。

服部龍二檢視現藏於台北國史館的外交部檔案《日相田中對滿蒙政策之奏章》，挖掘到若干新事實。根據國民政府外交部檔案，《田中奏摺》流傳出來時，當時日本駐華代理公使重光葵曾在 1930 年 4 月 7 日向國民政府外交部鄭重說明，坊間流傳的《田中奏摺》是偽書，並以公文要求外交部取締該文件。對此，南京外交部於 4 月 12 日在國民黨黨報《中央日報》上刊載了題為〈田中奏摺的真偽問題〉的文章，除了列舉檔案中散見的錯誤之外，還以「日中親善提倡者」談話的形式發表評論，表示：「如放任（小冊）流傳，將會為中日交流帶來惡劣影響。」由此可以推測，至少在當時，國民政府外交部認為該檔案屬於偽書。

即便如此，仍有一些歷史學者認為，「田中奏摺」因日文原文在多次翻譯中產生誤譯和謬誤，但檔案本身卻並非完全偽造，只要看看 1928 年後發生的一連串事情，例如 1928 年的五三慘案和皇姑屯事件、1931 年九一八事變、1932 年一二八事變等，每一件都是日方挑起的，一路的發展也與田中奏摺若合符節，事實本身就說明了這份檔案的真實性。

事實的確如此。縱使田中奏摺是偽書，但日本後來的行為，卻讓自己極為尷尬。例如，一二八事變中，1932 年 2 月中旬，日本第 9 師團登陸上海，國民政府發言人即表示：「日本以侵略中國為首的征服世界計畫已經在《田中奏摺》中充分暴露。」[9] 當時擔任日本駐上海總領事的重光葵在戰後的回憶錄中也承認，中方發言人的這種解釋之所以具有說服力，是因為「隨後發生在東亞的事態及日本所採取的行動，在外界看來，恰恰是以田中備忘錄為藍本進行的。因此也難怪我們無

9　服部龍二，《日中歷史認識：圍繞〈田中奏摺〉的爭議 1927-2010》，頁 99。

法抹去外國對這份文件的懷疑」。[10]

　　1928 年後日本在中國挑起一連串的事件，以 1928 年五三濟南慘案對中日關係傷害最大。這也是國民黨北伐和日本在華利益衝突的結果，日方不願見北伐成功，因為這勢必影響日本在中國的權益。

二、五三濟南慘案

國恥、軍恥、民恥

　　1928 年 4 月下旬，蔣介石北伐的革命軍進逼濟南，濟南軍閥直魯聯軍總司令張宗昌向日本請求搬兵，想藉日本之力阻止北伐。張宗昌許諾日本青島及膠濟鐵路之一切權利，要求日本阻撓北伐。[11] 這正合日本心意，田中內閣以「保護僑民」為由，從內地派第 6 師團（師團長福田彥助中將），約 5 千人進兵山東。

　　5 月 1 日，國民革命軍進入濟南城，日軍第 6 師團也從九州的熊本縣開赴濟南。5 千名日軍無故進入濟南，中國外交部提出嚴重抗議，日軍不理，雙方在 5 月 3 日發生軍事衝突。雖然雙方很快停火，但當地日本駐軍要求陸軍中央允許「擴大行動規模」，參謀總長鈴木莊六下令當地進行徹底行動，並對第 6 師團下達嚴厲的指令：「與支那停戰會助長國軍威信，應附以根絕禍根的條件。」[12]

　　日軍得到授權，決心把事情鬧大，阻撓北伐。5 月 3 日晚上，日軍藉故搜查國民政府駐濟南交涉署，捆綁特派員蔡公時、交涉署庶務張

10　重光葵，《昭和的動亂》上卷（東京：中央公論社，1952），頁33。
11　國防部史政編譯局，《北伐戰史》第四冊（台北：國防部史政編譯局，1959年初版；1989年再版），頁1269。
12　服部龍二，《東亞國際環境的變動與日本外交 1918-1931》（東京：有斐閣，2001），頁207。

麟書，並割去耳鼻後槍殺，交涉署職員 10 餘人全部遇害。

　　蔣介石派外交部長黃郛到侵華日軍司令部交涉，但司令福田彥助避而不見，派參謀長黑田周一出面接見。黑田蠻橫地提出，北伐軍必須立即停火，一律退出日軍警戒區。[13]

　　蔣介石很清楚，日軍如此橫暴，是想把事情弄大，好阻擋北伐軍繼續前進。面對日本欺凌，「唯有忍辱而已！」[14]他決定「委曲求全，以期完成北伐再談外交也」。[15]於是下令革命軍撤出濟南。日軍還從 5 月 3 日開始，砲擊濟南，任意殺害中國官員與平民，造成中方談判人員及平民重大死傷，[16]中國軍民死亡 6,123 人，受傷 1 千 7 百多人，中國稱為「五三慘案」，視為國恥。

　　日本出兵山東，殺戮中國軍民，表面上看似應張宗昌所求，實際上是東京為了維護其在華北和滿蒙的利益，一方面阻擋北伐，同時向即將統一中國的國民黨顯示力量。

　　五三慘案使國民政府內部對日態度迅速惡化。留學日本的外交部長黃郛被迫辭職，由被視為親英美派的王正廷繼任。

　　五三濟南慘案也重大影響了蔣介石的對日態度與政策。事件當時，他很想與日軍死戰，「土地任人處分，人民任其殺之，國之慘痛極矣！」[17]「余為人格與國家計，必出於死戰一途。」[18]他感嘆：「國恥、軍恥、民恥，今日加重二恥矣！何以雪之？」[19]但為了顧全大局，絕不能上日本人的當，只得勉強壓下悲憤，命革命軍撤出濟南之後，以「北

13　蔣介石日記，1928 年 5 月 3 日。
14　蔣介石日記，1928 年 5 月 2 日。
15　蔣介石日記，1928 年 5 月 4 日。
16　服部龍二，《東亞國際環境的變動與日本外交 1918-1931》，頁 207。
17　蔣介石日記，1928 年 5 月 10 日。
18　蔣介石日記，1928 年 5 月 9 日。
19　同上。

伐完成革命為惟一方針」。[20]

　　蔣介石一生，不曾或忘這個恥辱，「濟南七日之恥辱慘痛，甚於『揚州十日記』。凡我華人，能忘此仇乎？」[21] 也就是從這個時候開始，他每天在日記開頭一定先寫下「恥」、「雪恥」，數十年不變。他並決心奮力自強，「以後每日看書十頁，每日六時起床，紀念國恥」。[22]

　　五三慘案也是中日關係上一個重要的轉折。從這一天開始，蔣介石確定中日之戰必不可免，下決心整軍經武、建設中國，發誓有朝一日洗雪國恥。但這個決心與準備只能默默地做，不能拿到檯面上張揚，因為，中國太弱，不宜激怒日本，否則不但無法救中國，反而徒然加速日本對中國的染指。

〈十年來對倭之決心與初意〉

　　10 年後，中日戰爭正式爆發。1937 年 10 月 31 日，那天是蔣介石的生日，回想過去 10 年來的中日關係，他在當月的反省錄中自述〈十年來對倭之決心與初意〉，把五三慘案以來十年間心中對日的決心與做法，明晰地條列出來。[23] 這篇文字對於了解蔣介石抗日的思維，極具參考價值，它顯示蔣雪恥的決心，也說明他對日本的態度與策略。大要是：

(1) 日本志在侵華，中國無法與之妥協；即使妥協，亦不能遏止日軍少壯派漫無止境的侵略。

(2) 即使承認東北問題（滿洲國），也不能阻止日本繼續侵華的野心。一時的妥協，不但不能奏效，然而自壞人格與國格。

....

20　蔣介石日記，1928 年 5 月 9 日。

21　蔣介石日記，1928 年 5 月 12 日。

22　蔣介石日記，1928 年 5 月 10 日。

23　蔣介石日記，1937 年 10 月 31 日，本月反省錄。

(3) 日本在解決中國事件、處置中國之前，絕不敢攻俄。

(4) 一旦中日戰起，日軍必先破壞蔣介石人格、擊敗蔣介石的革命軍，使中國無領導中心。

(5) 解決中日問題，唯有引起國際注意與各國干涉。

(6) 此時再不抗戰，則國民精神消沉，民族等於滅亡。

最後，他總結：「此次抗戰，實逼處此無可倖免者也，與其坐而待亡，致辱召侮，何如死中求生，保全國格，留待後人起而復興！」[24]

日記透露出蔣介石的內心對日本的憤恨與抗日的決心。他表面上忍讓、忍辱，實際上無時不在準備未來的雪恥。

在此之前，中國人民排外運動的主要對象是英國，但五三慘案之後，日本成為抗議的頭號對象，抵制日貨運動在全國展開，一時風起雲湧，給日本在華公私機構與日僑帶來相當大的困擾。抵制日貨運動的背後，還有著英美等國答應中國改訂關稅條約的背景。美國在 1928 年 7 月與中國簽訂了新的關稅條約，承認中國的關稅自主權；緊接著英國和法國也在 1929 年底答應中國改訂關稅條約。[25] 這些舉措，一再激怒日本的對華的強硬派，他們心生警惕，加速擴大在華利益的作為。

三、日本的滿蒙領土論

皇姑屯事件

五三慘案後不久就發生張作霖被刺殺的事件。五三慘案兩週後，5 月 18 日，田中內閣對張作霖和國民革命軍發出通告：中國的戰亂若波

24　蔣介石日記，1937 年 10 月 31 日，本月反省錄。

25　石川禎浩，《中國近現代史系列 ③ 革命與民族主義》（東京：岩波書店，2010），頁 54。

及滿洲，日本將採取相應措施維持治安。這份通告經過閣議通過，草案是外務省亞洲局和陸軍省軍務局經過縝密討論擬定的。草案中最重要的內容有兩點：

(1) 利用最近的機會，通過外交機關，向北方張作霖及南方蔣介石提交別案備忘錄；
(2) 對於張作霖，在備忘錄交付時或交付後，立即尋找機會，非正式規勸其引退，若拒絕引退，則對其採取進一步措施。[26]

這份通告雖經閣議承認，但田中此舉卻再次招致外務省和陸軍的反感。因為田中在閣議過程中刪除了「非正式規勸張作霖引退」這一條。外務省和陸軍都強烈期待張作霖下台，亞洲局局長有田八郎和陸軍大臣白川義則親自去說服田中總理，但未成功。田中將鐵路談判和援助張作霖的工作交給滿鐵，他始終堅持與張作霖合作，在這兩點上他的意志非常堅定。只要田中在位一天，就不能合法除掉張作霖。這種看法逐漸在陸軍內部擴大。[27]

想要向張作霖施壓的不僅是陸軍，奉天（瀋陽）總領事吉田茂也持這個態度。為什麼日方如此忌諱張作霖，欲除之而後快？其實只要翻開外務省《關於解決滿蒙諸懸案一事》（1927 年 7 月 12 日）檔案，就不難看出，外務省當時最關注的還不是鋪設鐵路的事，他們更重視的是如何解決「東三省的條約違反及其他非法措施」的問題。

張作霖是日本扶植起來的奉系軍閥，日本人支援張，是想透過張確保在滿蒙更多的利益。但是，張作霖壯大後，不甘受制於日本，對日本的要求逐漸虛與委蛇，能拖就拖。張作霖曾與日本訂立關於在東

26　加藤陽子，《日本近現代史系列 ⑤ 從滿洲事變到日中戰爭》，第 3 章。
27　關於這段內容在內的本節內容，請參照加藤陽子，《日本近現代史系列 ⑤ 從滿洲事變到日中戰爭》，第 3 章。

北修築五條鐵路的借款密約，因日方提出的條件非常苛刻，張一直拖著這個密約未執行，張也拒絕把這個密約作為政府間的正式協定，日本對此大為不滿。

另外，日本人經營南滿鐵路是有壟斷性的，張作霖起初配合日本，用心維護南滿鐵路的利益，但後來對日方的要求逐漸陽奉陰違，使得南滿鐵路業務下降，生意大受影響。還有，為了徵收戰費，張作霖在東三省大發紙幣（奉票），奉票匯率大跌，對日本棉紡製品的出口非常不利。

日本對張作霖陽奉陰違的態度、尤其是經濟方面的損失，極為憤怒，把張作霖視為「東三省的條約違反者」。1927 年 6 月 10 日，吉田茂向田中外相提交一份報告，把中國的南北戰爭（國民革命軍北伐與張作霖的對抗）看作「軍閥私鬥」；他主張，對於這種私鬥，在華擁有權益的各國是可以「發動對本國國民和經濟的自衛權」。[28] 吉田茂還建議拒絕張作霖軍隊的車輛在京奉鐵路行駛時經過滿鐵附屬地區，不過這個建議被外務省婉拒。[29]

1928 年 6 月，張作霖在和蔣介石的國民革命軍戰鬥中失利，決定離開北京，退回關外。6 月 4 日清晨，他乘坐的火車在京奉線（北京到奉天）和滿鐵線交叉的皇姑屯被炸，張作霖重傷，當天死亡。

爆炸案從頭到尾都由關東軍高級參謀河本大作精心設計。河本精確地計算了列車通過交叉點的時間，事先將大量炸藥安裝在鐵橋上，通過電流引爆炸藥。

河本在事件發生 1 個月前的 1928 年 4 月 27 日，曾寫信給參謀本部第一部（作戰）部長荒木貞夫和第二部（情報）部長松井石根，書信至今仍保留著。信中河本強烈期待張作霖的軍隊輸給國民革命軍，甚

28　《日本外交文書》昭和期I，第1部第1卷，第111號文書。
29　《日本外交文書》昭和期I，第1部第1卷，第129號文書。

至可以說，關東軍幕僚都從內心深處希望張作霖下台。信中寫道：「奉張（奉天派的張作霖）的沒落能成為建立東三省新政權的契機，甚至會為根本解決滿蒙問題帶來絕好的機會……也就是說，我們急切需要趁南方派的北伐還沒受挫，從內部搞垮滿蒙方面。」[30]

河本寫得十分直率。當時，為了與蔣介石的國民革命軍戰鬥，張作霖率軍南下華北，滿洲防務空虛；另方面，有多名國民政府的「宣傳員」潛入滿洲活動，河本認為機不可失，「只要以他們（國民政府）的名義起事，則無須軍部出手即可成事」，希望荒木和松井在幕後支持關東軍爭取炸藥和資金。[31]

值得注意的是，河本完全沒有擔心國民革命軍和張作霖部隊戰爭的火種被帶進東三省。日本當時對國內外一再宣揚滿洲的危機感，好藉此干涉，但從河本檔案及其他相關史料看來，日本的說法站不住腳。

河本真正關切的是，東北需要一個取代張作霖的新政權，這時他已經有了抬出清朝最後的皇帝溥儀復辟的想法。

由於田中首相主張通過滿鐵和張作霖合作開發北滿、並且建設對蘇聯國防，因此他認為關東軍刺殺張作霖的行為不利日本在滿洲的經營。1928 年 12 月 24 日他上奏昭和天皇，指出皇姑屯事件恐有日本軍人參與其中，眼下正在調查，如果屬實，則應以軍法嚴懲。但是，內閣和陸軍卻不贊成嚴懲責任人。他們認為，如果真相大白，則中方必定會有強烈反應，而立憲政友會在當年 2 月的大選中未取得在眾議院的優勢（政友會 217 議席、民政黨 216 議席），在野黨來勢洶洶，若揭發真相，執政黨勢必難逃在野黨的問責，無異自找麻煩。

在陸軍和內閣的壓力下，田中只得選擇妥協。最後，田中內閣僅就關東軍在滿鐵保衛區怠忽職守這一點進行問責，把關東軍司令官村

30　三谷太一郎，〈一五年戰爭下的日本軍隊：統帥權瓦解的過程〉上，收入《成蹊法學》53 號（2001）。

31　三谷太一郎，〈一五年戰爭下的日本軍隊：統帥權瓦解的過程〉上。

岡長太郎編入預備役，而對於皇姑屯事件的主謀者河本大作則處以停職的行政處分。

1929 年 6 月 27 日，田中首相把最後行政處分的方案上奏天皇。天皇事先與宮內大臣牧野伸顯等親信討論時，已了解此案的始末，看到田中的報告時說：「這次上奏內容怎麼跟以前不一樣了？」田中正想解釋，天皇卻不給他機會，表示：「沒有必要。」天皇早已對田中的對華政策不太滿意，這次，十分罕見地明白表達對田中的不信任。[32] 因為天皇的態度，田中不得不在幾天後辭職。[33]

「滿蒙領土論」登場

皇姑屯事件是關東軍在參謀本部默許下實施的計謀，同時也標誌著日本政軍制度開始轉向，從此確立了政治不得干涉軍事的「統帥權獨立」。田中內閣想以經濟手段，通過張作霖政權維繫東三省的滿蒙特權，攫取日方所需特權，同時與滿鐵合作開發北滿這個思維，已經走到盡頭。

要說「滿蒙領土論」的代表性人物，非石原莞爾莫屬。此時（1928年）石原莞爾在陸軍大學擔任教官，是日本著名的軍事理論家，年輕時即嶄露頭角，對戰史、軍事思想頗有研究。[34] 1928 年石原在陸軍大學撰寫的「歐洲古戰史講義」中，對下次大戰爆發的導火線作了如下預測：日本「行使既得權益」，試圖「推進滿蒙的保衛和開發」時，將會「受到列強特別是美俄英的反對」。石原的講義還提及拿破崙的對英作戰，主張應當仿效「以陸制海」的前例。[35]

32　柴田紳一，《昭和期的皇室與政治外交》（東京：原書房，1995），第 1 章。

33　伊藤隆、廣瀨順皓編，《牧野伸顯日記》（東京：中央公論社，1990），頁 377。

34　阿部博行，《石原莞爾的生涯與時代》上（東京：法政大學出版局，2005）。

35　角田順編，《石原莞爾資料：戰爭史論》（東京：原書房，1994），頁 403，426-432。

　　美國一向習慣以顏色來命名針對假想敵的作戰計畫（比如對德作戰是黑色計畫）。1924 年，美國正式採用橘黃計畫作為對日進攻戰爭計畫。儘管橘黃計畫不時修訂，但進攻日本最終階段的內容卻從無改變過。計畫內容是：通過海上兵力擊破陸地兵力，再以海上和空中封鎖將死守大陸的日本逼向敗北。[36] 第二次世界大戰末期，這個計畫在美日之間成為現實。可以說，石原對美日作戰有先見之明，他主張學習拿破崙戰史的同時，也呼應了美國對日作戰的構想。

　　石原的「滿蒙領土論」可以從陸軍中堅幕僚組織的「木曜會」（日語「木曜」是週四的意思）的紀錄窺知一二。所謂「木曜會」，是參謀本部作戰課員鈴木貞一等人為了研究改善軍隊裝備的研究會。

　　華盛頓會議後，日本開始大規模裁軍，軍費亦大幅縮減，引起軍人強烈的不滿。一些軍人開始祕密集會，因為陸軍禁止官兵作政治上的主張（陸軍刑法第 103 條規定：「進行有關政治的上書、建言等請願行為，或以演說，或書面形式公開發表意見者，處以三年以下有期徒刑。」）。因為軍人受制於這個規定，改用「研究會」的名義，成立各種祕密組織，研擬未來戰爭的國策和國防方針，「木曜會」就是這些祕密組織之一。[37]

　　石原在「木曜會」第三次會議（1928 年 1 月 19 日）上提出〈我的國防方針〉報告。出席會議的成員，除了永田鐵山（時任陸軍省整備局動員課長）和鈴木貞一，還有東條英機（時任陸軍省軍務局軍事課課員）、根本博（陸軍省軍務局課員、支那班）等人。石原大膽提出：「打仗，絕不能花本土的錢，即使是一厘錢也不可。對俄作戰，只要幾個師團就足夠。以支那作為根據地，並充分利用其一切資源，就算

36　愛德華・米勒著，澤田博譯，《橘黃計畫》（東京：新潮社，1994）。

37　日本近代史料研究會編，《鈴木貞一氏談話速記錄》下卷（東京：日本近代史料研究會，1974）。

拖個 20 年、30 年，也撐得下去。」[38]

　　石原報告的想法荒誕無稽，但對當時的日本人卻有吸引力，因為他敢斷言財力和資源皆匱乏的日本也能對外打仗。石原認為，日本既做不到像歐洲國家的全國總動員型戰爭，也無須做到。其理由是， 蘇聯正處於革命後權力鬥爭中，實力尚弱，且已從北滿撤退，不足為懼。

　　實際上，1929 年爆發的中蘇衝突（中東路事變）證明，蘇聯紅軍的力量遠非石原所設想的那般軟弱。多年後，石原修正他對蘇聯的評估，認為對蘇作戰，日本在航空兵力上處於絕對劣勢。只是 1928 年時，他並未認識到這點。

　　1928 年 3 月，石原莞爾在陸軍大學的講義的結論部分也指出，日本的戰爭，應像拿破崙進行對英戰爭一樣「以戰養戰」，並以「遠征軍應在占領區內徵收稅金物資兵器，達到自給自足。只需橫掃支那軍閥和土匪、維持治安，以我精銳廉潔的軍隊，必能輕鬆贏得土民們的信服，超額完成任務」。[39]

　　1928 年 12 月，「木曜會」作出以下結論：帝國若想存活壯大，必須在滿蒙樹立完全自主的政治權力。

　　事實證明，三年（1931 年）後，九一八事變爆發時，「木曜會」的成員已經占據陸軍各主要職務。永田鐵山擔任陸軍省軍事課長，東條英機出任參謀本部編制動員課長，鈴木貞一則是軍務局支那班長，根本博擔任參謀本部支那班長。可以看出，自「二葉會」和「一夕會」以來，日軍祕密研究會的會員一個個占據日本軍中重要職位，特別是對華政策的職位，對日本軍事思維與國防策略的影響，可想而知。

　　1928 年 10 月，石原出任關東軍參謀（作戰主任）。從石原的言行上，似乎看不出他對蔣介石北伐順利，以及隨之而來的國民政府對張

38　角田順編，《石原莞爾資料：戰爭史論》，頁 403，426-432。

39　同上。

作霖、張學良勢力的統一的緊迫感，也沒有顯露出對中方可能進行的武力抵抗和高漲的愛國運動的擔憂。在他眼裡，能對帝國構成威脅的，只有蘇聯陸軍和美國海軍。

石原積極籌劃日本對外擴張，包括對中國東北的侵略。他構思了牽制蘇聯陸軍和美國海軍的策略。對蘇聯陸軍而言，石原認為，日俄戰爭中俄國之所以能在戰場支撐大規模部隊，是因為俄國選擇了南滿的沃野作為戰場。因此，只要把日蘇間的天然國防線北推至北興安嶺至黑龍江一線（即北滿洲的北界），蘇聯就會面臨給養的問題。[40]

石原的立論是建立在中日甲午戰爭及日俄戰爭的歷史經驗上，認為日本流血 20 萬人而獲得的滿蒙權益必須確保；而石原的戰略構想不但在日本侵略滿蒙的全般計畫上產生啟迪與主導的作用，而且在事變發動之際的協調研商也發生了作用。[41]

參謀本部雖然也瀰漫著滿蒙領土論，但考量蘇聯情勢，以及國際聯盟對日本勢力擴張的注意，參謀本部在 1931 年 6 月擬定「滿洲問題解決方策大綱」，指示關東軍在未來一年內盡量忍耐，避免擴大範圍。

關東軍壓根不理會參謀本部的規定，仍舊積極準備進占滿洲。參謀本部知道關東軍的行動已箭在弦上，擔心他們蠻幹，特別在 9 月 17 日派第二部長建川美次少將到關東軍司令部宣達皇令，並以這個大綱與關東軍做最後協商。但是，這天已是行動的前夕，關東軍司令部上下皆對建川的到來視而未見，建川也明白關東軍的心意，於是當夜挾妓擁衾，置身事外。[42]

40　石原莞爾，〈滿蒙與日本的國防 1932 年 4 月 5 日〉，收入角田順編，《石原莞爾資料：國防論策編》（東京：原書房，1984），頁96。

41　日本防衛廳防衛研究所戰史室編，國防部史政編譯局譯，《日軍對華作戰紀要》第十九冊《從日俄戰爭到盧溝橋事變：大本營陸軍部（一）》（台北：國防部史政編譯局，1989），頁 468-474。

42　梁敬錞，《九一八事變史述》（台北：世界書局，1995，第五版），頁69；《日軍

1931年兩次流產政變

　　1931年，東京發生了兩次流產軍事政變，震驚日本政壇。兩次軍事政變的主導者都是日本軍中祕密組織的「櫻花會」。「櫻花會」是1930年成立，成員多為日本軍中中佐軍階以下的現役軍官。他們看到日本在一次世界大戰後經濟不振，再加上1929年世界經濟大恐慌，日本經濟更為窘困，他們因此歸咎於日本的政黨政治，認為政黨已成為資本家的走狗，經濟災難將導致共產主義興起，軍人若不能直接參政，力挽狂瀾，則日本將淪為共產主義國家。他們因此決心儘快拿下滿蒙，以滿蒙的資源挹注日本，則日本經濟及軍事困境都將迎刃而解。[43]

　　第一次流產政變發生在3月，櫻花會成員計畫3月21日發動政變，動用軍隊包圍議會，然後強行進入議會要求代理首相的幣原喜重郎內閣總辭，以陸軍大臣宇垣一成組閣。但宇垣一成在最後時刻反悔，表示無意出任首相，使得這個計畫胎死腹中。

　　7個月後，櫻花會捲土重來，準備再次發動政變。這時九一八事變已發生，內閣和參謀本部考量國際觀瞻以及蘇聯威脅，都認為應適可而止，不要繼續擴大在中國的軍事行動。關東軍及陸軍的年輕軍官卻不以為然，覺得東京處處掣肘，會破壞他們經營滿蒙的大事。

　　櫻花會首領橋本欣五郎、長勇少佐等陸軍少壯派軍官，密謀在10月24日發動武裝政變，由少壯派軍官率兵發動奇襲，先控制參謀本部，然後出動軍隊占領警視廳，包圍首相官邸，殺死首相若槻禮次郎、外務大臣幣原喜重郎及內大臣牧野伸顯，同時拘捕陸軍省內不肯合作的高級將領，頒布戒嚴令，建立以荒木貞夫（陸軍教育總監，曾任陸軍

續 ⋯⋯⋯⋯⋯⋯⋯⋯⋯⋯⋯⋯⋯⋯⋯⋯⋯⋯⋯⋯⋯⋯⋯⋯⋯⋯⋯

　　對華作戰紀要》第十九冊《從日俄戰爭到盧溝橋事變：大本營陸軍部（一）》，頁466-473。

43　黃自進，《蔣介石與日本：一部近代中日關係史的縮影》（台北：中央研究院近代史研究所，2012），頁140-141。

大學校長）為首的軍事政權，並一舉解決侵占中國東北和內蒙的問題。但這個計畫洩漏了，橋本欣五郎等主謀者在 10 月 17 日被捕，政變無疾而終。奇怪的是，荒木貞夫在接下來的犬養毅內閣中，擔任陸軍大臣，並未受到此事的影響。

兩次政變均未成功，但都與滿蒙政策相關。事後涉案者並未受到重懲，暗示了日本 1930 年代頻繁的軍事政變與政治暗殺。更有甚者，軍方堂而皇之全面奪權，日本軍事外交從此被一群年輕軍官牽著鼻子走。

四、九一八事變

石原莞爾等人自 1929 年就開始規劃滿洲占領計畫，這個計畫細膩周全，不僅僅是軍事的戰鬥，還包括占領後的政治、經濟、交通、行政、產業等配套措施；而且，所有這些規劃，都是關東軍一手包辦。

1931 年 9 月 18 日晚，關東軍處心積慮拿下東北的行動終於展開了。

關東軍選擇這個時間點發動事變，是經過縝密規劃的。關東軍當初設立的任務是保護南滿鐵路，後來逐漸擴大，兼負保護日本在滿洲權益，以及對蘇作戰前鋒軍的責任。[44] 但是，其兵力只有從日本本土兩年輪調的駐守師團和 6 個大隊的獨立守備隊，大約 3 萬人。[45] 這個兵力與張學良的東北軍約 16 萬人，差距懸殊，所以，必須等待一個適當的機會發動事變。

44　山室信一，《嵌合體：滿洲國的肖像　增補版》（東京：中央公論社，2004）。
45　江口圭一，《十五年戰爭小史》（東京：青木書店，1986）。

事變之前中國的狀況

　　掌控滿洲既是石原莞爾這些人的目標，對發動事件的各種可能的狀況，也早有估算。而在此之前，中國發生一連串事情，加速關東軍對東北的行動。

　　1928 年 6 月皇姑屯事件張作霖被炸死後，張學良繼續其父對日不合作的方針，引起日本不滿。同年 12 月 29 日，張學良支持蔣介石的國民政府，宣布東北易幟，廢五色旗，改立青天白日滿地紅旗。1929年 3 月 26 日，中國國民黨東北黨部在奉天成立，並主張收回旅順大連租界與南滿鐵路。年底，東北軍為了從蘇聯手中收回位於東北的中東鐵路，與蘇聯紅軍爆發武裝衝突（即中東路事件），東北軍大敗。雖然俄國很快退兵，但這一仗暴露了東北軍虛弱的軍事實力。

　　1930 年 5 月，中國爆發中原大戰，張學良於 9 月率領東北軍主力進入山海關，支持蔣介石的中央軍，獲勝後領兵常駐北平、天津，關外防備空虛。一年後，1931 年 5 月，汪精衛、陳濟棠等反蔣，在廣州另組國民政府，和南京的國民政府對峙。

　　中原大戰結束後，蔣介石在 1930 年 10 月、1931 年 4 月兩次圍剿中共的中央蘇區，均告失敗。1931 年 7 月，蔣介石三度圍剿中共蘇區，這次集結了 30 萬大軍，包括部分嫡系部隊，起先頗為順利，但因為寧粵對峙，蔣介石不得不把部分軍隊調回，以防廣東有所行動。紅軍抓住這個機會反擊，重創蔣鼎文第 9 師及韓德勤第 52 師，第三次圍剿，也沒有收到預定的成果。

　　這之間，1931 年 6 月，日軍挑起「間島事件」，[46] 軍部和政府趁

46　「間島」是圖們江北岸光霽峪前的一處灘地，本屬中國領土，但一直是朝鮮墾民在那裡租種。日俄戰爭後，朝鮮成為日本勢力範圍，日本自行把間島的範圍擴展到包括延吉、汪清、和龍、琿春等四縣在內的廣大地區，然後藉口「間島歸屬未定」，製造「間島問題」事件，企圖實行軍事侵略。中國國勢衰微，與日本交涉 3年，最後兩國訂定《圖們江中韓界務條款》，承認日本在此地區的權益。間島事件

機在國內大肆渲染「滿蒙生命線的危機」，陸軍大臣南次郎聲稱「滿蒙問題只能用武力解決」。

不久，東北相繼發生萬寶山事件、中村事件，日本挑釁的味道很濃，張學良指示東北軍保持克制，避免與日軍衝突。

1931 年 7 月下旬，長江中下游豪雨成災，漢口堤防潰堤，災民幾占全國四分之一人口，湖北、安徽、江蘇連續爆發騷亂，中國共產黨組織災民組建工農紅軍，推動反政府的鬥爭。[47]

這一樁樁一件件都在關東軍密切的注意中，尤其是東北易幟、中原大戰平息後，中國漸趨統一，日本對掌控東北資源更有緊迫感，石原莞爾因此提出，趁著中國天災內亂，關東軍應為解決滿洲問題主動製造機會。[48]

九一八當天，國民政府主席、陸海空軍總司令蔣介石正在南京到江西的船上；東北邊防軍司令長官、陸海空軍副司令張學良和他的大軍半數在華北平津，瀋陽防務空虛，正好給關東軍舉事的機會。

柳條湖事件（滿洲事變）

1931 年 9 月 18 日晚上 10 時 20 分，關東軍島本大隊川島中隊河本末守中尉率部下數人，在瀋陽（奉天）北大營南邊柳條湖附近，將南滿鐵路一段路軌炸毀，聲稱是中國軍隊破壞鐵路並襲擊日本守備軍，日軍獨立守備隊第二大隊立即向中國東北軍駐地北大營發動進攻。

戍守北大營的東北邊防軍是陸軍獨立第 7 旅（旅長王以哲）。日軍來攻時，東北軍在睡夢中驚醒，被打得措手不及。事前張學良曾訓

續 ⋯⋯⋯⋯⋯⋯⋯⋯⋯⋯⋯⋯⋯⋯⋯⋯⋯
　　一般被視為關東軍南侵的一個突破口。

47　中華民國團結自強協會編，〈中國動盪年代，強鄰伺機入侵〉，《歷史的傷痛：九一八事變之真相與回顧》（台北，中央日報出版中心，2001），頁21-22。

48　李守孔，《中國現代史》（台北：三民書局，1973），頁96。

令東北軍不得抵抗，事發時王以哲又以長途電話證實，[49] 所以守軍幾乎沒有抵抗，日軍就占領了北大營。第 7 旅 3 個團中有兩個團按指示撤走，唯有王鐵漢的 620 團，因為未接到撤退命令，被迫自衛抵抗，最後突圍撤走。[50]

戰鬥中東北軍傷亡 3 百餘人，日軍傷亡 24 人。這就是震驚中外的九一八事變（日本稱為「滿洲事變」）。

關東軍於事變發生之後，都認為事變為全滿經略的開始，必須擴大事態，才有軍略的價值。日本內閣的看法卻與之相反。

9 月 19 日，若槻首相召集緊急閣議，得知中國軍隊並未抵抗，擔心無法對外自圓其說，閣議決議「事變不得擴大」；陸相南次郎並電告關東軍司令官本莊繁：「勿得占領滿洲，勿得設立政府類似機構。」[51] 然而，本莊繁不理會，反而勸請中央勿採退縮政策，極力遊說中央：此次事變是維持全滿治安的絕好機會，懇請加派援兵三個師團。於此同時，板垣、石原等還說服了參謀本部派到關東軍去阻止事變的建川美次少將，出兵吉林、哈爾濱，並準備扶持清遜帝溥儀為首的傀儡政權。[52]

9 月 19 日凌晨，關東軍司令官本莊繁下令：駐遼陽的第 2 師團主力增援對奉天的進攻；獨立守備隊第 3 大隊進攻營口、第 4 大隊進攻鳳城、安東（丹東）；第 2 師團第 3 旅團主力、騎兵第 2 聯隊、獨立守備第 1 大隊分別進攻長春寬城子、二道溝、南嶺等地。9 月 19 日上午 6 時，日軍占領瀋陽（奉天），大隊人馬進入瀋陽。事變爆發後一天內，關東軍就占領了南滿要地瀋陽、營口、長春等 18 座城市。

49　王鐵漢，〈「不抵抗」的抵抗〉，《傳記文學》，第 4 卷第 1 期。

50　同上；另參看外交部編，《白皮書第二十四號》，頁 111。

51　《東京裁判紀錄》，頁 1554-1558、19282、證件 162 號。

52　山口重次，《悲劇將軍石原莞爾‧太平洋戰爭之路二卷》，頁 29-30。引自梁敬錞，《九一八事變史述》，頁 84-85。

　　關東軍並沒有因此而滿足，他們還要繼續侵略。9 月 21 日，占領了吉林，下一步就是黑龍江了。但是，關東軍兵力不足，參謀本部不願事態擴大，不同意增兵；關東軍只得利用已投降的偽軍張海鵬部隊進攻黑龍江。

　　張海鵬率領部隊從吉林洮南北上，10 月 10 日晚上抵達黑龍江省會齊齊哈爾附近的泰來鎮，計畫次（11）日早上進占齊齊哈爾。沒想到在這裡遭遇國民革命軍獨立第 30 旅（原東北軍陸軍獨立第 17 旅）旅長於兆麟的反擊。黑龍江省代主席的馬占山也率兵加入抗日，兩部聯手，與張海鵬的偽軍在江橋發生激戰，並炸毀了江橋鐵橋（亦稱嫩江大橋），使張海鵬進不了齊齊哈爾。

　　馬占山擊敗偽軍後，駐兵江橋，直接與關東軍對上。關東軍不甘示弱，決定違反參謀本部決定出兵江橋。

　　此時，發生了一件小插曲。日本內閣與參謀本部都對關東軍一再違規擴大軍事行動極為不滿，再三嚴令關東軍遵守命令，並且派參謀本部第二部長橋本虎之助少將前往東北，希望能夠遏制關東軍的軍事行動。問題是，軍部的少壯派軍官本就與關東軍理念相近，一直以來，他們私下藉著各種管道支持關東軍；所以，對於內閣及參謀本部的掣肘，早已不耐煩，那些極右分子乾脆一不做二不休，打算趁著他們在中國東北大勝的時候，聯合國內的少壯派，推動 10 月政變，建立軍人政府，以免老是受制於日本政府與軍部。

　　好在這個密謀洩漏了，主謀者櫻花會的橋本欣五郎中佐、長勇少佐等被捕，整個計畫因此流產。

　　關東軍沒想到這麼輕易就占了東北軍北大營，得之太易，不免志得意滿，繼續推進軍事占領，到 11 月，關東軍已順利占領了奉天、吉林、齊齊哈爾等東三省省府所在地。12 月 28 日開始向錦州進軍，5 天內就兵不血刃占領錦州。

　　1932 年 2 月，整個東北 138 萬平方公里的土地在 3 個月之內，全

部淪入日軍之手。[53]

　　九一八事變揭開了第二次世界大戰東方戰場的序幕。這個事變從頭到尾都是關東軍自導自演的侵略行為，也是日本長期以來推行對華擴張政策（滿蒙政策）的必然結果。日本少壯派軍官謀劃縝密、大膽果決，熱情衝勁有餘，但缺少長遠的政略布局。他們不知道的是，短期看是鼓舞了日本擴大侵略中國的野心與行動，但九一八事變使日軍以下犯上的惡習更加嚴重，更打破了列強在中國利益的平衡，列強開始同情中國，逐漸改變他們的對華政策。九一八也刺激了中國人，使中國從一個沒有主權觀念、散漫落後的農業國家，迅速向有組織的現代民族國家發展；而這股民族性愈來愈強，最後壓垮了日本侵華的美夢。

53　梁敬錞，《九一八事變史述》，頁3。

第三章

國民政府隱忍備戰

傅應川（前中華民國國防部史政編譯局局長）
張玉萍（東京大學總合文化研究科講師）

　　九一八事變對中日兩國都有相當大的衝擊。日本政府不但不能控制少壯派軍人激烈的違法行動，反而在他們的壓力下，事後承認他們的「戰果」。行之久遠的「帷幄上奏」天皇無上的權威式微，內閣管不了少壯派軍人，軍部和參謀本部也約束不了他們。

　　另方面，長期積弱、四分五裂的中國在九一八事變後逐漸覺醒。中國各黨派、各階層開始凝聚出一點團結禦侮的感覺，中國民族國家的認同也漸漸成形。

　　事變後，國民政府立刻把中日間的爭端提到國聯理事會，國聯理事會動作迅速，在 1931 年 9 月 30 日通過決議，要求日軍撤至滿鐵附屬地。

　　日本公然侵略東北，丟給國民政府的不只是失地的羞辱，還是個難以處理的困局。如何因應九一八事變？使蔣介石及國民政府領導陷入長考。日本蠻橫占領東北，國民政府是抵抗？還是不抵抗？還有，東北軍為什麼幾乎沒有抵抗就丟掉東北？多年來撲朔迷離的「不抵抗主義」究竟是怎麼回事？這些都是本章力圖探究的問題。

一、不抵抗的命令是怎麼回事？

多年來，不少人（特別是中國大陸學者與媒體）認為，1931 年 9 月 18 日夜晚日本關東軍進攻瀋陽北大營，東北軍不戰而退，是因為蔣介石下命令給張學良不抵抗，「眾口一詞，幾成鐵案。」[1]

近年來，已有不少史料及研究說明「不抵抗主義」並不是蔣介石下的令。[2] 事實上，1931 年 9 月 18 日那天，蔣介石根本不知道東北發生了大事。當天晚上他在從南京到江西的船上，準備親自督導剿共，直到第二天聽到東京方面的廣播又收到上海來的消息，才知道日本侵略東北。

事變大約 24 小時後，蔣介石在 9 月 19 日晚上打電報給張學良詢問究竟：「北平張副司令（張學良）勛鑒：中（蔣介石）刻抵南昌。接滬電，知日兵昨夜進攻瀋陽。據東京消息，日以我軍有拆毀鐵路之計畫，其藉口如此，請向外宣傳時對此應力闢之。近情盼時刻電告。蔣中正叩。」[3] 這個電報充分說明九一八當天晚上，蔣介石並沒有接到張學良的請示，也不知道日軍進攻北大營。

蔣介石自己日記也這樣寫著：「昨晚倭寇無故攻擊我瀋陽兵工廠……內亂不止，天災匪禍，相逼而來，速我危亡呼！」[4] 第二天，瀋陽、長春、營口相繼淪陷，他極為悲憤，「心神不寧，如喪考妣。苟為吾祖宗之子孫，不收回東北，永無人格矣！」[5]

....

1   楊天石，〈「不抵抗主義」到底是誰提出來的？〉，《找尋真實的蔣介石：蔣介石日記解讀（二）》（香港：三聯書店，2013），頁 100。
2   楊天石先生對此已有翔實的研究，見楊天石，〈「不抵抗主義」到底是誰提出來的？〉，頁 100-120。
3   《中日關係史料》（台北：國史館藏，2002），頁 1。
4   蔣介石日記，1931 年 9 月 19 日。
5   蔣介石日記，1931 年 9 月 20 日。

九一八東北軍不抵抗的命令出自張學良，張學良自己在多個場合說得很清楚，他也承擔一切責任。1990 年，張學良接受日本 NHK 採訪時，表示不抵抗命令是他「回到家裡下命令」。[6] 同年，史學家唐德剛訪問張學良，他也鄭重說明，不抵抗的命令是他下的。[7] 他說：「那個不抵抗的命令是我下的。我下的所謂不抵抗命令，是指你不要跟他衝突，他來挑釁，你離開它，躲開它。」[8]

張學良下達不抵抗的命令，背後有相當複雜的因素。張學良自 1928 年 12 月東北易幟後，接受國民政府任命為東北邊防軍司令長官，坐鎮關外。1930 年中原大戰，蔣介石討伐閻錫山、馮玉祥聯軍，張學良支持蔣介石，揮軍入關，助蔣介石獲勝。事後，張學良因功擢升為全國陸海空軍副總司令，他離開東北，長駐北平（北京），以致疏於東北那邊的防務。

關東軍攻擊北大營時，張學良以及東北軍主力部隊大多在華北，緊急調兵出關不一定行得通，更何況東北軍與關東軍實力相差太遠，根本無法相抗。所以，在九一八之前，東北軍其實已預知日軍要挑釁，為了不讓日軍有挑釁的藉口，張學良及東北軍將領都有共識，「亟宜力求穩慎，對於日人，無論如何尋事，我方務當萬方容忍，不可預知反抗，致釀事端」。[9]

平情而論，不抵抗的命令雖不是蔣介石下的，但國民政府在九一八之前就採取了不抵抗的方針。1928 年五三濟南慘案，蔣介石與國民政府要員在兗州開會決定，為避免日軍挑釁延誤北伐，決定革命軍退出

6　管寧、張友坤譯注，《緘默五十餘年：張學良開口說話》（瀋陽：遼寧人民出版社，1992），頁 75。

7　唐德剛、王書君，《口述實錄：張學良世紀傳奇》（濟南：山東友誼出版社，2002），頁 431-434。

8　同上。

9　周毅等編，《張學良文集》下（香港：同澤出版社，1996），頁 488。

濟南，繞道北伐。蔣介石在日記寫得清楚：「決取不抵抗主義，宣告
中外，各軍渡河北伐，完成革命為唯一方針。故對日本，凡可忍辱，
必須至最後亡國之時，乃求最後之歷史光榮。」[10]

　　總之，不抵抗政策不得民心，蔣介石也因此長期受謗，但當時國民
政府確有不得已的苦衷。中日國力相差懸殊，中國根本不是日本對手。
而且，九一八事變發生時，中國正值天災人禍交相困頓的局面，長江、
珠江、黑龍江等江水氾濫成災，受災居民達 5 千萬人以上。[11] 當時國民
政府正在第三次圍剿（剿共），不但軍事緊張，而且國庫空虛。[12] 此外，
國民黨內訌愈演愈烈，半年前（1931 年 3 月）胡漢民在湯山被軟禁，
全國譁然，反蔣人士於 5 月 27 日在廣州成立另一個國民政府與南京抗
衡。[13] 內憂外患，國民政府不得不採取「忍辱」的態度。

二、九一八後國民政府高層的反應

　　國民政府不少高層人士都與日本有深厚的淵源。蔣介石、汪精衛、
蔣百里、何應欽、戴季陶、閻錫山、張群等等，都曾留學日本。他們
了解日本，敬佩日本現代化的成果，與日本友人保持長期友好的情誼。
但是，20 世紀以來日本對中國的侵略，使他們對日本有愛恨交織的
矛盾。九一八關東軍公然侵略東北，令他們情何以堪，「無言以對故
人」。[14] 例如考試院長戴季陶在九一八事變後，拒絕與任何日本人見面、

10　蔣介石日記，1931 年 5 月 10 日。
11　國防部史政編譯局，《國民革命建軍史》第二部（台北：國防部史政編譯局，
　　1993），頁 1220。
12　國防部史政編譯局，《國民革命軍戰役史》第三部（台北：國防部史政編譯局，
　　1993），頁 182。
13　雷嘯岑，《卅年動亂中國》上（香港：亞洲出版社，1955），頁 181-189。
14　戴季陶，〈致駐日蔣公使書（1934 年 9 月 20 日）〉，收入陳天錫編，《戴季陶先生文

通信，即使是曾經幫助中國革命、同情中國的友人，給他們的回信也是通過駐日公使館轉遞，不肯直接接觸，以示抗議。

除了對日愛恨交織的情感掙扎之外，國民政府高層更大的掙扎是「剿共」與「抗日」如何均衡進行的問題。

「剿共」還是「抗日」？

自從 1915 年日本向中國提出二十一條後，中國各地掀起了強烈的反日風潮；1919 年五四運動進一步促使中國民族主義意識覺醒；而九一八事變更使中國軍民的抗日民族主義運動達到空前的高點。

九一八第二天，國民黨召開臨時會議（中央執行委員會第 160 次常務會議），戴季陶為主席，決定對日本提出抗議，並通過駐外代表將此事件通告世界。9 月 30 日，國民黨決定把中央政治會議下的外交組擴大為「特種外交委員會」，戴季陶任委員長，宋子文為副委員長，于右任、丁惟汾、邵力子、邵元冲、陳布雷、程天放等為委員。會議決議把此事提交國際聯盟。

蔣介石、戴季陶等認為，日本侵占東北，「表面是破壞中國領土主權行政的完整，骨子裡實在是完全撕破了國聯盟約和九國公約。質言之，日本就是完全破壞世界人類生存的道德和法律，向全人類宣戰」。[15]他們相信國聯必不會坐視。

此外，國民政府還決定不與日本直接交涉，一切透過國聯理事會來處理。起初，顧維鈞、戴季陶等還想直接與日本進行交涉，但當時活躍於中國的國聯衛生局主任拉西曼（Ludwik J. Rajchman），主張不與日本進行直接交涉，應全權委託給國聯理事會。拉西曼的意見打動

續 ....
　　存》第 4 卷（台北：中國國民黨中央委員會黨史會，1971），頁 1533-1535。
15　戴季陶，〈抵抗暴日是為全世界人類之公理而奮鬥（1932 年 4 月 12 日）〉，收入羅家倫主編，《革命文獻》第 35 輯（台北：中央文物供應社，1965），頁 8419-8420。

了蔣介石，成為國民政府的對日方針。[16]

　　蔣介石為什麼同意全權委託國聯處理？他深深以為對日作戰需要準備，中國當時毫無準備，沒有抗日的條件，必須忍耐。他說：「以中國國防力薄弱之故，暴日乃得於二十四小時內侵占之範圍及於遼吉兩省，若再予斷交宣戰之口實，則以我國海陸空軍備之不能咄嗟充實，必至沿海各地及長江流域，在三日內悉為敵人所蹂躪，全國政治、軍事、交通、金融之脈絡悉斷，雖欲不屈服而不可得？」「以中國今日之現狀與國力，如果與日絕交，則必出於軍事戰爭，無備而戰，必至戰敗，戰敗之國，未有不失地，未有不喪權者也。」[17]

　　蔣介石心中優先考量的是剿共的問題。然而，剿共並不順利，1930年12月開始的第二次圍剿業已失敗；1931年7月的第三次剿共，剛開始就碰到九一八事變，不得不停止。可是，蔣介石認為，「剿共」與「抗日」相比較，剿共更為緊急。東北淪陷已成定局，日本占領東北必會對蘇聯造成威脅，日蘇相持，東北反而將有一段安定時期，國民政府正好趁這個機會實現「安內」的目的。[18]

　　與東北相比，距首都南京更近的江西省出現紅色政權，對國民政府來說，遠比日本侵占東北更為急迫。共產黨的威脅與日本的侵略，對國民政府來說，一個是「心患」，另一個是「外傷」，而「外患不足慮，外敵不足憂，所憂的就是自己不能團結一致」。[19] 所以，抵禦外

16　顧維鈞著、中國社會科學院近代史研究所譯，《顧維鈞回憶錄》第1分冊（北京：中華書局，1983），頁417-418。

17　蔣介石，〈東北問題與對日方針〉，1932年1月21日上海《民國日報》。又見《中華民國重要史料初編‧對日抗戰時期‧緒編（一）》（台北：中國國民黨中央黨史委員會，1981），頁317。

18　家近亮子，《蔣介石的外交戰略和日本：從「安內攘外」到「以德報怨」》，收入《似近似遠：圍繞近代中國進行討論的廣場》第33號（1998年5月），頁13。

19　戴季陶，〈民國明日的希望〉，收入《中央黨務月刊》第41期（1931年12月14日），頁227。

侮必須先消除內患，「剿匪為抗日的基本工作」。[20] 因此，蔣介石把日本侵華的問題提交國聯處理，國民政府則抓緊時機全力消滅共產黨。

此外，還有一個原因是 1931 年 8 月長江、淮河氾濫成災，災區遍布 16 省，災民數十萬人，江蘇、安徽、江西、河南、湖北、湖南等地一半以上被淹沒，連首都南京也浸水。國民政府派遣軍隊 2 百萬人投入救援工作，同時向國聯請求救濟。9 月 14 日，中國以 48 票全票當選為國聯理事會非常任理事國；16 日，國聯通過「中國水災救濟案」，決定援助中國。國聯對於救災的積極反應使國民政府對國聯的影響力更具信心，以為國聯能主持正義，解決日本侵略東北的問題。[21]

於是，蔣介石提出「攘外必先安內」的方針。

從「不抵抗」到「四不」原則

蔣介石早就認定「中日必將一戰」，因為「倭所要我者，為土地、軍事、經濟、與民族之生命」。[22] 所以他對日本侵略東北的行動並不意外，而且早在 1928 年五三慘案，就立志雪恥。但是，中日國力懸殊，不可魯莽，「徒憑一時之興奮，不具長期之堅持，非惟於國無益，而且反速其亡」。[23] 他發誓要收回東北，但此時必須忍辱負重：「苟為我祖我宗之子孫，則不收回東省永無人格矣。小子勉之。內亂平定不遑，故對外交太不注意，臥薪嘗膽，教養生聚，忍辱負重，是我今日之事也。」[24]

不過，蔣介石認為，九一八的災難可能會產生另一個效果，它可

20　戴季陶，〈救國於危亡憂患中〉，《中央日報》，1933 年 5 月 9 日。
21　戴季陶，〈抵抗暴日是為全世界人類之公理而奮鬥〉，收入羅家倫主編，《革命文獻》第 35 輯，頁 8420。
22　蔣介石日記，1931 年 10 月 7 日。
23　同上。
24　同上。

能會促成國內團結，「未始非轉禍為福之機」。[25] 他思考如何喚醒國人團結內部，一致對外：「日本侵略東省，是已成之事，無法補救。如我國內能從此團結一致，未始非轉禍為福之機。故對內部當謀團結也，團結內部，注重外交，喚醒國民，振作精神，力禦倭寇，誓復東省。」[26]

9 月 21 日，蔣介石匆匆由南昌趕回南京，迅即召開幹部會議，指示：「日本占領東省事，先提國際聯盟與非戰公約國，以求公理之戰勝；一面則團結國內，共赴國難。忍耐至相當程度，以出自衛最後之行動。對廣東，以誠摯求其合作。」[27]

國民政府確定了對九一八事變的處置方針為外交先於軍事之後，蔣介石把正在江西參與第三次圍剿的部分部隊調回，整個圍剿工作也在 9 月下旬停止。[28]

九一八事變震驚全中國，各界紛紛要求寧粵雙方團結合作、一致對外。《大公報》呼籲雙方立即罷兵，「政治上必須立時表現舉國一致，政府與兩粵，必須罷兵。凡以中山信徒自命者，應痛念今日國家受清末民元任何政府時代未受之羞，而嚴重感覺責任」。[29]

蔣介石呼籲各黨派團結合作，「祇求統一，中央一切均可退讓」。[30] 他要求寧粵和解，只要廣東方面回歸南京中央，他願意下野，「統一會議開始之日，即為中正辭職之時」。[31]

廣東那邊同意和解，但堅持蔣介石必須下台。12 月 15 日，蔣介石辭去國民政府主席、行政院長、及陸海空軍總司令等職務，22 日返回

25　蔣介石日記，1931 年 9 月 20 日。
26　蔣介石日記，1931 年 9 月 21 日。
27　同上。
28　《國民革命軍戰役史》第三部（台北：國防部史政編譯局，1993），頁 205。
29　《大公報》，1931 年 9 月 19 日。
30　蔣介石日記，1931 年 9 月 21 日。
31　蔣介石日記，1931 年 10 月 15 日。

奉化武嶺的故鄉。

蔣介石在動盪的政局中下野，宋子文、戴季陶、顧維鈞等也相繼辭職。國民黨南京、廣州、上海三方於 12 月 22 日召開四屆一中全會，28 日推林森為國民政府代主席，孫科為行政院院長，29 日任命陳友仁為外交部長。

孫科政府為爭取輿論的支持，對日政策上採取強硬態度。外交部長陳友仁一上台就發表對日「積極抵抗」的宣言，但日軍不理會，繼續席捲東北。孫科政府頗為難堪，陳友仁提出對日絕交，國民黨內部，何成濬等 21 名將領又主動請纓，要北上抗日。一時之間，輿論要求退出國聯、對日絕交、對日宣戰的呼聲頓時高漲。

蔣介石雖在野，仍密切注意國事。他對陳友仁「對日絕交」以及國人激憤的言論期期以為不可，1932 年 1 月 11 日，他在家鄉奉化武嶺學校發表「東北問題與對日方針」，表達他對日政策的看法。他說：「外交政策，有以進攻為有利者，當毅然進攻；有以退守為有利者，當毅然退守……切不可不應戰而反戰。」他警告政治人物，不可「不察實際之利害，逞為快意之談，徒博一時之同情，而置國家於孤注一擲也」！

他批評對日絕交不妥，特別引述孫中山的話，「中國若與日本絕交，日本在十天之內便可亡中國。」像日本這樣強暴的國家，侵略中國之心早已有之，近年侵略益急，卻仍不願意對中國宣戰，中國何嘗不能以其人之道還治其人之身？

對於國人要求退出國聯，他更以為不妥，應該利用各種外交手段，「繼續訴之《國聯盟約》可也，另行訴之《九國公約》與《非戰公約》可也，在不損主權之範圍內對日交涉可也，即一面交涉，一面仍訴之《國聯盟約》、《九國公約》等，亦無不可也」。他強調：「只要政府不訂割地之約，不簽喪權之字，無論何時，立於操之在我之地位，則最後勝利，終歸我有。」

他最後呼籲：「吾國上下，如能忍辱負重，同心合力，為有效之對付，則不但不必割地喪權，而且必獲最後勝利。」[32]

陳友仁對日絕交的提案被國民政府否決，他辭去外交部長，加上財政困難，孫科政府搖搖欲墜，孫科不得不辭職，並請求蔣介石、汪精衛協助。

面對國難，蔣汪和解，兩人齊赴南京，聯手對付日本，確定了「不絕交」、「不宣戰」、「不訂割地之約」、「不簽喪權之字」的四不原則。

日本政局動盪

九一八事變後，日本也陷入政局動盪不安的局面。

1931 年 12 月 10 日，國聯理事會通過決議，派遣一個 5 人委員會前往東北調查。與此同時，若槻禮次郎內閣因為沒有處理好九一八事變後的內外危機，被指為軟弱無能，於 12 月 11 日總辭，由新成立的政友會犬養毅接任首相。

犬養毅是孫中山的好友，素來同情中國革命。上任之初，中國有些人對他寄予期望，希望他能圓滿解決東北問題。但是，他也無法改變日本軍方的思維；而且，關東軍在東北的勝利，日本朝野都大為振奮，原先對關東軍行為持謹慎意見的，現在也變了，有的轉為支持，有的不再說話。12 月 17 日，日本國會通過嘉勉關東軍的決議，面對這樣的大環境，犬養毅也無能為力。

不料，犬養毅上任不到半年，就發生「五一五事件」，他在自己官邸被一群 20 歲出頭的少壯派軍人刺殺。犬養毅既是立憲派的領袖，對維護憲政不遺餘力，因此，他支持 1930 年倫敦海軍條約英、美、日共同裁軍的規定。日本海軍自 1922 年華盛頓海軍條約簽訂以來，一再

---

32 以上所引皆出自〈蔣主席辭職後在奉化故里講東北問題與對日方針〉，收入《中華民國重要史料初編‧對日抗戰時期‧緒編（一）》，頁 315-320。

受制，心中早已對政府不滿，犬養毅內閣要進一步裁減軍備，再加上他與中國的關係，使得軍方（特別是海軍基層官兵）更為氣憤，因此引發殺機。

1932 年 5 月 15 日，一群年輕海軍官兵闖進首相官邸，用槍指著犬養毅，犬養毅還試圖跟他們說理，但是對方不理會，朝犬養毅腹部及頭部各開了一槍，送醫不治。

5 月 26 日，退役海軍大將、曾任海軍大臣、朝鮮總督的齋藤實接替遇刺的犬養毅組閣。然而，面對全世界經濟不景氣，日本國內農工商也都受打擊，農民生活尤為困苦，齋藤實左支右絀，拿不出解決的辦法。

「五一五事件」意味著日本政黨內閣時代結束，日本軍國主義抬頭。這個刺殺事件也暗示了 4 年後更大規模的軍事政變（二二六兵變）。日本不久退出國聯，從此肆無忌憚地發展軍備，不但導致財政困難，而且進一步擴大對中國的侵略，一步步走向中日戰爭。

三、日本退出國聯與熱河戰役

不久，上海爆發一二八事變，蔣、汪都同意放棄「不抵抗」的做法，改為「一面預備交涉，一面積極抵抗」的原則。（〈一二八淞滬抗戰〉見本書第四章）

日本退出國聯

日本的大陸政策是把滿、蒙視為一體，因此，滿洲國成立後，關東軍下一步目標就是進軍熱河。如此，才能掌握東北戰略地帶，預防蘇聯，並威脅華北。關東軍在成立滿洲國時，就已預先把熱河地區劃入滿洲國的領土。

不過，犬養毅被刺事件、還有關東軍一再抗命自重，令天皇不滿，軍部以及內閣也十分不安。另一方面，關東軍雖然順利拿下東北大部，建立了滿洲國，但各地都有不少抗日義勇軍，這些義勇軍互不隸屬，也沒有什麼裝備與訓練，都是自動自發，憑著一腔熱血，對抗強大的日本軍隊。他們作戰靈活，在鄉下發動游擊隊，在城裡刺殺日本軍官，還曾進攻瀋陽、長春、齊齊哈爾等重要城市，甚至切斷南滿鐵路幹線，關東軍司令官本莊繁始終未能全面清除這些反抗活動，以致東京認為關東軍司令官本莊繁指揮不力，決定改組關東軍。

1932 年 8 月，齋藤實政府與軍部聯手，把本莊繁調為軍事參議官，原參謀長橋本虎之助調為關東軍憲兵司令，原高級參謀板垣征四郎調職，作戰參謀石原莞爾調回日本本土。（這年 10 月，石原作為松岡洋右的隨員，赴日內瓦參加國聯大會。）

改組後的關東軍由天皇信任的軍事參議官武藤信義大將擔任司令官、並兼日本駐滿洲國大使、關東州廳長官。這次改組主要是加強軍部對關東軍的控制，把滿洲國的軍事、經濟、行政大權直接賦予關東軍司令部統籌管理。關東軍自九一八後急速增加兵力，1931 年關東軍僅有 3 個師團，此時（1932 年 8 月）已擴張到 5 個師團、2 個旅團、再加上各種特種部隊，以及航空兵，占日本總兵力三分之一以上，這是日本自日俄戰爭後，在國外最大的駐軍。

武藤信義就任後，很快集中兵力掃蕩東北抗日義勇軍，幾個月內，就把這些義勇軍打得七零八落，死傷慘重，退出東北。1932 年底，武藤信義下令籌劃熱河作戰。

1933 年 1 月 13 日，齋藤實內閣通過閣議，同意武藤信義提出的熱河作戰。參謀本部制定《熱河省兵要地志》，列舉了熱河作戰的好處：

(1) 設置緩衝地帶，把「滿洲國」西面和北面接壤的中國土地和蘇聯隔離開來；

(2) 有利於從東面針對中國的平津地區展開行動。

此外，還可獲得煤炭資源、保證鴉片收入、便於殲滅張學良部隊。

　　閣議討論熱河行動時，陸軍當局特別申明，此次行動絕非發動對外戰爭，而是在領土內發揮警察職責，鎮壓「不法分子」。[33] 因為「熱河省是滿洲國的一部分，這是無庸置疑的事實。因此，任何在熱河省擾亂治安的人就是滿洲國的不法分子」，日軍「有在領土內進行軍事行動的自由」。[34] 昭和天皇也以為這次行動是為了穩定滿洲國建國後的治安。1 月 16 日，天皇對閑院宮春仁王談到滿洲事態，說：「所幸迄今為止滿洲方面還很順利，但現在還有熱河方面的問題，應該慎重辦事，不要功虧一簣。」[35]

　　但是，這個行動竟直接導致日本正式宣布退出國聯。齋藤實在 1932 年 5 月就任首相時，是「舉國一致」的人選，因為他的軍方背景，一般認為他既能主政，又能對抗軍方的壓力，尤其他是海軍將領，希望他能牽制逐漸失控的陸軍官兵。但事實不然。

　　齋藤內閣很快認識到，進軍熱河很可能在國聯規約上造成重大問題。1933 年 2 月 6 日，內閣接到通知，國聯方面對日本採取的措施頗為嚴峻，已從第 15 條第 3 項的「和談案」轉至第 4 項「勸告案」。這一天，齋藤首相對天皇表示，因為受國聯制約，無法進軍熱河，請求通過閣議取消這次行動，並尋求天皇理解。如果執意進行，日本很可能會面臨國聯的經濟制裁和開除處分。

　　昭和天皇對此大為驚訝，立刻對侍從武官長奈良武次表示，希望

33　內田尚孝，《華北事變的研究》（東京：汲古書院，2006），第 1 章。

34　同上。

35　木戶日記研究會校訂，《木戶幸一日記》上卷（東京：東京大學出版會，1966），1933 年 1 月 26 日條，頁 215-216。

收回賦予參謀總長的裁可（同意）。但奈良勸告天皇不可收回成命。[36]
奈良大概是顧慮 1931 年以來發生的一連串事件（3 月事件、10 月事件、
五一五事件），國內局勢動盪不安，如果把已發出去的命令收回來，
很可能會影響天皇對陸軍的權威。

　　奈良認為，國務大臣輔弼天皇，統帥部輔佐天皇，也就是說天皇
應以立憲君主的身分來作為，尊重內閣和統帥部的決定。對此，元老
西園寺公望也持相同觀點。首相齋藤實和天皇認為不宜輕易脫離國聯，
為此不惜召開重臣會議或御前會議，宮內大臣牧野伸顯、侍從長鈴木
貫太郎、樞密顧問官伊東巳代治，以及代表日本簽署倫敦海軍條約的
海軍大臣財部彪也認為應當謹慎，但西園寺公望反對召開重臣會議。[37]

　　事情似乎陷入僵局。不久，齋藤實得知國聯勸告令的內容是要日
軍從滿洲國撤回原駐地及其附屬地，同時明確表示不承認滿洲國。他
很清楚，這個條件日本朝野都不會接受，於是放棄了召開重臣會議的
念頭，轉而與西園寺公望會談，並得出結論：日本應有退出國聯的準備，
屆時，天皇應發表詔敕明確日本脫離國聯後的外交方針。

　　事已至此，熱河之戰已無可挽回，日本必須準備面臨國聯的經濟
制裁；而經濟制裁後，很可能還有國聯第 16 條（開除會籍）的處分。
內閣決定，既然如此，不如乾脆直接退出國聯。1933 年 2 月 20 日閣議
決定，如果國聯總會正式通過「勸告案」，日本就主動退出國聯。

　　2 月 22 日，日軍開始進攻熱河，兩天後（24 日），國聯大會以 42
票對 1 票（1 票為日本，另有暹羅棄權）否認滿洲國的合法地位，並要
求日本把滿洲還給中國。日本不接受國聯決議，於 3 月 27 日宣布退出
國聯。

....

36　波多野澄雄等編，《侍從武官長奈良武次日記・回顧錄》第 3 卷（東京：柏書房，
　　2000），頁 508。

37　茶谷誠一，《昭和戰前期的宮中勢力與政治》（東京：吉川弘文館，2009）。

實力懸殊的熱河之戰

在 1933 年 2 月進攻熱河之前，關東軍司令官武藤信義早在 1 個月前就拿下山海關（古稱榆關）。山海關對中國有特殊的意義，千年以來，山海關被中國視為阻擋北方異族進犯中原的「天下第一關」，過了山海關就是中原了。

日軍先是在元旦夜裡，藉故對山海關的中國駐軍提出要求，要求中國軍警撤退，山海關由日軍來駐守。中國駐軍自然無法接受這種無理要求。1 月 2 日凌晨，日軍秦榆守備隊 3 百餘人率先發動了對山海關的進攻，然後，關東軍派第 8 師團第 4 旅團團長鈴木美通少將統一指揮援兵 8 個中隊，還有航空兵一個中隊，以及海軍軍艦 2 艘，共約 3 千人，從海陸空三面猛烈攻擊。中國守軍是東北軍獨立第 9 旅（旅長何柱國），榆關城內守軍不足一個團，雖奮勇抵抗，殲敵數百，但自身傷亡過半，寡不敵眾，山海關於 3 日下午淪入日軍之手。

日軍攻入山海關當天，中國代表就在國聯控訴日軍違法的軍事行動。國聯拿不出制裁的辦法，但是，英國認為日軍侵入華北，將破壞列強在華北的利益，對日本的態度開始轉為強硬。

進占山海關吹響了日軍進攻熱河的號角，2 月 10 日關東軍司令部向各部下達了作戰指示。2 月 22 日，日本外務省突然向中國提出備忘錄，要求劃長城以外為「中立區」，中國軍隊必須從熱河撤離。國民政府當即予以駁斥。[38]

1933 年 2 月 21 日，武藤信義親自出馬，率第 6、第 8 師團，結合滿洲國偽軍，約 5 萬人，兵分三路進攻熱河。[39]

....

38　防衛廳防衛研修所戰史室，《大本營陸軍部〈1〉：昭和十五年五月まで》（東京：朝雲新聞社，1967），頁 335-336。郭廷以編著，《中華民國史事日誌》，第 3 冊（台北：中央研究院近代史研究所，1984），頁 234。

39　過去一般認為熱河作戰日軍出動 2 個師團又 2 個旅團，再加偽軍 2 萬餘人，共有 8 萬餘人。但據日本岡山大學姜克實教授的考證，關東軍此時 1 個師團編制數僅 1 萬

　　蔣介石命張學良以東北軍為主力合併部分西北軍及中央軍，編成 8
個軍團，號稱 20 萬人，負責保衛熱河。針對日偽軍三路侵犯熱河，中
國軍隊也分三路應戰。

　　中國軍隊裝備不良，根本不是日軍對手。守備開魯的騎兵旅旅長
崔興武投降，駐紮朝陽的董福亭旅與日軍一接觸即告潰敗，日軍乘中
國防線缺口，以優勢兵力突破，而在熱河戰役中，較具有抵抗力的僅
有第 4 軍團萬福麟部。日軍沿朝陽—凌源—平泉公路前進，凌源守軍
萬福麟部曾進行頑強抵抗，萬部第 130 師在葉柏壽附近阻擊日軍，終
因被日軍包圍，於 3 月 2 日退守喜峰口。[40]

　　3 月 4 日，省會承德失守，熱河全境淪陷，至此，東北全境淪入偽
滿統治之下。

　　不到 10 天，日軍就拿下熱河，速度之快令中國軍民訝異、難堪。
日軍裝備精良、戰鬥力強，這一戰本來就沒有贏的可能，但是打得這
樣難看，還是有原因的。中國將帥不和、沒有統一的指揮，就是主要
原因之一。

　　熱河省主席湯玉麟主政熱河 8 年，賣官種煙、苛捐雜稅，聲名極差。
他在熱河擁兵自重，張學良根本指揮不動。更荒謬的是，湯玉麟一聽
到赤峰淪陷，還沒見到日軍蹤影，就驚慌失措，立刻動用所有運輸車
輛，裝運自己的私產和鴉片，棄城而逃。3 月 4 日中午，128 名日軍幾
乎是兵不血刃，就占領了熱河省會承德。[41]

　　南京國民政府大怒，通緝湯玉麟，張學良也被迫引咎辭職。軍政

續 ⋯⋯⋯⋯⋯⋯⋯⋯⋯⋯⋯⋯⋯⋯⋯⋯⋯⋯⋯⋯⋯⋯⋯⋯⋯⋯⋯⋯⋯⋯⋯⋯

　　1 千餘人，1 個旅團僅 2 千餘人，1 個大隊僅 5 百餘人或 6 百餘人，實際人數還經常
　　低於編制數。因此日軍參加熱河作戰應是 2 萬餘人，再加上偽軍 2 萬餘人，約 5 萬
　　人。參見姜克實《喜峰口》（未刊論文手稿），頁 11。

40　國防部史政編譯局，《抗日戰史：榆關及熱河作戰》（台北：國防部史政編譯局，
　　1981），頁 17-21。

41　郭廷以，《近代中國史綱》，下冊（台北：曉園出版社，1994），頁 722。

部長何應欽奉命駐節北平，代理軍委會北平分會委員長，處理各種緊急軍政事務。

承德淪陷後，熱河抗戰告一段落。

四、長城抗戰與《塘沽協定》

日軍占領熱河後，緊接著就是長城抗戰。日軍攻略長城的目的是確保對熱河的穩固占領，並企圖覬覦關內冀東、平津等華北重地。

長城之戰

蔣介石緊急部署防守的戰鬥序列，這一次，與之前的熱河戰役不同，東北軍、西北軍、晉軍、中央軍均奮勇作戰，痛擊日軍。

從 3 月上旬到中旬，日軍首先進攻長城東段的界嶺口、冷口、喜峰口、羅文峪口以及古北口等長城重要關口。

冷口的守軍是晉軍商震的第 2 軍團所轄黃光華第 32 軍 139 師。3 月 4 日，率先進攻長城關口的日軍第 14 混成旅團，在發動進攻的當天，就攻占了冷口。但僅隔一天，又被晉軍於 6 日一度收復。此後中日兩軍一直在冷口附近對峙；冷口得而復失；晉軍最終未能收復冷口，直至 3 月中旬之後奉命撤離。

距山海關不遠的界嶺口，守軍是東北軍萬福麟指揮的第 4 軍團第 53 軍第 116 師（師長繆澂流）。3 月 16 日拂曉，日軍第 33 混成旅團發動進攻，僅兩個小時就輕而易舉地攻占了界嶺口。翌日 116 師發動收復界嶺口的反擊戰，此後中日兩軍在界嶺口一帶對峙，但中國軍隊始終未能收復界嶺口，最後奉命西撤。

長城抗戰最著名的戰鬥發生在熱河與河北交界的長城重要關口喜峰口。3 月 9 日，日軍第 14 混成旅團進攻喜峰口。這裡的守軍是從東

邊撤退過來的東北軍第 53 軍萬福麟部。東北軍在日軍砲火猛攻下，傷亡極重，喜峰口於 9 日中午失守。此時，西北軍宋哲元指揮的第 3 軍團前鋒恰好趕到，立即接防喜峰口附近陣地。宋哲元把所轄第 29 軍 3 個師分布在相鄰的董家口、鐵門關、潘家口等喜峰口附近長城各關口，以第 37 師（師長馮治安）為主力，負責防守冷口至馬蘭峪一線。

由於裝備遠不如日軍、仰攻收復喜峰口的 29 軍感到十分吃力，便攻占喜峰口附近的制高點，壓制日軍。3 月 9 日至 11 日的 3 天作戰中，多次用大刀與日軍展開搏擊，還數度組織夜襲。10 日，37 師一度收復喜峰口，但當日下午得而復失。喜峰口兩側的關口也都先後失守。此時 37 師師長馮治安指定 109 旅旅長趙登禹擔任喜峰口前線總指揮，110 旅旅長王治邦擔任副總指揮，38 師 113 旅旅長佟澤光協助指揮，希望能伺機收復喜峰口。

因為喜峰口之北之東高地的日軍大砲對收復喜峰口的國軍威脅很大，於是宋哲元指示組織兩支大刀隊，從左右兩側繞攻敵後，夜襲日軍砲兵陣地。3 月 11 日夜出發前，宋哲元親自到場動員，對每個大刀隊員都登記了家庭地址和親屬姓名。左路大刀隊由 37 師等部近千名不怕死的士兵組成，趙登禹旅長親自帶隊；右路大刀隊由配屬 37 師指揮的張自忠第 38 師 113 旅佟澤光旅長帶隊，也有將近 1 千人。11 日半夜 12 時，兩路隊員攜大刀和手榴彈，踏雪出發。經過半夜潛行，於 11 日下半夜（也就是 12 日凌晨 2、3 時），分別抵達日軍第 14 混成旅團乘馬討伐隊和山砲中隊宿營地。經過激戰，趙登禹的左路大刀隊消滅日軍數十人，還消滅軍馬數十匹。大刀隊員也傷亡慘重，僅有幾十人生還。右路 113 旅大刀隊的戰績不太理想，但也打擊了日軍。[42]

....

42　過去中國方面對喜峰口大捷多說是「隊長中平大尉以下卅五人陣亡」，「砍死敵人五六百名」等等；到 21 世紀，更擴大到殲敵「逾千人」的說法。日本岡山大學姜克實教授根據日軍檔案考證，29 軍 12 日凌晨分路夜襲喜峰口，共消滅日軍 63 人（戰死 17 人，戰傷 46 人）。戰死者無人是被刀砍死的。可見當年對大刀隊的戰績有

　　3月13日，日軍為了報復12日凌晨29軍的夜襲，由飛機大砲掩護，發動向長城以南進攻的戰鬥。但29軍113旅憑藉堅固並且巧妙偽裝的掩蓋工事，頑強阻擋了日軍的進攻。進攻的日軍第14混成旅團傷亡17人，黃昏時被迫撤回長城線。[43]

　　日軍接著把攻擊轉向喜峰口西南的羅文峪口。此地位於喜峰口和古北口的中間，關係到兩個關口防守的側翼安全，故地位重要。守備在這裡的是第29軍38師1個團，由29軍暫編第2師劉汝明師長指揮。從3月17日到19日，劉汝明率部在羅文峪一帶血戰3日，造成日軍重大傷亡，成功守住羅文峪。喜峰口夜襲戰和羅文峪保衛戰，當時被宣傳為「大捷」，鼓舞了中國軍民的抗戰鬥志。

　　3月中旬之後，長城東段戰事沉寂。3月底，日軍經過短期的休整，開始越過長城線，發動新的攻勢，在長城東端之南進攻灤東（這一階段，日方稱作「灤東作戰」）。於是長城東段的界嶺口、冷口、義院口等關口又開打起來。日軍第6師團所部進攻冷口，獨立混成第33旅團進攻界嶺口，獨立守備隊進攻石門寨。晉軍32軍在冷口附近，東北軍53軍在界嶺口一帶、東北軍57軍在石門寨一帶與日軍周旋。4月上旬，東北軍67軍奉命從古北口一線撤出，前往灤東增援。日軍也增派獨立混成第14旅團增援灤東。中日雙方從3月下旬到4月中旬，在灤東各地激戰。最後日軍在4月17日全部占領了灤東地區。

　　日軍占領灤東，威脅到英國控制的開灤煤礦。英國向日本提出抗議。東京通盤考慮後，命令關東軍撤離灤東。4月20日以後，日軍逐步回撤長城一線；同時在灤東展開策動冀東「自治」的活動。

續……………………………………………

所誇大，反而是29軍幾路夜襲隊總共陣亡7百餘人。參見姜克實《喜峰口》（未刊論文手稿），頁9、12、57、59-60、79-80、81。《馮治安、張自忠致宋哲元之文電》（1933年3月12日），轉引自《華北（長城）抗戰實紀》，收入孫湘德、宋景憲主編《宋故上將哲元將軍遺集》上冊（台北：傳記文學出版社，1985），頁241。

43　參見姜克實《喜峰口》（未刊論文手稿），頁88。

　　承德西南方、北平的東北門戶古北口，也是長城抗戰的重點關口。
這一帶（包括古北口和南天門等）從 3 月到 5 月，曾長時間陷於激戰。
進攻者是日軍第 8 師團第 4 旅團等部；守備者先是東北軍 67 軍王以哲
部 107 師，以後中央軍第 17 軍徐庭瑤的 3 個師（關麟徵第 25 師、黃杰
第 2 師、劉戡第 83 師）均輪番參戰，成為古北口守備戰的主力軍。

　　整個作戰分為兩個階段；第一階段從 3 月 4 日到 3 月 12 日。東北
軍 67 軍 107 師（師長張政枌）勉力支撐，3 月 10 日由中央軍 25 師（師
長關麟徵）接防。關麟徵率部與日軍激戰 3 天，全師一半以上傷亡，
關麟徵受傷，身邊隨從官兵 10 餘人全部傷亡，第 149 團團長王潤波戰
死。如此奮戰，日軍還是在 3 月 12 日占領了古北口。25 師轉戰古北口
西邊的南天門，繼續與日軍激戰。3 月 13 日，中央軍第 2 師（師長黃杰）
前來與 25 師換防。日軍在 3 月下旬停止進攻，轉為守勢。

　　第二階段從 4 月 20 日至 5 月 13 日。沉寂了近 1 個月的南天門又打
了起來。此時的守軍是黃杰的第 2 師。日軍第 8 師團與關東軍飛行隊
配合，陸空兩面聯合砲轟；黃杰率部在南天門、八道樓子一帶與日軍
浴血作戰；激戰 5 天，傷亡慘重。4 月 25 日，中央軍劉戡第 83 師前來
接防南天門。日軍飛機輪番猛烈轟炸，發動全面攻擊，連續 8 晝夜未
稍停歇，中央軍傷亡極大，第 2 師退後整補，83 師仍堅持不退。然而，
中日戰力實在相差太大，83 師也傷亡慘重，陣地不斷被日軍攻占；劉
戡準備自殺，被參謀長符昭騫等人救下。83 師也被打殘了。5 月 11 日，
短暫休整的黃杰第 2 師再次披掛上陣，替換第 83 師；5 月 12 日，早被
打殘的關麟徵第 25 師也上場救急。

　　戰鬥持續到 5 月 13 日，因中央軍傷亡過重，何應欽下令撤退，才
結束了慘烈的長城古北口之役。關麟徵、黃杰、劉戡三位年輕將領都
出自黃埔一期，都是抗日名將。

　　5 月 19 日，日軍占據北平東北的密雲縣城；20 日，逼近懷柔、順
義一線；下旬，進抵通縣。5 月 25 日，中日雙方決定停戰，開始談判。

長城各口守備戰，至此全部結束[44]。

長城抗戰期間，中央軍（徐庭瑤 17 軍等）、東北軍（萬福麟 53 軍、王以哲 67 軍等）、西北軍（宋哲元 29 軍等）和晉軍（商震 32 軍等）協同作戰，可以說是中國各軍事派系第一次真正聯手抗日。

《塘沽協定》

古北口失守，日軍進入關內，北平、天津危在旦夕。南京國民政府緊急商討對策，以保華北。國民政府當時內外交迫，無錢可用，無兵可調，可說是焦頭爛額。蔣介石、汪精衛無奈，懇請黃郛出面幫忙。

黃郛留日，是同盟會時代的革命同志，精通日語及日本文化，與日本關係良好。他曾在北洋時代擔任要職，與蔣介石義結金蘭。南京國民政府成立後，蔣介石邀請他擔任上海市長、外交部長。五三濟南慘案時他是外交部長，出面與日軍協調未果，事後辭去外交部長，退隱浙江莫干山。

黃郛臨危受命，1933 年 5 月 3 日，國民政府明令設立行政院駐北平政務整理委員會，任命黃郛為委員長。國民政府是希望藉著他在日本的人脈，想辦法與日軍聯繫停戰，同時穩定動盪的華北局勢。黃郛迅即與日本駐上海武官根本博聯繫，商討停戰的可能。

就在國民政府緊急研議如何應對之時，日軍突然自動撤退了。日軍突然撤退，是因為天皇的嚴命。天皇對朝鮮軍在九一八事變中，未奉皇命，擅自越界到東北支援關東軍，已經不悅；這次關東軍攻打熱河，內閣向天皇奏准的熱河方案，明白規定用兵範圍不得超越長城界限，結果關東軍又再一次逕行越過長城，天皇非常不滿。4 月 19 日，參謀次長真崎甚三郎覲見天皇，天皇責問：「關東軍何以還在灤東？」

44　國防部史政編譯局，《抗日戰史：榆關及熱河作戰》，頁 5-9。防衛廳防衛研修所戰戰史室，《大本營陸軍部（1）：昭和十五年五月まで》，頁 336-337。

真崎立刻以「極祕」電報，令關東軍立刻撤回。[45]

天皇及參謀本部之所以不許日軍繼續南下，有幾個原因：

(1) 日本退出國聯後，國際聲譽大受影響，此次熱河與長城之戰，已引起列強不滿，如果再繼續南下，進逼北平，很可能會導致國際干涉。

(2) 要取平津，需要更大的兵力，當時日本還沒有準備在華北大規模用兵的準備。

(3) 對於華北，日本認為上策是樹立一個親日的政權，逐步分離華北，這樣既不引起歐美的指責，又不需勞師遠征。

(4) 當時滿洲國尚未安定，東北抗日義勇軍的挑戰，還有蘇聯的威脅，都需要關東軍回到東北，好好處理。所以內閣希望關東軍先鞏固東北再談其他。

熱河之戰剛開始時，行政院長汪精衛就在 1933 年 1 月 12 日宣告，中國對於日本侵略「確定交涉與抵抗並行之方針」。[46] 中國自知尚沒有能力對日作戰，所以沿用 1932 年一二八淞滬戰役「一面抵抗、一面交涉」的方針，希望打到某個限度，就與日軍和談。

現在日軍既然願意退回關外，國民政府抓住這個機會，積極與日軍洽談和議。黃郛和關東軍副參謀長岡村寧次祕密交涉，1933 年 5 月 30 日上午 9 時，中、日雙方在塘沽會晤，商討停戰議和。中方首席代表為參謀本部廳長熊斌，日方首席代表為岡村寧次。

岡村寧次態度強硬，首先提出停戰協定草案，並說明這是關東軍的最後案，一字不容更改，要求中國代表在上午 11 時前作「諾」與「否」

45 日本國際政治學會太平洋戰爭原因研究部編，《太平洋戰爭之路：開戰外交史》第 3 卷（東京：朝日新聞社，1987），頁 20-22。

46 《中華民國重要史料初編・對日抗戰時期・緒編（一）》，頁 578。

的答覆；任何聲明必須等待停戰協定簽字後再行商議。雙方相持到 10 時 50 分，離最後時限只有 10 分鐘，熊斌被迫同意一字不改的日方提案。

1933 年 5 月 31 日，中國政府和日本關東軍簽定《塘沽協定》，主要內容如下：[47]

(1) 中國軍立即撤至延慶、昌平、高麗營、順義、通州、香河、寶坻、林亭口、寧河、蘆台所連之線以西、以南地區，不再前進，亦不作任何挑戰擾亂之舉動。

(2) 日本為確悉第一項實行之情形，可用飛機或其他方法視察，中國方面應行保護，並予以便利。

(3) 日本軍確認中國軍已撤至第一項協議之線時，不超越該線繼續行追擊，且自動一概歸還至長城之線。

(4) 長城線以南，第一項協議之線以北及以東地區域內之治安維持，由中國警察機關任之。

國民政府韜光養晦忍辱備戰

中國軍隊後撤至延慶、通州、寶坻、蘆台所連之線以西、以南地區，等於變相承認了日本對東北、熱河的占領，而且喪失了部分華北主權。劃綏東、察北、冀東為日軍自由出入地區，為日軍進一步侵占華北敞開了大門。

這等於是對日軍喪權讓步，所以國民政府一開始只公布協定的部分內容。即便如此，仍舊引來一片責罵，國民黨內、黨外都不諒解，說這個協定「違法擅權」，行政院長汪精衛只得出面承擔責任，黃郛也因此辭職並再度引退。

---

47 《中華民國重要史料初編・對日抗戰時期・緒編（一）》，頁655。

　　蔣介石也受到批評，但他必須吞下所有的謗罵。早在九一八開始，蔣介石就決定採取忍辱負重、韜光養晦、爭取時間備戰的策略。《塘沽協定》簽訂後，他在日記寫下：「我屈則國伸，我伸則國屈。忍辱負重，自強不息，但求於中國有益，於心無愧而已。」[48]

　　蔣介石認為中日國力懸殊，絕不可意氣用事，必須忍耐、忍辱，一面抵抗，一面交涉，拖到國際社會發生變化，中國才有死中求生的一線希望。否則「一敗之後將永無復興之望了。因此，我們現在對於日本只有一個法子，就是做長期不斷的抵抗……若是能抵抗三年五年，我預料國際上總有新的發展。敵人自己國內也一定有新的變化，這樣我們的國家和民族才有死中求生的一線希望」。[49]

　　當時國民政府的策略就是「以和日掩護外交，以交通掩護軍事，以實業掩護經濟，以教育掩護國防，韜光養晦乃為國家唯一自處之道乎」。[50] 這正是蔣介石從 1931 年九一八事變到 1937 年七七事變，6 年間所採行的對日策略。

五、重探《何梅協定》

　　長城戰後，日軍退回東北，積極建設滿洲國。在華北的駐屯軍則製造各種爭端，以「華北特殊化」來分化華北和中央，逼迫南京中央政府的軍政勢力撤出華北。硬逼著國民政府簽訂「何梅協定」，就是日軍故意挑釁的例子。

48　蔣介石日記，1933 年 6 月 3 日。
49　蔣介石日記，1933 年 4 月 12 日。
50　蔣介石日記，1933 年 7 月 4 日。

究竟有沒有《何梅協定》？

　　日本在華北有駐軍，叫「中國駐屯軍」（日文：支那駐屯軍），是根據 1901 年的《辛丑條約》，日本可以在北平到天津的鐵路沿線駐守，保護鐵路和日僑。當時駐華北的外國軍隊還有英、美、法、義四國。他們都把司令部設在天津，部隊則駐紮在天津和北平。日本駐屯軍起初只有幾百人，後來逐漸增加，九一八事變後更刻意擴充編制，而且駐屯軍不斷對國民政府提出各式各樣的要求，令中國在華北的政軍領袖不勝其擾。

　　1935 年 6 月 7 日，日本華北駐屯軍司令官梅津美治郎向國民政府在華北的最高首長何應欽（軍政部長兼北平軍分會代理委員長）提出一個 9 點要求的備忘錄（日本稱為「覺書」），包括中央軍撤出河北省、罷免河北省主席于學忠、免掉天津市長張延諤、停止國民黨活動、禁止中國人民進行抗日活動等等。這個協定一旦執行，將使中國在河北省的主權大部喪失，這是日本製造「華北特殊化」的步驟之一，最後要使華北脫離南京中央。

　　蔣介石當下拒絕，6 月 9 日電行政院長汪精衛：「撤退問題是最重要之關鍵，應決定拒絕，不能接受。」[51] 並囑何應欽「高橋之覺書，切不可以書面答覆，應拒絕之」。[52]

　　為安撫日軍，何應欽採取了一些措施（例如，把于學忠調離河北、把張延諤免職等），但日軍不滿足，一方面追加要求，同時逼何應欽簽字。

....

51　「蔣委員長復汪兆銘原則告以對日方要求中央軍南移應決定拒絕電」，《中華民國重要史料初編・對日抗戰期・緒編（一）》，頁 679-680。

52　「蔣委員長致何應欽代委員長指示對高橋交來覺書且不可以書面答覆電」，《中華民國重要史料初編・對日抗戰期・緒編（一）》，頁 684。

　　何應欽抵擋不住日軍壓力，6月10日，未經蔣介石同意，竟把中央軍撤出了河北。在蔣介石心中，華北是「黨國存亡」之所在，[53] 他得到消息後，氣得發抖，「悲憤欲絕，實無力舉筆覆電」，[54] 宋美齡見他如此激憤，陪在一旁哭泣，兩人徹夜未眠。[55]

　　何應欽為避免日方進逼，乾脆在6月12日離開北平回到南京。可是日本要何應欽簽約的壓力並未因此而減緩。何應欽回到南京後，日方仍繼續施壓，要求何應欽書面答覆「覺書」。當時蔣介石在西南督促四川的建設，南京中央政府由行政院長汪精衛主持。何應欽與日方周旋三週，仍無法抵擋壓力。他與汪精衛商量，想了個辦法，不簽協議，改以「覆函」的方式回覆梅津美治郎。

　　何應欽的覆函是這麼寫的：「敬啟者，六月九日酒井參謀長所提各事項，均承諾之。並自主的期其遂行，特此通知。此致：梅津司令官。何應欽（中華民國）二十四年七月六日。」[56]

　　7月6日，何應欽電報蔣介石：「日方必欲我做正式書面答覆。經與汪院長再三斟酌考慮，歷時三星期，一再與日方磋商，近始決定由職備一普通信，送達天津駐屯軍。」[57] 蔣介石收電後隔天（7月8日）指示：「此信如未發出，務請從緩，即使要發，亦應有字句之改正。」[58] 但是，蔣介石電報抵達南京時，何應欽的「普通信」已在6日送出，來不及改正任何文字了。

53　蔣介石日記，1935年6月9日。

54　蔣介石日記是這樣寫的：「為河北軍隊之撤換與黨部之撤銷，悲憤欲絕。實無力舉筆覆電，妻乃下淚，徹夜未寐。如上天有靈，其將使此惡貫滿盈之倭寇不致久存於世乎？」蔣介石日記，1935年6月10日。

55　蔣介石日記，1935年6月10日。

56　《中華民國重要史料初編・對日抗戰時期・緒編（一）》，頁692。

57　《中華民國重要史料初編・對日抗戰時期・緒編（一）》，頁692。

58　《中華民國重要史料初編・對日抗戰時期・緒編（一）》，頁692-693。

蔣介石雖然不滿何應欽「一味順從」日方的態度，但他認為何應欽並未在《何梅協定》上簽字，應無大礙。他在日記數度表示，「幸未簽字」[59]、「應欽未予簽字」[60]、「彼寇仍逼答覺書，堅決拒絕，……然未簽字」。[61]認為，「可能度此一關，又為國家之幸事也」。[62]

蔣介石確實相信何應欽沒有簽字，既然沒有簽字，這個協定就不存在。1936年1月15日他在一個公開演講中信誓旦旦地說明：「日方宣傳說：我們和他們簽立了所謂《何梅協定》，其實哪有這回事！……我可以跟各位說，絕對沒有這個協定！」[63]

雖未簽字，但何應欽的「覆函」顯然生效了。1935年6月後，中方確實依照日本提出的要求去做，中央軍及國民黨黨部退出河北省，原河北省主席于學忠（東北軍，抗日派）下台，改由第29軍軍長宋哲元（西北軍）代理。宋哲元率軍進駐河北、察哈爾兩省與北平、天津，並成立「冀察政務委員會」。也就是說，1935年之後，南京中央政府和國民黨的力量退出華北，西北軍的宋哲元成為華北軍政領袖。

中央政府退出，華北名存實亡。對國民政府來說，華北不比東北。東北畢竟是關外，而華北一失，中原門戶大開，這是絕不能容忍的。蔣介石開始思考是否不再隱忍，立即奮起抗日。他在日記寫道：「黨部取消，中央軍隊撤退，華北實已等於滅亡，此後最多不過製造華北偽政權而已……嗚呼，寇亂至此，國既不國，人亦非人，不再決戰，復待何時？應毅然決斷，不容徘徊猶豫於其間也。」[64]

59　蔣介石日記，1937年6月13日。

60　蔣介石日記，1937年6月14日。

61　蔣介石日記，1937年6月16日。

62　同上。

63　〈蔣委員長對全國中等以上學校校長與學生代表講政府與人民共同救國之要道〉，《中華民國重要史料初編・對日抗戰時期・緒編（一）》，頁744。

64　蔣介石日記，1935年6月20日。

《何梅協定》的效力為何？

問題是，既未簽字，為什麼何應欽卻照著日方「覆函」的要求去做呢？《何梅協定》究竟有無法律或政治上的效力？

阮大仁研究《何梅協定》，注意到何應欽 7 月 6 日、9 日致蔣介石的電文，結尾分別是「知注謹聞」、「謹並聞」，顯示何應欽認為這是外交事務，不是軍事，只要行政院長汪精衛同意即可，所以他無須事先請示蔣介石，而是事後再向蔣報告即可。[65]

不論如何，何應欽的「覆函」顯然生效了。1935 年 6 月後，南京中央政府和國民黨的力量退出華北，蔣介石只得把華北冀察兩省交給宋哲元。

阮大仁指出，何應欽在處理《何梅協定》時，犯了幾個錯誤：[66]

(1) 何應欽擅自把中央軍撤出河北，形同放棄中央在華北的主權。他把「覺書」視為外交事務，但這裡牽涉中央軍撤退，以及華北軍事將領的調動，也包含軍事事務，但他卻沒有請示總領軍務的蔣介石，便宜行事，鑄成大錯，成為日後盧溝橋事變無法和平解決的因素之一。

(2) 何應欽以為這封「普通信」僅是一封私函，他忘了他當時是華北地區最高行政首長，何梅之間，無論是口約或書信，都代表政府。

當時誰也沒想到，一紙《何梅協定》在兩年後的七七盧溝橋事變時，竟成為中日無法停戰議和的關礙。

問題出在日方的「覺書」還有一個附件。《何梅協定》最早是1935 年 6 月 9 日由日本華北駐屯軍參謀長酒井隆當面交給何應欽的 9

65　阮大仁，《蔣中正日記中的抗戰初始》（台北：學生書局，2015），頁 52-53。
66　同上，頁 58-60。

點事項（酒井版）；6 月 11 日日方提出一個修正版，由駐華武官高橋坦遞交（高橋版）。高橋版和酒井版內容大致相同，但多了三個附帶事項，其中一項說明：「更有使中日關係不良之人員及機關勿使重新進入。」[67]意思是，撤出去的中央軍及國民黨機構，不得再進入華北。

何應欽在跟蔣介石報告時，未說明他的覆函究竟依據哪個版本，以至蔣未注意「勿使重新進入」這句重要的文字。

1937 年七七盧溝橋事變爆發，蔣介石迅即派中央軍北上，日方也派兵到華北，結果，盧溝橋的一個小意外，竟引來雙方數萬大軍在華北對峙。後來英國大使有意斡旋停戰，而日方就拿出何應欽的覆函與高橋版覺書，堅持中央軍進入華北違反協定，應該先行撤出。《何梅協定》成了中日交涉的絆腳石。

那麼，《何梅協定》究竟有沒有國際法的效力呢？ 1937 年 2 月，南京外交部曾請國際公法學家譚紹華，根據國際公法理論與實例，研究北平分會送來中日雙方交涉的所有文件，其中最重要的就是何應欽這封「普通信」。譚紹華根據國際公法上各種實例比證，指出「何氏之信函在法律上似已構成承諾」。[68]

不過，何應欽終生堅持，他只寫了一封私函給梅津美治郎，並沒有所謂的《何梅協定》。梁敬錞指出，「何梅之間，雖無協定，河北交涉，卻有口約，而口約內容，則是中日雙方了解不同」。[69]

不論《何梅協定》效力如何，這個協定在抗戰史上占有重要地位。梁敬錞認為，這是「中日問題和平解決或用戰爭方法解決的轉捩點。有了這個協定，中日問題和平解決的門就關閉了」。[70]

67　《中華民國重要史料初編・對日抗戰時期・緒編（一）》，頁 682-683。

68　〈河北事件〉第 2 卷（1936 年 2 月-1937 年 8 月），《外交部》，國史館，020000001368A。

69　梁敬錞，〈日人岡田有關何梅協定的一封信〉，《傳記文學》。轉引自吳相湘，《第二次中日戰爭史》上冊（台北：綜合月刊社，1973），頁 198。

70　轉引自吳相湘，《第二次中日戰爭史》，上冊，頁 198。

六、國民政府戰前的準備

中日兩國軍力相差懸殊，日本已有現代化工業基礎，優秀的軍校教育系統，優良的訓練，軍人的地位崇高，而中國在各方面都無法相比。面對日本步步進逼，蔣介石「終日思慮，對日無良法」。[71]

中國著名的近代軍事思想家蔣百里，在 1920 年代末就提出長期抗戰的理念。1933 年開始，持久戰、消耗戰的想法漸有眉目，蔣介石認定日本是想「不戰而屈中國」，那麼，中國就要「抱定戰而不屈的對策」。[72]（關於國民政府抗戰大戰略的形成與實踐，請見第五章。）

在德國顧問團的指導下，國民政府韜光養晦，低調備戰。1935 年之後日本進逼華北日益急迫，蔣介石的立場開始強硬起來。國民政府當時是採取雙重策略，一面爭取和平及安全，另一方面積極備戰。當時防禦的主要思想是費彬式的持久戰略，輔以強有力的陣地式防禦（京滬杭一帶）。

事實上，從國民政府 1927 年 4 月 18 日定都南京，到 1937 年 11 月 12 日淞滬會戰失敗，遷都重慶，這 10 年間，積極從事軍事、財經、社會各方面的建設，被譽為「黃金十年」（The Golden decade）。[73]

戰前軍事準備

軍事方面的準備包括國防體制改革、部隊整編、建立國防軍事工業等。

....

71　蔣介石日記，1932 年 2 月 11 日。

72　《徐永昌日記》第三冊，1935 年 10 月 15 日（台北：中央研究院近代史研究所，1991），頁 318。類似文字亦出現在 1936 年 11 月 1 日蔣介石日記，但在時序上徐永昌日記較蔣日記早了近 13 個月，足證蔣介石在 1935 年 10 月已與國民黨要員討論過「戰而不屈」的拖字訣。

73　Peter Zarrow, "The Nanjing decade, 1928-1937: The Guomindang Era," *China in War and Revolution, 1895-1949* (Routledge, 2005), Chapter 13, pp. 248-270.

（一）國防體制

一二八事變之後，在 1932 年 3 月重建軍事委員會，是最高軍事機關，領導軍政部、參謀本部、訓練總監部等軍事機關，並統合全國各軍系，蔣介石出任軍事委員會委員長兼參謀總長，軍令、軍政皆由蔣統籌掌握。[74]

（二）部隊整編

蔣介石一直想建立一支強大的陸軍，戰鬥力強，而且有統一的指揮系統。但是財力、時間，以及中國地方割據的現勢，都不允許。

1928 年北伐後，當時全國兵員多達 220 餘萬人，每年所耗軍費約 8 萬萬元，是全國總稅收（5 萬萬元）的 1.6 倍。[75] 各地方軍隊良莠不齊，不但國家無力負擔，而且軍隊也缺乏效率。1928 年底，德國顧問鮑爾（Max Bauer）提出裁軍及整軍委員會計畫書，建議保留 65 個師，建立一支完整、戰鬥力強、且屬於國家的軍隊。1929 年 1 月，國民政府以這份計畫書為藍本，召集編遣會議，決定全國陸軍步兵不超過 65 個師、騎兵 8 個旅、砲兵 16 個團、工兵 8 個團，合計兵額約 80 萬人，最後把軍費縮減為全國稅收的 40%；同時劃全國為 7 個編遣區。[76]

馮玉祥、李宗仁等地方將領不接受這個決議，終而兵戎相見，引起 1930 年的中原大戰，這次裁軍以失敗告終。

1934 年 12 月，第五次圍剿後，中共離開贛南蘇區，轉往貴州，剿共的工作告一段落。蔣介石開始手定 60 個師的整軍計畫。但南京當時國庫枯竭，只能先從調整 30 個師著手。「30 個師」的構想，是以日本為假想敵，當時日本有 17 個常備師團，扣掉對朝鮮、滿洲以及防蘇的

74　蘇聖雄，《戰爭中的軍事委員會：蔣中正的參謀組織與中日徐州會戰》（台北：元華文創，2018），頁 37-39。

75　郭廷以，《近代中國史綱》（香港：香港中文大學，1980），頁 202。

76　蔣介石日記，1928 年 1 月 22 日。另參考《何應欽將軍九五紀事長編》上（台北：黎明文化公司，1984），頁 210。

需要，最多只能有 10 個師團用在中國；以二個師對日軍一個師團的比例，需要 20 個師，另外 10 個師則作為後備師的骨幹。[77]

這個整軍的計畫，由德國軍事顧問協助，並由德國出售 40 個師的現代化裝備。但這個計畫的進行並不順利，從 1936 年到 1937 年上半年，進行整軍三次，每次 10 個師，計完成 30 個師，稱作「調整師」；1937 年原計畫上半年再調整 10 個師，下半年 10 個師，但上半年提出後，尚未實施，而下半年尚未提出，七七事變就爆發了，各調整師編入戰鬥序列，投入抗戰，整軍 60 個師的計畫，還沒有完成一半，就停止了。[78]而且，調整好的 30 個師，有些裝備還未到達，就匆忙投入戰場了。

（三）軍事工業與國防建設

1. 軍事工業

中國國防上最大的弱點，就是缺乏軍事工業。德國顧問佛采爾（Georg Wetzell）與塞克特（Hans von Seeckt）都認為建軍必須發展自己獨立的國防工業。[79] 1932 年 10 月，佛采爾針對中國製造的槍械，提出極嚴厲的批評，蔣介石決定在德國顧問協助下，徹底改革南京、漢陽、鞏縣兵工廠，以製造新式的基本武器。德國顧問並推薦兵工專家來中國協助發展新的兵工廠。[80] 1933 年，蔣介石邀請彈道學專家俞大維出任兵工署署長。俞大維留學德國，他與德國顧問合作無間，推出「兵工建設與械彈儲備五年計畫」，自 1936 年起，先後籌建化學工廠、重建金陵兵工廠、擴建鞏縣兵工廠、並建立防毒面具廠。

當時中國軍隊的武器不僅是落後，而且雜亂，分別來自德、義、日、

77　國防部史政編譯局檔案，「整軍建軍方案」，檔號：570.3/5810。

78　劉鳳翰，〈整編陸軍抗日禦侮〉，《近代中國》，第 47 期（1985 年 6 月），頁 155。

79　黃慶秋，《德國駐華軍事顧問團工作紀要》（台北：國防部史政編譯局，1969），頁 4。

80　國防部史政編譯局，《國民革命建軍史》，第二部，頁 1557。

英、美、法、蘇，甚至還有捷克、奧匈帝國和比利時，僅僅步槍就有20多款；即使是中央軍，也沒有統一的步槍。為了統一制式兵器，國民政府在1935年取得德國1924年式短管毛瑟槍的資料，開始在鞏縣兵工廠仿造，並於同年10月出廠，定名為「中正式步槍」，年產5千枝，[81]這時中國軍隊才開始有制式的步槍。「兵工建設與械彈儲備五年計畫」收效顯著，但生產量仍嚴重不足。1935年國民政府的武器彈藥儲備只能維持3個月，[82]兵工生產嚴重不敷使用，軍火仍須由國外引進。經塞克特聯繫，與德國簽訂中德物資交易合約，以鎢礦與德國交換軍火。戰前中國自國外輸入的軍火，80%來自德國，[83]可見戰前對德國軍火依賴程度之一斑。

2. 交通建設

交通是軍隊機動、後勤補給之所賴，大軍生命之所繫。德國顧問特別重視鐵路、公路的建設，從1928年到1937年，國民政府全力增築鐵公路。[84]

（1）公路建設

國民政府在九一八事變後成立全國經濟委員會負責規劃國道，考量戰略的運用，先築建江蘇、浙江、安徽三省的聯絡公路，選定京杭、滬杭、京燕、蘇嘉、宜長、杭徽等線，再擴大至江西、湖北、湖南、河南四省。1931年起兩年間，通車里程總共13,676公里。接著築建西北公路，擴及甘肅、山西、新疆、綏遠、四川、雲南等省，共約2萬公里。[85]

81　國防部史政編譯局，《國軍後勤史》第四冊上（台北：國防部史政編譯局，1990），頁33。

82　同上，頁50。

83　同上，頁58。

84　黃慶秋，《德國駐華軍事顧問團工作紀要》，頁41。

85　國防部史政編譯局，《國民革命軍戰役史稿》第四部（台北：國防部史政編譯局，未刊），頁170-171。

到 1937 年抗戰爆發前夕，共築新路 11 萬 1 千公里左右，幾乎把全中國連接起來。

（2）鐵路建設

鐵路以貫通西南與東南各省、聯絡南北交通的大動脈為主，到 1937 年七七事變前，全國鐵路從 8 千公里，增築至 1 萬 3 千公里，先後完成粵漢鐵路、隴海鐵路、興建浙贛鐵路、完成同蒲鐵路、蘇嘉鐵路。

這裡面最重要的是浙贛鐵路和隴海鐵路，兩條鐵路橫貫東西，對後來的持久抗戰具有重大的戰略價值。抗戰爆發後，所有華北各路與京滬鐵路的車輛，以及東南重要器材物資，絕大多數是經由這兩條鐵路疏運往西南後方；而西南的軍隊也經這條鐵路向東支援。

（3）國防工事

國防工事的構築大多是塞克特總顧問的策劃與指導，尤其在東南沿海的國防工事構築上，他的貢獻極大。[86] 工事分為陸上與江防海防要塞兩類。陸上國防工事是以首都南京為中心，逐次向外推展，區分為江浙、山東、冀察、晉綏、河南及東南六個區。1937 年抗戰爆發前，江浙區預定興建 3,008 座掩體，完成了 2,064 座；河南區預定構築 1,293 座，完成了 1,125 座。其中江浙地區的工事，又分為淞滬、吳福、錫澄三條線，完成 470 座碉堡。這些掩體都是永久國防工事建築，具有抗火砲、飛機轟炸的防護力。[87]

至於江防海防要塞，塞克特認為，日軍若由長江進攻，將利用其陸軍與海軍交互掩護，向長江上游攻擊，南京與漢口勢將落入日軍手中。[88] 因此，他建議要塞建築以鞏固長江下游江防為第一優先，並添購新砲以守長江。

各項國防工事，在德國顧問的協助下，多已按時完成，遺憾的是，

86　國防部史政編譯局所藏檔案，「塞克特中國國防行動準則」，頁9。

87　國防部史政編譯局，《國民革命軍戰役史稿》，第四部，頁214-215。

88　國防部史政編譯局所藏檔案，「塞克特中國國防行動準則」，頁6-7。

後來淞滬會戰匆忙撤退，這些國防工事未能發揮預期的效果，而新購的火砲大部分未按時運來，等抵達中國時，淞滬及南京會戰已經結束了。

金融財稅改革

財稅為政府正常運作的基礎，金融則關乎經濟運行的暢通。南京國民政府成立之後積極推行這兩大領域的改革，並取得了可觀的成效。

1927 年南京民國政府在「革命外交」方針的主導下，曾單方面宣布關稅自主，但未獲得列強的回應。1928 年 6 月北伐完成之後，已經處於中央政權地位的國民政府開始推行「修約外交」，宣布對於一切不平等條約將予以廢除，重新訂立平等互尊主權之新約，具體又分為三種情況：

(1) 舊約滿期，即予廢除，另訂新約；
(2) 舊約尚未滿期，國民政府以正當手續解除後重訂新約；
(3) 舊約業已滿期而新約尚未訂定者，國民政府另訂適當臨時辦法處理一切。[89]

在這些原則上，1928 年 7 月，中美兩國率先訂立了《整理中美兩國關稅關係之條約》，承認中國擁有關稅完全自主的原則。隨後，英國、挪威、比利時、義大利、丹麥、葡萄牙、荷蘭、瑞典、法國、西班牙等國也與國民政府簽訂「友好通商條約」或新的「關稅條約」，這些條約都包含著關稅完全自主的原則。這些條約的簽署，同時也意味著國民政府得到了上述國家政府的正式外交承認。

89　〈外交部關於重訂新約的宣言（1928 年 6 月 15 日）〉，收入中國第二歷史檔案館編，《中華民國史檔案資料彙編》第五輯第一編外交（一），（南京：江蘇古籍出版社），頁 34。

　　但是，由於各國在華享有片面最惠國待遇，只要這些國家中有任何一國不承認中國關稅自主，那麼中國政府也就不能實施自主關稅了，這國家就是日本。為此，國民政府對日本極力隱忍，積極進行外交努力，解決了「南京事件」[90]、「濟南慘案」的善後事宜，1930 年 5 月，中日終於簽署了《關稅新約》。從法理上言，這個新約規定部分日本輸華物品將維持原有稅率 3 年，屆滿後，也就是 1933 年 5 月起，國民政府就可以自主決定海關稅率了。關稅新約的簽訂，對保護和促進本國工商業、合理調劑進出口貨品的種類和數量、增加財政收入，都發揮了重要的作用。

　　除了實現關稅自主外，從 1928 年起國民政府開始提出一連列的財經措施。[91]

　　1928 年 6 月下旬（也就是完成北伐的同時），財政部長宋子文在上海召開全國經濟會議，邀請金融、實業和經濟專家參加，就財經問題謀求各界的理解與支持。宋子文就金融、公債、稅務、貿易、政府開支等各項，提出存在的弊端與興革建議，得到與會人士的贊同。尤其是這次會議呼籲統一全國財政、實行全國預算統一，是後續一系列財稅改革的先聲。

90　「南京事件」是指 1927 年 3 月 23 日，參加北伐戰爭的國民革命軍中央軍所屬的江右軍部隊抵達南京，軍閥張宗昌的直魯軍退入南京城內，隨即在下關渡江逃走，但還有一部分士兵未過江，仍留在南京城內。當晚，這些士兵在南京城內開始搶劫，主要目標是外國人及其財產。美、英、日三國的領事館都遭到攻擊。搶劫行為持續到 24 日下午 4 時英美軍艦開始砲轟南京為止。24 日凌晨進城的江右軍司令程潛一方面制止搶劫，一方面同英美軍艦聯絡，搶劫在 24 日下午 5 時左右逐漸平息，英美砲擊也同時停止。南京政府答應英美要求的懲凶、保障在華安全，以及賠償，並在 3 月 26 日下令處決肇事的士兵及流氓，結束了「南京事件」。此次國民政府的處理受到輿論批評，認為太軟弱，但這是國民政府在南京初建立之際，藉著此事件與英美外國政府協商，等於以妥協讓步換來列強對南京政府的承認，展開與歐美各國正式外交關係。

91　關於宋子文 1928 年到 1933 年間的財經改革，吳景平作了詳細的研究分析。吳景平，《宋子文評傳》第 3 章〈南京理財〉（福州：福建人民出版社，1998）。

繼全國經濟會議之後，1928 年 7 月上旬，財政部長宋子文又召開了全國財政會議，中央和有關省分的財政部門代表出席會議，中央黨部、國民政府和軍事部門的代表也列席會議。會議提出、並通過了統一財政和整理財政的各項方案，並且就最重要的關務、鹽務、賦稅、預算、公債等領域以及幣制、銀行等方面的改革舉措，進行了深入的討論，達成了共識。

全國經濟會議和全國財政會議後，國民政府首先力圖實行財政統一，這就需要各地方勢力的配合，把屬於國稅收入的部分交給國民政府財政當局統一徵收。與此同時，通過裁減軍隊、核減軍費，進而確立起包括各主要財政收入和支出的預算制度，設立行政機構之外的專門的預算委員會。但是，北伐結束後不久，蔣介石領導的南京國民政府和各地方當局之間的關係很快出現緊張，特別是在集中財稅收入和裁減軍費方面，蔣介石與那些擁兵自重的地方軍事首領（馮玉祥、閻錫山、李宗仁等人）的分歧和矛盾愈來愈大，使得各項主要的財稅與金融改革無法取得實質的進展。一直到 1930 年 9 月中原大戰結束後，原先規劃的改革措施才陸續付諸實施。其中較重要的有：

在改革由洋人控制的鹽務稽核所的基礎上，實行統一的鹽稅稅率和把各省的鹽稅附件收歸財政部統一核收，改善多項鹽務經營管理，同時建立和強化鹽稅緝私力量。

裁撤厘金，開徵統稅，努力廢除社會經濟流通過程中的種種苛雜，制止各地的濫徵、擅徵，有利於商品流通並直接促進生產，為加快和鞏固國內各地區的政治統一發揮了積極作用。

在金融領域，1928 年之後也有一系列的重大進步。如 1928 年在上海設立了中央銀行，由南京國民政府自國庫全額撥付資本金，主要職能為發行兌換券、經理國庫、經理國內外公債，並逐步為一般商業銀行提供貼現，實施監管。同年，國民政府把具有強大實力和占有較大市場份額的中國銀行和交通銀行進行了增資改組，使之分別成為國民

政府特許的國際匯兌銀行和發展實業銀行；1935 年再度對中國和交通兩行增資改組，國民政府開始掌握了這兩家銀行的控股權、人事權和經營管理權。加上另一家具有軍方背景的中國農民銀行，以及 1937 年 8 月創辦「四行聯合辦事處」，如此，構成了中中交農政府銀行體系，為後來抗戰時期的金融統制奠定了基礎。在貨幣制度方面，則先通過 1933 年的廢兩改元，然後在 1935 年金融恐慌的嚴峻時刻果斷實施法幣政策，統一了中國大部分地區的貨幣制度，停止了銀本位制，改為政府銀行獨享發行不兌現紙幣，且適當調低了幣值。這對於迅速擺脫金融危機、加快商品生產和流通、促進對外貿易，發揮了積極作用，這也使得國民政府在抗戰爆發後能夠在貨幣政策的運用上具有很大的主動性，有助於抗戰物資的流轉調配。

在財稅金融領域的統一和改革之外，國民政府通過將近 10 年的建設，在內地建設上取得了長足的進步，特別是把素有「天府之國」之稱的四川納入全國統一行政管理。1928 年到 1937 年將近 10 年的建設，西南、西北地區與南京中央的關係更加穩固；全國鐵路與公路網聯通了中國東西南北各主要地區；中國與美國、德國開通了航線；政府逐漸統一全國財政金融；教育快速發展。1937 年，國民政府教育部頒布《學齡兒童強迫入學暫行辦法》，準備實行義務教育，不幸尚未實施，就發生盧溝橋事變，抗戰爆發，義務教育胎死腹中。

新生活運動：「人」的備戰

除了軍事、財經、國防工事的建設外，國民政府還推出一項「人」的建設。

1934 年 2 月至 4 月間，蔣介石在江西省南昌市發表一系列演講，並發起「新生活運動」。這個運動是以「規矩、清潔」兩項為基本原則，例如：衣服要整齊、要常常洗澡、不要到處吐痰、車站買票一個一個

排隊等。[92]

　　《新生活須知》總共 95 條，都是圍繞著日常生活中極尋常、細微的行為。運動推出後，各方反應熱烈，幾個月內，南京、北平、山西、福建、上海、河南、湖北、浙江、山東、湖南、陝西、綏遠、雲南等省市，以及江西省內 20 多個縣，相繼成立了「新生活運動促進會」，7 月 1 日還在南昌成立了「新生活運動促進總會」，蔣介石擔任會長。[93]

　　如果仔細查看《新生活須知》的內容，就可以看出來，這個運動是透過生活習慣的改善，鼓勵中國人民關心自己的身體、人際關係、周圍空間、公共場所的紀律，來促進他們的「公共意識」。也就是說，從 1934 年到抗戰勝利，橫跨抗戰 11 年，這個運動提醒中國人注意紀律、品德、秩序、整潔，說穿了，這其實是一場國民政府推出的公民教育運動，目的是為備戰動員做準備。

　　蔣介石對此並不諱言，他強調，新生活運動的基本要求是生活革命，通過生活層面的革新再造，使中國傳統倫理道德——禮義廉恥的精神發揮出來，進而達到更高目標，找到「今日立國救民唯一之要道」。[94]

　　此外，新生活運動提升了蔣介石在中國人民的威望。1934 年的國民政府，表面上維持著統一，但內部一直有激烈的派系鬥爭，甚至處於四分五裂的狀態。新生活運動有如星火燎原，很快擴大到全國各地。擁蔣的派系（黃埔系、CC 系、政學系等）都是推廣新生活運動的核心力量。非蔣的派系（西山派、改組派、還有各個地方實力派）原本想冷眼旁觀，後來發現全國熱烈響應，與其成為旁觀者，不如親自加入這場運動，並相機把它拉到自己的體制中。所以，這個運動可以說得到平民及大多數軍政領導的支持。

92　〈「新生活須知」總共 95 條〉，《江西民國日報》，1934 年 2 月 26 日，頁 2。

93　新生活運動促進總會編，《民國二十三年新生活運動總報告》（新生活運動促進總會，1935），頁 112，118，119，139。

94　陳鐵健、黃道炫，《蔣介石與中國文化》（香港：中華書局，1992），頁 105。

　　深町英夫觀察，蔣介石藉著新生活運動，獲得若干地方勢力的支持，加強了他作為「教主」的形象。[95] 於是，這個運動成為了國民黨政權團結一致地對中國人民進行「生活教養」的一次嘗試。

　　新生活運動有著驚人的普及性。為了檢查中國人民的一舉一動是否符合《新生活須知》的規定，全國各大小城市都有檢查人員對學校、辦公室、宿舍、兵營、工廠、商店、餐廳、茶館、旅店、戲院、車站、碼頭、街道、住宅等進行檢查，很少有漏網之魚。

　　這些檢查活動有個特點：不論官民、公私、職業、階層、年齡、教育空間、個人生活，都成為檢查的對象。黨政軍當局也和一般群眾一樣接受檢查，這是新生活運動的一個特別的現象，擔任督導、檢查的機構，本身也成為被檢查的對象。

　　那麼，新生活運動的效果如何呢？一般群眾的反應如何？人民大眾大致上順從警官或檢閱人員的批評、教訓，但他們的改變經常是既短暫又表面的。例如，南昌的幾家旅店及食堂受到檢查時的態度是「和顏悅色，不時急躁，惟解釋尚不明白」，「大多採一時敷衍接受之滿諾，能否實行尚係問題」。[96] 一般市民都知道，星期六或星期日糾察隊比較多，所以預先準備好檢查，糾察隊一走，就故態復生。而且，糾察人員良莠不齊，有的態度良好，有的則是傲慢囂張，成為市民厭惡的對象。[97] 雖然如此，新生活運動對於喚醒中國人注重紀律、次序、整潔，還是有效果的。

　　尤其是 1937 年中日大戰爆發後，新生活運動的內涵也隨著變化，原來強調的是四維八德禮義廉恥，盧溝橋事變後，重點轉為強調紀律、

95　深町英夫，〈新生活運動：「人」的備戰〉（未刊稿）。

96　〈江西青年假期服務團工作續志〉，收入《新生活運動促進總會會刊》，第 3 期（1934 年 9 月），頁 42。

97　南昌新生活運動促進會編，《新生活運動》（南昌新生活運動促進會，1934），頁 134-135。

節約和犧牲精神，要求人民時時刻刻不忘抗敵、要有犧牲奉獻的精神。

　　1938 年底，新生活運動促進總會遷到漢口，再遷到重慶，工作已由原來著重道德生活教化，轉為一個無所不包的運動，節約獻金、空襲救濟、搶救難童、成立傷兵之友社，以及在重慶成立陪都新生活運動模範區等，都成了新生活運動工作範圍。雖然新生活運動的成效在戰前並不明顯，但是它的組織網路和動員能力，都為戰時服務提供許多方便，對抗戰事業頗有助益。

　　值得一提的是，東京當局也注意到中國的新生活運動，密切關注它的發展，但是卻沒有認知到，經過這個運動，中國民族國家的建立又向前邁了一大步，中國已不是 1931 年九一八事變時的中國，更不是1928 年濟南慘案的中國。深町英夫指出，「不論是日本的外務省官員或是民間輿論，都在臆測中國發生的事情對日本有何種意義，且對其變化一喜一憂，並未深思更為重要的根本性問題，即中國正處於創造國民、建設國家的現代化進程當中，而已先其一步建立起了現代民族國家的日本，應該如何與之相處？」[98]

敵乎？友乎？

　　1934 年還有一件事值得一提。1934 年 12 月出版的《外交評論》雜誌刊登了萬字長文〈敵乎？友乎？——中日關係的檢討〉。這篇文章是蔣介石命軍事委員會侍從室第二處主任陳布雷擬稿，以「徐道鄰」名義發表。當時各大報刊如《大公報》、《申報》、《中央日報》都全文轉載，並印成單行本出版；日本《中央公論》等幾家雜誌也刊摘了此文的日文版。

　　文章指出：「日本人終究不能作我們的敵人，我們中國亦須有與

---

[98] 深町英夫，《教養身體的政治：中國國民黨的新生活運動》（東京：岩波書店，2013），頁 181-182。此書中文版已於 2017 年由北京三聯書店出版。

日本攜手之必要。」又說：「只要日本有誠意謀解決，中國只須要求放棄土地侵略，歸還東北四省，其他方式，不必拘泥，過去懸案，應以誠意謀互利的解決。」文章問道：「究竟是相互為敵，以同歸於絕滅呢？還是恢復友好，以共負時代的使命呢？」[99]

標題「敵乎？友乎？」似乎是兩者擇一、非黑即白的選擇，但仔細閱讀，此文詳細闡釋蔣介石對中日關係和東亞軍事政治格局的看法，也針對國內對南京政府對日政策的抨擊，做出解釋，希望取得國人的理解與支持。它真正的要旨是呼籲中日親善，一方面向日本遞出中日親善的橄欖枝，同時勸告中國人不要急於敵視日本人，而應長期忍耐，與日本建立友好關係。他也預示了中國將調整對日政策的訊息：中國的忍讓是有限度的，如果日本一意孤行，繼續侵略中國，則中國即使軍力遠遠落後日本，也要奮起抗爭，即便是兩敗俱傷，也在所不惜。多年後，蔣介石自承，發表此文是他的意思，因為當時「中日局勢更趨危急，正進入最後關頭，亟思設法打開僵局，⋯⋯遂發表〈敵乎？友乎？〉⋯⋯以此為中日兩國朝野作最後之忠告」。[100]

日本政府與民間都相當重視這篇文章。日本駐華公使有吉明向外相廣田弘毅報告中國各界對此文的反應，有吉明認為，文章並不具有敵意，「並未胡亂玩弄過激的言辭⋯⋯與從前的煽動性論文略有不同」，但又說：「畢竟其將罪責大多歸咎於日方，並認定只有日本才能打開局面，」認為文章表現出的友好色彩還不夠。[101]

日本民間的反應與官方類似。1935年3月，《國際知識》、《支那》

99　徐道鄰，〈敵乎？友乎？──中日關係的檢討〉，收入《外交評論》，第3卷第11、12期合刊。此文編入《先總統蔣公思想言論總集》，第4卷，頁135、145-149。

100　蔣介石，〈重刊〈敵乎？友乎？〉前言〉，《先總統蔣公思想言論總集》，第4卷，頁135。

101　「中國各報章刊載〈日支關係之檢討：敵乎？友乎？〉」（1935年1月31日），外務省編《日本外交文書・昭和期Ⅱ》，第1部，第4卷上，頁17。

兩家雜誌相繼刊登〈敵乎？友乎？——中日關係的檢討〉的日文版，推測該文實由陳布雷執筆，背後另有玄機。[102] 4月1日，《中央公論》以「〈日本為敵乎？友乎？〉之總批判」為題，刊登了日本言論界著名人士長谷川如是閑和伊藤正德的評論。他們均給予此文很高的評價，認為「它代表著現在中華民國最高水準的輿論」，「它是擔憂日支關係的國人必讀的好參考資料」。但是，對於歸還東北的要求，他們均持否定態度：「像徐氏這樣的現實論者，在談到該問題時，亦是從『現實』層次一躍而跳到『理想』層次……他忽視了滿洲國存在的嚴峻現實，對政治外交的現實勉強進行反抗……若拘泥這一問題，日支提攜則是絕對不能實現的。」[103]

深町英夫指出，日本朝野對〈敵乎？友乎？〉一文的反應，和他們對「新生活運動」的態度如出一轍。他們首先懷疑這是不是九一八事變以來中國一連串反日、抵制日貨的再次出現？他們簡單的以「穩健／激進」、「親日／反日」的二元論框架來評論這篇文章，只想知道蔣介石到底是敵還是友，而沒有去探究文章隱含的根本性問題。正是因為缺乏對中國的真正理解，才使得日本陷入自以為是的侵略戰爭的深淵。[104]

中國輿論界大多肯定這篇文章，但也有少數持不同意見的，例如，著名報人王芸生在《大公報》的社評指出：「日本人說滿洲是她的『生命線』，滿洲拿在手上，華北又變成滿洲的『特殊地帶』；設不幸這個『特殊地帶』再變了色，那時又將如何呢？……在這種高壓下，中

---

102 外務省編《日本外交文書・昭和期 II》，第1部，第4卷上，頁17。

103 長谷川如是閑，〈日支關係的「現實的支配」〉，《中央公論》第569號（1935年），頁199-201；伊藤正德，〈他山之石的教訓〉，收入《中央公論》第569號（1935年）頁202-204。

104 深町英夫，《教養身體的政治：中國國民黨的新生活運動》，第4章。

國怎麼可以同日本講邦交呢？」[105]

　　北京大學的國際關係教授張熙若質疑，「天下事真是無奇不有。無端端的侵占了人家四省的地方，用飛機重砲轟毀了人家許多城市和人民，擾亂了人家許多地區，而且日日計畫如何吞併、如何宰割，簡單地說，就是處處要置人家於死地，人家無力抵抗，也就罷了，卻還要進一步的強他和你講親善、講提攜，這未免太難了！……我於被侵略之後甘心去和人家講親善，豈非表明不但無力抵抗，並且情願受辱？若是這種甘受之侮是『含垢忍辱』之類，有重大作用或特殊苦心在內，那還可說。不過在今日彼此懸殊形勢之下，任何作用，假如有的話，都不能發生效力，任何苦心都不能達到目的；唯一的結果只是上當受騙，使國難愈加嚴重，國運愈難挽回。」[106]

含垢忍辱有特殊苦心

　　那麼，蔣介石究竟是「上當受騙」，還是「含垢忍辱」有特殊苦心？

　　1934 年下半年正是蔣介石選定四川作為抗戰持久戰最後根據地，積極安定西南的時候。（詳情請見第五章〈抗戰大戰略的形成〉）。

　　這一年，他的對日戰略已清楚，先要安定西南，使四川回歸中央，然後建設西南、整軍經武，如此才能和日本打一場持久戰。但是，在這一切完成之前，仍需韜光養晦，「與倭暫睦」。[107]

　　1934 年 10 月、11 月、12 月蔣介石大部分時間在西北、西南，幾乎跑遍了山西、陝西、甘肅、寧夏、青海、四川，風塵僕僕。他每天都在思考、處理的幾件大事包括：（1）整軍計畫、（2）經營四川、（3）西北與西南的建設、（4）注意日本與蘇俄的狀況。

105　〈社評：讀徐道鄰文之感言〉，《大公報》1935 年 1 月 29 日。

106　張熙若，〈論所謂中日親善〉，《大公報》1935 年 3 月 10 日。

107　蔣介石日記，1934 年 11 月 16 日。

　　他每天日記都寫下「雪恥」兩字，但還不夠，10月5日，他警戒自己不可忘記日本侵華之恥：「雪恥，此恥果健忘乎？」[108] 他不時提醒自己，忍辱雪恥的同時，「不可忘了犧牲一切、達成目的之政治要點」。[109] 他專心於西南的建設，必須「避免倭寇忌嫉與當面衝突，暫退隱為宜」。[110]

　　對於外界懷疑他不抗戰，他的心情是複雜的：「茹苦負屈，含冤忍辱，對外猶可，對內猶難，何黨國不幸，使我獨當此任也！」[111]

　　含垢忍辱、對日親善，是因為中國尚未準備好對日抗戰，中國需要時間備戰，但這些事只能做、不能說，更不能刺激日本，以免過早開戰。

　　1934年年底，他在日記中寫下：「若為對倭計，以剿匪為掩護抗日之原則言之，避免內戰，使倭無隙可乘，並可得眾同情，乃仍以親剿川、黔殘匪，以為經營西南根據地之張本，亦未始非策也。當再熟籌之！」[112]

　　總之，1931年九一八事變時，中國正處於內憂外患、地方割據的困局，九一八驚醒了南京國民政府領導和中國人民。蔣介石明知「中日必將一戰，……倭所要我者為土地、軍事、經濟、與民族之生命」。但中日實力懸殊，「倉促應戰，必是自取敗亡」。[113] 在內憂和外患孰先孰後的選擇上，他決定「攘外必先安內」，隱忍以對日本的侵略。

108　蔣介石日記，1934年10月5日。
109　蔣介石日記，1934年11月16日。
110　蔣介石日記，1934年11月20日。
111　蔣介石日記，1935年11月6日。
112　蔣介石日記，1934年12月29日。
113　蔣介石日記，1931年10月7日。

【第 二 編】

大戰略形成

第四章

一二八淞滬抗戰

肖如平（浙江大學中國近現代史研究所所長）

洪小夏（上海師範大學法政學院教授）

1932 年爆發的一二八淞滬抗戰，是南京國民政府在九一八事變之後領導的第一次局部抗戰。此時，國民政府不僅拋棄了九一八時期的不抵抗政策，也否決了不切實際的對日絕交方案，提出了「積極抵抗，預備交涉」的對日新方針。

過去人們對一二八之役多有誤解，例如，有些認為駐滬第 19 路軍是抵制了南京國民政府的不抵抗政策，奮起自發抵抗的；也有批評「淞滬停戰協定」是個賣國協定，至少是一個妥協的協定。另外，在軍事上，當年的情報和以往的研究論著，都對一二八之役日軍的參戰人數做出了過高的估算，從而影響了對該役的整體評價。

有鑒於此，在本章我們試圖探究下列問題：一二八之役得失究竟如何？到底是勝仗還是敗仗？日軍參戰人數到底有多少？此役和後來的八一三之役有何關聯？如何評價蔣介石和汪精衛的「一邊抵抗，一邊交涉」的外交政略？「淞滬停戰協定」是不是個妥協甚至賣國的協議？

一、中國反日運動、日軍上海挑釁

如火如荼的反日運動

從中日整體的外交情勢來看，九一八事變爆發後，中國主要城市都出現強烈的反日運動；最令日本感到壓力的，是抵制日貨的經濟活動。上海是亞洲第一大城、中國經濟重地，也是日本在中國最大的商業中心。1931 年 9 月 22 日，上海各界代表召集大會，把原有的「上海市各界反日援僑會」更名為「上海市抗日救國委員會」，[1] 還組織了「對日經濟絕交實施委員會」，從抵制日貨上升為對日經濟絕交，並組織抗日義勇軍，擴大民眾參與。[2]

對日經濟絕交運動其實在九一八事變之前就已經開始了，但 9 月 22 日這次會議，把「反日」改為「抗日」，還明確制定了嚴格的對日經濟絕交辦法，例如：不買日貨，不賣日貨，不運日貨，不用日貨，不乘日本輪船，不用日本輪船載貨，拒用日本銀行鈔票，不為日本人工作，不接待日本人等。[3] 委員會還規定了懲戒辦法，違背者將遭受沒收貨物、公開警告、沒收財產全部或部分、遊街示眾、穿標示有「賣國賊」字樣的衣服示眾等處罰。

上海各行各業都熱烈響應，對日經濟絕交運動如火如荼展開。9 月 22 日以後，在學生監視員的嚴厲監視下，想在上海購買日貨幾乎是不可能的事。日本經濟受到沉重的打擊，這是有史以來「最緊張、最有效、最綿長」的一次抵制運動。[4]

1　〈舉行抗日救國大會〉，《申報》，1931 年 9 月 27 日。

2　關寬治、島田俊彥著，王振鎖等譯，《滿洲事變》，上海譯文出版社，1983 年，頁365。

3　中國第二歷史檔案館編，《中華民國史檔案資料匯編》第五輯第一編政治（四），頁 266-267。

4　Charles F. Remer, *A Study of Chinese Boycotts with Special Reference to Their*

上海是日本在中國最大的貿易、航運及製造業中心。因為這次抵制運動，上海的日本商店幾乎全部關閉，日本貨物堆滿倉庫，日資工廠被迫停工或減產，90% 工廠關門。[5] 航運業損失更嚴重，貨運、客運都大為減少。日本人經營的長江航運、津滬航運、大連至上海的航運大部分停駛。[6] 上海的日本商業幾乎完全停頓，9 月之前，上海每個月進口的日貨平均約 3 萬噸；1 個月內，這個數字直線下降為 300 噸，減少了 99%。[7]

這些活動不但把對日經濟絕交推向高潮，更激發了中國人的愛國心，進一步凝聚了中國人的民族主義與反日情緒。

日本海軍想趁機表現

在這樣的情勢下，上海的日僑迫切期待日本政府和軍方的干預；與之呼應的則是急躁的日本海軍。日本海軍看到關東軍發動九一八事變後得到日本多數民意的支援，而且以強硬手段壓制住東北的排日活動；他們認為「應該利用現在機會，仿效滿洲同樣的強硬態度，打擊排日運動」。[8] 時任日本陸軍砲兵總監的畑俊六中將，在日記中記載了海軍次官左近司政三中將 1932 年 1 月 26 日（一二八事變的前兩天）所說的一席話：「他（左近司）說，陸軍在滿洲大展身手，這次輪到海軍出來表現一番了！還說（上海）陸戰隊已經今非昔比，有 2 千人，有野戰砲和裝甲車，打得起仗，沒問題。」[9] 可見海軍為了不輸陸軍，

續 ....

Economic Effectiveness (Baltimore: John Hopkins Press, 1933), p. 155.

5　信夫清三郎，《日本外交史》下冊（北京：商務印書館，1980），頁 568。

6　〈抵制聲中日船營業大減〉，《申報》，1931 年 11 月 24 日。

7　Charles F. Remer, *A Study of Chinese Boycotts with Special Reference to Their Economic Effectiveness*, p. 162.

8　重光葵，《重光葵外交回憶錄》（北京：知識出版社，1982），頁 78。

9　伊藤隆、照沼康孝編，《續・現代史資料（四）陸軍　畑俊六日誌》，1932 年 2 月 3 日（東京：みすず書房，1983），頁 45-46。

亟欲大顯身手。

1931 年 10 月 5 日，東京召開內閣會議，就上海反日和抵制日貨運動商討對策，決議向中國國民政府提出重大警告，並派軍艦開入長江示威。10 月 11 日，日本駐華公使重光葵奉命就「排日運動」向國民政府提出抗議。[10]

10 月 11 日，在海軍陸戰隊保護下，上海的日本僑民召集了數千人參加的居留民大會，要求日本政府用強硬手段解決中日間各項懸案，徹底制止排拒日貨運動。會後舉行抗議遊行，在北四川路等處，部分日本人闖入中國商店，撕毀反日標語，毆打行人。[11] 10 月 28 日，日本 20 餘名海軍士兵在上海浦東登岸，毆傷中國工人蔣伯根等 7 人。[12] 12 月，新成立的日本犬養毅政友會內閣聲明：「新內閣和前內閣完全相反，對中國將採取強硬的積極政策。」[13] 這個聲明對上海的日僑有如火上澆油，他們更大聲要求日本政府壓制中國排日的行為。

這一連串情緒累積下來，中日之間情勢緊張已是山雨欲來，隨時可能發生衝突。

1932 年 1 月初，上海的日本海軍陸戰隊計畫挑起事端，「奇襲（上海）北站附近的排日團體的根據地，並將其占領予以封鎖，藉此消滅排日運動的根據地」。報請海軍省，希望獲得批准。海軍省徵求外務省的意見。外務省不贊同。[14] 於是海軍軍務局要求駐滬海軍詳細說明計畫。第一遣外艦隊回覆海軍省，說明擬採取的幾個行動，並要求增援 1

---

10 重光葵，《重光葵外交回憶錄》，頁 75。

11 〈上海市長張羣呈中央當局電〉，1931 年 10 月 11 日，《中華民國重要史料初編・對日抗戰時期・緒編（一）》，頁 413。

12 〈上海市長張羣為日武裝海軍凶毆華人事致日本駐滬總領事村井倉松函〉，1931 年 10 月 31 日，《中華民國重要史料初編・對日抗戰時期・緒編（一）》，頁 414-415。

13 《重光葵外交回憶錄》，頁 78。

14 《重光葵外交回憶錄》，頁 79-80。

千名特別陸戰隊。[15] 幾經協調，1月25日，第一遣外艦隊司令向海相和軍務局長彙報行動綱領，並表示「上海四周之情況日益惡化」，決定在1月28日之後「將採取適當的行動，鎮壓抗日會及實施威嚇偵察飛行」。[16]

上海租界內，氣氛十分緊張。中外人士都忐忑不安，衝突一觸即發。

日僧事件

此外，關東軍也想在上海生事，藉此轉移國際對日本強占中國東北的注意力，趁隙挾持溥儀建立滿洲國傀儡政權，以堵塞國聯調查的口實。於是關東軍高級參謀板垣征四郎大佐策劃在上海發動一次事變。日本駐上海領事館武官輔助官兼上海特務機關長田中隆吉少佐曾應召前往瀋陽與板垣密會，板垣指使田中在上海挑起中日衝突，並交給他2萬日圓作為收買漢奸等活動經費。[17]

為了使這個計畫儘快付諸行動，田中隆吉和女特務川島芳子密謀在上海製造事端。他們選擇鬧事的對象是具有濃厚反日情緒的著名華資企業三友實業社。

1932年1月18日下午，日本日蓮宗的和尚天崎啟升、水上秀雄和三位教徒（後藤芳平、藤村國吉、黑岩淺次郎）一共5人，故意到馬玉山路（今上海市楊浦區雙陽路）的三友實業社毛巾廠門前化緣，敲

---

15 《一遣機密第八六號》，1932年1月21日，轉引自日本防衛省防衛研究所戰史室《大本營海軍部·大東亞戰爭開戰經緯（一）》（東京：朝雲新聞社，1979年；中譯本《盧溝橋事變前之海軍戰爭指導》，台北：國防部史政編譯局，1991）（以下簡稱《大東亞戰爭開戰經緯（一）盧溝橋事變前之海軍戰爭指導》），頁99-100。

16 《大東亞戰爭開戰經緯（一）盧溝橋事變前之海軍戰爭指導》，頁100。

17 田中隆吉戰後接受日本ＮＨＫ電視台訪問時，披露了此事的真相。2萬日圓在當年是一筆鉅款。《日本天皇的陰謀》，頁585。參見《日本帝國主義對華侵略史料選編（1931-1945）》（上海：上海人民出版社，1975），頁49-51。

鼓念經，廠內正在操練的義勇軍數十人上前攔截盤查，結果發生衝突，川島芳子收買的數十名暴徒趁機衝出，雙方互毆；結果天崎、水上和後藤三人被打成重傷，其中一人傷重不治在醫院死亡。[18]

第二天，日本駐上海總領事村井倉松向上海市政府提出口頭抗議，要求緝凶並解散反日組織。上海市政府立刻命令公安局限期緝拿凶手歸案法辦。[19]

20日凌晨2點多鐘，數十名由川島芳子收買的上海「日本青年同志會」成員，由田中隆吉的助手、剛到上海的日本憲兵大尉重藤千春率領，以「日僧事件」為由，攜帶手槍、刺刀、炸彈、火藥、硫磺等物，闖入三友實業社毛巾廠縱火，燒了工廠；還打死巡捕1人，打傷3人（縱火者也一死兩傷）。[20]

當日下午，2千多名日僑以抗議「日僧事件」為名，在蓬萊路日僑俱樂部召開居留民大會，呼籲日本政府增兵上海，採取強硬手段。會後，約1千名狂熱者到日本駐上海總領事館及海軍陸戰隊司令部請願，並在四川路遊行，沿途搗毀中國商店，打破公共電車和汽車的玻璃，與工部局巡捕隊發生衝突。[21]

....

18　野間清治編：《滿洲事變・上海事變・新滿洲國寫真大觀》（東京：大日本雄辯會講談社，1932），頁76。

19　〈上海市政府來電〉，1932年1月19日，收入中華民國外交問題研究會編，《中日外交史料叢編（三）日軍侵犯上海與進攻華北》（台北：中國國民黨中央委員會黨史會，1965），頁18。〈日人暴動案，市府昨提抗議〉，《申報》1932年1月23日。

20　關於焚燒三友社的日本暴徒人數，有多種說法，分別參見「淞滬警備司令戴戟呈中央當局電」，1932年1月20日，收入《中華民國重要史料初編・對日抗戰時期・緒編（一）》，頁416-417；〈日浪人借陸戰隊掩護在滬肆意橫行〉，《民國日報》，1932年1月21日。

21　〈上海市政府為日僑在北四川路暴動致日本駐滬總領事村井倉松抗議書〉，1932年1月22日，《中華民國重要史料初編・對日抗戰時期・緒編（一）》，頁417；〈日人在北四川路暴行〉，《申報》1932年1月21日。關於20日下午集會的日僑人數，還有2千和4千等不同說法，分別參見「龍華戴戟來電」，《日軍侵犯上海與進攻華北》，頁6；上海日本僑民團編，《上海事變志》（上海，1933），頁38。

同日下午，上海市長吳鐵城派市政府秘書長俞鴻鈞為代表，向日本駐滬總領事館提出口頭抗議。21 日上午，村井總領事回訪上海市政府，對中國三友實業社被焚表示道歉，答應緝凶，同時對日本僧人被毆事件，遞交正式書面抗議；並提出四項要求：市長道歉；懲辦凶犯；撫卹死傷者；取締抗日活動，解散抗日團體。[22]

俞鴻鈞奉命於 22 日下午向日本領事館提出正式書面抗議，也提出四點要求：日本總領事向上海市長道歉；懲辦凶犯；賠償損失；保證今後不再發生同類事件。[23] 雙方針鋒相對，互不讓步。

26 日，日本第一批海軍援兵抵達上海，村井總領事向上海市政府發出最後通牒，就其 21 日所提四項要求，限 48 小時內答覆，否則日本將採取必要手段。[24]

國民政府希望息事寧人，盡量推遲中日大戰爆發的時間，決定讓步。[25] 上海市政府根據中央政府指令，1 月 27 日下令取締上海市各界抗日會，並通過公共租界工部局查封了宣傳抗日的《民國日報》。[26]

但村井總領事得寸進尺，堅持任何有「抗日」字樣的團體，都得取消，並限 28 日下午 6 點之前圓滿答覆。[27] 吳鐵城很快接受日本的要

22 〈日人暴動案，市府昨提抗議〉，《申報》，1932 年 1 月 23 日。

23 〈上海市政府為日浪人縱火焚燒三友社工廠事致日本駐滬總領事村井倉松抗議書〉，《時事新報》，1932 年 1 月 23 日。

24 周美華編，《蔣中正總統檔案・事略稿本》第 13 冊（台北：國史館，2004），頁 82-83；蔣光鼐、蔡廷鍇、戴戟，〈十九路軍淞滬抗戰回憶〉，收入全國政協文史委編，《文史資料選輯》第 37 輯（北京：文史資料出版社，1963），頁 1。

25 中央指示，參見「行政院長孫科致上海市長吳鐵城電」，1932 年 1 月 23 日，亦參見「上海市政府致國民黨中央執行委員會、行政院電」，1932 年 1 月 27 日，轉引自上海社會科學院歷史研究所編，《「九一八」—「一二八」：上海軍民抗日運動史料》（上海：上海社會科學院出版社，1986），頁 183-184。

26 〈抗日會取消，市府令公安社會兩局遵辦〉，《申報》，1932 年 1 月 28 日；〈公安社會兩局奉命封閉抗日會〉，《申報》，1932 年 1 月 29 日。

27 「上海市政府呈中央當局電」，1932 年 1 月 27 日，收入《中華民國重要史料初編・對日抗戰時期・緒編（一）》，頁 420。

求，派俞鴻鈞在 28 日下午親自把覆函面交日本總領事，告知中方接受日本所提全部條件並已兌現。[28] 村井表示滿意。[29]

日本海軍增兵，上海情勢緊急

上海市政府一再讓步，日本駐上海總領事也表示滿意，上海市長吳鐵城以為日本再無理由生事了。[30]

沒想到日本軍方卻態度蠻橫、節外生枝。早在 1 月 22 日，日軍駐上海的海軍第一遣外艦隊司令鹽澤幸一就向上海市政府遞交書面聲明，威脅上海市政府從速做出圓滿答覆並且付諸實現，否則「決心採取認為適當的手段，保衛日本權益」。[31]

日本海軍第一遣外艦隊活動範圍是重慶到上海的長江流域，以及華東、華南沿海地區；基地在上海，擁有巡洋艦、驅逐艦等共 14 艘；九一八事變後，增至大小船艦 21 艘；其中經常停泊在上海的一般為 5 艘左右；海軍特別陸戰隊 908 人。一二八事變開戰前，在上海的軍艦為 22 艘，特別陸戰隊 1,833 人，艦載陸戰隊 1,293 人，所以，一二八之夜登陸參戰的海軍陸戰隊共有 3,126 人。[32]

新到艦艇統由鹽澤少將指揮，海軍陸戰隊則由鮫島具重大佐指揮。軍艦主要停泊於楊樹浦至吳淞口的黃浦江上，將沿江地區置於其艦砲

28　〈上海市長吳鐵城為日僧被毆事件覆日本駐滬總領事村井倉松函〉，1932 年 1 月 28 日，收入《中華民國重要史料初編‧對日抗戰時期‧緒編（一）》，頁 421。

29　〈上海市政府為日軍自由軍事行動致日本駐滬總領事村井倉松抗議書〉，1932 年 1 月 28 日，收入《中華民國重要史料初編‧對日抗戰時期‧緒編（一）》，頁 421。

30　1 月 28 日晚，上海市政府向國民黨中央執委會和行政院彙報說：「……此案諒可告一段落。惟滬市民情憤激，幸防犯嚴密，尚未發生事故。」《蔣介石祕錄》第三卷（長沙：湖南人民出版社版，1988），頁 174-175。

31　「龍華戴戟來電」，1932 年 1 月 22 日，收入《日軍侵犯上海與進攻華北》，頁 19。

32　〈上海事件報告〉及附件二、三、四，頁總 710、824-826。關於一二八前夕日本海軍特別陸戰隊在滬人數，有不同的說法，從 1 千餘人至 6 千餘人不等，詳情略。

火力的控制之下。陸戰隊則以虹口靶子場日本海軍陸戰隊司令部為核心，在虹口越界築路地區各要點構築了各種各樣的掩體工事，儲存了大量械彈、軍需品，做好了作戰準備。[33]

二、蔣介石運籌帷幄

國民政府中樞無主

1931 年是國民政府內憂外患的時期。國民黨內部，從春天開始寧粵分立，到 11 月至 12 月，分別在南京、廣州、上海召開了三個「國民黨第四次全國代表大會」。同年夏開始，國共兩黨的軍隊在江西激戰。另外，當年長江、淮河暴發特大洪水，使國家財政雪上加霜。也就是說，國民政府正陷入寧粵對峙、國共內戰和天災的亂局之中，日軍趁機發動九一八和一二八事變。

國難當頭，蔣介石在南京國民黨第四次全國代表大會上，以「兄弟鬩牆外禦其侮」的古訓，呼籲「黨內團結是我們唯一的出路」。[34]

但粵方的答覆是：蔣「即行下野，解除兵權」，否則粵方諸人拒絕北上。[35] 僵局難解，蔣介石只得在 1931 年 12 月 15 日辭去國民政府主席、行政院長、陸海空軍總司令等本兼各職，返回奉化家鄉。

然而，蔣介石去職並未換來國民黨的真正團結。表面上看，12 月下旬在南京召開了統一的國民黨四屆一中全會，蔣介石、胡漢民、汪精衛都當選為國民黨中常委；林森出任國民政府主席，孫科出任行政

33 《抗日戰史・一二八淞滬作戰》，頁 7-8。

34 秦孝儀編，《先總統蔣公思想言論總集》卷 10（台北：中國國民黨中央委員會黨史委員會，1984），頁 473-480。

35 李雲漢，〈「九一八」事變前後蔣中正先生的對日政策〉，收入《抗戰勝利四十週年論文集》上冊（台北：國防部史政編譯局，1985），頁 465。

院長。

　　1932 年元旦，新政府班子宣誓就職，陳銘樞 19 路軍也移駐京滬（作為粵系北上南京的軍事籌碼），但因外交和財政的雙重壓力，行政院長孫科無力主持大局，政權搖搖欲墜。[36] 而當選中央政治會議常委的蔣、胡、汪三人均未就職（蔣退居故里，胡避居香港，汪稱病在滬）。結果不到 1 個月（1 月 24 日），孫科請辭行政院長，躲到上海，閉門謝客，形成中樞無主的嚴重局面。[37]

　　日本正是看到中國這個亂象，認為南京政府無法完全指揮中國的軍隊，蔣介石的中央軍大部分仍在江西和紅軍作戰，蔣本人又在下野之中。因此，他們估計，此時在上海生事，中央軍必定來不及救援；而駐守上海的 19 路軍是「外來戶」，新來乍到，人地生疏，不太可能、也無法做到有效抵抗。所以，只要作勢恐嚇一番，就可以拿下上海了。打著這樣的如意算盤，挑起事端的鹽澤幸一頗為自負，認為上海一旦發生戰爭，只需短短 4 小時就足以了事！[38]

何應欽力主謹慎

　　國民政府當時衛戍淞滬一帶的是粵軍第 19 路軍（總指揮蔣光鼐、軍長蔡廷鍇），下轄三個師（60、61、78 師），約 3 萬 3 千人，以及吳淞要塞守備隊、上海市員警大隊第 6、7 兩個中隊，警察總署及各相關分署員警，財政部稅警團一部等，總共加起來約 4 萬 3 千人。

　　第 19 路軍的前身部隊創建於 1920 年，所屬三個師均為「二旅六團」制的甲種師。在當時國軍中，是歷史悠久、戰力優秀的部隊。屬於粵軍中的親蔣派。因此在寧粵合流後被挑中，北上衛戍京滬。全軍官兵

36　陳公博，《苦笑錄》（香港：香港大學亞洲研究中心，1979），頁 378-379。

37　周美華編，《蔣中正總統檔案・事略稿本》，第 13 冊，頁 80-82。

38　易顯石等，《九一八事變史》（瀋陽：遼寧人民出版社，1981），頁 183。

很高興能藉此脫離前段在江西參與剿共的內戰戰場；因為他們並不想打內戰，最願意做的事情是抗日。

　　1932 年 1 月 23 日中午，第 19 路軍在龍華淞滬警備司令部召開駐滬團長以上幹部緊急會議，討論日本可能的軍事行動和應對之策。會中，大家同仇敵愾，一致決定：倘若日軍來犯，必定正當防衛，死守上海。78 師原地堅守，60 師調南翔為預備隊；閘北由 78 師第 6 團團長張君嵩統一指揮。[39]

　　次日，蔡廷鍇等趕到蘇州，召集 19 路軍駐蘇州的第 60 師高級軍官開會，傳達上海會議決議。同日，19 路軍致電行政院長孫科和軍政部長何應欽等人，表示：「日本海軍及陸戰隊強迫我接受不能忍受之條件，並聞將取斷然處置。職等為國家人格計，如該寇來犯，決在上海附近抵抗。即使犧牲全軍，亦非所顧。」[40]

　　事實上，南京國民政府也已感到上海可能會有軍事衝突。1 月 26 日上午，軍政部長何應欽偕張靜江、張繼、居正等趕到上海，和吳鐵城等人商量對策，決定忍讓，盡量避免戰爭發生。[41]

　　27 日下午，何應欽與參謀總長朱培德聯名致電南京憲兵司令谷正倫、京滬衛戍司令陳銘樞、淞滬警備司令戴戟，為避免和日軍發生衝突，決定從南京派憲兵一個團到上海，接替閘北的防務。

　　用憲兵團替換第 19 路軍維持緊靠虹口日租界的閘北治安，就是為了要避免抗日情緒高漲的第 19 路軍和日軍發生衝突。憲兵第 6 團（團長齊學啟）27 日連夜從南京啟程，次日中午抵達上海真茹火車站，其

....

39　〈一月二十三日本部緊急會議紀錄全文〉，淞滬警備司令部編輯，《「一‧二八」的一些紀念品》（上海：商務印書館，1933），頁2-8。

40　〈龍華蔡廷鍇、戴戟來電〉，1932年1月24日，《日軍侵犯上海與進攻華北》，頁21。

41　周美華編，《蔣中正總統檔案‧事略稿本》，第13冊，頁81-83。

前鋒第 1 營續乘火車於黃昏時抵達閘北上海北站。[42] 按照何應欽和朱培德的命令，應該在當日下午 6 時換防，沒想到早已做好了戰鬥準備的 156 旅（旅長翁照垣）不願交防，拖到晚上 11 點仍無法解決。蔡廷鍇與蔣光鼐認為時間已晚，而且憲兵 6 團僅到了 1 個營，兵力過少，此時換防對我方防守不利，決定次日拂曉再行換防。[43]

就在這個時候，28 日晚上 11 點半，日本海軍陸戰隊以裝甲車為前導，兵分三路，從閘北各馬路向中國守軍防區開進。日軍一發動攻擊，第 19 路軍第 78 師第 156 旅第 6 團（團長張君嵩）立刻還擊，淞滬戰事由此爆發。[44]

國民政府決心在上海抗日

然而，日本錯估了當時中國的形勢。國民黨雖然內部分裂、寧粵對抗，但應對外侮，各派系還是有起碼的共識。

1 月 21 日，蔣介石回到南京。28 日，蔣、汪就對日外交達成諒解，由汪精衛主政，收拾局面；兩人連署提出「積極抵抗，預備交涉」的對日方針。[45] 當晚，國民黨召開中央臨時政治會議，決定接受孫科辭職，由汪精衛接任。[46]

1 月 29 日，汪精衛就任行政院長，宋子文出任副院長兼財政部長。同日，國民黨臨時中央政治會議決定恢復軍事委員會，選舉蔣介石、

42　《蔣中正總統檔案‧事略稿本》，第 13 冊，頁 87-88。

43　翁照垣，〈淞滬血戰〉，收入《從九一八到七七事變》（北京：中國文史出版社，1987），頁 127-128。

44　〈上海市政府為日軍自由軍事行動致日本駐滬總領事村井倉松抗議書〉，1932 年 1 月 28 日，收入《中華民國重要史料初編‧對日抗戰時期‧緒編（一）》，頁 421-422。

45　蔣介石日記，1932 年 1 月 28 日。

46　〈蔣介石入京協助政府肆應內外紀事〉，1931 年 1 月，《中華民國重要史料初編‧對日抗戰時期‧緒編（一）》，頁 430。

馮玉祥、何應欽、朱培德、李宗仁為軍事委員會常務委員。蔣介石以中央政治會議常委兼軍事委員會常委的雙重身分，重掌軍權，負責籌劃全盤對日作戰。[47]

　　第 19 路軍和日本海軍陸戰隊在上海打起來時，蔣介石和汪精衛已就對日外交達成諒解，由汪精衛主政，收拾局面；兩人聯名提出「積極抵抗，預備交涉」的對日方針；國民政府總算有了共同應對的策略。[48]

　　與東北不同，上海位於京畿之地，是國民政府的經濟、文化、軍事和外交重地與命脈，蔣介石及其他黨國要員對保衛上海的態度一致。早在九一八事變之後 4 天，南昌行營參謀長熊式輝到上海視察及督戰時，曾請示蔣：「淞滬為通商巨埠，日艦駐泊甚多，交涉萬一不能迅速解決，日方擴大行動，對我要塞兵工廠及重要各機關實行威脅或襲擊時，我陸海軍究取何行動？」[49] 蔣答覆：「應正當防範，如日軍越軌行動，我軍應以武裝自衛可也。」[50] 10 月 6 日，日本海軍艦艇增援上海，有日軍將在上海登陸的傳聞，蔣介石立即致電上海市長張羣，指示上海防務：「日本軍隊如果至華界挑釁，我軍警應預定一防禦線，集中配備，俟其進攻，即行抵抗。」[51]

　　國民黨內各派系領導人在協調對日策略時，國民政府參謀本部也針對日軍在上海可能的武力侵略，草擬了《京滬警備計畫草案》。這個計畫草案不僅對敵情進行了研判，還對作戰情形進行了假設與布置。

47　《蔣中正先生年譜長編》第三冊（台北：國史館，2014），頁601。

48　蔣介石日記，1932年1月28日。

49　「熊式輝自龍華呈蔣介石電」，1931年9月22日，《中華民國重要史料初編・對日抗戰時期・緒編（一）》，頁285。

50　「蔣介石覆熊式輝電」，1931年9月23日，《中華民國重要史料初編・對日抗戰時期・緒編（一）》，頁286。

51　「蔣介石致張羣電」，1931年10月6日，《中華民國重要史料初編・對日抗戰時期・緒編（一）》，頁290-291。

就參戰部隊而言，除第 19 路軍外，蔣介石嫡系的中央軍第 87 師和 88 師也都在計畫之內。[52]

遷都洛陽與全國國防計畫

淞滬戰起，蔣介石立刻做出兩項重大決定：一是遷都洛陽，使政府免受日軍脅迫，並示長期抗戰的決心；二是急調中央軍精銳部隊援助上海。[53]

遷都洛陽，是因為南京離上海太近，而日本海軍可以自由進出長江下游，隨時可在京滬間任何地點登陸，防守不易，「倘不遷移，則隨時遭受威脅，將來必作城下之盟」。[54] 30 日，國民政府宣布從南京遷到洛陽辦公，主席林森、行政院長汪精衛率政府人員先遷洛陽，軍事委員會暫留南京；但蔣介石 30 日親自護送政府到洛陽。[55]

同日，蔣介石發表「告全國將士電」，稱：「國亡即在目前。凡有血氣，寧能再忍。我十九路軍將士既起而為忠勇之自衛，我全國革命將士處此國亡種滅，禍迫燃眉之時，皆應為國家爭人格，為民族求生存，為革命盡責任，抱寧為玉碎、毋為瓦全之決心，以與此破壞和平、蔑棄信義之暴日相周旋。」[56]

2 月 4 日，軍事委員會議定「全國國防計畫」，把全國劃分為四個防衛區與一個預備區，估計全國總兵力約 240 萬人。很明顯，這個防衛區的劃分主要是遷就當時各自分立的地方軍系，要求他們團結對外，

52　《一二八淞滬抗日戰紀》，國防部史政局和戰史會檔案，中國第二歷史檔案館藏，全宗號 787，案卷號 1996。

53　俞濟時，《「一二八」淞滬抗日戰役經緯回憶》（台北：國防部史政編譯局，1981），頁 142-143。

54　蔣介石日記，1932 年 1 月 29 日。

55　〈國民政府移駐洛陽辦公宣言〉，1932 年 1 月 30 日，《中華民國重要史料初編・對日抗戰時期・緒編（一）》，頁 435-436。

56　「蔣中正致全國武裝同志電」，1932 年 1 月 30 日，《蔣中正總統文物》，典藏號：002-020200-00015-007。

準備全國動員一致抗日。

遺憾的是，雖然九一八後全國各地都嚷著要抗日，可是這個全國國防計畫並沒有得到各軍系的支持，地方軍系大多不願意自己的軍隊離開自己的地盤。[57]

最後，蔣介石調得動的還是他自己的中央軍。他決定把中央軍最精銳的 87 師、88 師合編為第 5 軍，由張治中任軍長；另外還派出陸軍軍官學校教導總隊（總隊長唐光霽），也接受第 5 軍的指揮。[58]

87 師、88 師是由原首都警衛軍第 1、第 2 師改編而成，形同蔣介石的禁衛軍。這兩個師裝備德國軍械，曾接受德國軍事顧問的訓練，在中央軍中戰力素質為一流，可以說是精銳中的精銳。[59] 而中央軍校教導隊原本不是為了作戰目的，而是作為訓練的範本。為了緊急部署上海防衛，蔣介石動用了教導總隊，可以說，把他的「壓箱寶」都拿出來了。

除上述兩師及中央軍校教導總隊外，還有幾個部隊也接受第 5 軍的指揮，包括隸屬財政部的稅警團。

稅警團是宋子文在財政部長任內所建立、專為緝私徵稅的特種員警部隊，總部在上海，常駐南翔和閘北一帶。因為經費充裕、訓練嚴格，這支部隊是當時中國最現代化的軍隊之一，裝備、訓練素質都優於當時國軍的甲級正規軍。由於宋子文的美國背景，稅警總團歷任總團長溫應星、王賡，都是美國西點軍校的畢業生；各級主官許多都是留美的軍校畢業生。例如孫立人，就是應宋子文的邀請，到稅警總團擔任團長的。

57　李雲漢，〈「九一八」事變前後蔣中正先生的對日政策〉，收入《抗戰勝利四十週年論文集》，上冊，頁471-472。

58　俞濟時，《「一二八」淞滬抗日戰役經緯回憶》，頁142。

59　《國民革命建軍史》，第二部，頁1480-1481。

蔣介石把稅警總團編入第5軍，是有原因的。稅警總團的經費是由八國銀行借款支應，為了避免銀行團反對，所以令稅警總團以88師獨立旅的名義參戰。[60]

蔣介石認為這些部署當使上海可以初步自保，因為日本海軍特別陸戰隊的訓練與戰力遠不如日本陸軍正規部隊。[61]

上海軍情緊急，南京亦岌岌可危。隨著滬戰的發展，日本軍艦在長江來來去去，而且日軍增兵漸多，隨時會危及南京。蔣介石緊急部署南京的防衛。2月23日，他命令在江西的中央軍第9師（師長蔣鼎文）立即趕赴杭州。[62]次日，又命令在河南的中央軍第1師（師長胡宗南）儘速趕到南京江北的浦鎮；他還命胡宗南部隊改番號為第43師，祕密從浦鎮渡長江抵達京郊龍潭、棲霞地區待命。[63]

三、一二八淞滬之戰

很多人不解，不足2千人的上海日本海軍陸戰隊，怎麼敢冒天下之大不韙，去挑釁擁兵數萬的19路軍呢？難道他們連以卵擊石的兵家大忌都不懂嗎？此外，日本還否認挑釁，堅持說是19路軍先開第一槍

60　《抗日戰史·一二八淞滬作戰》，頁13。

61　日本海軍陸戰隊分為兩種，一種擔任搶灘登陸及登陸後短期地面作戰任務，居住在軍艦上，隨艦流動作戰，稱作海軍陸戰隊，又稱艦載陸戰隊。還有一種脫離軍艦，長期駐紮在岸上，一般駐紮在港口城市，多由不適應艦船生活（例如暈船）、身體素質較差的海軍組成，稱作海軍特別陸戰隊，一般戰鬥力較差。

62　「蔣介石致朱紹良、蔣鼎文令第九師於三月三日前集中杭州電」，1932年2月23日，《中華民國重要史料初編·對日抗戰時期·緒編（一）》，頁461。

63　「蔣介石覆劉峙令第一師於感日前集中浦鎮電」，1932年2月24日；「蔣介石致劉峙指示第一師應深夜祕密渡江增援電」，1932年2月22日，《中華民國重要史料初編·對日抗戰時期·緒編（一）》，頁461；《胡宗南上將年譜》（台北：商務印書館，2014，增修版），頁44-45。

的。要了解事情的真相，必須把時間拉回 1932 年 1 月 28 日。

日本海軍陸戰隊蓄意尋釁

1932 年 1 月 27 日，公共租界各國指揮官和租界工部局首腦召開聯席會議，商議租界防衛事宜，簽署了共同防備計畫草案。[64]

1 月 28 日清晨 6 點，日本第一遣外艦隊旗艦安宅號巡洋艦，悄悄起錨，從黃浦江上的日本海軍錨地，開到蘇州河口的日本總領事館旁邊。[65] 上午 7:30，鹽澤幸一向公共租界內的英軍指揮官說：中國當局如果不答應日方 21 日提出的四項條件（當時鹽澤估計中方不可能答應），日本海軍陸戰隊將於 29 日採取行動。於是「租界防備委員會」召開會議，[66] 一致同意當天下午 4 時在租界地區開始實施戒嚴。儘管上海市政府在下午 3 時已回函日本總領事村井，接受日方所提各項條件，為防萬一，租界當局還是依照上午的決議在下午 4 時下達了戒嚴令。

令人不解的是，戒嚴令下達後，英、美、法、義四國軍隊和義勇隊均立即開始行動，在各自負責的區域布防；唯獨日本海軍陸戰隊按兵不動。晚上 8:30，鹽澤幸一發表聲明，說為了保護住在閘北的日本僑民，日本海軍陸戰隊「決定配備兵力，以負保安之責」，要求中國軍隊從速退出閘北，並拆除防禦工事，以免發生衝突。更為奇怪的是，直到晚上 11:25，這份聲明才以信函方式由日本駐滬總領事館轉送給上

----

64 〈上海事件報告〉，頁總 690；《大東亞戰爭開戰經緯（一）盧溝橋事變前之海軍戰爭指導》，頁 103-104。

65 《大東亞戰爭開戰經緯（一）盧溝橋事變前之海軍戰爭指導》，頁 104。

66 早在 1853 年上海小刀會起義時期，上海租界成立了一個租界防務委員會，由各國駐軍指揮官組成，負責維持租界內的法律和秩序。1927 年 3 月北伐軍接近上海時，該委員會曾作過分工：法軍負責法租界的防務；義、英、美三國軍隊負責公共租界西區的防務；日軍負責公共租界東北區的防務；與租界接壤但屬於華界的火車上海北站和閘北地區則由租界組織的上海義勇軍負責維持治安。

海市政府及上海市公安局。[67] 但僅僅 5 分鐘之後，日軍就開始大規模行動了！顯然，即便 19 路軍願意撤軍，也不可能來得及撤離閘北！

其實在此之前，日軍早已開始行動了。當天（28 日）晚上 9 時，停泊上海的各日本軍艦上的海軍陸戰隊員共 1 千餘人，悄悄地下船登陸了，擬會合早已在岸上的 1 千餘名海軍特別陸戰隊員，共同執行日本負責設防區域的警備任務。[68]

當晚 11:10，一小隊日本海軍特別陸戰隊數十人，攜手提機關槍，乘機器腳踏車，臂纏白布，闖入位於淞滬鐵路上的天通庵車站。站內的少數鐵路員警見日軍來勢不善，均避鋒離開，天通庵車站就這樣輕易地被日軍占領了。[69]

20 分鐘後，夜 11:30，1 千名日本海軍陸戰隊員，加上數百名僑民義勇隊員，合計近 2 千人，全副武裝，以裝甲車、機關槍開道，向閘北各馬路挺進。日軍過界開火，19 路軍軍長蔡廷鍇、156 旅旅長翁照垣下令駐閘北的第 6 團就地抵抗。

日本人聲稱，行進到北四川路西側的日本海軍陸戰隊中央警備隊，首先遭到中國軍隊的襲擊。[70] 19 路軍則說是日軍首先開槍，中國軍隊才被迫自衛還擊。

到底誰先開槍？即便在當時也很難說清，更何況 80 多年後的今天！但衝突的地點都在閘北華界，日軍顯然是越界了，而中國守軍無疑是正當防衛。

67　「上海市政府為日軍自由軍事行動事致各國駐滬總領事函」，1932 年 1 月 28 日，《中華民國重要史料初編‧對日抗戰時期‧緒編（一）》，頁 421。

68　以上均參見《滿洲事變》，頁 371-375。

69　〈昨晚日軍向華界進攻〉，《申報》，1932 年 1 月 29 日。

70　《滿洲事變》，頁 378。

19 路軍閘北禦敵

1月28日深夜，日軍發動了三波攻勢，都被19路軍擋住了。

29日清晨，日本海軍航空兵的轟炸機從輕型航母「能登呂號」起飛，低空猛烈轟炸閘北之間地區。炸彈落在人口稠密的閘北，平民傷亡極大。這是人類歷史上第一次用飛機直接從航空母艦起飛轟炸人口稠密的平民居住區，西方形容為「有史以來首次以平民為對象的恐怖轟炸」。[71] 中國守軍沒有飛機，只有以有限的高射砲、高射機關槍對空射擊，根本無濟於事。[72]

連番轟炸，位於閘北的商務印書館和東方圖書館都被炸毀了。商務印書館是當時中國最重要的出版社，中國一半以上的出版品出自於此，是中國的文化重地。東方圖書館則是商務印書館附設的圖書館，是當時中國最大的公共圖書館，藏書豐富，尤其是善本書以及重要的西方出版品，被譽為「亞洲第一圖書館」。兩館瞬間成為灰燼，「紙灰餘燼，飛達數十里外」，當天閘北上空盡是紙灰，一度把陽光都遮住了。[73]

儘管日軍掌握制空權，但中國軍隊士氣高昂，拚死抵抗。29日白天又擊退日軍數十次攻擊。上海北站原由憲兵1團一個連防守，下午一度被日軍攻占，但很快又被156旅第6團奪回。28日晚上失陷的天通庵車站，29日也被收復。一天一夜的戰鬥，多在閘北市區的街道巷弄中進行。日軍的重武器行動不便，威力大受影響。面對日軍的裝甲車，中國士兵不怕死，爬上裝甲車或屋頂，向裝甲車丟手榴彈，好幾

71　Barbara Tuchman, *Stilwell and the American experience of China 1911-1945* (New York: Macmillan & Co., 1970), Chapter 5.

72　蔡廷鍇，《蔡廷鍇自傳》上卷（台北：龍文出版社，1989），頁278；翁照垣，〈淞滬血戰〉，收入《從九一八到七七事變》，頁133。

73　〈本館被難記〉，《商務印書館通信錄・國難特刊》第376期（1932年7月10日出版），頁1-2。

輛裝甲車被毀。[74]

經過將近一晝夜的激戰，日軍十幾次攻擊都沒成功，中國軍隊斃傷日軍數百人，還擊落日機 1 架，俘獲 4 輛日軍裝甲車。29 日晚 8 時，日本海軍陸戰隊全部退回北四川路以東的租界區內。但中國軍隊傷亡也很大。78 師 156 旅第 6 團傷亡慘重，19 路軍 78 師和 60 師部分團、營，還有憲兵 6 團 1 營等部，先後趕到閘北增援。士氣之高昂、戰鬥之激烈，可見一斑。[75]

此外在吳淞口，29 日日本海軍陸戰隊 250 人在兩艘驅逐艦轟炸下，企圖攻占吳淞口砲台，被中國守軍挫敗。至下午 4:30 後，日軍被迫停止進攻，轉為監視吳淞砲台。[76]

第一回合，日軍鎩羽而退。19 路軍英勇作戰，震驚中外，外國輿論對中國軍隊的表現頗為驚訝、讚揚。[77]上海市民踴躍支援 19 路軍，送水、送飯、幫忙挖戰壕、抬傷員、傳遞消息等等，不少日資工廠停工的工人加入支援隊，為中國軍隊構築工事。[78]

第一次停戰談判和日軍首次易帥

日軍出師不利，29 日黃昏，請求英、美斡旋停火。當晚 8 時達成了停火的初步協定。但夜晚 10 時又被日軍的進攻打破了。不過 29 日

74　主要參見〈我軍初戰告捷〉，收入《生活臨時特刊・上海血戰抗日記》，1932 年 2 月 20 日；翁照垣，〈淞滬血戰〉，收入《從九一八到七七事變》，頁 129-136。

75　「龍華淞滬警備司令部參謀處來電」，1932 年 2 月 2 日，《日軍侵犯上海與進攻華北》，頁 27。該戰報說日軍傷亡 1 千多人，國軍傷亡 2 百餘人，似乎不太合理，估計雙方損失大體相當。本段內容還參考：翁照垣，〈淞滬血戰〉，收入《從九一八到七七事變》，頁 129-136。

76　〈上海事件報告〉，頁總 712-713、715-716。

77　Donald A. Jordan, *China's Trial by Fire: The Shanghai War of 1932* (Ann Arbor: University of Michigan Press, 2001), pp. 69-70.

78　Donald A. Jordan, *China's Trial by Fire: The Shanghai War of 1932*, pp. 69-70.

夜晚日軍的進攻仍未占到便宜，於是 30 日上午，日本再度要求停火 3 天，英、美領事出面調解，中日雙方進行停戰談判。

結果達成協議，雙方於 30 日正午開始，先臨時停火 3 小時，以便閘北平民撤離戰場。30 日黃昏，日軍再次發動進攻，但仍被守軍擊退。[79] 於是 31 日上午，日軍再次回到談判桌上來，在英國駐滬總領事館進行中日停戰談判。

日方在談判中強詞奪理。日本政府曾在 1 月 29 日發表聲明，倒打一耙地宣稱上海事件是因為中國排日運動引起；1 月 28 日晚日軍進入閘北，是根據戒嚴令，按照各國駐軍共同防衛計畫，進入自己分擔防區的合法行動，「由於中國正規軍突然開槍挑釁，我軍不得已應戰」。[80] 31 日在英國總領事館進行的停戰談判中，日本上海總領事仍堅持：日軍進入閘北，曾得到上海租界各國防軍司令的諒解，是執行租界防務會議制定的計畫。[81]

上海市長吳鐵城、外交部代表郭泰祺，以及軍方代表區壽年（78 師師長）在談判桌上據理力爭，指出：「閘北為中國土地，無論何國，非得中國允許，絕對無派兵入駐之權。」[82] 日本領事只好在英、美領事面前承認，進入閘北，並非租界防備委員會的本意，而是日本為護僑採取的自由行動，一切責任自負。[83] 當天達成停戰協議，從 2 月 1 日開始，雙方停火 3 天。[84]

....

79　梁岱，〈閘北禦敵〉，《從九一八到七七事變》，頁174-175；〈淞滬抗日戰役第十九路軍戰鬥簡報〉，《中華民國重要史料初編・對日抗戰時期・緒編（一）》，頁505。

80　〈關於上海事件的政府聲明〉，1932年1月29日，《日本帝國主義對外侵略史料選編（1931-1945）》，頁47-49。

81　「上海市長吳鐵城來電」，1932年1月31日，《日軍侵犯上海與進攻華北》，頁27。

82　「外交部駐滬辦事處來電」，1932年1月31日，《日軍侵犯上海與進攻華北》，頁27。

83　「上海市長吳鐵城來電」，1932年1月31日，《日軍侵犯上海與進攻華北》，頁27。

84　以上除另注外，主要參見《滿洲事變作戰經過概要》，頁139-140。

日本表面上進行停戰談判，其真正的目的是拖延時間，等待國內增援。

1 月 29 日，上海首戰受挫的消息傳到東京，日本朝野震驚，海軍省馬上決定緊急增援。短短 3 天，從佐世保、橫須賀來援的增援海軍特別陸戰隊 999 人，軍艦 14 艘、飛機 40 餘架。如此，在上海的日本海軍陸戰隊近 3 千人，加上僑民義勇隊共 6 千餘人；軍艦總共 36 艘。

2 月 2 日，海軍省決定將上海及長江以南的所有海軍統編為第三艦隊，任命野村吉三郎海軍中將為司令官，統一指揮海軍艦艇和海軍陸戰隊進攻淞滬；海軍陸戰隊指揮官也以植松練磨少將取代鮫島具重大佐。[85] 這是日軍第一次陣前換將。

日軍兵力增加後，2 月 3 日下午，日軍便破壞停火協定，在閘北再向八字橋等地發動新的攻擊，同時以艦砲、飛機轟炸吳淞口砲台，但這波攻勢仍被中國守軍擊退。第二天，日軍發動更猛烈的攻擊，戰火擴大到江灣、吳淞一線。激戰竟日，吳淞砲台被炸毀，但 19 路軍堅守砲台附近陣地，歷經 4 天 4 夜，擊退日軍。

此時，緊急增援的日本陸軍第 24 混成旅團開始登陸了，一登陸立即投入戰鬥。日本海軍陸戰隊和 24 混成旅團，在海軍艦砲和飛機的配合下，發動對吳淞砲台的陸海空總攻，企圖打下吳淞砲台，以便大批陸軍登陸。

日軍增援，中國也緊急增援。

第 5 軍以 19 路軍番號投入戰場

在第一次停戰期間，第 19 路軍也做了相應的調整，全軍集中於淞滬。第 60 師和 61 師從南京、鎮江、無錫、蘇州、江陰等京滬鐵路沿線城市調到上海及其近郊真茹、大場、南翔一線；第 78 師兩旅 6 團全

85　《滿洲事變》，頁 378。

部進入上海市區中心備戰。第19路軍能夠離開原防，全軍進入上海，是因為有新的部隊接防京滬沿線，這就是張治中率領的中央軍勁旅87師（張治中軍長兼任師長）、88師（師長俞濟時）、和教導總隊（總隊長唐光霽）。

一二八事變發生當天，蔣介石仍在野。1月30日他回到南京，立即命令成立南京警備司令部，指揮87、88師、中央軍校教導總隊及南京附近航空、憲兵、警察、要塞等各部隊。2月5日，他得知日本陸軍將增援上海，便考慮直接派中央軍精銳部隊參加淞滬戰役。2月7日，正式組建第5軍，下轄87、88師（後增加教導總隊），以張治中為第5軍軍長，命第5軍急進蘇州、南翔以西地區，以19路軍番號參戰，由蔣光鼐統一指揮。[86] 2月7日，88師抵達南翔，87師261旅（旅長宋希濂）抵達昆山。這是第5軍參加一二八淞滬之役的首批部隊。[87]

第5軍參戰後，蔣光鼐、蔡廷鍇擬定作戰計畫，以大場、江灣等為分界線，第19路軍蔡廷鍇在南為右翼軍，負責江灣到南市間地區的守備，包括上海市區，並把主力放在真茹、大場鎮方面；第5軍張治中在北為左翼軍，負責江灣以北，廟行鎮，包括羅店、瀏河、小川沙等的沿江防務，置重點在江灣及廟行鎮間地區。[88]

2月10日、13日，蔣介石兩度致電88師師長俞濟時，囑咐他：「貴部作戰須絕對（服從）蔣總指揮命令，並與友軍共同進退。」[89]「對於友軍，尤須抱共患難，同生死之精神，團結一致，協同動作。」[90]

86 《事略稿本》第13冊，頁145。

87 俞濟時，《「一二八」淞滬抗日戰役經緯回憶》，頁6、143。

88 《抗日戰史・一二八淞滬作戰》，頁11-14。

89 「蔣中正致俞濟時電」，1932年2月10日，《中華民國重要史料初編・對日抗戰時期・緒編（一）》，頁451。

90 「蔣中正致俞濟時電」，1932年2月13日，轉引自俞濟時，《「一二八」淞滬抗日戰役經緯回憶》，頁18-19。

中國最精銳的中央軍德械師、又是「天子門生」，卻要隱藏在地方部隊粵軍身後作戰，他們心中難免委屈，蔣介石特別對他們曉以大義，叮囑張治中並轉第 5 軍各師長：「希與十九路軍蔣、蔡兩同志，共同一致，萬不可稍生隔膜……抗日為民族存亡之所關，決非個人或某一部隊之榮辱問題……十九路軍之榮譽，即為我國民革命軍全體之榮譽，決無彼此榮辱之分。生死且與共之，況於榮辱乎？望以此意，切實曉諭第五軍各將士，務與我十九路軍團結奮鬥，任何犧牲均所不惜，以完成革命軍之使命為要。」[91]

第 5 軍為什麼要用 19 路軍的番號？蔣介石有特別的考慮。他暫時還不願過度刺激日本，怕引起中日之間的全面大戰。他很清楚，中日實力相差太遠，中國尚未做好準備，因此不能魯莽地對日宣戰。同時，他也質疑日本是否真的要在中國大戰？[92] 所以，「對日本先用非正式名義與之接洽，必須熟悉其最大限度」。[93] 他希望先摸到對方的底牌，給自己保留一些餘地，盡量不用中央軍、中央政府的名義出面，把中央軍隱藏在地方勢力後面，便於周旋，亦不過度刺激日本。此外，他也希望隱藏實力。

另一方面，蔣介石的這個決定，固然是為了成全大局，但也反映了中國當時的政軍情勢。自孫中山推翻滿清建立民國以來，中國就沒有統一指揮的軍隊，在軍系劃分上，19 路軍是粵軍，一向聽陳銘樞、蔣光鼐、蔡廷鍇指揮，由於軍系上的淵源，陳銘樞對蔣介石一向支持，也頗受蔣的信任。但 1931 年寧粵政治紛爭之時，身為粵軍領袖的陳銘

91 「蔣中正致第五軍張治中並分各師長電」，轉引自俞濟時，《「一二八」淞滬抗日戰役經緯回憶》，頁 19。

92 九一八之後發生一二八，蔣在日記中問自己：「倭寇必欲再侵略我東南乎？」蔣介石日記，1932 年 1 月 29 日。

93 〈蔣委員中正手定對日交涉之原則與方法〉，1932 年 1 月 29 日，《中華民國重要史料初編・對日抗戰時期・緒編（一）》，頁 431。

樞處境尷尬。他的一些作為，未符合蔣的期望，兩人漸生嫌隙。[94] 不過，一二八事變發生，大家還是相忍為國。

此外，蔣介石還設法為 19 路軍提供各種援助。例如，從中央軍上官雲相、劉峙、和西北軍梁冠英等部隊中抽調了 2 千多名有戰鬥經驗的老兵補充給 19 路軍；調撥一個砲兵營以增強 19 路軍的火力；還從南京調撥工兵隊、架橋隊、爆破隊等技術兵種到上海助戰；派空軍參戰等等。[95]

四、日本四度增兵、三易統帥

激戰蘊藻濱 日軍二易主帥

2 月 6 日，第三艦隊司令海軍中將野村吉三郎乘坐旗艦「出雲」號抵達上海，接替鹽澤幸一。2 月 7 日至 16 日，為淞滬作戰第二階段。

2 月初日本海軍決定組建海軍第三艦隊的同時，日本陸軍也動員了。因為海軍省認為單靠海軍無法拿下上海，因此，不得不向陸軍求援。東京雖對鹽澤的表現不滿，但閣議還是通過增兵上海，決定派出金澤的第 9 師團。但第 9 師團一時尚未到位，便先就近派出第 24 混成旅團（旅團長下元熊彌）作為陸軍的先遣部隊。[96]

野村吸取第一階段閘北失利的教訓，決定改巷戰為野戰，進攻重點由閘北改為吳淞口。新攻勢第一步先拿下吳淞口砲台，以備第 9 師團大部隊登陸。此時日軍的裝甲車已由最初的 10 餘輛增至 40 餘輛。2

94　肖如平，〈信任的流失：一二八事變前後的陳銘樞與蔣介石〉，收入《民國檔案》（2012 年 2 月），頁 109-113。

95　李新主編，中國社科院近代史研究所中華民國史研究室編，《中華民國史》第八卷，上冊（北京：中華書局，2011），頁 46-49。

96　《中華民國重要史料初編・對日抗戰時期・緒編（一）》，頁 521。

月 7 日，野村指揮陸海空三軍聯合作戰，吳淞口砲台終於陷落了。

接著，日軍主攻上海北郊蘊藻濱一帶。11 日下午發動攻擊，除了轟炸閘北外，日軍第 24 旅團在飛機與艦砲的掩護下，向蘊藻濱、曹家橋、吳淞口等地大舉進攻。19 路軍拚死抗擊，雙方肉搏，戰況極為慘烈；在幾個陣地反覆搏殺，激戰 3 天，雙方傷亡都很大，但日軍仍無法取勝，只得撤退。第 9 師團前鋒部隊在 2 月 12 日抵達上海，後續部隊於 16 日在吳淞口登陸完畢。此時，在上海的日軍已接近 3 萬人，裝甲車、軍艦均有增加，飛機超過 100 架。[97]

野村吉三郎指揮海軍和陸軍第 24 旅團先頭部隊，連續一週攻擊，沒能拿下沿江一帶地區，東京迅速決定更換陸軍將領為帥，以第 9 師團長植田謙吉中將取代野村，擔任總指揮。這是日軍二度易帥，一二八淞滬戰役進入第三階段。[98]

廟行與小場廟大捷

第 24 混成旅團和第 9 師團全部登陸、集結完畢後，日軍態度又轉強硬了。2 月 18 日，植田謙吉向第 19 路軍軍長蔡廷鍇發出最後通牒，要求中國軍隊在 20 日之前，先從現在占據的前線撤退，然後再從租界的邊緣後退 20 公里，包括撤退長江邊獅子林砲台；否則，日軍將對中國軍隊「不得已採取自由行動」。[99]

面對如此反客為主的荒唐要求，蔡廷鍇在 19 日晚義正詞嚴地回覆：「本軍為中華民國國民政府所統轄的軍隊，所有一切行動，悉遵國民政府之命令。來函所開各節，業經呈報國民政府核奪辦理，由外交部

97　俞濟時，《「一二八」淞滬抗日戰役經緯回憶》，附表一。

98　俞濟時，《「一二八」淞滬抗日戰役經緯回憶》，頁 18。

99　「植田謙吉致蔡廷鍇軍長通牒」，《「九一八」—「一二八」：上海軍民抗日運動史料》，頁 222-223。

逕行答覆貴國公使，本軍長未便答覆。」[100]

　　2月20日清晨，日軍發動大規模攻擊。

　　日軍這次攻擊的主力是日本陸軍正規軍的精銳部隊，而中國這邊中央軍組成的第5軍已在16日全數抵達上海，接受第19路軍總指揮蔣光鼐指揮。第5軍在北，第19軍在南，嚴陣以待。中日雙方都排出主力，等待決戰。

　　20日，日軍首先攻擊江灣、廟行，這裡是第5軍和第19路軍的結合部，因地處要衝，是88師和61師的重點防守區。這一帶東瀕黃浦江，北枕長江，地形複雜，田疇相連，河渠湖泊交錯，不利於日軍機械化部隊移動，而中方正可藉此地形作為防守。不過，雖利於防守，但因為是一片開闊的平地，也利於日軍優勢的艦砲及空軍發揮火力。[101]

　　從2月20日開始在江灣、廟行附近的攻防戰，是一二八期間雙方爭奪最激烈、也最具決定性的戰鬥。日軍投入大部兵力，天上有飛機炸射，江上有艦砲配合，地面前有裝甲車開道，後有地面火砲猛轟，瘋狂進攻三晝夜，而中國軍隊則打了一場漂亮的防守反擊戰。

　　江灣方面，日軍第9師團第6旅團，從20日上午開始連續兩天猛烈進攻；守軍19路軍61師沉著應戰，陣地屹立不動。[102] 20日晚在夜戰中還俘虜了日軍第7聯隊第2大隊大隊長空閒升少佐。[103] 日軍猛攻兩天沒有收穫，21日下午暫停進攻，雙方呈膠著狀態。[104]

　　廟行方面，由俞濟時的88師防守。20日清晨開始，日軍第24旅

....

100 〈我軍政當局駁覆日牒〉，《申報》，1932年2月20日。

101 《抗日戰史・一二八淞滬作戰》，頁55。

102 第19路軍經過20多天戰鬥，已總結出對付日軍進攻的辦法：當日軍狂轟濫炸時，伏在掩體或戰壕裡不動；待日軍步兵進攻靠近時，突然躍出開槍，大扔手榴彈，將日軍打得丟盔棄甲，狼狽逃竄。這種戰法屢試不爽，日軍被打得膽寒，很害怕19路軍。後來第5軍也參考這種戰術。

103 空閒升少佐上海停戰後於3月16日被釋放，3月28日在江灣昔日被俘處開槍自殺。

104 《抗日戰史・一二八淞滬作戰》，頁56-57。

團傾巢出動，在海空軍強大砲火掩護下，發動猛烈攻擊。88 師嚴守陣地，頑強抵抗。雙方苦戰 2 天，戰鬥激烈，88 師還擊落一架日軍飛機。[105]

第三天，22 日晨，日軍第 24 旅團主力再次發起猛烈的進攻。上午 9 時許，第 24 旅團一部強行突入麥家宅 88 師 264 旅 527 團 3 營的陣地，另一部突擊進入廟行鎮與麥家宅之間 88 師 262 旅 524 團 2 營的陣地。88 師陣地有被日軍中央突破的危險。264 旅旅長錢倫體、527 團團長施覺民奉命率領 88 師預備隊（由師工兵營、特務營各兩個連組成）趕來增援，88 師副師長李延年率領 87 師 259 旅 518 團主力也及時趕到，雙方在廟行、麥家宅一帶展開激戰。混戰中錢倫體旅長、陳普民副旅長先後負傷，工兵營長唐循、工兵連長施汝德陣亡，特務營長樓月負傷，預備隊傷亡過半。原守軍損失更大，527 團 3 營營長陳振新、代營長呂義灝相繼陣亡，524 團 1 營長徐旭傷重身亡、營副盧志豪陣亡，形勢極為危急。

第 5 軍軍長兼 87 師師長張治中聞訊，急率教導總隊趕到 88 師指揮所，親自坐鎮指揮。他命 87 師孫元良率 259 旅從廟行之西向麥家宅增援，命 87 師 261 旅旅長宋希濂率 261 旅從蘊藻濱以北南渡側擊。

與此同時，第 19 路軍軍長蔡廷鍇得知廟行危急，迅即命 61 師 122 旅旅長張炎率該旅兩個團，從江灣西北角出發，殺向麥家宅東南的竹園墩。由此形成 87 師孫元良旅在西邊，61 師張炎旅在東南邊，88 師在正面，對日軍形成三面夾擊之勢，加上宋希濂旅從東北方殺向日軍的側背，逼得日軍從進攻部隊中抽調兩個大隊去狙擊宋旅。雙方激戰不止，直到半夜，侵入廟行的日軍第 24 聯隊大部被國軍消滅；僅殘存約兩個連在麥家宅負嵎頑抗，被孫元良旅徹夜圍攻。

22 日這一天，中日雙方短兵相接，反覆肉搏，激戰達 20 小時之久。

---

105 據孫元良的說法，這架飛機不是 88 師擊落的，而是他所在的 87 師 259 旅擊落的。參見孫元良，《億萬光年中的一瞬——孫元良回憶錄》（台北：自印本，2002），頁 127。

88 師、87 師、61 師並肩戰鬥，在廟行、麥家宅一線殲敵近 3 千人，是為「廟行大捷」。[106] 不過，中國軍隊傷亡更大，僅 88 師就傷亡 2 千 7 百餘人。[107]

原來瞧不起中國軍隊的日本皇軍，這次嘗到了苦頭。在上海的日僑擔心皇軍打不贏國軍，人心惶惶，紛紛收拾細軟，準備撤離上海。

廟行大捷，蔣介石致電張治中、俞濟時嘉勉他們：「自經二月二十二日廟行鎮一役，我國我軍聲譽在國際上頓增十倍。連日各國輿論莫不稱頌我軍精勇無敵。而倭敵軍譽則一落千丈也。」[108] 當時國際間曾高度評價廟行戰鬥是：「中國軍第一次與日本軍作戰而擊敗日本軍於戰場。」[109]

23 日，中國軍隊繼續反擊。孫元良旅殲滅了麥家宅的日本殘軍，又繼續圍殲廟行東北方的金母宅之敵。

植田謙吉指揮第 9 師團和 24 旅團，在強大的海空火力支援下，最初氣焰囂張，攻勢強大，但面對中國軍隊的多路反擊，連續 3、4 天晝夜激戰，傷亡慘重，已成強弩之末，難以支撐，遂在 23 日夜向引翔港、張華濱方向退卻，國軍也停止了追擊。損失慘重的 88 師 23 日晚撤到廟行以西整補，廟行陣地由 87 師孫元良旅和 61 師接防。

24 日黃昏，日軍第 9 師團第 2 聯隊不甘心退卻，偷襲廟行、江灣間的金家塘地區。守軍 88 師獨立旅 2 團（團長古鼎華，由稅警總團改編，此時配屬第 19 路軍 61 師）頑強抵抗，擊斃日軍第 9 師團第 2 聯

---

106 廟行戰鬥，除另注外，主要參考《抗日戰史・一二八淞滬作戰》，頁 57-59；俞濟時，《「一二八」淞滬抗日戰役經緯回憶》，頁 28-29；《孫元良回憶錄》，頁 117-122；宋希濂，《鷹犬將軍宋希濂自述》（北京：中國文史出版社，1986），頁 70-72；《張治中回憶錄》，頁 99-100。

107 俞濟時，《「一二八」淞滬抗日戰役經緯回憶》，頁 28-29。

108 「蔣中正致張治中軍長、俞濟時師長之宥西電」，1932 年 2 月 26 日，《中華民國重要史料初編・對日抗戰時期・緒編（一）》，頁 463。

109 轉引自《孫元良回憶錄》，頁 117。

隊聯隊長百海實男。

　　25 日，78 師 155 旅 2 團（團長謝瓊生）、61 師 121 旅 2 團（團長
田興璋），配合古鼎華團反擊，在小場廟三路圍殲日軍第 9 師團第 2
聯隊，殲敵 1 千 7 百餘人，繳獲日軍遺棄步槍 1 千餘枝、機關槍 5 挺，
取得「小場廟大捷」，與第 5 軍的廟行大捷交相輝映。但國軍也損失
慘重，亟待整補。26 日晚，國軍決定放棄江灣，但仍固守廟行、竹園墩、
金母宅地區，與日軍對峙。[110]

　　這是九一八以來中日最激烈的一戰。從 20 日到 26 日，日軍傷亡數
千人，中方損失更重。特別是日軍的轟炸，造成中國軍民極大的死傷。
日軍從 20 日開始，3、40 架飛機連續轟炸超過 36 小時，江灣、廟行兩
鎮，滿目瘡痍，民房多被炸毀，軍民屍體遍地，腐臭四溢，溝渠流的
都是血水，慘不忍睹。[111]

日軍第四次增兵，三易主帥

　　日軍始終不能攻克中國守軍的陣地，逐漸乏力；除非繼續增兵，
否則勢必難以收場。

　　這下日本軍部陷入進退兩難的困境了。當時，日本全國陸軍只有
17 個師團，已有 1 個半師團在上海，還有 4 個師團在滿洲、2 個師團
在朝鮮、1 個師團在台灣，如果再向上海增兵，就會影響到日本整體的
防務了；但若就此打住，皇軍顏面何存？

　　日本內閣從 2 月 23 日開始，多次開會商討是否再次向上海增兵。
最後，2 月 28 日，參謀本部決定第四次增兵，再派第 11、14 兩個師團
及飛行團到上海，為此特組建「上海派遣軍」，同時第三度換將，任

110　以上三段主要參考，《抗日戰史・一二八淞滬作戰》，頁 24-25、61-63；《孫元良回
　　憶錄》，頁 122-129。

111　俞濟時，《「一二八」淞滬抗日戰役經緯回憶》，頁 20-37。

命前陸軍大臣白川義則大將為上海派遣軍司令官。[112]

2月28日，第11師團前鋒第22聯隊黃昏在吳淞鐵路碼頭登陸，立刻投入正面作戰。11師團大部隊則於3月1日凌晨開始在長江邊的七丫口登陸，當天下午登陸完畢。第14師團於3月17日在吳淞口登陸完畢。

此時，日本在上海的兵力有陸軍3個半師團、海軍第三艦隊戰艦30餘艘、還有陸續增援的海軍陸戰隊約1萬人，總兵力達5萬多人，擁有飛機、軍艦、坦克、大砲，在兵力、裝備和火力上均占有優勢，足以發動更大規模的進攻。上海的衝突大有上升為中日全面戰爭之勢。淞滬之戰進入第四階段。

日本大軍登陸，中國軍隊全線撤退

3月1日，日軍第9師團在江灣、廟行一帶，發動猛烈的進攻，企圖牽制中國軍隊注意力，掩護增援的第11師團登陸。第11師團在七丫口（瀏河之西，白茆口之東，靠近浮橋鎮）一帶登陸，準備登陸後攻占瀏河，與第9師團等南北夾攻，消滅淞滬地區的中國軍隊。

蔣介石曾預判日軍很可能會在瀏河一帶登陸，曾電告蔣光鼐，應準備3個團以上的兵力防衛瀏河，但由於前線戰事激烈，各部隊傷亡重大，兵力實在不夠，無法按計畫布防。等到日軍第11師團在七丫口一帶登陸時，在那裡防守的中國江防部隊只有教導總隊的一個連，以及馮庸的義勇軍1百餘人。他們雖然誓死不退，但無力阻止日軍大兵團登陸。

日軍第11師團登陸後，迅速向瀏河方向進攻。張治中命第5軍預備隊宋希濂旅前往瀏河阻擊日軍。宋希濂親率前鋒521團（團長劉安琪）趕赴瀏河，與日軍第11師團展開激戰。教導總隊堅守七丫口的第

112 《抗日戰史‧一二八淞滬作戰》，頁25-26，及第二章第三節插表一。

1 營第 1 連全部陣亡；堅守馬橋的第 1 營主力也幾乎傷亡殆盡；趕來支援的宋希濂旅劉安琪團第 1 營死守茜涇營，傷亡大半。中國軍隊雖然擋不住第 11 師團後續部隊的登陸，但日軍始終無法踏進瀏河重鎮。[113]

此時淞滬戰役整個防守態勢已經逆轉。瀏河位於中方第一線陣地的左後方，中國守軍腹背受敵，而日軍有 4 個半師團之多，中方只有兩個軍，如果原地繼續作戰，徒招犧牲，於事無補。第 19 路軍總指揮蔣光鼐果斷下令：上海守軍於 3 月 1 日當晚 11 時向第二道防線撤退。[114]

撤退組織得有條不紊，國軍交替掩護，順利撤離了上海。

日軍發現中國軍隊撤退後，迅速跟進，先後占領吳淞、閘北、南翔、真茹、嘉定等地。然後在外國使團的斡旋下，3 月 3 日下午宣布停止進攻。

葛隆鎮戰鬥

但就在日本宣布停火的這一天，87 師 259 旅 517 團在嘉定婁塘、朱家橋一帶，與日軍增援的第 11 師團血戰了一場。因作戰地點離葛隆鎮很近，故此役又被稱為「葛隆鎮戰鬥」。

其實日軍一邊說要停戰，一邊仍在積極部署。第 9、11 師團和 24 混成旅團企圖占領嘉定、太倉一線，切斷京滬鐵路，截斷淞滬國軍的退路。中國方面，第 19 路軍、第 5 軍以及先期到達支援的上官雲相第 47 師，迅速在青陽港、陸家橋、常熟等地構築第二道防線；蔣介石緊急從江西抽調過來的第 9 師、第 10 師也已抵達杭州附近待命。[115]

為了掩護大部隊撤退、並挫敗日軍切斷京滬線的企圖，87 師孫元良旅這一仗不得不打。結果該旅在一二八最後一仗中，短短數小時就

113 《張治中回憶錄》，頁 100-102；《宋希濂自述》，頁 73-76。

114 周美華編，《蔣中正總統檔案‧事略稿本》，第 13 冊，頁 332-333。

115 周美華編，《蔣中正總統檔案‧事略稿本》，第 13 冊，頁 347-348。

傷亡官兵 3 百餘人。其中 517 團 1 營營長朱耀章少校，不願就這樣撤離血戰半月的戰場，轉身衝入敵陣，斃敵多名，自己身中 7 彈，壯烈殉國。和朱營長同時衝入敵陣、英勇犧牲的，還有第 3 連連附蔡策元上尉、通訊連周夢熊準尉。[116] 87 師這一仗可謂驚天地泣鬼神。雖然代價不小，但挫敗了日軍第 11 師團切斷京滬鐵路的企圖，保住了淞滬大軍後撤的通道。

此時，中日雙方都有停戰的意願。

日本駐華公使重光葵擔心，這樣繼續打下去，勢必形成日華兩國的全面衝突。日內瓦的國際聯盟會認為是日本侵略中國，對日本發起制裁，日本立刻會面臨國際上的嚴重局面。因此，「無論如何必須停戰。這是挽救日本的國際地位所絕對必要的」。[117]

蔣介石也堅持中國應順勢休戰：「以保國家元氣，以為他日復仇雪恥之圖。」[118]

因此，在英、美、法、義等國的調停下，3 月 7 日，中日雙方達成互不展開軍事行動的共識，轟轟烈烈的一二八淞滬之戰到此基本結束。

五、國際調停

九一八日軍侵略東北時，歐美各國沒有積極干預，但這次淞滬之戰就不一樣了。開戰第二天，歐美各國就表示關切，願意介入調停。

停戰談判、達成協議

上海是個國際大都市，又是當時中國的金融、經濟、政治中心，

---

116 《孫元良回憶錄》，頁 136；《張治中回憶錄》，頁 103-105。
117 《重光葵外交回憶錄》，頁 89。
118 蔣介石日記，1932 年 3 月 1 日。

也是英、美、法、德、義各國利益匯聚的地區，特別是英國，長江流域一向是英國的勢力範圍，英國在這裡經營已久，豈容日本如此囂張。此外，上海公共租界和法租界也住了許多各國僑民。

所以，戰事一起，英美首先展開斡旋，美國總統胡佛（Herbert Hoover）、國務卿史丁生（Henry L. Stimson），以及英國首相麥克唐納（James Ramsay MacDonald）積極協調，希望儘快促成和議。東京方面也沒有料到中國軍隊會有這麼堅強的抵抗，日本能派到上海的兵力畢竟有限，因此也願意接受國際調停。更何況，上海打得舉世震動的時候，日本已在3月1日悄悄成立了「滿洲國」；淞滬之戰吸引了各國的注意，多少減輕一些日本扶植偽滿的國際壓力。在上海挑釁的主要目的已達成，日本也樂得見好就收。

在英、美、法、義四國與國聯的支持下，3月7日中日達成互不展開軍事行動的共識。14日，中日代表在英國領事館舉行第一次非正式停戰談判，並達成停戰撤軍的基本原則。正式談判在3月24日開始，先後談判15次，反覆討論，最終達成協議。

5月5日，中日簽訂《中日上海停戰及日方撤軍協定》（俗稱《淞滬停戰協定》），中國喪失在上海的駐兵權，日軍則全數從占領區撤出，恢復一二八事變之前的狀況。當天，國民政府發表英文聲明，說明中國軍隊不在上海駐兵事，「並非含永久之限制」。[119]

中國輿論（特別是第19路軍）並不滿意這個結果，批評蔣介石一心求和，破壞淞滬抗戰；行政院長汪精衛則被監察委員彈劾。最慘的是負責談判簽字的外交部次長郭泰祺，他被憤怒的群眾打成重傷住院；而19路軍也從此走上了反蔣之路。

日本從5月6日起開始撤兵；16日，上海市政府接收閘北；31日，

---

119 〈我國之聲明〉，《中華民國重要史料初編・對日抗戰時期・緒編（一）》，頁542-543。

日本陸軍全部撤退回國；7 月 17 日，日軍最後一名士兵撤離占領區，由中國派保安隊接收。至此，日軍全部撤出公共租界和虹口越界築路以外的地區，全面恢復了一二八事變之前的原狀。唯一不同的是，中國正規軍暫時喪失了在上海的駐兵權。

虹口公園爆炸案

在正式簽約前發生了一件大事。4 月 29 日，簽訂停戰協議前一週，日本上海派遣軍和在上海的官員、僑民在虹口公園召開天長節（日皇裕仁生日）慶祝大會。韓國反日人士尹奉吉把一個飯盒模樣的炸彈丟到主席台上，把台上 7 名日本高官全部炸翻。上海派遣軍司令官白川大將全身數十處創傷，不治死亡；駐華公使重光葵全身 160 多處傷口，右腿高位截肢；陸軍第 9 師團長植田中將也多處負傷，後被截去左足 3 根腳趾；海軍第三艦隊司令野村中將全身負傷，右眼失明；日本駐滬總領事村井倉松左臂和小腿都被彈片穿透；日人上海居留民團委員長河端貞次腹部被炸開，當天身亡；只有居留民團秘書長友野盛運氣好，僅受輕傷。[120]

此事震懾中外。尤其是一二八之役所有四任侵華指揮官，除了首任鹽澤幸一被調回日本，其餘三任均嚴重傷亡，無一倖免。

很多人都擔心，發生了這樣的大事，日本會善罷甘休嗎？還會在停戰協議上簽字嗎？沒想到，東京的訓令是不得因炸彈案停頓協議進程，最後駐華公使重光葵在醫院簽署了《停戰協議》後，才被抬上手術台做截肢手術。軍方代表植田師團長也是在病床上簽的字。[121]

東京的態度令人費解！炸死了一個大將，重傷了師團長、海軍艦

120　重光葵著，齊福霖等譯，《日本侵華內幕》（北京：解放軍出版社，1987），頁48-49。

121　《重光葵外交回憶錄》，頁107-108。

隊司令、駐華公使等要人，這比一二八事件導火線的「日僧事件」不知嚴重多少倍，當時甚至有人說它是「第二個塞拉耶佛事件」。[122] 但東京卻未以此作文章，反而堅持完成停戰協定的簽署。顯然，日本急於休戰。為什麼呢？

實際上，日本當時已處於內外交困的局勢中，迫切需要休戰。因為：

(1) 國際情勢對日本不利。英、美及國聯給日本相當大的壓力，英、美兩國高層不但直接介入斡旋，還透過非正式管道向日本施加壓力。在歐美及國聯一波波的壓力下，日本難以招架。

(2) 滿洲國已在 3 月 1 日成立。3 月 9 日，溥儀的傀儡政權在長春正式出爐。雖然國聯迅速以 56 票對 1 票的壓倒多數通過不承認的決議，但日本轉移國際視聽以建立滿洲國的目的已然達到，不必再節外生枝。

(3) 戰局不容樂觀。一二八導致了日本在日俄戰爭後最大的戰爭動員，四次增兵，三易主帥，但卻遇到中國守軍頑強的抵抗，雖然最後迫使中國守軍撤出上海，日方也付出相當代價。何況，蔣介石在上海外圍部署的第二線中央軍已陸續到位，日軍如欲進一步大規模攻擊，必須付出極大的代價。

(4) 日本擔心影響滿蒙問題。東京看到這次中國國民政府一改過去不抵抗的態度，在上海奮勇作戰，大大激勵了中國民眾抗日、仇日的情緒，日本擔心如果戰爭繼續，「滿蒙問題也將統統化為烏有」，而且將會被迫走向在中國全面開戰的局勢，違反日本在華的不擴大原則。[123]

(5) 日本經濟困難。當時也受到全球經濟危機的影響，經濟蕭條一直沒有恢復。用兵東北和上海，已花費龐大的軍費，輿論多有

---

122 《重光葵外交回憶錄》，頁 106。

123 Armin Rappaport, *Henry L. Stimson and Japan*, 1931-1933, pp. 141-143.

抱怨，《每日新聞》、《時事新聞》都有質疑，認為經濟困難，不宜繼續戰爭。[124]

(6) 最後，停戰也是日本天皇的旨意。天皇曾特命其侍衛長鈴木貫太郎前往上海，當面向日軍統帥白川大將傳達天皇的指示：「早日擊破敵軍，儘快結束事件。」所以白川遵守天皇指示，在上海停戰。[125]

由於上述的顧慮，日本以保持滿蒙既得戰果為首要目標，願意接受國際聯盟的調停，結束上海的戰事。

日本撤兵

實際上，沒等到停戰協定簽字，日本陸軍早在 3 月 7 日之後就分三批撤退回國了。等到 5 月 5 日停戰協定簽字時，上海就只剩下一個第 9 師團了。5 月 6 日開始，第 9 師團也開始從各占領地陸續撤退。

為了順利接收日軍撤退後的防區，上海在 3 月成立了「淞滬停戰協定共同委員會」。由中、日、英、美、法、義 6 國各派 2 人組成，職權是討論日軍撤退程序，監督日軍撤退和中國接管事宜。中方也在 5 月中旬成立「上海戰區接管委員會」，由江蘇省政府、上海市政府和上述共同委員會中方委員共同組成。[126]

為了負責與日本租界接壤的閘北地區的治安，國民政府專門從北平保安隊調來 1 千名隊員，組成特種員警部隊，帶隊軍官是上海市政府特意聘請的瑞士籍教官。另外，徵得共同委員會四國代表的同意（日本默認），中方調中央軍第 2 軍第 9 師兩個步兵營，進駐龍華淞滬警

---

124 范德偉，《復興之戰──抗日戰爭史簡析》（北京：線裝書局，2010），頁74-76。

125 陳鵬仁譯，〈鈴木貫太郎自傳〉，收入《傳記文學》，2014年第6期。

126 外交部，〈接管上海之重要措施〉，《日軍侵犯上海與進攻華北》，頁90。

備司令部附近，擔任警戒任務。[127] 這算是對上海不得駐紮正規軍的一個突破。

5 月 16 日，日軍第 9 師團首批部隊離滬，同日中國特種警察（來自北平的保安團）接收閘北；5 月 31 日，第 9 師團最後一批部隊離滬，至此日本陸軍全部撤離上海。日本海軍第三艦隊和特別陸戰隊各部也陸續撤回日本。7 月 17 日，日軍最後一名海軍陸戰隊士兵撤離閘北（進入租界），一二八戰役被日軍占領的地區全部移交給上海保安團和員警。[128] 7 月 24 日，「上海戰區接管委員會」解散，[129] 上海全面恢復了一二八事變之前的狀態。

六、觀察與檢討

一二八淞滬戰役是中國軍隊首次正式與日軍對戰，而且取得平手。此役立下若干範例與特色，但國民政府處理的方式卻引來不少批評和責難，究竟孰是孰非，分述於後。

一二八淞滬之役的特點

1. 各黨派同仇敵愾，堅決抵抗

這是國民政府建立後首次黨內各派系團結一致，蔣、汪罕見地意見一致，分工合作，具體表現在幾個方面：

---

127 《申報》，1932 年 6 月。

128 以上日方撤退情況，參見：《滿洲事變作戰經過概要》，頁 178-179；《盧溝橋事變前之海軍作戰》，頁 125。中方接管情況，參見外交部檔案，《日軍侵犯上海與進攻華北》，頁 91-92。

129 外交部檔案，《日軍侵犯上海與進攻華北》，頁 90。

(1)　第 19 路軍奮起反抗；

(2)　第 5 軍積極參戰，兩軍並肩作戰，共創佳績；

(3)　民眾熱情參戰。

2. 和談與抵抗的二重奏

中日雙方都不想擴大戰事，都想儘早結束戰爭。所以一二八淞滬戰役每一階段，都有打有談：打幾天，就停戰；談成僵局，又開打；戰局始終籠罩在邊談邊打的氛圍下，形成「一邊抵抗，一邊交涉」的模式。國民政府這個方略從此延續了 5 年，這是該役的戰略影響。戰役上看，該役最後雖以《停戰協定》收官，中國喪失了在滬駐兵的權利，但中國並未割地賠款，同時也逼著日本撤了兵，基本可算是打了個平手。

3. 西方列強積極斡旋

日本侵滬，影響到列強在華經濟利益，西方各國（尤其是視長江流域為自己勢力範圍的英國）不像對東北問題那樣袖手旁觀，而是積極調解。這是造成該役邊打邊談的主要外因。

軍事得失的分析

通過一二八之役，日本實現了在東北成立偽滿洲國的戰略目的，是日軍的成功之處；但未能實現輕易拿下上海的戰役目的，而且，與被他們視為低一等的中國軍隊對陣，吃盡苦頭，讓皇軍顏面盡失。

此役日本軍部被迫四次增兵，三易主帥，最後出動 3 個半師團才獲得優勢，超過當時日本政府允許的出兵兩個師團以下的限額。反觀中國，雖然損失較大，但出動兵力不多，沒有造成全國性的危機，始終保持著戰略和戰役的主動權，並造成了日本的被動。

中國從近代以來多次戰敗簽訂喪權辱國的條約，到一二八打成平手，再到 1945 年抗戰勝利成為「四強」之一，經歷了一個向上的、由弱變強的發展過程。而一二八則是這個過程中一個重要的轉折點。

　　勝利需要條件：天時、地利、人和。中國軍隊裝備及戰力遠遜於日軍，但一二八淞滬戰役時，得到多方面的助益，例如，國際社會支持中國，積極斡旋；蔣汪合作，一致對外；粵軍與中央軍聯手作戰；各黨各派、人民群眾支持抗日，宋慶齡、何香凝都到場勞軍等等，最後和平收場，的確來之不易。

　　一二八之役，中國軍隊參戰 5 個多師約 6 萬人，死傷 1 萬 3 千 4 百餘人；[130] 日軍參戰陸海軍共 5 萬 5 千餘人，傷亡 3 千餘人；[131] 中日傷亡比為 4.6:1；[132] 可見中日兩軍作戰能力的差異。參戰僅十幾天的第 5 軍死傷高達 5,378 人。[133] 第 5 軍中傷亡最大的是 88 師，這是當時中國最精銳的部隊，全師編制近 9 千人，死傷 3,153 人，傷亡率超過三分之一。[134] 每一仗，國軍參戰人數和傷亡人數都遠多於日軍，最後的結果，

130 〈第五軍抗日戰役人員傷亡失蹤統計表〉（2 月 14 日 - 3 月 3 日），《中華民國重要史料初編・對日抗戰時期・緒編（一）》，頁 500。

131 一二八之役的日軍傷亡人數，有不同的數據：參見《孫元良回憶錄》，頁 137。陸軍省，《新聞發表第 504 號》（1932 年 3 月 21 日上海發，3 月 17 日調製），《上海方面我陸軍死傷確數》，防衛省防衛研究所藏，檔號：A03023761600，頁 104。

132 據日軍參戰部隊的原始檔案，日本陸海軍死傷至少有 2,708 人（因為其中海軍的資料只統計到 2 月 7 日，共 334 人，但跟陸軍相比，海軍傷亡人數占比很小）。參見《第一次上海事變第九師團行動概要（1932.2.22-1932.3.2）》，亞洲歷史資料中心（防衛省防衛研究所藏）JACAR.ref.C14030572300；《混成第二十四旅團陣中日記（1932.2.2-3.3）》，亞洲歷史資料中心（防衛省防衛研究所戰史室藏）JACAR.ref.C14030530600；《第一遣外艦隊機密第 45 號：上海事件報告（1932.1.29-2.7）》中的「附表五：上海事變軍隊死傷者調查」（1932.2.7），亞洲歷史資料中心（防衛省防衛研究所藏）；JACAR.ref.C14030572300。

133 根據〈第五軍抗日戰役人員傷亡失蹤統計表〉（2 月 14 日 - 3 月 3 日），是 5,378 人，參見《黃埔軍校史稿》第 6 卷（北京：檔案出版社，1989），頁 395-396。日本方面也有類似的調查統計，參見本部編，《支那時局報：第 43 號，上海事件續報（3 月 24 日以後之情況）》，日本防衛省防衛研究所藏，檔號：參謀本部：「上海事件」，1932 年 3 月 24 日，頁 3。

134 根據同上材料，88 師一二八傷亡總數是 3,119 人。但據杭州西湖邊「陸軍第八十八師淞滬戰役陣亡將士紀念碑」（1933 年立），經過核實的數字是 3,153 人，轉引自俞濟時《「一二八」淞滬抗日戰役經緯回憶》，插頁部分頁 34，正文部分頁 77、85。

卻往往是日軍完成了戰鬥任務。一二八是中日首戰（九一八國軍基本沒打），戰略上打了個平手，戰役上國軍損失數倍於日方。

不過，中國軍隊在一二八淞滬戰役的表現，使中國人找回了失落已久的信心。斯諾（Edgar Snow）指出：「上海一二八之戰對中國人民的思想產生永久的不可逆轉的影響。它使中國許許多多年輕人相信，如果全國團結一致進行愛國戰爭，中國就是打不倒的。」[135] 一二八的勝利，還使國民政府注意到上海郊外河溝密布的地形，不利日軍的坦克等重裝備作戰，如果國軍能夠很好的利用，這裡是一個殲敵的好戰場。這種認知為 5 年後中國軍隊在淞滬主動啟戰埋下了伏筆。

外交方針的考量

九一八東北事變，蔣介石與國民政府採取「軍事上避戰、外交上不承認」的方針，受到共產黨、國民黨內各派系和全國民眾的指責。一二八淞滬抗戰，南京國民政府悄悄調整了對日策略，採取「一面積極抵抗、一面預備交涉」的新方針，順應了民心，體現了國民政府捍衛民族利益的決心和靈活務實的態度。

策略調整的重要原因是：上海和東北不同。上海的得失直接關乎南京國民政府的生死存亡。比較起來，即使丟了東北，暫時還不會危及國民黨的統治。因此，即使在寧粵對峙期間，國民黨內各軍政勢力在處理一二八事變上，尚能達成起碼的共識，聯合抗日。

不過，在一二八作戰與和談的 3 個多月裡，蔣介石悄悄把「積極抵抗、預備交涉」的方針調整為「一邊抵抗，一邊交涉」。抵抗少了「積極」二字，無疑減輕了分量；交涉少了「預備」二字，表示和談提上議事日程，並占了重要地位。蔣介石想見好就收，不擴大事態，這顯然是後退了一步。這個決策是否正確呢？

---

135 愛德華‧斯諾，《斯諾文集 I：復始之旅》（北京：新華出版社，1984），頁 120-121。

　　作為全國軍事領袖的蔣介石，明白中日實力懸殊，此時尚不具備全面抗日的條件；因此，他雖然制定了長期抵抗的計畫，對上海守軍也給予一定的支援，但這個抵抗是有限度的、僅限於上海地區、適可而止的正當防衛。

　　蔣介石很清楚，第 19 路軍在第一階段打得有聲有色，沒讓日軍占到便宜，是因為對手是日本海軍特別陸戰隊，並不是陸軍正規軍。他坦承：「倭之海軍陸戰隊在陸上與我陸軍作戰，其技自窮，而非我軍之戰鬥力勝過於倭。」[136] 一旦日本陸軍正規部隊到來，中方就很難抵擋。所以應適可而止，見好就收，以外交政略彌補軍事戰略戰術之不足。

　　蔣介石擔心上海事件如果導致中日全面衝突，貧窮落後、四分五裂的中國，拿什麼去抗日？僅憑血氣之勇，很可能造成亡國的危險。九一八事件發生後，他曾在日記中寫道：「徒憑一時之興奮，非惟於國無益，而且反速其亡。」[137]

　　因此，廟行大捷後，日本再增兩個正規陸軍師團到上海，李濟深〔原名濟琛〕、陳銘樞請求蔣介石大舉調兵增援，蔣不同意。2 月 24 日，蔣介石召集汪精衛、陳銘樞、李濟深等人商討戰局，他重申：「我方應仍照原定方針，決戰勝利後，亦即退後，以交涉途徑進行，以先示弱與和平之意，而準備仍以抵抗到底也。」[138] 陳銘樞、李濟深當場反對；蔣對於他們不識大局很生氣，在日記裡指責他們「亡國而不恤，只圖一己之權利與虛榮」。[139]

　　李濟深、陳銘樞、馮玉祥、孫科等，都主張增援上海，民間輿論也紛紛指責蔣介石的妥協政策。蔣為何與他們有這樣的分歧？

136　蔣介石日記，1932 年 2 月 8 日。
137　蔣介石日記，1931 年 10 月 7 日。
138　蔣介石日記，1932 年 2 月 24 日。
139　同上。

蔣介石作為全國軍事領袖，了解中國的國力與戰力，因此小心謹慎，凡事從最壞的可能出發去準備，甚至不惜遷都洛陽（當時還計畫搬遷上海的工廠等）。只要有一分可能，他都不希望上海的衝突擴大為全面大戰。

陳銘樞等人則是站在第 19 路軍的立場，從軍事角度看問題，希望乘廟行之勝擴大戰果，與日軍在上海決戰。他們充滿抗日熱情，但卻忽視了政略和戰略的考量，以及中國實際國力狀況。而正是這種分歧導致後來陳銘樞走上了反蔣的道路。

責難與批評

淞滬之戰和平解決後，蔣介石、汪精衛領導的國民政府普遍遭到各界的責難與批評。主要是兩件事：一是不滿《淞滬停戰協定》的內容；二是不滿蔣介石沒有大力增援第 19 路軍，批評蔣介石「擁兵不救」，甚至說他「不抗戰」。[140]

各界對《淞滬停戰協定》內容的不滿主要集中於三點：

(1) 停戰協定將上海事件與東北事件分開解決；
(2) 停戰協定使中國在淞滬地區喪失駐兵權；
(3) 停戰協定沒有明確規定日軍撤兵日期，擔心日軍不撤軍。

首先，這些指責有一定的合理性。因為一二八之役，日本基本上達到了轉移國際視線、建立滿洲國的目的；中國卻做了不少讓步，不僅犧牲了中國駐軍上海的權利，而且把上海與東北問題分開處理，使收回東北更為困難。

問題是，難道蔣介石、汪精衛不想同時解決淞滬和東北的問題嗎？

---

140 李宗仁口述，唐德剛撰，《李宗仁回憶錄》下（上海：華東師範大學出版社，1996），頁 481-482。

事實上，國民政府高層開始時意見一致，都想趁此機會把東北問題一併解決。一二八事變第二天，國民政府就緊急照會美、英、法、義、比等九國公約簽字國，敦請各國迅速採取手段，制止日本在中國領土內的軍事行動。蔣介石曾對主持外交的汪精衛說：「只要不喪國權，不失寸土，日寇不提難以忍受之條件，則我方即可乘英、美干涉之機，與之交涉。」[141]

英、美等國起初也支持中國把東北和上海的爭端一併解決。2月2日英、美公使聯名向中日雙方提出停止衝突的提議，就是希望「解決一切懸案」。[142] 然而，日本堅拒英、美的提議，聲明上海事件與滿洲事件不能混為一談。[143] 英、美只得改變提議，轉而說服中國放棄整體解決，先謀上海停戰。此時，如果中國仍然堅持，則不僅整個交涉無法進行，上海的衝突也很難停止。因此，蔣、汪等先謀上海停戰的主張，雖然受到批評，卻是退而求其次的務實選擇。因為這種退讓，才為淞滬停戰協定打開了大門。

其次，停戰協定是否喪權辱國？毫無疑問，一定程度上是有這個問題。但是，以中國當時各方面實力而言，雖然中國喪失了在上海的駐兵權，但沒有像百年來和列強簽訂的那些不平等條約一樣割地賠款、開放口岸。在那樣敵強我弱的情勢下，已經不容易了。正是中國軍人在一二八戰役中浴血奮戰的優異表現，為中國代表在停戰談判中增加了「籌碼」，談判才能得到這樣不算太壞的結果。這個結果贏得了國際社會的同情與讚賞，也達到了國民政府把中日衝突局限在上海一隅，防止日軍擴大侵略的目的。

第三，擔心日軍不撤兵的問題，事後證明是多餘的。日本的撤兵乾淨俐落，行動迅速。他們連虹口公園爆炸案那樣的奇恥大辱都忍了，

141　蔣介石日記，1932年2月4日。
142　《南京國民政府外交公報》，第5卷第1號，1932年1月3日，附錄，頁26-27。
143　〈英美等國致外交部照會〉，《申報》1932年2月6日。

足以證明他們根本無意、也沒有條件在上海駐紮 4 個師團的龐大陸軍，撤軍實際也是日方的要求。

關於責難蔣介石「救援不力」「不准 19 路軍抗戰」等，大多與事實不符。前已述及，蔣介石對上海守軍的支援並不少。

至於說蔣介石「見死不救」「剋扣軍餉」，那就更加冤枉了。當時蔣介石才剛從下野中復出，面對的是個支離破碎的國民政府，兵源、糧餉都是問題。地方軍隊不聽他的指揮，中國連年戰亂，1931 年又逢江淮大水災，加之國民政府遷都洛陽，處處需要錢。當時政府財政窘迫極了，連中央軍將領都紛紛抱怨「糧彈缺乏，已到斷炊地步」。[144] 蔣介石沒辦法，只有懇求財政部長宋子文設法籌款。宋子文也是阮囊羞澀，最後去找上海的銀行團，軟硬兼施，勉強湊了一點錢給蔣介石救急。

平心而論，日本有完善的組織動員與後備訓練制度，可以有條不紊地動員、編組新的軍隊，迅速增援前線。而中國卻沒有這些條件。軍閥割據，各自為政，沒有全國的動員機制，連兵役法都沒有，根本無從動員。在一二八事變中，增援第 19 路軍，蔣介石調來調去都是他自己嫡系的中央軍。「戰則無可戰條件，和亦國人所反對」，[145] 巧婦難為無米炊，蔣介石亦無可奈何。這段時間，蔣介石日記每天都記載他憂心如焚、夜不能寐。

事實上，面對日軍在上海的進攻，蔣介石迅速制定防衛計畫，決心長期抵抗，並對 19 路軍給予適當的支援。與此同時，蔣介石又極力避免戰爭的擴大與持久，反對將淞滬抗戰上升為中日之間的全面戰爭。蔣介石所主張的積極抵抗，實質上是適可而止的正當防衛，其目的在於宣示中國的抗戰決心，防止日軍侵略的擴大，為最後的交涉作預備。

144　《中華民國重要史料初編・對日抗戰時期・緒編（一）》，頁430。

145　蔣介石日記，1932年2月11日。

因此之故，蔣介石對上海守軍的支援是有限度的，尤其是第 5 軍增援上海之後，他從江西、河南等地抽調中央軍防守南京、杭州一線，他的目的是防備日軍擴大侵略，危及南京。

對日政策初步形成

自 1928 年五三濟南慘案起，國民政府面對日軍的挑釁，始終採取隱忍的「不抵抗」政策。九一八事變東北不戰而棄的慘痛後果，令全中國人痛心。一二八事變爆發後，國民政府決定改變過去避戰的態度，轉為「局部抵抗」。因此，尚未完全復出的蔣介石迅即決定遷都、積極抵抗，這標誌著國民政府「不抵抗」政策的終結，「局部抗戰」的開始。

一二八淞滬之戰前，正值國民黨內部分裂之時。反蔣的粵方，高舉抗日大旗，因而蔣介石的對日抵抗態度也比較積極。

但是，蔣介石的態度，跟陳銘樞等積極主戰的粵系將領相比，還是有所不同。經過十幾天的抵抗，蔣介石看出了一些問題，國內外的局勢也更加明朗。一是通過中日雙方軍隊的較量，明顯看出，中國精銳部隊相較於日本海軍特別陸戰隊，雖有一定的優勢，但只要日軍躲在堡壘裡面，缺乏攻堅武器的中國軍隊就無可奈何；而當大量日本正規陸軍登陸後，戰局便馬上急轉直下；幸虧蔣光鼐撤退令下得及時，否則後果不堪設想。二是中國國內金融停滯，軍費困難，開打不久，「各地軍隊已呈絕糧之象」。[146] 在這種情況下，實際也沒有條件進行全國總動員，去跟日本大打一場。第三是英、美各國都積極調停。也就是說，中國還不具備全面抗戰的條件，日本暫時也沒有全面侵華的意思，而國際各方都不希望中日在上海大打。

---

146 「何應欽致上海市長吳鐵城電」，國防部史政局和戰史會檔案，中國第二歷史檔案館藏，案卷號 787-643。

　　在這種情況下，蔣介石和汪精衛都認為，此時見好就收，符合中國利益。2月中旬徐州會議之後，蔣介石的對日政策開始由「積極抵抗，預備交涉」轉變為「一面抵抗，一面交涉」。在淞滬抗戰的中後期，蔣介石始終堅持後一策略，最終也達到了「以戰求和」的目的。從此，「一面抵抗，一面交涉」成為國民政府應對日軍侵略的基本模式，這個模式直到 1937 年七七事變後才被打破。

　　這一戰也使國際集體安全亮起了紅燈。國聯的成員國以及華盛頓的領導人士都明白，日本在東北及上海的挑釁已開啟世界安全的紅燈，國聯中的小國以及美國國務卿把日本的行為，看作對國聯和華盛頓公約的挑戰與嘲諷。國聯李頓調查團顧問顧維鈞在國聯說明中國立場：「我們（中國）所要求的，沒有任何一點逾越國際法和國際條約的規定。我們所要求的件件符合國際法和國際正義。（Nothing which is not guaranteed China by international law or international treaties.）」義正詞嚴，令與會各國動容。[147] 正是從 1932 年開始，日內瓦、上海、南京、東京，以及許多歐美國家的外交人員開始同情中國，質疑日本，連帶著，也開始放棄舊式的帝國主義思維。

　　更重要的是，淞滬停戰為中國贏得了 5 年的和平時間。也就是說，淞滬停戰協定把中日全面戰爭爆發的時間推遲了 5 年。國民政府就是利用這 5 年時間備戰，練兵、建鐵路、修公路、建兵工廠、推廣新生活運動等等，使國力大為增強，才能在 1937 年展開對日的全面大戰。

147　Akira Iriye, *The Origins of the Second World War in Asia and the Pacific* (London : Longman, 1987), pp. 134-137.

抗戰大戰略的形成

傅應川（前中華民國國防部史政編譯局局長）
郭岱君（史丹佛大學胡佛研究院研究員）

　　九一八事變後如何應付日本的侵略，國民政府並無對策。從蔣介石日記可以看出他對於日本侵略的無力：「終日思慮，對日無良法。」[1]他自己承認：「自從九一八，經過一二八，以至於長城戰役，中正苦心焦慮，都不能定出一個妥當的方案來執行抗日之戰⋯⋯只有忍辱待時，鞏固後方，埋頭苦幹。」

1　1932 年 2 月 11 日，蔣介石日記。

一、對日苦無良策

當時的中國，無論是蔣介石或是南京政府，都「處在四面楚歌之中，不僅危機四伏，而且內外交困，舉步維艱」。[2]

內憂外患，中國無力抗日

因為無力單獨抗日，國民政府的策略是把日本對東北的侵略提交國際聯盟與 1928 年「非戰公約」的簽字國，期望國際仲裁。蔣介石不願單獨與日議和，因為他不信任日本，認為中國直接和日本談，「必無良果」，[3]「與其單獨交涉而簽喪土辱國之約，急求速了，不如委之國際仲裁，尚有根本勝利之望」。[4] 他是想借助國際力量來制衡日本的野心。

國聯動作很快，1931 年 9 月 22 日，國聯決議中日兩國停止戰事，聽候國聯的調查。但日本不理會，拒絕國聯的調查，並稱「滿洲事件」不容國聯或第三國置喙，必須中日直接交涉。對於日本的囂張，國聯卻無可奈何，只有形式上的責難，而無實質的懲處。

國際仲裁這條路效果不彰，令蔣介石進退兩難，態度相當矛盾。

他知道「中日必將一戰」，因為「倭所要我者為土地、軍事、經濟、與民族之生命」。[5] 可是，中日實力懸殊，日本已是現代化國家，日軍武器精良，訓練有素，而中國仍處在貧窮落後四分五裂之中，因此，基本上，蔣介石對抗日沒把握。他說：中國軍隊「有敗無勝，自在意

2　楊奎松，《「中間地帶」的革命：國際大背景下看中共成功之道》（桂林：廣西師範大學出版社，2012），頁302。

3　蔣介石日記，1931 年 9 月 25 日。

4　蔣介石日記，1931 年 9 月 24 日。

5　蔣介石日記，1931 年 10 月 7 日。

中。」[6] 他甚至認為，日軍在 3 天內就可以制住中國命脈，因為「沿海各地及長江流域，在三日內悉為敵人所蹂躪，全國政治、軍事、交通、金融脈絡悉斷，雖欲屈服而不可得」。[7]

但是，「戰既無可戰條件，和亦國人所反對，如不戰不和，則國家與人民被害日重一日，……而一味要我戰，……惟有待亡而已」。[8] 國民政府其他領導人也對抗日沒有信心，汪精衛曾直言：「國難如此嚴重，言戰，則有喪師失地之虞；言和，則有喪權辱國之虞，言不和不戰兩俱可虞。」[9]

這種「戰既不能，和亦不能」的矛盾，是當時國民黨高層普遍的困境。有幾次蔣介石實在難忍日軍的行為，「不能任（倭）囂張」，[10]「國家至此，無可再弱，決不比諸現在再惡也」，[11] 想不顧一切要跟日本一拚，「與其不戰而亡，不如戰而亡國，以存我中華民族之人格」。[12]

1931 年 9 月 28 日，他寫下遺囑，抱著必死的決心，要北上抗日：「持此復仇之志，毋暴雪恥之氣。兄弟鬩牆，外侮其禦。願我同胞團結一致，在中國國民黨領導指揮之下，堅忍刻苦，生聚教訓，嚴守秩序，服從紀律，期於十年之內，洗雪今日無上之恥辱，完成國民革命之大業。蔣中正遺囑。」[13]

但冷靜下來，又提醒自己，中國內部不統一，軍事毫無準備，此時

6　「電覆陳濟棠總司令」，收入秦孝儀編，《總統蔣公大事長編初稿》，卷 2，頁 312。

7　蔣介石，〈東北問題與對日方針〉，1932 年 1 月 21 日，上海《民國日報》。又見《中華民國重要史料初編‧對日抗戰時期‧緒編（二）》，頁 317。

8　蔣介石日記，1932 年 2 月 11 日。

9　汪精衛，〈關於中日問題在負責談話〉，《生活週刊》，第 8 卷 18 期（1933 年）。

10　蔣介石日記，1931 年 9 月 25 日。

11　蔣介石日記，1931 年 10 月 7 日。

12　同上。

13　蔣介石日記，1931 年 9 月 28 日。

如貿然與日決戰，無疑以卵擊石，「倉促應戰，必是自取敗亡」。[14]「徒憑一時之興奮，非惟於國無益，而且反速其（中國）亡。」[15] 他時時警告，切不可孤注一擲，「孤注一擲，一敗之後將永無復興之望了」。[16]

不過，戰或不戰，都不僅僅是為了勝利，「其關係不在戰鬥之勝負，而在民族精神之消長，與夫國家人格之存亡也」。[17]「雖無戰勝之理，然留民族人格與革命精神於歷史。」[18]

除了外患，還有內憂。1931 年的中國還不是統一的國家，南京國民政府只是個名義上的中央政權，實際上能控制的只有江蘇、浙江、安徽、江西、河南、湖北長江下游的幾個省，西北、華北、華南、西南等地都被地方勢力把持，其中江西還有中國共產黨成立的蘇維埃政權，這個政權領導的各地武裝紅軍公開號召推翻國民黨政府。[19]

不僅如此，九一八事變發生時，正是寧粵對峙之時，廣州另有個國民政府與南京政府對抗。[20]

蔣介石認為，正因為中國內部分裂，才讓敵人有機可乘，日本就是利用寧粵分裂的現實侵奪東北：「倭寇果乘粵叛變內部分裂之時，而來侵略我東省矣！嗚呼！痛哉！」[21]

面對日本進逼、共產黨的威脅、廣東方面的挑戰，以及各地方勢

14　蔣介石日記，1931 年 10 月 7 日。
15　同上。
16　蔣介石日記，1933 年 4 月 12 日。
17　蔣介石日記，1931 年 10 月 7 日。
18　蔣介石日記，1931 年 10 月 24 日。
19　馬振犢，《抗戰中的蔣介石》（北京：九州出版社，2013），頁 8。
20　「寧粵對峙」是由於 1931 年 2 月，因為約法之爭，蔣介石軟禁胡漢民，引發反蔣各派在當年 5 月於廣州另組國民政府，與南京中央對抗，雙方一度劍拔弩張，因為九一八事件，全國共赴國難，蔣介石在 12 月 15 日下野，寧粵合流，孫科成為行政院長，廣州國民政府宣告取消，雙方和解。但孫科主政一個多月，就因為財政困難而撐不下去了，只好請蔣介石回來，汪精衛主政，蔣介石掌管軍事。
21　蔣介石日記，1931 年 9 月 19 日。

力的割據，蔣介石不得不考慮對應的先後順序。九一八事變發生的前
夕，他滿腦子想的是如何解決地方軍閥與共產黨的事情，「閻（錫山）
回晉後北方尚在醞釀之中；江西赤匪未平；豫南某部謀叛，兩廣之逆思
逞；湖南態度不明。此五者應研究而熟慮之」。[22]

　　他認為，要抵抗外敵，內部必須先統一、安定、團結，「不先消滅
赤匪，恢復民氣，則不能禦侮。不先削平逆粵，完成國家統一，則不能
攘外」。[23] 所以，中國尚不具備抵禦日軍大規模進攻的能力，不宜在國
內沒有安定統一的時候來攘外，否則，內外交相逼迫，將使中國「處於
腹背受敵內外夾攻的境地，……在戰略上理論上說，都是居於必敗之
地」。[24]

　　因此，他提出「攘外必先安內」的政策，先解決內部的問題，對日
則採行妥協退讓、以拖待變的對策。[25]

攘外必先安內

　　1931年11月，蔣介石在國民黨四全大會明確說明：「攘外必先安內，
統一方能禦侮，未有國不能統一而能取勝於外者。故今日之對外，無論
用軍事方式解決，或用外交方式解決，皆非先求國內之統一。」[26]

　　「攘外必先安內」政策使蔣介石備受質疑，被若干人士批評為妥
協、不抗戰。實際上，這個政策在1931年到1937年之間，隨著內外情
勢的變化，歷經數次調整。[27]「攘外」，最早是包括所有以不平等態度

22　蔣介石日記，1931年9月19日。

23　1931年7月23日，蔣介石就萬寶山事件向全國發出通電時所言。

24　蔣介石，〈革命軍的責任是安內與攘外〉，收入《先總統蔣公思想言論總集》，卷
　　11，頁67。

25　秦孝儀主編，《先總統蔣公思想言論總集》，卷14，頁653。

26　蔣介石，〈外交為無形之戰爭〉，收入《先總統蔣公思想言論總集》，卷10，頁482。

27　黃道炫，〈蔣介石「攘外必先安內」方針研究〉，《抗日戰爭研究》，2000年02期，
　　頁29-58。

對中國的國家，最主要的是指日本和蘇俄。「攘外」則是指共產黨，以及反蔣的地方實力派。九一八事變之後，「攘外」主要是針對日本；「安內」則是以共產黨為對象。到 1934 年，「安內」的對象除了共產黨之外，還特別指的是雲、桂、川、黔的地方勢力。[28]

一二八淞滬之戰：局部抵抗、以戰求和

到了 1932 年一二八淞滬之戰時，蔣介石對日本的態度開始調整，他一改九一八以來避戰、不與日本直接交涉的態度，派出自己嫡系的部隊參加作戰，但不宣戰，而是「積極抵抗、預備交涉」；不久又修正為「一面抵抗，一面交涉」。

並不是因為中國的條件改變了，而是不打不行，輿論界、特別是青年學生經常示威遊行，要求政府出戰。當時國民政府內部分為主和、主戰兩派。主戰的以陳銘樞、馮玉祥、李濟深、孫科等為主。主和的以蔣介石為首，汪精衛、何應欽等人皆贊成。不過，主和並不是不戰而和，而是「以戰求和」。蔣介石、汪精衛都相信中國沒有跟日本硬拚的條件，只能以戰求和，「勝利後亦即退後，以交涉途徑進行」，[29]借助歐美調停，達成和議。

為什麼「勝利後亦即退後」？率領中央軍參與一二八淞滬之戰的張治中說明原因：「一方面固由於友邦的調停，一方面也是我們力量不夠，不能不忍痛一時，來爭取充分準備的時間。」[30]

中日就停戰協定交涉時，蔣介石已經開始思考整軍備戰的工作。他決定參考德國一戰後祕密整軍經武的方式，整頓軍備、加速國防基礎建設。「此時於國防，唯有與德國聯合，用其人才與物資，並研究

28　黃道炫，〈蔣介石「攘外必先安內」方針研究〉，《抗日戰爭研究》，2000 年 02 期，頁 29-58。

29　蔣介石日記，1932 年 2 月 24 日。

30　張治中，《張治中回憶錄》，頁 109。

對日祕密國防。」[31] 一二八淞滬之戰打得正烈時，他幾乎時時在思考加強部隊訓練、購置軍事設備、建築國防工事等，還包括社會建設與黨務改革。[32] 但這些備戰準備，必須低調，「軍事組織避免倭寇注意」。[33]

這樣打打停停、以戰求和的結果是 1932 年中日簽訂《淞滬停戰協定》、1933 年的《塘沽協定》、1935 年的《秦土協定》以及《何梅協定》。

這幾個協定被許多中國人視為喪權辱國，作為決策者的蔣介石背負大部分的責任，面對鋪天蓋地而來的批評，他在日記中幾度吐露自己苦衷與委屈。1933 年 6 月簽訂《塘沽協定》後，他表示：「我屈則國伸，我伸則國屈。忍辱負重，自強不息，但求於中國有益，於心無愧而已。」[34] 1935 年《何梅協定》提出的條件令蔣介石特別憤怒，「倭寇文字言論以中國人為蟲而非人，……奇恥大辱，至此能無志乎？」[35] 不但受辱，還要飽受社會、甚至黨內的質疑，他自述：「茹苦負屈，含冤忍辱，對外猶可，對內猶難，何黨國不幸，使我獨當此任也！」[36] 不過，大敵當前，蔣介石唯有隱忍，「為今之計，只有自強、自立，奠定最小之基礎，以備最後之周旋，則或有以柔克剛之一日也」。[37]

國民政府一再忍讓，日本的野心卻愈來愈大。《何梅協定》後，日本對河北省及察哈爾省的影響力加大，進一步加速「華北特殊化」，目的是使華北逐漸脫離南京中央。蔣介石與國民政府高層逐漸明白，對日妥協，並不能稍緩日本步步進逼、控制中國的企圖，「對倭唯有

31　蔣介石日記，1932 年 4 月 1 日。

32　薛念文，〈從一二八到八一三：蔣介石「以戰求和」抗戰策略的轉變〉，收入《社會科學》，2008 年第 10 期，頁 181-182。

33　蔣介石日記，1932 年 4 月 5 日。

34　蔣介石日記，1933 年 6 月 3 日。

35　蔣介石日記，1935 年 6 月 30 日，本月反省錄。

36　蔣介石日記，1935 年 11 月 6 日。

37　蔣介石日記，1935 年 8 月第一週，本週反省錄。

自強與力抗，此外再無其他方策」。[38] 失去對華北的掌控，蔣介石開始有不再退讓的想法，「華北實已等於滅亡，此後對日再無遷就之必要」。[39]

不再退讓也是因為中國的情勢不一樣了。國民政府在 1934 年底取得四川，而從 1932 年開始逐漸發軔的對日「持久戰」思想，也逐漸成形。

二、持久戰、消耗戰、戰而不屈

「持久戰」思想發軔

有一種說法，認為國民政府抗日「持久戰」的思想來自中國共產黨，特別是毛澤東的〈論持久戰〉一文。不過，最新的研究指出，蔣介石早在毛澤東發表〈論持久戰〉數年前，就開始謀劃持久戰。[40]

事實上，「持久戰」思想古來就有，已開放的政府檔案、個人資料，以及蔣介石日記都顯示，國民黨將領蔣介石、蔣百里、白崇禧、陳誠等，早在 1932 年就開始討論持久戰的戰略。[41]

蔣介石自承九一八之後長達 15 個月，「對日無良法」。[42] 1932 年

38　蔣介石日記，1935 年 10 月 8 日。

39　《中華民國重要史料初編・對日抗戰時期・緒編（二）》，頁 688。

40　楊天石，〈國民黨人的持久戰思想〉，收入《找尋真實的蔣介石：蔣介石日記解讀（二）》（香港：三聯書店，2010），頁 121-125。

41　從軍事理論看，「速決殲滅」與「持久消耗」在西方兵學上早有，可溯自拿破崙時代（1799-1815），前者以拿破崙為代表，後者則以帝俄的亞歷山大見長。1812 年拿破崙征俄失敗，正是這兩種作戰形態的見證。中國古代兵學家（例如孫武）亦有此論述，只是用語不同。蔣介石多次解釋他的持久抗戰策略，直接引用了孫子兵法。合理的推斷，蔣介石、毛澤東都受到東西方兵學的影響，孰先孰後，在軍事上並沒有討論的價值。

42　蔣介石日記，1932 年 2 月 11 日。

一二八事變爆發的當天，他在日記中寫道：「決心遷移政府，與之決戰。」[43] 2月25日，蔣介石命何應欽從速準備第二期抗戰計畫時，表示：「決心與倭持久作戰，非如此不足以殺其自大之野心。」[44] 兩天後，他又說：「充實一切自衛力量，準備長期抵抗，以求最後之勝利。」[45]「持久戰」的思維數度出現，但都是浮光掠影，稍現即逝。

從 1933 年 1 月開始，蔣介石在講話或日記中開始頻頻出現「持久戰」字眼。1933 年 1 月 24 日，日軍進犯熱河時，他分析戰局，指出，日本真正的敵人是美國、俄國，而且最大的弱點是資源有限。倘若日本對華大規模用兵，那麼，地大人眾的中國以持久戰對付，日本即使在戰場上打贏了中國，但無力占領，最後還是要失敗的：「倭寇之敵，實在美、俄；如其果與我國大規模作戰，則其無的放矢，雖勝必敗，此為其最大弱點。吾唯有與之持久戰鬥耳！」[46]

所謂「倭寇之敵實在美俄」，是蔣介石對大局的判斷。1923 年日本修訂的「國防方針」，將美國列為第一敵國，然後是蘇聯與中國。[47] 日俄向為宿敵，而日本與美國為敵的歷史背景，可溯自明治維新後（1868）富國強兵的國策，以及向中國擴張的方針。美國早在中華民國建國之前就已提出在華利益「門戶開放」政策，主張列強在華利益均等。這個原則與日本想獨占中國東北的立場是對立的。[48] 1919 年歐戰結束後的巴黎和會中，日本以對德宣戰為由，要求承繼德國在華的

43　蔣介石日記，1932年1月28日。

44　蔣介石日記，1932年2月25日。

45　蔣介石日記，1932年2月27日。

46　秦孝儀主編，《總統蔣公大事長編初稿》，卷2，頁259。

47　日本防衛廳防衛研修所戰史室《戰史叢書・大本營陸軍部（1）》（東京：朝雲出版社，1974），頁218-219、244-249、392-397。

48　〈駐華代表柯杭致國務卿函，一九一二年五月二十一日〉，《一九一一年至一九四一年美國對華軍事密檔》第14冊（1）（台北：國防部史政編譯局與國立中山大學印行），頁382-383。

一切權利，無視於中國為戰勝國的權益，也衝擊到美國的「門戶開放」政策。

然而，日本的擴張並不止於中國，它的目標是獨霸遠東，改變亞洲的殖民狀況，因此有南進（對英美）、北進（對俄）政策之分。日本還派遣海軍攻占西太平洋原屬德國的馬紹爾、馬里亞納、加羅林諸群島，打破了列強在太平洋上的均勢。日本在西太平洋的擴張行動，立刻引起美國反制。

1921 年 11 月，在美國倡議下，美、英、法、日四國舉行華盛頓會議，12 月簽訂了相互尊重並維持所屬太平洋島嶼權利的「四國條約」；[49] 1922 年 2 月，又增加中、義、荷、比、葡等國，一共九國，簽定以「中國問題」為主要內容的「九國公約」，規定「尊重中國之主權與獨立，暨領土及行政之完整」。[50] 很明顯，「九國公約」是列強聯合遏制日本對中國的侵略行為，日本相當不平，對美國尤其不滿。

因此，蔣介石注意到，列強對日本稱霸遠東的企圖，已有了戒心；而日本對華侵略，勢必與歐美列強在華利益相衝突。歐洲的情勢顯示隨時會爆發大戰，而中國必須撐得住，撐到世界大戰爆發，一旦大戰興起，中國將不致孤軍奮戰。如何與世界大局結合，將是中國抗日戰爭勝利的重要因素。

1933 年 4 月 12 日，蔣介石在一個公開演講中，對於抗日持久戰與國際情勢的關聯，有了比較具體的想法：「我們現在對於日本，只有一個法子，就是作長期不斷的抵抗。他把我們第一線部隊打敗之後，我們再有第二、第三等線的部隊去補充；把我們第一線陣地突破以後，我們還有第二、第三各線陣地來抵抗。這樣一步復一步的兵力，一線復一線的陣地，不斷地步步抵抗，時時不懈，這樣長期的抗戰，愈能

49　日本外務省，《日本外交年表並主要文書》卷上（東京：國際連合協會，1955），頁 536-537。

50　日本外務省，《日本外交年表並主要文書》卷下，頁 15-18。

持久，愈是有利。若是能抵抗三年、五年，我預計國際上總有新的發展，敵人自己國內也一定有新的變化。」[51]

從這段講話可以看出，蔣介石當時估計，中國單獨對日作戰可能要撐個3、5年，全部抗戰時間將更久，因為，單憑中國很難有勝的把握，扭轉乾坤還要靠「國際上的新發展」。

期待國際情勢變化

蔣介石期待「國際上的新發展」，包括幾個方面：日本、蘇俄、歐美。

首先期待日本內部發生變化。日本陸軍高層一直有派系鬥爭，時間久遠，可上溯到明治時期不同藩閥的出身背景。到了1930年代，陸軍內形成兩大派系：「皇道派」與「統制派」。在對外擴張政策上，「皇道派」主張北上，進攻蘇聯；「統制派」則主張朝中國擴張。[52]

兩派曾發生數次衝突，1931年相繼發生「三月事件」、「十月事件」，[53] 都是統制派中少壯軍人企圖發動政變，以建立強有力的軍事政權，提高國家總戰力。兩次都在最後關頭發生變化，未能成功，但這些參與政變謀劃的軍官卻被輕判，未受到重大的處分。

經過1931年兩次流產政變，以及9月的九一八事變，「統制派」聲勢高漲，「皇道派」將領備受打壓。[54] 1935年的「相澤事件」就是

51　蔣介石日記，1933年4月12日。

52　「皇道派」以荒木貞夫、真崎甚三郎將軍為中心；「統制派」以永田鐵山將軍為領導。「皇道派」強調日本文化的重要性，主張精神面超越物質面，並認為對蘇聯展開進攻極具必要性；而「統制派」則主張提高國家總戰力，應執行中央集權的統制經濟與軍事，建設高度國防的國家，並主張朝中國擴張。

53　這兩個事件，請看本書第二章。

54　先是皇道派首領人物荒木貞夫辭去陸軍大臣，由支持統制派的林銑十郎接任。林銑十郎立即任用統制派核心人物永田鐵山少將為陸軍省軍務局局長，接著迫使在皇道派中聲望很高的真崎甚三郎辭去陸軍教育總監職務，改任為軍事參議官，有

皇道派的反撲，皇道派的陸軍中佐相澤三郎刺殺統制派的陸軍軍務局長永田鐵山，[55] 結果相澤被判處死刑，而軍中的重要職務幾乎都被統制派占據。

「皇道派」不甘被打壓，在 1936 年 2 月 26 日，再次發動軍事政變。這次政變來勢洶洶，皇道派軍官襲擊首相官邸和警視廳等處，殺死了內大臣齋藤實、大藏大臣高橋是清、教育總監渡邊錠太郎等。雖然打著擁護天皇的旗幟，但他們並沒有得到天皇的支持，政變很快被鎮壓，參與其事的人都受到處分，這就是著名的「二二六事件」。

事變後，統制派利用各種方式整肅、打壓皇道派。主張南下的統制派取得陸軍控制權，這個變化也加速日本發動全面侵華戰爭的步伐。

蔣介石了解日本軍部的派系鬥爭，密切注意東京的軍政發展，他期待日本政壇內部發生變化，或許能改變或延緩日本對中國的侵略。二二六事件當天，他分析東京兵變可能對中國有利：「倭東京兵變，占領內閣，刺斃首相、財相、內大臣等六人之多。敵國內變，資我以復興之機。」[56] 事變很快被敉平，但蔣認為東京亂，就是中國的機會，「倭寇此次政變至少可與我以三個月猶豫準備之時間，故六月以前可以盡量準備與外交之運用也」。[57]

蔣在研擬抗日策略時，經常考量的是蘇聯的態度，尤其期盼日蘇先

續 ⋯⋯⋯⋯⋯⋯⋯⋯⋯⋯⋯⋯⋯⋯⋯⋯
　　職無權。這一連串人事變動，使得皇道派軍官極為不滿。

55　相澤事件：1935 年 7 月，代表統制派的陸相林銑十郎免去皇道派真崎甚三郎的陸軍教育總監職務，把他調為軍事參議官，有職無權。真崎在皇道派中聲望很高，因此引起皇道派軍官的不滿。1935 年 6 月，皇道派軍官磯部淺一、村中孝次、河野壽趁陸相林銑十郎與軍務局長永田鐵山前往滿洲、朝鮮視察的機會，試圖暗殺永田，但未成功。待永田回到日本後，8 月 12 日，陸軍中佐相澤三郎闖入永田辦公室，拔出軍刀砍死永田。事件發生後，相澤三郎被判處死刑，陸相林銑十郎、陸軍次官橋本虎之助、軍務課長橋本群辭職，由川島義之出任陸相、古莊幹郎任陸軍次官、今井清任軍務局長。

56　蔣介石日記，1936 年 2 月 26 日。

57　蔣介石日記，1936 年 2 月 29 日，本月反省錄。

戰，如果日蘇開戰「倭寇政變之新成分促成倭俄戰爭，可使其關東軍向俄挑戰而不待中國問題解決之後乎？」[58] 但是，他對於和蘇聯合作，內心十分戒懼，他認為蘇俄比日本更狡詐、更難處理，「蓋國之禍患有隱有急。倭患急而易防，俄患隱而叵測也」。[59]

他期待日蘇開戰，卻久等不至，最後等到了美國。1941 年 12 月 7 日，日本偷襲珍珠港，導致美國參戰，立刻改變了歐洲和中國的戰局。這是後話。

蔣介石相信，歐美各國對日本逐漸顯露稱霸遠東的野心，已有戒心。一旦大戰興起，中國將不致孤軍奮戰，抗戰的勝算就大為增加了。無論最後參戰的是蘇俄還是歐美，對中國來說，最重要的是要撐得住，必須在國際情勢變化之前能獨力撐住戰局，不被日本打敗。

1933 年開始，蔣介石積極思考持久戰的戰略方針。這一年 5 月和日本簽訂《塘沽協定》後，他對於持久戰「在久而不在一時」的思維，愈加清晰：「對倭以不使其擴大範圍為第一的……此時唯有以時間為基礎，與敵相持，在久而不在一時也。」[60] 與此同時，他參考德國「祕密國防」的做法，悄悄地展開各種備戰的措施：「以和日掩護外交，以交通掩護軍事，以實業掩護經濟，以教育掩護國防，韜光養晦乃為國家唯一自處之道乎。」[61] 國民政府在 1937 年中日大戰爆發之前的政略，就是本著「隱忍備戰」這個原則進行的。

尋找抗戰根據地

但是，持久戰還需要一個重要的必要條件：後方根據地。沒有大後方的根據地，持久戰仍是空談。必須有堅實的大後方，建立抗戰根

58　蔣介石日記，1936 年 2 月 29 日。
59　蔣介石日記，1938 年 1 月 1 日。
60　秦孝儀主編，《總統蔣公大事長編初稿》，卷 2，頁 39。
61　蔣介石日記，1933 年 7 月 4 日。

據地，持久戰才能施行。

　　1933 年，蔣介石開始尋找抗戰根據地，他首先想到西北或西南：「大戰未起之前，如何掩護準備，其惟經營西北與四川乎？」[62]

　　此後兩年，蔣介石走遍西北、西南各地，尋找抗戰根據地。他評估過陝西、甘肅、寧夏、四川、雲南、貴州等地，認為陝西「關中豐饒，大可經營也」。[63] 甘肅「黃河氣勢雄壯，西北物產豐富」。[64] 寧夏「左賀蘭山而右黃河，以石嘴子為省城屏障，此實為西北重鎮」。[65]

　　蔣介石更多是考慮西南，特別是四川省。他發現四川「處處得天獨厚，可使四川建設成功為新的模範省……更可使來建設新中國」。[66] 1934 年的日記中，陸續出現「專心建設西南」，「經營四川」的記載，顯示那時他已把四川列為首選。[67]

　　作為大後方，除了四川，還需要周邊的雲南、貴州為腹地。蔣介石看到雲南物產豐富，一切工業化的條件都已具備，「可作為復興民族的一個重要基礎」。[68]「貴州也是土地極美，處處水田森林。」[69]

　　最後選定四川、雲南、貴州作為抗戰根據地，並以重慶為陪都。因為這三省地勢險要，易守難攻，而且物產豐富、農林發達、人力充沛、礦藏可供工業所需，這些都是持久戰的基本條件。

　　但有個問題，四川自民國成立以來一直是軍閥控制，1918 年以後，軍閥混戰長達 15 年之久。到 1930 年代初，形成以劉湘為首、劉文輝、

62　蔣介石日記，1933 年 8 月 17 日。

63　秦孝儀主編，《先總統蔣公思想言論總集》，卷 12，頁 571。

64　蔣介石日記，1934 年 10 月 17 日。

65　蔣介石日記，1934 年 10 月 19 日。

66　秦孝儀主編，《先總統蔣公思想言論總集》，卷 13，頁 113-114。

67　楊天石，〈國民黨人的持久戰思想〉，《找尋真實的蔣介石：蔣介石日記解讀（二）》，頁 130-131。

68　秦孝儀主編，《先總統蔣公思想言論總集》，卷 13，頁 182。

69　蔣介石日記，1935 年 5 月 20 日。

鄧錫侯、楊森、田頌堯等軍閥分據的局面。南京中央政府管不了四川，中央的政軍勢力也進不了四川。如何進入四川？蔣介石苦思籌謀。

藉剿共以定西南

蔣介石與國民黨將領及德國顧問商量，想到一個計策：「藉剿共以定西南」。藉著追剿紅軍的機會，把中央勢力帶到西南這幾省。但是，這個策略只能做，不能說，更不能讓日本知道。蔣介石在日記中琢磨：「若為對倭計，以剿匪為掩護抗日之原則言之，避免內戰，使倭無隙可乘，並可得眾同情，乃以親剿川、黔殘匪以為經營西南根據地之張本，亦未始非策也。當再熟籌之！」[70]

因此之故，1934 年 4 月，國民政府開始攻入紅軍在江西的根據地瑞金，迫使紅軍往西南方逃走。紅四方面軍一路翻越大巴山，由陝南進入川北，攻占通江、南江、巴中、城口、萬源等縣。蔣介石命胡宗南率中央軍第一師緊追紅軍，伺機進入四川。川軍不願見到中央軍入川，鄧錫侯、田頌堯急電中央，提出自願剿共，不要第一師入川。[71]

但是，鄧錫侯、田頌堯剿共不力，劉湘親自率軍與紅軍作戰，也無法應付，弄得焦頭爛額，而劉文輝趁機挑戰劉湘的領導地位，劉湘腹背受敵，在政治、軍事、財政各方面都陷入困境。

劉湘左支右絀，不得已尋求蔣介石的援助。1934 年 8 月 23 日，劉湘以「川中剿匪軍事困難」為由，向蔣介石求援。劉湘的求援正中蔣下懷，蔣劉很快談好了合作條件，中央支持劉湘統領四川軍政，向川軍補助餉款械彈，並同意劉湘發行巨額公債，償還歷史積欠。作為回報，劉湘則打開四川大門，讓中央的勢力進入四川。[72]

70　蔣介石日記，1934 年 12 月 29 日。

71　於憑遠、羅冷梅編纂，胡為真、葉霞翟修訂《胡宗南上將年譜》（台北：台灣商務印書館，2014），頁 49。

72　孫震，《八十年國事川事見聞錄》（台北：四川文獻研究社，1979），頁 170。

　　1935 年 1 月 12 日，蔣介石令「國民政府軍事委員會參謀團」進駐重慶，他立即撤銷四川省內大小軍閥各霸一方的「防制區」，迫使四川各個地方勢力交出權力。1935 年 2 月 10 日，四川省政府在重慶正式成立，蔣介石任命劉湘為四川省主席，劉文輝則任西康省主席。到此，四川才回歸中央，真正成為中華民國的一省，南京中央的勢力也正式進入四川。[73]

　　收回四川，蔣介石信心大增。持久戰終於有了安定的大後方，對此，蔣介石特別感慨：「川、滇、黔得以統一，完全入於中央範圍之中，國家地位與民族基礎皆能因此鞏固。」[74]

　　蔣介石在 1935 年 2 月飛抵重慶，親自率領中央軍追剿剩餘的紅軍，進入西南各省。他談到川、黔、滇三省在持久戰戰略的重要性：「即使我們丟失了中國關內 18 個省中的 15 個省，只要四川、貴州、雲南在我們控制之下，我們就一定能打敗任何敵人，收復全部失土。」[75]

三、四川回歸、積極備戰

　　1935 年 7 月，蔣介石對國民政府軍事將領說明他對未來抗日戰略的規劃：「對倭應以長江以南與平漢線以西為主要線，以洛陽、襄樊、荊宜、常德為最後之線，而以川、黔、陝三省為核心，甘、滇為後方。」[76]對照後來抗戰發展的路線，基本就是沿著這個規劃進行的。

73　中共重慶市委黨史研究室編，《重慶抗戰史：1931-1945》（重慶出版社，2005），頁32。

74　秦孝儀主編，《總統蔣公大事長編初稿》，卷3，頁207。蔣介石日記，1935年6月30日。

75　張其昀，《黨史概要（二）》（台北：中央文物供應社，1979），頁913-914。

76　同上，頁1014。

建立四川為抗戰根據地

　　1935 年開始，蔣介石積極經營四川、雲南、貴州，準備對日抗戰。1936 年 1 月 15 日，他曾談到收回四川這段內幕，言語中有些得意，更多的是強調西南對於抗戰的重要意義：「直到去年，我親自督率軍隊不斷追剿……一面將不統一的川、滇、黔三省統一起來，奠定我們國家生命的根基，以為復興民族最後之根據地……從此（日本）不但三年亡不了中國，就是三十三年也打不了中國，這就是日本將來的致命傷！」[77]

　　事實上，日本的檔案顯示，東京在 1934 年秋天對蔣介石的行動已開始警覺。蔣接連視察西北、西南、察哈爾，以及綏遠等內蒙古各地，日本認為是國民政府欲把這些地區直接納入管轄之下的準備工作。[78]

　　蔣介石坦率地指出，1935 年華北情勢突然惡化，日軍提出「何梅協定」，逼中央軍和國民黨退出華北，就是因為日本懷疑國民政府欲統一西南，才想盡辦法阻撓。但是，無論日本如何挑釁，他就是堅持先完成四川的建設。他說：日本為了阻撓國民政府統一西南，曾經「盡其所能向我們挑戰，使華北局勢突然惡化，逼我離開四川，來應付華北的危局，以遂其破壞川、滇、黔三省統一的陰謀……我無論如何，駐在四川不動……當時政府的決策，也就是無論情勢如何危急，無論敵人如何阻撓壓迫，只好忍辱負重，必須完成川、滇、黔的統一，然後我們政府和國民才有禦侮復興的根據地，國家民族的生存，才有最後的保障。」[79]

　　最後，他以十足把握的態度說：「我可以負責告訴大家：我決不怕戰爭；不過，我要作有計畫、有準備的戰爭，我們和日本不戰則已，

77　秦孝儀主編，《總統蔣公大事長編初稿》，卷 3，頁 266-273。

78　安井三吉，《從柳條湖事件到盧溝橋事件》（東京：研文出版，2003）。

79　秦孝儀主編，《總統蔣公大事長編初稿》，卷 3，頁 266-273。

戰，則必勝！」[80]

　　顯然，這段「藉剿共以定西南」的過程相當不容易，而建立四川為抗戰根據地，在整個抗戰大戰略中，至為關鍵。蔣介石在 1937 年 11 月再度提到當時忍辱負重、收回四川的艱苦：「自從九一八，經過一二八，以至於長城戰役，中正苦心焦慮，都不能定出一個妥當的方案來執行抗日之戰……只有忍辱待時，鞏固後方，埋頭苦幹，但後來終於定下了抗日戰爭的根本計畫。這個根本計畫，到什麼時候才定下來的呢？我今天明白告訴各位，就是決定於民國 24 年（1935 年）入川剿匪之時，到川以後，我才覺得我們抗日之戰一定有辦法。因為對外作戰，首先要有後方根據地，如果沒有像四川那樣地大物博人力眾庶的區域作基礎……這才找到了真正可以持久抗戰的後方。」[81]

　　「根據地」在正式的軍事術語稱為「基地」，是一切戰力的泉源，在軍事上有特殊的意義。1935 年 8 月 1 日，蔣介石在日記上寫下實現這個戰略的程式：「禦侮之道，先定根據基礎，次為設計，三為建設……根據既得，應即立圖鞏固；鞏固之道，唯在收拾人心、培養民力而已。」[82]

　　美國駐華大使詹森（Nelson T. Johnson）觀察國民政府逐步收回西南的作為，1935 年 7 月 12 日，他向國務院報告中國的最新政情：「四川、貴州已入蔣委員長統治的範圍，在中國 23 行省中，他的力量已從 9 個省擴大至 11 個行省，雲南不久也將劃入他的統治……這三個省納入蔣委員長管轄，對於中國的團結至關重要。」[83]

80　秦孝儀主編，《總統蔣公大事長編初稿》，卷3，頁266-273。

81　秦孝儀主編，《先總統蔣公思想言論總集》，卷14，頁653。

82　秦孝儀主編，《總統蔣公大事長編初稿》，卷3，頁213。

83　United States Department of State, *Foreign relations of the United States diplomatic papers, 1935*. The Far East Volume III (U.S. Government Printing Office, 1935), pp. 306-307.

內政外交改採進取政策

西南底定，有了根據地，一切抗戰的計畫便有了方向。從此，國民政府積極展開有目的、有計畫、有實效的國防與外交政策。方德萬觀察國民政府戰前的準備，發現自 1935 年開始，國民政府調整了之前隱忍、韜光養晦的政策，改採進取政策（Forward Policy）。[84]

除了積極從事長江沿岸及西南的國防建設，國民政府在西北地區（陝西、山西、綏遠）也致力強化自己的地位。

外交上，國民政府跟蘇聯走得更近，1934 年秋，蔣介石派蔣廷黻以個人身分訪問莫斯科，希望促成中蘇同盟，共同對抗日本。[85] 1935 年 12 月再派陳立夫祕訪莫斯科，繼續雙方合作的談判。[86]

蔣介石同時加強與西方國家（特別是英、美）的聯繫。他透過胡適、蔣夢麟，以及在中國的西方記者，向美國示好，蔣介石本人也出面呼籲美國政府與人民注意日本的威脅。[87]

因為這些變化，1936 年 11 月，日本關東軍扶植的偽蒙軍向晉綏軍挑釁時，蔣介石已調整對日策略，他採取堅決抵抗的態度，親自主持綏遠抗戰，在傅作義（綏遠省主席）收復百靈廟後，他還要繼續進擊，後來因為閻錫山（太原綏靖公署主任）反對而擱了下來，但蔣介石一改過去隱忍退讓的態度，積極面對敵人的挑戰，顯示國民政府已採取進取政策。

84　Hans van de Ven, *War and Nationalism in China, 1925-1945* (London: Routledge, 2003), pp. 170-180.

85　中國第二歷史檔案館編，〈蔣介石為指派蔣廷黻與蘇洽談〉，1934 年 10 月 1 日，《中華民國史檔案資料彙編》第五輯第一編，外交，第二冊，頁 1425。

86　Chen, Lifu, *The Storm Clouds Clear Over China: The Memoir of Ch'en Li-fu, 1900-1993* (Stanford: Hoover Institution, 1993), p. 121.

87　Hans van de Ven, *War and Nationalism in China, 1925-1945*, pp. 175-177.

四、德國軍事顧問

　　探討國民政府戰前國防建設之前，必須先談談德國軍事顧問，因為在蔣介石提出的禦侮三步驟（基礎、設計、建設）中，幾乎每個步驟都少不了德國軍事顧問的參與。

　　中德軍事的合作早在孫中山廣東軍政府時期就開始了，蔣介石在1926 年（民國 15 年）北伐時，曾請留德的朱家驊向德國著名將軍魯登道夫（Erich Ludendorff）洽聘德國軍事顧問。[88] 1928 年鮑爾上校（Max Bauer）到中國，協助南京政府與德國工業界取得聯繫，並促成之後中德間的軍事合作。1928 至 1938 年此期間聘請的德籍軍事顧問，先後近百人。[89] 1934 年之後，來到中國的德國顧問層級更高，其中以塞克特將軍（Hans von Seeckt）與法肯豪森將軍（Alexander von Falkenhausen）對中國幫助最大、最有影響力，他們對國民政府建軍、整軍、抗戰戰略擬定及作戰指導上，都有重要的貢獻。

　　方德萬指出：德國顧問對國民政府在三方面發揮重要的作用：[90]

　　第一，德國顧問在軍事戰略、組織、和戰術方面的提議，對於重整國民政府軍事上，發揮了「至關重要」的影響。

　　第二，這些提議不僅是紙上談兵，而且確實付諸實施。這是因為中德之間有個以貨易貨的合作協定（中國農礦產品與德國工業品互換實施合同），德國提供武器裝備給中國。

　　第三，德國顧問中塞克特、法肯豪森都是聲望卓著的將領，等於有了象徵性的保證，削弱其他中國政軍領導人對蔣介石以及德國顧問

88　黃慶秋，《德國駐華軍事顧問團工作紀要》，頁 4。

89　孫果達，〈國民政府中的德國軍事顧問述論〉，收入《近代史研究》，1988 年第 5 期，頁 125。

90　Hans van de Ven, *War and Nationalism in China, 1925-1945*, p. 215.

意見的懷疑。

這些德國顧問實際上都得到德國政府的同意與支持。德國願意協助中國軍事建設，有幾個原因：

(1) 德國具有先進的軍事技術與經驗，尤其是德國軍事化、中央化和工業化的特色，受到蔣介石的推崇。

(2) 德國因第一次大戰戰敗，受凡爾賽和約的限制，被迫縮減軍備與軍隊規模，大量的軍人除役，許多與軍需有關的工廠企業失去發展機會，面臨了嚴重的失業與倒閉危機，德國此時亟需發展海外市場來減緩國內經濟問題，而中國正需要軍事方面的支援，雙方一拍即合。

(3) 德國在第一次大戰戰敗後，經濟、軍事發展處處受制於凡爾賽和約，與中國遭受列強壓迫的情況類似，所以較能以平等互惠的方式與中國合作。

國民政府決定以德國體制來建立新的軍隊，德國軍事顧問來到中國，德國裝備與德式訓練自然也跟著而來，軍火相關的重工業集團、生產設備製造廠、原料供應商，也紛紛來到中國，中德開展了密切的軍事合作。

塞克特曾任德國軍令署長及陸軍總司令，第一次世界大戰後，他在極困難的國際環境中，為德國保全了參謀本部的傳統精神，並據此整建德國陸軍，因此被譽為「德意志國防軍之父」。他有豐富的建軍經驗，深為蔣介石所推崇與信任。他在 1934 年 5 月來到中國，擔任國民政府陸軍總顧問，協助國民政府奠定國軍現代化的基礎，建立德械化的教導總隊（德械師）就是他倡議的。[91]

91　李元平，《俞大維傳》（台北：台灣日報社，1992），頁 392。

1935 年元月，塞克特提出「中國國防行動準則」，指出：「在紅軍及廣東、廣西反中央勢力能壓制時，也就是專心對付日本，對付一個外來的敵人的時候」。[92] 這個建議使蔣介石得以列出抗日的時程表。

蔣介石堅定了抵抗日本進一步侵犯的決心。例如，1936 年日本企圖在綏遠省建立附庸國，傅作義指揮的國民黨軍堅決抵抗，未讓其得逞。同年 11 月和 12 月，中國外交部長張羣又毫不畏懼地拒絕了日本一系列的要求，從而顯示出國民黨在南京時期從未有過的對抗日本的姿態。

1935 年 3 月塞克特因健康原因離華，推薦他的左右手法肯豪森將軍續任顧問團團長。回國前，塞克特向蔣介石提交了一份「陸軍改革建議書」，就軍隊訓練、軍官培養、武器裝備的購置、軍事機關的整頓、特種兵建設等方面，對前面幾任顧問的做法作了綜合補充和發揮。[93]

接替的法肯豪森將軍曾擔任德國駐日本東京大使館武官、德國軍校校長，他在擔任塞克特副手時，就對中日兩國的政治、經濟、軍事做了深入的研究，接任顧問團長後不久，在 1935 年 8 月 20 日向蔣介石提交了一份〈關於應付時局對策之建議〉，闡明他對中國國防及抗日戰略的構想。這份建議書明確指出中日之戰可能發展的狀況，以及相應的對策，對國民政府抗戰戰略的形成極具影響力。

法肯豪森建議頗為精準，兩年後（1937 年）中日大規模開戰，戰局的發展基本印證了他的設想。

法肯豪森這份建議書要點如下：[94]

(1) 堅定長期抗戰的決心，中途不能退縮。法肯豪森認為「民意即是造成抵抗意志，不容輕視，若領袖無此意志，則人民亦不肯

92　國防部史政編譯局所藏檔案，「塞克特中國國防行動準則」，頁 1。

93　黃慶秋，《德國駐華軍事顧問團工作紀要》，頁 57。

94　同上，頁 57-59。

出而抵抗」。此外，他特別強調「領袖的意志」，無論遇到何
種困難，領袖必須以堅定強韌的意志帶領人民堅強不屈。

(2) 堅強的戰鬥意志，仍需要實力的軍事準備。法肯豪森建議積極
整軍經武，「一切重要莫過於成立極端新式之國防軍」。從
1935 年開始，以德製裝備整理、訓練部隊，到 1936 年 9 月整
編了 20 個師，蔣介石計畫到 1939 年，整編出 60 個德械師。

(3) 在戰略用兵上應採守勢、且在內線。法肯豪森認為，中國主要
的威脅在東、北兩方面，所以，作戰部隊應集中於徐州、鄭州、
武漢、南昌、南京區內，從這個區可以速向各方集中。他認為，
當時國民政府（中央軍）主力多集中在南京西部，不利於對日
作戰，因為前方抵抗不大，沿海將迅速失陷，國外輸入斷絕，
陸軍所需的戰備武器，很快就會用罄。所以，建立四川省的工
業，刻不容緩。

法肯豪森判斷，中日之戰必不可免，建議國民政府必須做好應戰
的準備。他分析，一旦日本對華發動軍事攻擊，華北地區將首當其衝，
長江流域各海口也將受到侵犯。因此，他贊同蔣介石的見解，主張以
長江一線為未來抗日戰爭的主戰場，提出自長江下游的南京、上海，
中游的南昌、武漢，到上游的四川，建立層層防禦體系，作為未來抗
日戰爭的主戰場。

法肯豪森還建議：華北須力守，以免日軍占據華北，沿平漢線直
下武漢。所以，最初的抵抗線必須向北推進，北方最後戰線為黃河沿
岸。為了阻止日軍過黃河，必要時，須做有計畫的氾濫（決堤），以
增厚防禦力。[95]

法肯豪森特別強調，一旦戰起，東南沿海必定失守，對外運輸受

95　黃慶秋，《德國駐華軍事顧問團工作紀要》，頁 60-61。

阻，國民政府應儘快在四川實現工業化，以便為抗戰提供源源不斷的
戰爭物資。他還建議開闢西南外運交通線，修建由重慶經貴陽通昆明
的鐵路，使能經滇越路與國外聯絡，以獲得抗日外援。

　　法肯豪森不僅在戰略上提出建議，還積極協助蔣介石整訓裝備現
代化武器、具有現代化意識的軍隊。根據他的規劃，國民政府計畫在
6 年之內整編 60 個德械師，施以現代化軍事訓練，配備德式裝備，並
成立若干砲兵團與裝甲旅。在這些編練的軍隊中，以駐紮在南京、上
海國防要地的第 87 師、88 師裝備最為精良，訓練最為有素，在後來的
八一三淞滬會戰中發揮了重要作用。

　　法肯豪森深知，以中國當時的工業能力、財力及官兵素質，要建
立真正德國標準的陸軍是有困難的，他因地制宜地提出了「輕步兵」
的建軍概念，把中國軍隊整訓為「輕裝快速部隊」，也就是，大部隊
的移動以鐵路來運輸，使兵員可快速集中到戰場邊緣；不倚賴重砲、
戰車等重型裝備，而是靈活機動地使用自動武器作戰，與戰車與砲兵
單位配合，進行協同作戰。

　　在編練軍隊的同時，法肯豪森還注重提高軍官的軍事素質，培養
他們現代化戰爭理念。他邀請各種兵科的德國顧問到中國擔任教官，
把西方現代軍事理念（如縱深部署、內外線態勢、機動作戰、攻擊、
防禦重點……等）帶到中國軍隊教育訓練中。1935 到 1937 兩年中，中
央軍校七期以後的學員，都接受德國新式軍事科學的指導。

　　在法肯豪森的協助下，國民政府在長江流域初步建立起新式國防
工業與新式陸軍，為日後爆發的中日大戰奠定了持久抗戰的軍事基礎。

　　蔣介石對這些計畫深具信心，他希望 1939 年能完成備戰的工作，
到那時候，中國就能與日本好好打一仗。他在 1936 年 9 月 26 日的日
記透露了這個信心：「三年之內，倭寇不能滅亡中國，則何患其強迫，
但此時尚不可不隱忍耳。」[96]

96　蔣介石日記，1936 年 9 月 26 日。

五、確立持久抗戰大戰略

到了 1935 年，抗戰大後方基地已定，整軍經武順利進行中，蔣介石於持久戰的策略與執行方針愈來愈清晰，在國民政府高層也逐漸形成共識。

戰而不屈、以空間換取時間

蔣介石籌謀的「持久戰」精義在「久」，他說：「一時一地的得失，無害於我們的根本，我們的唯一方針，就是要持久。」[97] 又說：「本來戰爭的勝敗，就是決定於空間與時間……我們現在與敵人打仗，就是爭時間，我們要以長久的時間，來固守廣大的空間；要以廣大的空間，來延長抗戰的時間，來消耗敵人的實力，爭取最後的勝利。」[98]

時任山西省主席、也是軍事委員會委員的徐永昌記錄了當時持久戰、消耗戰的要點就是「戰而不屈」的拖字訣：「蔣先生看定日本是用不戰屈中國之手段，所以抱定戰而不屈的對策。」[99]

除了蔣介石本人對持久抗戰的思考、德國顧問的意見外，蔣百里將軍的意見也頗受蔣介石的重視。

蔣百里是中國著名的軍事家，先後留日、留德，能講流利的日語、德語。蔣介石對他頗為尊敬，日記中提到他，多稱「百里先生」或「蔣百里先生」。1933 年，蔣介石派他赴日本考察，研擬國防計畫，為不可避免的中日之戰做準備。1935 年擔任軍事委員會高級顧問，1936 年

97　秦孝儀主編，《先總統蔣公思想言論總集》，卷 14，頁 655。

98　秦孝儀主編，《先總統蔣公思想言論總集》，卷 15，頁 122-123。

99　《徐永昌日記》第三冊，1935 年 10 月 15 日（台北：中央研究院近代史研究所，1991），頁 318。此語亦出現在 1936 年 11 月 1 日之蔣介石日記，時為陳誠謂抗戰決策的關鍵時刻，但在時序上徐永昌日記較蔣日記早了近 13 個月，足證 1935 年 10 月蔣介石已與國民黨要員討論過「戰而不屈」的拖字訣。

到歐美考察軍事，1937 年以蔣介石特使身分訪問義大利、德國，觀察歐洲政軍情勢。1938 年蔣介石任命他代理陸軍大學校長（原是蔣介石自兼）。

蔣百里指出，中日之戰不可能再拖下去，「一旦戰爭爆發，沿海一帶首遭蹂躪，一切計畫，應著眼於山嶽地帶」。[100] 中日戰爭將「取決於長期持久的總體性作戰」。[101] 這是因為「中國有地大人眾兩個優越條件，不打則已，打起來就不能不用『拖』的哲學。拖到東西戰事合流，把敵人拖倒了而後已」。[102] 他特別警告，這場戰爭不僅是場全面戰爭，而且將是場十年、八年的長期戰爭。戰爭初期，中國軍隊會守不住沿海地區向後退去，敵軍攻入國土，將帶來漫長的黑暗時期，但是，「勝也罷，敗也罷，就是說不同它講和」！[103]

1936 年 6 月，蔣介石對英國財政專家李滋羅斯（Frederick Leith-Ross）表示：中日之戰絕不可能避免，但此時中國軍隊尚未準備好，就像過去幾年一樣，他將會「盡最大努力延後戰爭的爆發」。一旦戰爭爆發，「中國軍隊將在沿海地區做最強烈的抵抗，然後逐步向內陸撤退，最後在中國某地，維持一個自由中國，以待英美支援，共同抵抗侵略者」。[104]

還有一位航空委員會空軍顧問端納的意見也受到蔣介石的注意。端納指出，對日應避免正面作戰，主張作戰計畫應限於防守、游擊及夜襲，如此將使日軍疲於奔命。這種戰法在抗戰第一期（七七到武漢會戰）的作用有限，但到抗戰第二期，則充分顯現它的實用性，廣為

---

100 蔣復璁、薛光前編，《蔣百里先生全集》，第六輯，頁 162。

101 同上，頁 166。

102 陶菊隱，《蔣百里先生傳》（台北：文海出版社，1972），頁 229。

103 陶菊隱，《蔣百里先生傳》，頁 176。

104 Frederick Leith-Ross, *Money Talks: Fifty Years of International Finance: The Autobiography of Sir Frederick Leith-Ross* (London: Hutchinson, 1968). p. 223.

中國採用。

到了 1936 年下半年，持久戰在國民政府高層成為共識，陳誠、李宗仁、白崇禧等先後對持久戰提出他們的主張。[105]

1936 年 10 月，國民政府高層在洛陽確定了持久戰的戰略以及初步執行方案。陳誠指出，1936（民國 25）年是抗戰決策關鍵的一年，這一年 10 月「因西北風雲日緊，我奉委員長電召由廬山隨節進駐洛陽，策劃抗日大計，持久戰、消耗戰、以空間換取時間等基本決策，即均於此時策定……至於如何制敵而不為敵所制問題，亦曾初步議及」。[106]

根據洛陽會議的決議，參謀本部在 1936 年底草擬《民國廿六年度國防作戰計畫》，其中甲案指示，國軍面對日本欺凌，將採「守勢作戰」，「實行持久戰」，但應有「堅決抵抗之意志，必勝之信念……逐次消耗敵軍戰鬥力，乘機轉移攻勢」。[107]

1937 年 8 月 18 日，蔣介石在一個公開演講中明確指出，對付日軍「速戰速決」的辦法之一就是「持久戰、消耗戰」，「我們要以逸待勞，以拙制巧，以堅毅持久的抗戰，來消滅他的力量」。[108] 同一天，蔣介石發表〈告抗戰全體將士書〉中再度強調持久戰的思想。[109]

兩天後，8 月 20 日，蔣介石以大本營大元帥名義頒發《國軍作戰指導計畫》，規定「國軍部隊之運用，以達成持久戰為作戰之基本主旨。

105 楊天石，〈國民黨人的持久戰思想〉，收入《找尋真實的蔣介石：蔣介石日記解讀（二）》，頁 125-135；馬振犢《慘勝：抗戰正面戰場大寫意》（北京：九州出版社，2012），頁 19-25。

106 《陳誠先生回憶錄・抗日戰爭》（上）（台北：國史館，2004），頁 23。

107 蔣委員長講詞，〈敵人戰略政略的實況和我軍抗戰獲勝的要道〉，1937 年 8 月 18 日，《抗戰史料叢編初輯（一）》（台北：國防部史政編譯局，1974），頁 310。

108 〈敵人戰略政略的實況和我軍抗戰獲勝的要道〉，《先總統蔣公思想言論總集》，卷 14，頁 608。

109 〈告抗戰全體將士書〉，《先總統蔣公思想言論總集》，卷 30，頁 233。

各戰區應本此主旨，酌定攻守計畫，以完成其任務。」[110]

進入 1938 年，軍事委員會制定的《武漢會戰作戰方針及指導要領》以及《武漢會戰作戰計畫》，都明確指出：「以自力更生持久戰為目的，消耗敵之兵源及物資，使敵陷於困境，促其崩潰而指導作戰。」[111]

以上紀錄顯示「持久戰」思想從 1933 年在蔣介石、蔣百里、德國顧問，以及國民黨將領中開始發軔，歷經 3 年的探索、籌謀、聯絡西北、安定西南，到了 1936 年 10 月底，「持久戰」、「消耗戰」、「以空間換取時間」等等戰略已在國民政府高層達成共識。也就是說，「在必要時，寧放棄地點，以爭取時間；但必須是敵人對所得的空間，付重大代價……依此戰略，敵軍將被引入內地，直至其戰線散布很長且薄弱，其交通線亦伸展深遠而易受攻擊」。[112]

決定了持久戰戰略，那麼中國對日戰爭首要的目標就是「轉換日軍作戰線」。

改變日軍作戰線

德國顧問和國民政府軍事領導都看得清楚，大戰爆發，勢必面臨來自華北及華中兩方面的敵軍。日軍從華北南下（由北向南）或是從華東西進（由東向西）的作戰線，對「持久戰」會形成不同的戰略態勢。其中利弊，日軍也很清楚。

蔣介石、陳誠都注意到這個問題。轉換日軍戰線將對「持久抗戰」形成不同的戰略態勢。國民政府中央的資源都在淞滬及長江流域，如與日軍形成南北對峙的形勢，對中國不利。陳誠指出：「如敵在平綏路上，攻下南口，進展山西，揮軍沿平漢路南下，交通既便，戰車坦

---

110 《抗日戰爭正面戰場》，上，頁3。
111 同上，頁657。
112 董顯光，《蔣總統傳》（中）（台北：中華文化出版事業委員會，1952），頁276。

克可縱橫馳騁於冀豫平原，直取武漢，則於敵有百利，於我有百害。」[113] 日本的機械兵團在華北平原暢行無阻，能輕易南下武漢，把中國一切為半，中國最精華的地區盡入日本之手，這場仗就很難持久。

所以，中國的對策就是要竭盡所能地防止日軍占據華北後沿平漢線南下武漢。1935 年 10 月，參謀次長熊斌到山西去轉達中樞戰略，說明蔣介石之前所以對日隱忍，是因為中國與日軍南北對峙，戰略態勢不利中國。現在有了四川，就能與日軍做長期的抵抗了：「前時所以避戰，是因為與敵成為南北對抗之形勢，實不足與敵持久。自川黔剿共後，與敵為以東西對抗，自能長期難之，祇要上下團結，決可求得獨立生存，雖戰敗、到極點亦不屈服。」[114]

1935 年國民政府軍事領導就開始討論作戰線的問題，到 1936 年就更清楚了。陳誠回憶決策的經過，1936 年 10 月底國民政府在洛陽召開軍事會議時，已具體提出討論：「敵軍入寇，利於由北向南打，而我方為保持西北、西南基地，利在上海作戰。關於戰鬥序列應依戰事發展不斷調整部署以期適合機宜。」[115] 是故，最後決策是竭盡所能改變日軍作戰軸線，「誘敵自東而西仰攻」。[116]

避免與日軍在華北決戰，除了防止日軍沿平漢路南下之外，還有其他考量：

(1) 地形：華北平原較適合日本機械兵團，不利中國軍隊。而且，中國之地形為西北高、東南低，由北向南易，從南向北難。所以，中國必須利用地理條件來打持久戰。中國軍隊放棄在平原地區決戰，退到山地去阻擋日軍由東向西的進攻。

113　《陳誠先生回憶錄‧六十自述》（台北：國史館，2012），頁63。

114　《徐永昌日記》，1935年10月15日日記複印件。

115　《陳誠先生回憶錄‧抗日戰爭》（上），頁23。

116　同上。

(2) 以當時國民政府的政軍情勢來說，國民政府無力同時在華北、
華東兩頭作戰，即使投重兵於華北，亦無補大局的長遠發展。
因為蔣介石嫡系中央軍在 1935 年 6 月《何梅協定》之後就撤
出華北，華北大部分為西北軍所控制，他們對日抗戰缺乏信
心，和南京中央的關係若即若離，與日軍也保持若有若無的來
往。印證七七盧溝橋事變後華北的情況，蔣介石、陳誠當時的
考量，不能說沒有道理。七七事變後 29 軍軍長宋哲元怕惹惱
日軍，影響他在華北的統治，因此拒絕中央軍的援助，最後不
戰而撤離北平。

是故，把日軍由北向南的作戰線轉換為由東向西，就是中國抗日
戰爭前期階段的首要戰略目標。為了防阻日軍占據華北地區之後沿平
漢線直下武漢，法肯豪森建議，最初的抵抗線必須向北推進，北方將
以黃河為最後戰線，必要時不惜在黃河決堤，以水作兵，阻止日軍過
黃河南下鄭州、武漢。[117]

雖然 1936 年 10 月已定下阻止日軍南下、誘日軍從東向西仰攻的策
略，但最後付諸實行，當在 1937 年 8 月中淞滬會戰開始時。8 月 18 日，
陳誠與熊式輝視察上海戰事，回南京報告時，仍有戰、和兩種不同意
見，陳主戰、熊主和。蔣介石徵詢陳誠意見，陳誠建議：「敵對南口
在所必得，同時亦為我所必守，是則華北戰事擴大，已無可避免。敵
如在華北得手，必將利用其快速部隊，沿平漢路南犯，直趨武漢；如
武漢不守，則中國戰場縱斷為二，於我大為不利。不如擴大淞滬戰事，
誘敵至淞滬作戰，以達成我二十五年所預定之戰略。」[118]

陳誠並進一步建議「若打，須向上海增兵」。[119] 蔣介石立即同意，

117　黃慶秋，《德國駐華軍事顧問團工作紀要》，頁 60-61。
118　《陳誠先生回憶錄・抗日戰爭》（上），頁 53。
119　同上。

於是迅速向上海大量增兵，大戰就此展開。

這裡說的「我二十五年所預定之戰略」，指的就是 1936 年 10 月洛陽會議所策定的「利在上海作戰，誘敵自東而西仰攻」的戰略。

所以，1936 年國民政府所議定的抗日大計時，已有在淞滬開闢第二戰場的考慮。

根據日軍在昭和 13 年（1938 年）陸軍省會議的紀錄顯示，日軍在淞滬會戰之前，並沒有全盤對華作戰的計畫，陸軍止於華北，山東及淞滬是由海軍負責，因此最初投入淞滬的日本陸軍並不在戰鬥序列之中。淞滬大戰爆發時，不僅日本信心十足，認為 3 月可亡華，歐美方面也認為中國最多只能抵抗 6 個月。[120] 當時，日軍以為拿下上海、南京，國民政府一定會投降，沒想到攻下南京仍舊無法結束戰爭。

後來的發展證明，淞滬抗戰以及花園口決堤，阻斷了華北派遣軍南下，日本攻略武漢最後採取的是沿長江西進，可見改變日軍戰線的戰略產生了效應。

六、持久戰成功的關鍵因素

從已發生的史實來看，自七七盧溝橋事變開始，整個戰局的發展，可以說，與蔣介石籌謀的大戰略幾乎是若合符節。日軍雖然連戰皆捷，但卻一步一步踏入中國持久戰、消耗戰大戰略的泥沼中，難以自拔。

但是，持久戰要得到最後成功，還有兩個重要的因素，過去很少為學者及兵家所重視。

120　歐美預估中國在 1 至 6 個月即難以為繼。Mark Peattie, Edward Drea, and Hans van de Ven, ed., *The Battle for China* (Stanford: Stanford University Press, 2011), pp. 183-184; 鄭浪平，《中國抗日戰爭史》（台北：麥田出版社，2001），頁 352。

大戰略著眼

第一，蔣介石籌謀的持久戰是以大戰略著眼，堅持中日之戰不但要與世界大戰結合，而且要同時結束。其次，對日8年鏖戰，歷經數次危機，蔣介石自始至終堅忍不拔，未與日本妥協，確實做到了領袖的意志的堅持。分別說明如下：

蔣介石認為中日之戰不能、也不是獨立的議題，必須與世界問題結合，並且同時解決，中國才能真正脫離次殖民地的地位。這裡面包含兩個層次的考量：

(1) 中日之戰必須與世界大戰同時結束，中國問題才能夠獲得永久解決；否則，即使拖住日本，仍逃不過其他帝國主義的桎梏。蔣介石說：「我們抗戰的目的，率直言之：就是要與歐洲戰爭、世界戰爭同時結束；亦即是說中、日問題要與世界問題同時解決……因為中、日問題，並非簡單的中、日兩國的問題，乃是整個東亞，亦即整個世界的問題，而且今日中國問題，實為世界問題的中心……世界問題不能解決，中國問題也就不能解決，而我們依舊不能脫離次殖民地的地位。」[121]

(2) 他預見世界大戰爆發在即，中國應該運用列強間的矛盾，以外交手段引起相互牽制與干涉，一方面爭取時間備戰，同時以拖待變，只要國際情勢變化，中國就有機會打敗日本。他指出：「帝國主義者在東方，或者在中國，其衝突均隨時可以發生……衝突之焦點，必在中國。第二次大戰之起，亦必在中國。中國此時若不努力奮鬥，團結一致，至第二次大戰起，即為亡國之日。」[122]

121　秦孝儀主編，《先總統蔣公思想言論總集》，卷16，頁577。
122　秦孝儀主編，《先總統蔣公思想言論總集》，卷10，頁417。

蔣介石對「持久抗戰」的堅持

其次，從九一八事變起算，抗日戰爭前後長達 14 年，即使從七七事變起算，也有 8 年之久。其間有許多複雜微妙的轉折，好幾次國民政府幾乎堅持不下去了，黨政軍領導不乏放棄的打算，唯有蔣介石，始終堅持不畏戰、不投降、不簽訂任何有損國格與民族利益的和約。

七七事變後，如何對付日本侵略，國民政府及知識分子就有和、戰兩種意見。汪精衛、周佛海、陶希聖、高宗武、胡適等，認為中日國力懸殊，硬和日本對抗，必然失敗，所以主張與日議和。他們還形成所謂的「低調俱樂部」。[123] 軍政首長及國民黨元老何應欽、徐永昌、孔祥熙、于右任、居正等，也傾向以和平方式解決中日問題。蔣介石獨排眾議，堅持日本必須「恢復盧溝橋事變前原狀」，和議才有可能。日本不肯把吃到嘴裡的肉吐出來，所以，這個條件等於為和議之門設了極難突破的關卡。[124]（關於抗戰時期對日和戰問題，請見本書第三卷。）

事實上，1937 年八一三淞滬大戰序幕揭開不久，持久戰就遇到了挑戰。不到 4 個月，中國迅速失掉大半個華北、淞滬、蘇杭等重鎮，首都南京也失陷了。許多國人、包括黨政領導懷憂喪志，多數力主議和。[125] 面對一片主和之聲，蔣介石力排眾議，提振士氣，堅定信心，一次一次耐心詮釋「持久抗戰」的戰略意義。

1937 年 12 月底，南京淪陷後，軍心動搖，國民政府黨政軍高層士氣低到谷底，汪精衛、孔祥熙、于右任、居正等，都產生消極、退讓的想法。在 12 月 27 日最高國防會議上，大部分黨政領導都主張議和，

---

123 楊天石，〈胡適曾提議放棄東三省、承認滿洲國〉，收入《抗戰與戰後中國》（北京：中國人民大學出版社，2007），頁31。

124 楊天石，〈論「恢復盧溝橋事變前原狀」與蔣介石「抗戰到底」之「底」〉，收入《抗戰與戰後中國》，頁295-327。

125 蔣介石日記，1937年12月27日。

蔣則堅持不屈：「今日討論倭寇所提條件，乃多主議和者，余以為不可。」[126]

　　第二天（12 月 28 日），蔣介石和汪精衛、孔祥熙、張羣會商，他們還是建議考慮日本提出的和議條件，蔣介石期期以為不可，雙方提高聲調、甚至拍桌互嗆。蔣介石勸告汪精衛等，「國民黨革命精神與三民主義，祇有為中國求自由與平等，而不能降服於敵人，訂立不堪忍受之條件，以增加國家民族永遠之束縛！若果不幸，全歸失敗，則革命失敗，不足以為奇恥，祇要我國民政府不落黑字於敵手，則敵雖侵占，我國民隨時可以有收復主權之機會也」。[127]

　　主和一派仍然不放棄，第三天（12 月 29 日），汪精衛、孔祥熙等人再度提出要與日本議和，蔣介石不得不以大是大非的民族大義來責備他們：「抗戰方針，不可變更，此中大難大節所關，必須以主義與本黨立場為前提。」[128]

　　然而，和議的聲音仍然高漲，1938 年 1 月 2 日，蔣介石明白表示，不接受倭寇條件，堅定決心，「與其屈服而亡，不如戰敗而亡也」！[129]

　　蔣介石不但一再鼓勵黨政軍領導堅定信心，抗戰到底，1938 年 1 月，南京淪陷後，他還特別在開封及洛陽召集第一、第五戰區團長以上軍官會談，勉勵將士勿懷憂喪志，必須堅信持久戰的戰略意義：

> 戰事發動以來，世界各國之群起攻擊日本……就可以知道敵人現在已陷於四面皆敵的險境。雖然與他衝突得最屬害的英、美、法、俄各國目前還沒有參加戰爭，與我們共同一致來打日本，但這並不是國際不動，而是時機未到。只要我們誓死不屈，持久抗戰下去，敵人就時刻陷在危險的深淵，一有失利，或一旦他的弱點暴露出

126　蔣介石日記，1937 年 12 月 27 日。
127　蔣介石日記，1937 年 12 月 28 日。
128　蔣介石日記，1937 年 12 月 29 日。
129　蔣介石日記，1938 年 1 月 2 日。

來，各國就會毫不遲疑地加以打擊。[130]

　　目前國際形勢表面上有沒有變化；最要緊、最根本的一點，就是要認定國家的獨立和民族的生存是要由我們自己犧牲奮鬥來取得！只要我們能自強自立、能持久抗戰，就天天可以促起和日本利害相反的各國來包圍日本。[131]

　　蔣特別強調，淞滬、南京雖然淪陷，但是犧牲是有報償的。「如果沒有我們這半年的抗戰……國際形勢絕沒有像今天這樣迅速的變化。現在國際形勢雖然沉默，英、美與法、蘇諸國雖然事事容忍退讓；因為他們的準備還沒有充足……一旦準備完成，這許多國家自然要出面干涉；而且這個干涉的時期已在不遠。」[132]

　　到了 1938 年 10 月武漢會戰尾聲，雙方大軍往武漢方面集中，但 10 月 17 日，蔣介石決定放棄武漢。

　　決心放棄武漢，是因為日軍進攻廣州，蔣介石認為，日軍攻廣州的目的是求速和，結果卻使戰線拉得更長，戰區更為擴大，「我應決心持久抗戰，使其（日軍）威脅作用失效，卒致欲罷不能，更勿以國際外交而影響我作戰方針。余三年前早有以四川為抗戰根據地之準備，況平漢、粵漢兩路以東地區抗戰至十五月之久，而敵猶不能占領武漢，則以後抗戰必更易為力」。[133]

　　蔣介石認為，日軍侵粵，持久戰布局已成，「實已促成余第三步（戰略相持）之計畫矣」。[134] 不僅如此，太平洋國際情勢也即將有所變化，「倭寇攻粵予我以滅寇良機，切不可失。對寇必須以太平洋各國和平

130　秦孝儀主編，《先總統蔣公思想言論總集》，卷 15，頁 10-11。
131　秦孝儀主編，《先總統蔣公思想言論總集》，卷 15，頁 60-61。
132　同上。
133　蔣介石日記，1938 年 10 月 13 日。
134　同上。

會議解決中倭一切問題之期，當不遠矣！」[135]

　　10 月 23 日，廣州失陷，蔣並不以為憂。他在 10 日 24 日日記中寫道：「敵既得廣州，更陷於被動地位，不能不更向我求和矣，武漢之得失已無足輕重。」[136] 這個觀點與對南京失陷時的設想一致，他說：「他（日軍）現在雖侵占了我們南京，這與我們抗戰到底的革命大計有什麼影響？他如何能消滅我們？他有什麼辦法來消滅我們？……就是他再盡他所有的力量侵犯到我們的武漢，甚至連廣東都按他預定的計畫占了去，他又有什麼辦法來消滅我們的革命軍？……何況他進犯一步，他所冒的危險更要高一分，他進得愈快，他所冒的危險愈大，我們打擊他的機會也愈多。」[137]

　　另方面，國民政府已趁著淞滬會戰到武漢會戰這段時間，把華北及沿海的工廠、學校、物資遷往內地，爭取時間掩護西南的建設，如今「民眾之內徙、物資之後移、一切準備工作，得從容完成」。[138] 持久戰的布局已大致完成，所以放棄武漢，以西南為根據地，和日本繼續周旋。

　　10 月 30 日蔣介石發表「為退出武漢告全國國民書」，說明退出武漢的原因，以及持久戰的意義：

　　　　我國抗戰根據，本不在沿江沿海淺狹交通之地帶，乃在廣大深長之內地，而西部諸省尤為我抗戰之策源地，此為長期抗戰之根本方略，亦即我政府始終一貫之政策也。武漢地位，在過去十七月抗戰工作上之重要性，厥為掩護我西部建設之準備與承接南北交通之運輸。故保衛武漢軍事之主要意義，原在於阻滯敵軍西進，消耗敵軍實力，準備後方交通，運積必要武器，遷移我東南與中部之工業，以進行西北西南之建設。[139]

135　蔣介石日記，1938 年 10 月 15 日。

136　蔣介石日記，1938 年 10 月 24 日。

137　秦孝儀主編，《先總統蔣公思想言論總集》，卷 15，頁 61-62。

138　秦孝儀主編，《總統蔣公大事長編初稿》，卷 4（上），頁 285。

139　〈為退出武漢告全國國民書〉，《先總統蔣公思想言論總集》，卷 30，頁 233。

可見，蔣介石持久戰的精義是：不在意南京、武漢的得失，而在意部隊有生力量的保全。就戰爭的全域而言，在追求戰爭的最後勝利，而不在意每一場會戰中的成敗。從此，中日之戰從激烈的戰鬥進入另一個階段，一個僵持的階段。

武漢會戰之後，日本陸軍最激進的軍官也明白不能再打下去了，日軍占領了一城又一城，補給線拖得太長，各項資源難以為繼。東京發動一次又一次的和談，但中國就是不投降。迫於無奈，日本不得不改變策略，積極在中國扶植傀儡政權，以便日軍抽身而退。

1938 年 11 月，武漢淪陷 10 天後，日本首相近衛文麿發表「建立東亞新秩序」的第二次近衛聲明，放軟身段，倡議建立一個由中國、日本、滿洲國組成的經濟聯合體。汪精衛於 12 月 18 日自重慶飛昆明，準備和近衛政府合作。（關於汪精衛與日本合作成立偽政權，請見本書第三卷第三章。）

不可思議的是，盧溝橋事變，中日正式爆發大戰，從淞滬、南京、台兒莊、武漢幾個大會戰一路下來，中國軍民死傷慘重，全民付出極大的代價；但是，日軍卻隨著一個個的勝利陷入中國地廣人眾的持久戰的戰略布局之中。

第六章

綏遠抗戰與西安事變

肖如平（浙江大學中國近現代史研究所所長）
郭岱君（史丹佛大學胡佛研究院研究員）

　　西安事變在中國近現代史上具有深遠意義。從 1936 年 12 月 12 日張學良、楊虎城發動兵變扣留蔣介石，到 25 日張學良親送蔣回到南京，短短兩週，引起中外空前的關注，相當程度上也改變了中國歷史的進程。

　　1932 年一二八淞滬戰役停戰後，蔣介石全力實施「攘外必先安內」政策，對國民黨內反蔣的地方勢力以政治手段加以瓦解，對中共和紅軍全力進行軍事圍剿，對日本的侵略和蠶食則是「一面抵抗、一面交涉」。然而，1936 年的西安事變徹底打破了這個政策，迫使蔣介石停止內戰，同意聯共抗日，一致對外。西安事變成為中國時局轉換的樞紐，是中國由內戰走向抗戰的轉捩點。

　　西安事變有個重要的背景。首先是蔣介石五次圍剿，把共產黨迫到延安一隅；然後把張學良的東北軍部署到西北，與楊虎城的西北軍、閻錫山的晉軍一同剿共。其次，日本關東軍鼓動蒙古的德王政權向察哈爾、綏遠挺進，蔣介石希望這些地方部隊聯合起來抗日，而這些地方部隊既怕日軍的滲透，又擔心蔣介石想藉機消耗他們的兵力。這兩個因素併在一起，出現了「西北大聯盟」；正是這個西北大聯盟，引發了西安事變。

一、中共統戰：西北大聯盟與逼蔣抗日

　　1935 年 10 月紅軍抵達陝北後，國民政府對其繼續追剿。10 月 2 日，國民政府正式任命張學良為西北剿匪副總司令，代行總司令職（總司令是蔣介石），下轄陝甘寧青四省，除統帥東北軍外，楊虎城的 17 路軍、寧夏馬鴻逵的 15 路軍、及青海馬步芳部，都在其麾下。[1] 然而，張學良不但剿共無功，反而和西安綏靖公署主任兼第 17 路軍總指揮的楊虎城同聲一氣，接受中共提出的「停止內戰，一致抗日」建議，與中共建立西北抗日聯盟，逼蔣抗日，結果發生西安事變，打亂了蔣介石的布局，提早掀起抗戰。

　　冰凍三尺，非一日之寒。張學良與楊虎城的轉變，除了他們自身的利益和抗日的情緒外，與中共的統戰工作密不可分。

　　張學良就任不久，就在幾次作戰中受挫甚重，他的部隊在老山之役、榆林橋之役、和直羅鎮之役中遭受嚴重打擊，東北軍 101 師師長何立中重傷身亡，參謀長范馭州戰死，109 師師長牛元峰戰敗自殺，107 師 619 團團長高福源等數千名官兵被俘。張向南京申請補充東北軍損失的兵員，南京方面不但拒絕補充，反而取消了 101 師和 109 師的番號，令張學良極為憤慨，頓覺「剿匪」是兩敗俱傷，必須另尋他路。[2]

　　經過長征後的中共，面臨在西北開闢根據地的挑戰，苦思如何瓦解國民政府的圍剿。中共一方面和東北軍作戰，同時又對東北軍開展祕密的統戰工作。11 月 19 日，共產國際派遣中共駐共產國際代表團成員張浩（林育英）回國，向中共中央傳達了共產國際「七大」精神和《八一宣言》。根據共產國際的指示，中共中央於 12 月在瓦窯堡召開了中央政治局會議，通過了《中共中央關於目前政治形勢與黨的任務決議》，

1　周美華編，《蔣中正總統檔案・事略稿本》第 33 冊（台北：國史館，2008），頁 491。

2　申伯純，《西安事變紀實》（北京：人民出版社，2008），頁 14。

確立了抗日民族統一戰線的策略方針，並決定成立東北軍工作委員會，以中共中央副主席周恩來為書記，專門負責東北軍的統戰工作。[3]

　　1936 年 1 月，毛澤東、周恩來和 21 位將領聯名寫信給張學良及東北軍的重要將領，包括于學忠、王以哲。信中他們質問東北軍：「打紅軍是東北軍的出路嗎？」「東北軍的敵人不是紅軍，是日本人帝國主義強盜、是賣國賊蔣介石！」[4]

　　經過多方聯絡，中共終於找到和東北軍聯絡的窗口。1936 年 1 月 16 日，紅軍代表李克農，由被俘的高福源陪同，到洛川和東北軍 67 軍軍長王以哲會面，說動王以哲，「中國人不打中國人，停止內戰，槍口一致對外，幫助東北軍打回老家去！」王以哲向張學良建言，沒想到張學良很快地在 20 日晚就接見了李克農，並對李克農表示，東北軍願意與中共「就原防作疆界，在可能範圍內恢復經濟通商」。[5] 通過與張學良的初步會談，毛澤東、周恩來對東北軍開展統戰工作的信心增強。3 月 5 日，張學良與李克農舉行第二次會談。在此次會談中，張學良提出願意與中共中央領導人在延安會晤，並希望中共能介紹他與蘇聯建立聯繫，共商抗日大計。[6]

　　張學良展現合作誠意，正中中共下懷。中共中央很快決定派周恩來前往延安與張學良談判。[7] 4 月 9 日，周恩來與張學良在延安祕密會談，就停止內戰、國防政府、抗日聯軍、派代表赴蘇、經濟通商、聯

3　《中共中央檔選集》第 10 冊（北京：中共中央黨校出版社，1991），頁 275。

4　王功安、毛磊主編，《國共兩黨關係史》（武漢：武漢出版社，1988），頁 365-366。

5　「李克農關於與張學良談話情況給彭德懷毛澤東電」（1936 年 1 月 21 日），中央檔案館編，《中國共產黨關於西安事變檔案史料選編》（北京：中國檔案出版社，1997），頁 19。

6　楊奎松，《西安事變新探：張學良與中共關係之謎》（太原：山西人民出版社，2012），頁 58。

7　「彭德懷、毛澤東關於周恩來為我方代表與張學良會談問題給王以哲電」（1936 年 3 月 16 日），中央檔案館編，《中國共產黨關於西安事變檔案史料選編》，頁 40。

絡方式等問題達成初步共識。張學良並保證不打紅軍，中共可放心建
立新根據地。[8] 不過張不願反蔣，他表示：「現在反蔣做不到，蔣如降日，
決離開他。」[9]

　　然而，到 4 月底，張學良的態度發生了變化。他送中共代表劉鼎
一本《活路》的小冊子，並透露其願意聯蘇聯共、另立局面的想法。5
月 12 日，在張學良的邀請下，周恩來與張學良第二次會談，雙方討論
了東北軍反蔣的工作準備、聯絡各地方實力派、紅軍與東北軍行動方
針等。[10] 張學良之所以決心另立局面，一個重要的原因在於抗日和保存
實力，張學良不信任蔣介石與南京政府有抗日的決心，並懷疑蔣介石
逼東北軍剿共有借刀殺人之意。為了表明心跡，張學良向中共提出加
入中國共產黨的申請。[11]

　　6 月 6 日，兩廣事變的爆發，陳濟棠、李宗仁聯合起兵反蔣。這個
突發事件不僅加速中共和張學良的合作，而且華北的宋哲元、四川的
劉湘等地方實力派也悄悄派代表到西安商討合作，暗中密謀回應。這
種局面的出現，使中共和張學良決心實施西北大聯合計畫。

　　7 月 24 日，張學良率先向中共提出西北大聯合，希望紅軍在東北
軍的配合下，立即開始實施打通蘇聯，以便推動西北國防政府的建立。
8 月 9 日，中共中央正式回應張學良的計畫，表示紅軍決心在 9、10 月
間正式發動西北大聯合、打通國際路線，並決定派潘漢年、葉劍英等
人到西安協助張學良改造東北軍。[12]

　　熟料，西北大聯合計畫尚未正式實施，形勢又有變化。8 月 15 日，

8　楊奎松，〈究竟是誰說服了誰？〉，《抗日戰爭研究》，1996 年第 1 期，頁 41。

9　「周恩來關於與張學良商談情況給張聞天毛澤東彭德懷電」（1936 年 4 月 10 日），中
　　央檔案館編，《中國共產黨關於西安事變檔案史料選編》，頁 40。

10　楊奎松，《西安事變新探：張學良與中共關係之謎》，頁 101。

11　楊奎松，〈有關張學良加入中共問題的探討〉，《近代史研究》，1995 年第 4 期。

12　「中共中央致張學良函」（1936 年 8 月 9 日），中共中央文獻研究室編，《毛澤東年
　　譜》（上）（北京：中央文獻出版社，1993），頁 566-567。

莫斯科的共產國際致電中共中央，要求中共將「抗日反蔣」改為「逼蔣抗日」，「蔣介石本人不想建立統一戰線，害怕統一戰線，但是必須在中國創造這樣的局面，在蔣介石的軍隊中、在國民黨中造成這樣的運動，使蔣介石不得不同意建立這樣的抗日統一戰線，使蔣介石及南京軍隊的其他總司令進一步同意建立共同的抗日統一戰線」。[13]

根據共產國際的指示，9月1日，中共中央發出了〈中央關於逼蔣抗日問題的指示〉，明確提出「目前中國的主要敵人是日帝，所以把日帝與蔣介石同等看待是錯誤的，抗日反蔣的口號也是不適當的」。我們的中心口號依然是「停止內戰一致抗日」，「在逼蔣抗日的方針下，同各派反蔣軍閥進行抗日聯合」。[14]

張學良對於中共政策的轉變表示理解和支持，並願意進京面蔣，力主和平統一，團結抗日。張學良之所以贊同中共的逼蔣抗日方針，原因在於他反蔣之心並不堅定，之前之所以同意反蔣，主要是想獲得蘇聯的援助；現在中共和蘇聯放棄反蔣政策，正合張學良的本意。

9月18日是九一八事變五週年，張學良特地託他的拜把兄弟馮庸轉告陳誠，「與其剿匪損失，不如抗日覆沒」。[15] 9月22日，張學良致電蔣介石，提出：「欲救亡必須抗日，欲抗日必須全國力量之集中」，希望蔣介石能停止內戰，一致抗日。[16]

至此，中共與張學良達成了共同實施「逼蔣抗日」的方針。

與此同時，中共對楊虎城和17路軍的統戰工作也在祕密進行。楊虎城和17路軍屬於陝西的本土勢力，與蔣介石既有合作又有矛盾衝突，

13　中共中央黨史研究室，《共產國際、聯共（布）與中國革命檔案資料叢書》第15卷（北京：中共黨史出版社，2007），頁231-232、241-243。

14　〈中央關於逼蔣抗日問題的指示〉（1936年9月1日），中央檔案館編，《中國共產黨關於西安事變檔案史料選編》，頁125。

15　高素蘭編，《蔣中正總統檔案・事略稿本》第38冊（台北：國史館，2010），頁496。

16　「為陳明抗日主張致蔣介石電」（1936年9月22日），《張學良文集》（2），頁1021。

而楊虎城與中共也是既合作又矛盾。早在國共第一次合作時期，楊虎城就與中共有密切的聯繫，甚至一度要求加入中共。楊虎城的夫人謝葆真是中共地下黨員，在 1928 年 1 月，經中共黨組織批准和楊虎城結婚。因此，楊虎城長期與中共北方局保持某種聯繫。

中央紅軍抵達陝北後，積極開展對楊虎城的統戰工作。1935 年 11 月，中共北方局委員南漢宸透過在 17 路軍的中共黨員申伯純，向楊虎城轉達了中共的《八一宣言》。12 月 5 日，毛澤東、彭德懷聯名致函楊虎城，並派汪鋒（中共關中特委黨委書記、關中特委司令部司令員）到西安與楊虎城商談聯合抗日事宜。[17]

1936 年 2 月，中共北方局又派北方聯絡局副局長、專做軍事統戰工作的王世英赴西安，正式向楊虎城提出合作的建議，雙方互不侵犯、互派代表、設立交通站、互做抗日準備、聯絡反蔣派、發動抗日反蔣戰爭等合作事項。楊虎城對王世英表明，他了解當前的情勢，他一直是革命的，也贊成中共抗日救國的主張，但是，他必須謹慎從事，因為駐紮陝甘一帶的東北軍和中央軍勢力頗強，若有任何風吹草動，蔣介石很容易調動軍隊壓制他們，所以，目前最好是以合法掩護非法。

楊虎城認為，當前重點是由他來聯絡東北軍的中上層將領，要求南京抗日，先由合法運動做起，時機成熟時再變為不合法運動。他建議 17 路軍和中共與紅軍暫時維持原防，互不侵犯，在可能範圍內，他可以在運輸方面提供幫助。他要求中共不譁變他的部隊，絕對保守祕密，可以建立電台聯繫，但千萬不要給他寫信或派人聯絡。他同時希望紅軍與陝北其他地方部隊保持同樣關係，保守祕密、維持原防、互不侵犯。[18]

17　賈自新，《楊虎城年譜》（中國文史出版社，2007），頁 425-426；中共陝西省委黨史研究室，《中國共產黨在國民黨第十七路軍中的活動》（回憶資料卷 1923-1936）（陝西人民出版社，1993），頁 653。

18　李義彬，《震驚世界的一幕：張學良與西安事變》（上海人民出版社，1998），頁 97-98。

　　王世英回到延安，向張聞天、毛澤東、周恩來等彙報他和楊虎城會談的內容，中共中央同意王世英與楊虎城商定的各項原則，並由王世英返回西安，繼續與楊虎城聯繫。[19] 也就是說，中共中央與楊虎城取得了實質性的聯繫，雙方談判達成初步基礎，紅軍與 17 路軍在前線停戰，中共對楊虎城的統戰工作取得具體效果。

　　4 月 5 日，周恩來在中共中央常委會上介紹了東北軍和 17 路軍的情況，說明楊虎城的態度以及他過去與中共的關係，認為紅軍和 17 路軍有聯合反蔣的可能。[20]

　　中共對楊虎城的統戰一波波加緊而來。4 月，中共駐共產國際代表團委派駐德國的王炳南回國，王炳南前往西安，專門從事楊虎城的統戰工作。

　　5 月 28 日，中共中央政治局召開會議，周恩來提出，張學良、楊虎城現已不完全接受蔣介石指揮，因此蔣對蘇區的圍剿，已不可能做到全面的配合。會議決定，當前要務是建立一個東北軍、第 17 路軍、紅軍三位一體的西北國防政府。[21]

　　8 月 13 日，毛澤東再次親函楊虎城、杜斌丞（17 路軍總部參議），並派他的機要秘書張文彬到西安與楊虎城落實合作事宜。9 月 6 日，雙方達成「抗日合作口頭協議」，同意互不侵犯、取消經濟封鎖、建立軍事聯絡。[22] 張文彬並以 17 路軍政治處主任秘書的名義，常駐楊虎城的部隊。中共中央與楊虎城之間的聯盟至此確定。

　　中共分別與張學良、楊虎城達成協議的同時，也極力促成張學良與楊虎城建立密切的聯繫。張學良和楊虎城本無特別淵源，中共先後

....

19　中央文獻研究室，《周恩來年譜》（修訂本）（北京：中央文獻出版社，1998），頁 308。

20　同上，頁 310。

21　同上，頁 316。

22　〈張文彬致毛主席的信〉（1936 年 9 月 8 日），《中共黨史資料》第 33 輯，頁 11-17。

派出高崇民、王炳南等人協調張、楊關係，並透露中共與他們各自的合作意願，促使張、楊建立密切的聯繫。

不久前（1936 年 7-8 月）發生的兩廣事變使張學良和楊虎城都有戒心，擔心蔣介石可能會對在西北的東北軍和 17 路軍有不利之舉；張、楊彼此都有唇亡齒寒之感，使他們關係更為密切。

到了 10 月，楊虎城甚至對張學良表示，如蔣介石拒絕停止內戰，「可行挾天子以令諸侯的故事！」[23] 此時楊虎城與張學良在「逼蔣抗日」問題上，已結成了聯盟。不過 3 萬人的紅軍，竟然說動十幾萬的東北軍和 3 萬人的 17 路軍與它祕密結盟，中共中央統戰的效果，實可謂驚人。

二、蔣介石大意致禍

南京方面，蔣介石對張學良、楊虎城與中共祕密來往的情形，並不是一無所知，他一直在暗中注意，並加以防範。自 1936 年 1 月李克農在洛川與王以哲、張學良首次密談開始，南京方面就已經有所察覺。3 月 5 日，張學良與李克農再度祕密會談，第 67 軍副官處副官、復興社人員劉宗漢就把李克農到來的情況密報南京。

其實，蔣介石很清楚，這些地方實力派在圍剿紅軍時，或多或少都有為保存實力而與紅軍暗中妥協的情形，張學良、楊虎城暗中的動作，蔣介石心知肚明。1 月 27 日，蔣介石提醒自己要注意「張學良對赤匪的態度」。2 月 4 日，蔣介石認為「倭、俄、桂、胡、宋、韓、閻、張、川湘、滇皆有問題」。[24] 3 月 24 日，蔣介石表示：「漢卿（張學良字）

23　張學良，〈西安事變懺悔錄〉，《張學良文集》第 2 冊，頁 1201。

24　蔡盛琦編，《蔣中正總統檔案・事略稿本》第 35 冊（台北：國史館，2009），頁 413、523。

對匪態度可慮。」[25] 4 月 30 日，蔣介石認為「西南剿匪處理已告一段落，而西北則殷憂正盛，以張學良、楊虎城之無遠見，不肯努力也」。[26] 5 月 1 日，蔣介石電張學良，痛責他未能如期收復延川，「何以為人表率」，「不但陝省軍事無了期，而國亦必亡」。[27] 5 月 11 日，蔣介石再次電令張學良，要其迅速制定陝甘寧整個圍剿計畫，「此為吾兄惟一之責任，不可再為貽誤，以免功虧一簣，危害國脈為盼」。[28] 可見，蔣介石一直提醒自己嚴防張、楊的通共情形，並特別注意張、楊部下有通共嫌疑的人物。

5 月 8 日，西北剿總參謀長晏道剛密報蔣介石：「西北情形極為複雜，共匪、漢奸、野心軍人彼此勾結利用，乘機圖逞，此時若不清理，一旦有事將必敗壞大局。……綏靖公署所屬部隊之內，潛伏共黨及漢奸甚多，恐為將來之害。而其中為楊謀主者，為全國經濟委員會所派之西北專員郭增愷，蒙蔽虎城陰結漢奸共匪，以為大局變動時個人勢力發展。最近抄獲《活路》之反動刊物，力詆中央，煽惑東北軍聯共抗日，即在綏署參謀處印刷。」蔣介石得報後，覆電「郭增愷應即在陝直接逮捕解京」。[29] 然而，郭增愷被捕後，雖經反覆訊問，卻未能找到通共的證據。

8 月 28 日，國民黨陝西省黨部奉令在西北飯店抓走張學良的秘書宋黎和馬紹周，他們都是中共地下黨派到東北軍中工作的。逮捕宋、馬，一是想給張學良一個警告，二是想獲得張學良、楊虎城與中共祕密活動的具體內容。

25　蔣介石日記，1936 年 3 月 24 日。

26　周琇環編，《蔣中正總統檔案・事略稿本》第 36 冊（台北：國史館，2008），頁 485。

27　同上，頁 497。

28　同上，頁 595。

29　周琇環編，《蔣中正總統檔案・事略稿本》第 36 冊，頁 566-567。

　　張學良擔心省黨部會查到他和中共來往的證據，立刻以省黨部不經他同意逮捕他部下為由，下令派兵包圍國民黨陝西省黨部，把被抓去的人奪了回來，並查抄了省黨部蒐集的有關情報。此事被稱之為「豔晚事件」。

　　為了不使事態惡化，張學良在查抄省黨部後致電蔣介石自請處分：「省黨部不經正式手續，派員抓走總司令部職員，是不信任學良，不信任總部，群情憤激，迫得向省黨部直接索還被捕人員。惟因事倉促，未能事先呈報鈞座，不無急躁之失，請予處分。」[30] 蔣介石此時正忙於處理兩廣事變，他認此事符合張學良莽撞的性格，因此未加深究。

　　一波未平，一波又起。9 月 19 日，陳誠密電蔣介石，聲稱張學良託馮庸轉告他，張學良「決意統率所部抗日圖存，與其剿共損失，不如抗日覆沒。況余（張學良）自贊助統一後，無一事不服從領袖。深恩不能報，奇恥不能雪，年復一年，隱痛日深。令之出此，非得已也」。[31]

　　蔣介石得此密報後，頗為吃驚，但他認為消息不一定可靠。他覆電陳誠：「馮庸之言，多不可靠。此事亦不便函電明問漢卿。望弟即飛西安，面問漢卿，對馮庸有否託其轉告之事？如有此事，則當能與弟面談也。」蔣介石同時致電陝西省主席邵力子，希望他能夠「從旁加以考察，或婉詢其詳」。[32]

　　茲事體大，但蔣介石仍懷疑其可能性，他認為以張學良的性格和環境而言，不太可能做出這樣的事。他在日記寫道：「為漢卿有自由行動消息，始聞之甚為不安，繼思其環境與習慣，皆不可能。」[33] 次日，他再度肯定自己的判斷：「研究對漢卿辦法，自悟昨夜之過慮，以漢

30　申伯純，《西安事變紀實》（北京：人民出版社，2008），頁 91。
31　高素蘭編，《蔣中正總統檔案・事略稿本》第 38 冊，頁 496。
32　同上，頁 497。
33　蔣介石日記，1936 年 9 月 20 日。

卿性質與環境之現實，現時自由行動非所能也。」[34] 由於蔣介石認為張學良不可能有所行動，因而再度電陳誠：「再四研究，馮庸之言，實不可靠，以其人平時本甚誇妄，而又非漢卿信任之人，何以託其轉達如此要言。」[35]

　　9月22日，張學良回應的電報來了。張學良承認的確曾與馮庸「談及抗日問題」，但不承認馮庸所說的其他內容，「馮庸與辭修（陳誠）談話甚離奇，驟聆之下，惶悚莫名」，「良此時在鈞座指揮下，盡剿匪之責，尤願早日在鈞座領導下抗日之犧牲」。[36] 對於張學良的辯解，忙於兩廣事變的蔣介石也未加深究，僅是勸勉他慎言：「不可與言而與之言者，以後請勿與之言」，並希望「彼此始終肝膽相照，事事開誠直道，則讒間之言，誤會之事，皆無從生矣。並對所部嚴戒其慎行謹言，勿中奸計。」[37] 蔣介石認為此事可告一段落，對於自己處理的方式還頗為得意，他說：「漢卿有聯俄聯共，脫離中央之趨勢，而不敢實現。此乃以誠制詐之效乎？實對內最大之隱憂而竟得破除。」[38]

　　兩廣事變拖了3個多月，終在9月圓滿解決。蔣介石決心全力圍剿陝甘紅軍，徹底解決西北問題。10月22日，蔣介石親自飛到西安，督促剿共軍事。23日，蔣介石兩次接見張學良，對張婉言規勸和慰勉。蔣介石視張為子侄，兩人談話令蔣思念宋美齡，「與漢卿談話時念妻子不已」。[39] 蔣自認能體會張學良與東北軍的心情，「余來西安相晤慰勉」，應該會對張有幫助。[40]

34　蔣介石日記，1936年9月21日。

35　高素蘭編，《蔣中正總統檔案‧事略稿本》第38冊，頁502。

36　同上，頁511-512。

37　同上，頁514。

38　蔣介石日記，1936年9月26日，上星期反省錄。

39　蔣介石日記，1936年10月23日，上星期反省錄。

40　蔣介石日記，1936年10月24日。

　　然而，張學良內心卻不是這麼想，此時他已無心剿共。28 日，張學良前往華清池，建議蔣介石停止剿共，團結國內，共同抗日，並說軍事家有勝、敗、降三種選項，但遭到蔣介石的怒斥。[41] 蔣很生氣張學良竟然想到敗和降，斥責張「如此無識，可為心痛」！[42]

　　蔣介石一心要剿滅紅軍，沒有太注意張學良的反應。他親自擬定剿共戰略，要把紅軍圍起來，然後「解決之」；還要注意不能因此而挑起中日戰爭。他的做法是：

(1) 限制紅軍向東奔竄，勿使其挑起中日戰爭；
(2) 限制紅軍向北奔竄，勿使其與外蒙聯絡，打通接濟之路；
(3) 限制紅軍在寧、甘、阿拉善邊境，設法解決之。[43]

　　蔣介石命令中央軍胡宗南部和東北軍王以哲部加速進剿，並未認真看待張學良心態上的變化。

三、綏遠抗戰

　　然而，正當蔣介石準備全力圍剿紅軍的時候，11 月 15 日，日本關東軍扶植的偽蒙軍向晉綏軍發起進攻，爆發了綏遠抗戰。蔣介石不得不在 17 日擱下剿共的軍事，匆匆飛到太原，督促閻錫山（太原綏靖公署主任）、傅作義（綏遠省主席）全力作戰。

　　1936 年的綏遠抗戰轟動一時，但很快就結束了，前後不到 1 個月。這一戰在抗戰史上有重要的意義，它是九一八事變以來，中國軍隊第

41　高素蘭編，《蔣中正總統檔案・事略稿本》第 39 冊（台北：國史館，2009），頁 64。
42　蔣介石日記，1936 年 10 月 28 日。
43　蔣介石日記，1936 年 11 月 29 日。

一次在正規作戰上贏得勝利、而且是大勝。全國軍民士氣為之一振。這一戰同時牽動了晉綏軍、西北軍、與東北軍，晉綏軍打了一場漂亮的仗，若干程度上刺激了東北軍與西北軍，他們紛紛請纓，張學良更是上電請求調到綏遠作戰，蔣介石也正是為了安撫張學良與東北軍，才匆匆趕赴西安，結果就爆發了西安事變。

　　但是關於綏遠抗戰如何發生？如何結束？事實如何？何人主導？何方參與？以及蔣介石在裡面的角色等等，有各種不同的說法。過去多年來，此役多被視為晉綏軍將領傅作義的個人行為，說傅作義受中共宣傳影響而揭旗抗日，與國民政府及蔣介石沒有關係。[44] 1936 年 12 月 12 日，張學良發動西安事變時 19 人連署的「時局通電」，就是指責蔣介石不理會綏遠抗戰，無心抗日，「誤國咎深」。[45] 張學良當天發給孔祥熙的電報亦指出「綏東戰起，舉國振奮，乃介公蒞臨西北，對於抗日，隻字不提」。[46]

　　近年，因為蔣介石、宋子文、與閻錫山的檔案相繼在美國、台灣開放，綏遠抗戰的種種事實逐漸釐清。[47]

　　楊天石、楊奎松、劉維開都明確指出：蔣介石是綏遠抗戰中方的幕後主導者。

蔣介石親自主持綏遠抗戰

　　蔣介石在 1936 年 10 月 22 日從南京飛抵西安，著手最後一次對紅

44　中國人民政治協商會議全國委員會文史資料研究委員會編，《傅作義生平》（北京：中國文史出版社，1985）。

45　周毅等編，《張學良文集》，頁442。

46　同上，頁443。

47　關於綏遠抗戰的真相，楊天石、楊奎松、劉維開都有深入的研究。楊天石，〈綏遠抗戰與蔣介石對日政策的轉變〉，收入《晉陽學刊》，2012年第4期，頁18-27；楊奎松，〈蔣介石與1936年綏遠抗戰〉，收入《抗日戰爭研究》，2001年第4期，頁45-75；劉維開，《國難期間應變圖存問題之研究》（台北：國史館，1995）。

軍的圍剿。但是他卻在 11 月 16 日擱下剿共的軍務匆匆離開西安飛到太原，這是因為綏遠抗戰爆發，蔣親自去指揮作戰。

一向以經營滿蒙為目標的關東軍，占領了東北、熱河後，1935 年底在通州成立「冀東防共自治政府」，提倡「華北特殊化」，進一步策劃華北自治。1936 年 5 月，關東軍祕密策動德王在內蒙古成立「蒙古軍政府」和偽蒙軍，目的是統一內外蒙古，建立一個能控於股掌之內的蒙古國。

蔣介石本來認為綏遠的防務並非當務之急，一方面因為綏遠易守難攻，而且，他認為日軍西進目標是奪取外蒙古，對付蘇聯，如此，勢必加重蘇聯的壓力，蘇聯必將採取行動鞏固與外蒙古的關係，也會加速日蘇作戰的可能性。[48] 果然不出所料，1936 年 3 月 29 日，蘇聯與外蒙簽訂互助條約，蔣認為一切發展都在其估算之中，「俄蒙協議宣布之日，實即倭俄戰局完成之時」。[49] 一旦日蘇開戰，中國反而能從中得利。

孰料，日蘇之戰遲遲沒有動靜，反而是華北的將領宋哲元、韓復榘等在日軍威逼下，與中央漸行漸遠，而且和兩廣的反蔣勢力暗中應和，使蔣介石擔心華北諸省有脫離中央的危險，因此，對綏遠部署也轉為強硬。

5 月 26 日，蔣介石任命陳誠為晉陝甘綏邊區剿匪總指揮，以加強中央對整個西北地方的掌控。他同時要求閻錫山（太原綏靖主任）加強綏遠地區的防務。

到了 1936 年秋，偽蒙軍已占領了察哈爾東部的張北、商都等 8 個縣和正藍、鑲藍等八旗，還積極要侵擾綏遠。10 月，關東軍要在綏遠展開軍事行動的跡象已很明顯，蔣介石想先發制人，「應做隨時準備

48　楊奎松，〈蔣介石與 1936 年綏遠抗戰〉，頁 48。
49　蔣介石日記，1936 年 3 月 31 日。

迎戰，並轉入主動地位」。[50] 他命令陳誠負責山西、綏遠的防務，陳誠立即與閻錫山協商，由中央及山西省共組 30 萬軍隊，一旦日軍來犯，定予還擊，並相機收復張北、商都、百靈廟等地。

10 月 12 日蔣介石抽調湯恩伯部隊的三個師到綏遠，並命令湯恩伯立即與閻錫山、傅作義聯繫部署。10 月 20 日，他電張學良，要張速調關麟徵的第 25 師到咸陽候命，準備增援綏遠。

10 月 21 日，蔣介石電閻錫山，命閻先發制人、採取主動，切不可「徘徊莫定」，必須「於一星期內出擊……再遲恐反被攻擊」。[51]

蔣介石要先發制人，是想在日軍增援之前一舉擊潰偽軍，使日軍來不及調兵，不但可以阻止關東軍侵略綏遠的企圖，而且冬季即將來臨，可以為綏遠贏得半年的和平。[52]

10 月 21 日開始，湯恩伯第 4、72、89 師以及高桂滋的 84 師陸續向綏遠前進。陳誠建議，由湯恩伯的中央軍化裝成晉軍模樣襲取張北，另由傅作義部攻取商都。10 月 30 日，蔣介石決定先進攻百靈廟。[53] 百靈廟是綏遠北部政治、經濟、和佛教活動的中心，也是通往甘肅、新疆、蒙古等地的交通要道，是兵家必爭之地。

傅作義態度積極，閻錫山卻有保留。閻錫山認為不應主動挑動戰爭，最好「俟其發動再由政府下令（進攻），較為有詞（可藉）」。[54]

閻錫山擔心如果晉綏軍移防跟日軍作戰，背後的紅軍很可能會乘隙進入他們的地盤。他也擔心自己兵力不夠，很難做大規模的作戰，

50　蔣介石日記，1936 年 10 月 1 日。

51　「蔣中正致太原閻副委員長馬電」（1936 年 10 月 21 日），高素蘭編，《蔣中正總統檔案・事略稿本》第 39 冊（台北：國史館，2009），頁 42-43。

52　同上。

53　同上。

54　「閻錫山致傅作義電」（1936 年 10 月 3 日），《閻錫山史料》，國史館藏，典藏號：116-010101-0110-177。

如果主動攻擊偽軍，恐怕會激怒日本，反而給日本人軍事介入的藉口。[55]
楊奎松指出，閻錫山等人看問題的角度顯然與蔣介石不同，「蔣是愈
注意到日軍有捲入的可能，就愈相信必須用強硬的態度使日本人知難
而退；閻錫山等人卻是愈注意到日軍有捲入的可能，就愈擔心太過強
硬反而會惹惱日本人，為其大規模軍事介入提供口實」。[56]

傅作義百靈廟大勝

　　蔣介石與閻錫山爭論「先發制人」還是「後發制人」時，11 月 13
日偽蒙軍開始攻擊紅格爾圖的傅作義部隊。先是發砲轟擊，15 日更在
飛機、大砲掩護下，發動地面攻擊，被傅作義擊退。既然對方先動手，
傅作義建議立刻奇襲百靈廟。閻錫山也不再反對，但是對於反擊的範
圍與程度，還有些猶豫，報請蔣介石裁決。蔣介石態度明確，立即指示：
「應即令傅主席向百靈廟占領，對商都亦可相機進取。」他並叮囑：「對
外交絕無顧慮，不必猶豫。」[57]

　　第二天，11 月 17 日，蔣介石從西安飛抵太原，親自坐鎮指揮。進
攻百靈廟是頂著激怒日軍的風險，如果日軍干涉，則很可能中日將爆
發大戰。蔣在太原與閻錫山等將領會面，懇切說明必須積極出擊偽蒙
的利害關係，得到一致的支持。

　　18 日蔣介石飛到洛陽，連續發出三封電報，命令周至柔立刻派遣
偵查轟炸機、驅逐機到太原協同作戰。19 日，他電告閻錫山，空軍 3
日之內就能準備好，隨時可飛往綏遠作戰。[58]

55　楊奎松，〈蔣介石與 1936 年綏遠抗戰〉，《抗日戰爭研究》，2001 年第 4 期，頁 61-
　　62。

56　同上，頁 60。

57　「蔣中正致閻副委員長電」（1936 年 11 月 16 日），《蔣中正總統文物》，國史館藏，
　　典藏號：002-020200-00025-143。

58　「蔣中正致閻副委員長電」（1936 年 11 月 19 日），《蔣中正總統文物》，國史館藏，

11月21日，蔣介石電閻錫山，「無論為正攻或佯攻，皆以同時並攻為宜……若能利用夜襲，出其不意，則成功之勝算更大」。[59]

24日夜晚11點，傅作義部隊在百靈廟突然發起猛烈的攻擊，日本特務機關長盛島角芳親自督陣，雙方激戰10小時，24日上午9點傅作義收復百靈廟，盛島角芳及偽蒙軍指揮穆克登寶丟下部隊逃逸。這一戰斃傷偽蒙軍約8百人，俘虜3百多人，繳獲許多迫擊砲、機槍、步槍、彈藥、及軍用物資。[60]

蔣介石想乘勝進擊

拿下百靈廟，蔣介石主張傅作義乘勝進擊攻下商都和張北，給偽蒙軍致命的打擊，使他們近期不敢再來騷擾綏遠。但閻錫山有異議，他認為不應操之過急，「對察戰事，靜待我公辦理可也」。[61] 軍事委員會委員、不久前因病辭卸山西省主席的徐永昌也認為對日作戰準備尚未完成，此時「切忌貪功與浮躁」。[62] 他們擔心一不小心弄成大戰，自己實力不夠，難以為繼。

蔣介石倒是一心要戰，11月25日蔣電閻錫山、傅作義，要他們乘勝追擊，攻取商都。[63] 閻錫山還是不同意。雙方電報你來我往，但閻錫山態度堅定，蔣介石對他也無可奈何，只得再度派陳誠到太原協調。

續 ⋯⋯⋯⋯⋯⋯⋯⋯⋯⋯⋯⋯⋯⋯⋯⋯⋯⋯⋯⋯⋯⋯⋯⋯
　　典藏號：002-010200-00168-032。
59　「蔣中正致閻副委員長電」（1936年11月21日），《蔣中正總統文物》，國史館藏，典藏號：002-020200-00025-152。
60　「傅作義致閻錫山電」（1936年11月25日），《閻錫山史料》，國史館藏，典藏號：116-010101-0111-350。
61　「閻錫山復傅作義電」（1936年11月25日），《閻錫山史料》，國史館藏，典藏號：116-010101-0111-349。
62　《徐永昌日記》，1936年11月24日。
63　「蔣中正致閻副委員長電」（1936年11月25日），《蔣中正總統文物》，國史館藏，典藏號：002-010200-00169-006。

　　陳誠在太原與閻錫山、徐永昌等晉綏軍將領幾次協談、辯論，仍無法說服閻錫山。蔣介石無奈，只能在日記上大罵閻錫山：「（閻）怕犧牲，不願進攻商都，只想人危己安，嫁禍宋哲元，而又藉戰爭之名，來索大宗款項六百萬元，其心究何若？」[64]

　　最後，還是蔣介石妥協，11 月 29 日電閻錫山，表示尊重他的意見：「以後戰略之攻守當決之於兄，而政略之成敗則由弟負其責也。」[65] 失望之餘，12 月 4 日，蔣介石飛到西安，繼續剿共。

四、西安事變

　　百靈廟大勝，中國軍民士氣大振，偽蒙軍則大受打擊。但是，僅只收回百靈廟，沒有乘勝追擊，把商都、張北拿下，使得這一戰雖然鼓舞了中國軍隊的士氣，但軍事上收效有限。

　　綏遠抗戰，傅作義、閻錫山、陳誠功不可沒，但此役「從始至終都是在蔣的主導之下進行的」。[66] 從以上檔案資料顯示，蔣介石不但沒有像張學良他們以為的不抗戰，而且他的態度最堅決。蔣介石抗日的決心和意志，在此戰表現無遺。這一戰也顯示蔣介石對日政策的變化，在西安事變之前，他已不願繼續對日妥協。所以，西安事變改變的是蔣介石「剿共」的政策，而不是「抗日」的政策。蔣介石早就決心抗日，西安事變只是把時程提早了。

....

64　蔣介石日記，1936 年 11 月 26 日。

65　「蔣中正致閻副委員長電」（1936 年 11 月 29 日），《蔣中正總統文物》，國史館藏，典藏號：002-002-020200-00025-169。

66　楊奎松，〈蔣介石與 1936 年綏遠抗戰〉，《抗日戰爭研究》，2001 年第 4 期，頁 74。

綏遠抗戰動搖東北軍軍心

傅作義在百靈廟的勝利，使東北軍官兵深受刺激，紛紛要求赴綏遠抗戰，對剿共則採取消極抵制的態度。不僅如此，本應與胡宗南部隊（第1軍第78師）共同剿共的王以哲（東北軍第67軍軍長），不但態度消極，甚至把胡宗南行軍的情報透露給紅軍。[67] 中共中央得到這個情報，在11月21日趁著胡宗南部孤軍深入環縣的時候，彭德懷趁機發動了「山城堡之役」，圍攻胡宗南部隊，使得胡的第78師第232旅損失慘重。

山城堡之役打擊了中央軍的士氣，紅軍暫時獲得喘息的機會。蔣介石十分氣惱，認為：「第一軍七十八師在山城堡失利實為剿匪最大之打擊，以對匪影響猶小，而對友軍輕視及以後進剿匪之關係實大也！」他對張學良的東北軍尤為不滿，「張要求帶兵抗日，而該部王以哲軍無故撤退，實受第一軍失利影響而匪煽惑乃得計矣」。[68] 他批評東北軍和張學良：「東北軍態度惡劣，防東北軍之變化」，「漢卿要求帶兵抗日而不願剿共，是其無最後五分鐘之堅定力也」。[69]

胡宗南在山城堡失利後，重新調度部隊，包圍紅軍，正要再度發起攻擊時，張學良卻以副總司令的長官身分，要胡宗南停止行動。[70]

11月27日，張學良正式上書蔣介石「請纓抗敵」，並要求釋放在上海被捕的「七君子」，蔣介石未有反應。

「七君子」指的是救國會領袖沈鈞儒、鄒韜奮、章乃器、李公樸、王造時、沙千里、史良等七人。上海救國會自九一八以來，屢次集會要求國民政府停止內戰、聯俄容共、扶助農工，明顯同情中共，不但

67 「王以哲致彭德懷電」（1936年11月16日），《西安事變新探：張學良與中共關係之謎》，頁255。

68 蔣介石日記，1936年11月28日，上星期反省錄。

69 蔣介石日記，1936年11月25日、28日。

70 於憑遠、羅冷梅編纂，胡為真、葉霞翟修訂，《胡宗南上將年譜》增修版，頁73-74。

為國民政府所不喜，也得罪了反共的日本。日本駐上海總領事若杉即頻頻施壓上海市政府秘書長俞鴻鈞，要求逮捕救國會成員。國民政府在 1936 年 11 月 23 日上午以「危害民國」罪，在上海逮捕了沈鈞儒、鄒韜奮等七人。這七位都有些社會地位，因此被稱為「七君子事件」。（國民政府後來在 1937 年 7 月 31 日宣布具保釋放他們。）

這一連串事件下來，使得張學良更加懷疑蔣介石抗日的決心。

11 月底，蔣介石重新將注意力由綏遠抗戰轉向西北剿共，他準備親自到西安鎮撫東北軍軍心、督導剿共。陳誠勸蔣不要去西安，最好是駐節洛陽不動。[71] 陳誠在 3 個月前就已有消息顯示張學良不穩，他曾在 9 月時跟蔣介石報告張學良可能會有意外之舉：「漢卿異動，名為抗日，實即脫離中央，走入聯共、投俄之途徑。」[72] 但蔣介石認為，東北軍若有異動，則剿共大事將功虧一簣，他必須親到西安坐鎮處理，在此緊要關頭，已不能考慮個人安危：「東北軍心為察綏戰事動搖，幾將功虧一簣，實為國家安危最後之關鍵，故不可不進駐西安鎮懾，生死早置度外矣。」[73]

蔣介石執意到西安，一部分原因是他認為剿共太重要，必須「親自駐陝督剿殘匪」，[74] 還有一個原因是他的自信。他把張學良當成子姪、把東北軍的不滿看成自己下屬的問題，只要他去了，就能「鎮懾」住，他並不真相信張學良會背叛他。[75] 12 月 4 日，蔣介石抵達臨潼。次日，移住華清池。

在西安，蔣介石決心全力剿滅紅軍。他積極調動中央軍各部大軍集結陝西，制定了進剿計畫，決定「派蔣銘三（鼎文）為西北前敵總

71　何智霖編，《陳誠先生回憶錄・六十自述》，頁 193。

72　同上，頁 192。

73　蔣介石日記，1936 年 12 月 2 日。

74　高素蘭編，《蔣中正總統檔案・事略稿本》第 39 冊，頁 352。

75　楊奎松，《西安事變新探：張學良與中共關係之謎》，頁 283。

司令，衛立煌為東路總司令」。[76] 與此同時，陳誠、衛立煌、蔣鼎文、朱紹良、陳調元、萬耀煌等軍事大員紛紛匯聚西安。

蔣介石調兵遣將的同時，也單獨接見東北軍和 17 路軍的高級將領。蔣幾次把張學良、楊虎城找來談話，有時單獨、有時一起談話。張、楊不知道蔣對他們和中共的來往到底掌握了多少，心中不安，極為疑懼。

蔣介石在西安，令張學良和楊虎城如芒刺在背。他們既擔心與中共的祕密關係被蔣介石發現，又深恐中央軍在圍剿紅軍的同時也會將東北軍和 17 路軍一併解決。事實上，早在 11 月初，蔣介石就曾設想要把東北軍調防河南和安徽，但遲遲未下決心。[77] 此時，蔣介石已完全做好了應急準備，一旦東北軍和 17 路軍不能積極進剿，就將其調防。

張學良和楊虎城仍舊力勸蔣介石停止剿共、聯共抗日；張學良甚至數度哭諫，聲淚俱下，雙方情緒都相當激動，蔣更覺「悲憤」。[78]

陳誠隨蔣介石到西安，12 月 7、8 日，張學良兩度找陳誠抱怨蔣無誠意抗日，而且蔣「左右亦多不抗日之人」。並說蔣對他屢次嚴詞責備，「即使是我老子，我也受不了」！[79]

12 月 10 日，張學良再度向蔣介石哭諫，但遭到蔣介石痛斥。蔣介石在日記中說：「對漢卿說話不可太重，但於心不安。此人小事精明，心志不安，可悲也。」[80] 經過此次哭諫，張學良和楊虎城對蔣介石不再抱有幻想，也不願坐以待斃，決心拚死反擊，發動兵變。

那麼，張學良是什麼時候決定採用「劫持」蔣介石的方式兵諫呢？楊奎松認為 12 月 7 日張學良勸蔣無果後，已開始考慮對蔣行動。張有

76　蔣介石日記，1936 年 12 月 5 日。

77　蔣介石日記，1936 年 11 月 2 日、12 日。

78　蔣介石日記，1936 年 12 月 5 日。

79　何智霖編，《陳誠先生回憶錄・六十自述》，頁 194。

80　蔣介石日記，1936 年 12 月 10 日。

了這個念頭後，立即通知中共，要求中共中央速派代表前來相商。[81] 12月 10 日晚，張學良和楊虎城對兵諫行動達成一致意見，決定 12 日拂曉行動。

張學良最後決定在 12 月 12 日發動兵變，主要是兩個原因：（1）張、楊得知蔣介石將在 12 日頒發全面剿共的命令，「蔣銘三（鼎文）為西北前敵總司令，衛立煌為東路總司令」。[82] 也就是說，張學良如果再不配合剿共，蔣介石很可能會拿掉他剿共的指揮權，並將東北軍調走。（2）中共中央在 10 日電告張學良，國共談判有了波折，難以繼續。[83]

張楊兵變

11 日上午，張楊二人在張學良官邸商量了兩次，確定了行動的具體部署。11 日晚，蔣介石臨時邀請張學良、楊虎城、于學忠（東北軍將領），以及中央各軍政要人前往臨潼行轅商討軍事剿共計畫。張學良和楊虎城接到邀請後甚為緊張，深怕事情暴露。為了避免被蔣一網打盡，楊虎城和于學忠找了個藉口未出席。[84] 而前往參加會議的張學良則是「形色匆忙，精神恍惚」。[85]

蔣介石覺得「漢卿今日形態奇異可慮」，[86] 但他怎麼也想不到張、楊在前一天已決定了驚人之舉。他準時於 10 點就寢，「不加防範也」。[87]

張學良在會後迅速返回西安楊虎城公館坐鎮指揮。12 月 12 日凌晨 5 時左右，張學良的東北軍和楊虎城的 17 路軍按照預定計畫，同時發

81　楊奎松，《西安事變新探：張學良與中共關係之謎》，頁 289-290。

82　蔣介石日記，1936 年 12 月 5 日。

83　楊奎松，《西安事變新探：張學良與中共關係之謎》，頁 293。

84　同上，頁 294。

85　蔣介石日記，1936 年 12 月 11 日。

86　同上。

87　同上。

動兵變。

此時，天尚未亮，蔣介石正起床穿衣，忽聽槍聲大作，匆忙在侍衛蔣孝鎮、竺培基的保護下，從後窗跳出，往後山跑。到了東側後門，門鎖緊閉，不得已翻牆而過，沒想到此牆內低外高「牆內低約丈許，而不知外牆腳下有一深溝，高約二丈餘。此時又黑暗，不辨高低」，[88]蔣跳下去後，三分鐘不能動彈，腰部、大腿都受傷了。後來勉強行走，躲進一個山洞內。不久被搜山的衛兵發現，帶到新城大樓（西安綏靖公署楊虎城總部）。[89]

與此同時，陳誠、蔣鼎文、朱紹良、錢大鈞、衛立煌、蔣作賓等10餘名軍政要人也被扣留，中央委員邵元冲、侍衛長蔣孝先、憲兵團長楊震亞、衛士隊長高鳳梧等被殺，蔣介石帶去的侍衛幾乎全在槍戰中死亡，還有一些西安官員及市民，總共8百多人遇害，這就是著名的「西安事變」。

蔣介石被扣，張、楊隨即通電全國，宣稱：「蔣委員長介公受群小包圍，棄絕民眾，誤國咎深」，「學良等多年袍澤，不忍坐視，同介公為最後之諍諫，保其安全，促其反省。」[90]並提出8項政治主張：

(1) 改組南京政府，容納各黨各派，共同負責救國；
(2) 停止一切內戰；
(3) 立即釋放上海被捕之愛國領袖；
(4) 釋放全國一切政治犯；
(5) 開放民眾愛國運動；
(6) 保障人民集會結社之政治自由；

......

88　蔣介石日記，1936年12月12日。
89　同上。
90　中國社會科學院近代史研究所編，《中華民國史資料叢稿・大事記》第22輯，1936年，頁268。

(7) 確實遵行總理遺囑；

(8) 立即召開救國會議。[91]

五、事變後各界反應

西安事變驚動各界，各地方軍政領袖，其中不乏過去反蔣甚力者，李宗仁、白崇禧、張發奎、龍雲、劉湘等紛紛致電西安，或勸說和平解決，或譴責張楊叛國、行為不當。

胡適、朱自清、馮友蘭、聞一多等也紛紛撰文譴責，「張學良此次之叛變，假抗日之美名，召亡國之實禍，破壞統一，罪惡昭著，凡我國人應共棄之」。[92]

這其中，影響最大的是張季鸞主持的《大公報》社論。張季鸞是張學良敬重的文人，他自西安事變第二天（12月13日）開始，連續發出多篇社論，呼籲「以恢復蔣委員長自由為第一義」。他分析國家處境，力勸東北軍善體時艱，切勿誤國誤民，應及時回頭，和平解決西安事變。其中一篇〈給西安軍界的公開信〉，勸東北軍「你們趕緊去見蔣先生謝罪罷！你們大家應當互相擁抱，大家同哭一場！這一哭，是中國民族的辛酸淚！是哭祖國的積弱，哭東北，哭冀察，哭綏遠！哭多少年來在內憂外患中犧牲生命的同胞！你們要發誓，從此更精誠團結，一致的擁護祖國。你們如果這樣悲悔了，蔣先生的淚一定更多，因為他為國事受的辛酸，比你們更多幾十倍」。最後呼籲東北軍「現在不是勸你們送蔣先生出來，是你們自己應當快求蔣先生出來」。[93]國民政府用飛機把40萬份〈給西安軍界的公開信〉向西安城裡散發，西安許

91　高素蘭編，《蔣中正總統檔案・事略稿本》第39冊，頁432。

92　《清華大學校刊》第799號，1936年12月16日。

93　《大公報》，1936年12月13、14、15、18日社論。

多軍民（包括東北軍）都看到了。

東京冷眼旁觀

　　日本同盟通訊社上海分社社長松本重治從孔祥熙秘書喬輔三那裡得知事變的消息，日本報紙在 13 日率先全世界披露蔣介石遭監禁的訊息。[94] 東京極為震驚，13 日當天晚上外務省召開緊急會議，研究對策。[95] 第二天，14 日，陸軍省制定「西安事變後對華時局對策案」，並增派海軍陸戰隊前往上海、漢口。[96]

　　12 月 17 日，天皇提醒首相廣田弘毅：「應當格外注意，切不要因此類小事在支那問題上犯錯。」[97] 天皇的意思是提醒派駐中國的陸軍不要趁西安事變亂行計謀。值得玩味的是，日本雖然對西安事變作出對策，但在天皇眼中，西安事變是件「小事」。

　　著名記者、中國問題專家尾崎秀實發表〈張學良兵諫的意義〉評論文，指出：蔣介石的價值，並非在於共產黨的抗日民主統一戰線，而是在於他身為國民政府戰線的軍事領導人這一職務。因此他預測，蔣介石廣受民眾支持愛戴，張學良等不可能、也不會殺蔣。[98]

　　事變結束後，蔣介石回到南京，上海日本大使館武官在發給東京的電報指出：「蔣介石成功脫身，即表示他已經暫時容忍抗日路線。」[99]

　　日本駐台灣軍司令官畑俊六預測，國共聯合抗日的道路正逐漸打開。

....

94　臼井勝美著，陳鵬仁譯，《張學良與日本》，頁186-187。

95　李新總主編，中國社會科學院近代史研究所中華民國史研究室編，《中華民國史》第8卷（北京：中華書局，2011），頁611。

96　同上。

97　原田熊雄口述，《西園寺公望與政局》第5卷（東京：岩波書店，1951），頁213。

98　尾崎秀實，〈張學良兵諫的意義〉，《朝日新聞》，1936年12月。

99　《續・現代史資料（4）陸軍畑俊六日記》，頁90。

西安事變後，中國全國上下空前團結，東京也預見蔣介石將開始傾向抗日。幾位年輕幕僚已意識到中國情勢改變，日本亦應調整對華政策。

中共與國際共黨的反應：從「公審」到「放蔣」

12月12日清晨，延安的中共中央收到張學良發來的兩則急電，「吾等為中華民族及抗日前途利益計，不顧一切，今已將蔣及重要將領陳誠、朱紹良、蔣鼎文、衛立煌等扣留，迫其釋放愛國分子，改組聯合政府」。「要求中共中央速派人來西安共商大計」。[100] 中共中央收到電報後一時難以相信，既震驚又興奮。張聞天、毛澤東、周恩來、博古、朱德、張國燾等立即開會商量處理事變的方針政策，並提醒張學良要把蔣介石羈押在張自己的衛隊營裡，「緊急時，誅之為上」。[101] 中共中央並決定，「恩來擬來兄處協商大計」。[102]

中共中央立刻在第二天（13日）召開政治局常委擴大會議，商討如何應對西安事變，一致主張要積極支持張、楊的義舉，要「以西安為中心的來領導全國，控制南京」，並「要求罷免蔣介石，交人民公審」。[103]

14日，毛澤東、朱德、周恩來等發電給張、楊，建議立即宣布組成「抗日援綏聯軍」，以張學良為總司令，下轄3個集團軍，分別是：東北軍（第一集團軍），張學良兼總司令；第17路軍（第二集團軍），楊虎城任總司令；紅軍（第三集團軍），朱德任總司令。他們還計畫設立西北抗日援綏軍軍事政治委員會，以張學良為主席，楊虎城、朱德為副主席，統一軍事政治領導。此外，他們極力爭取閻錫山及全國

100　畢萬聞編，《張學良文集》第2冊（北京：新華出版社，1992），頁1053-1054。
101　劉東社編，《西安事變資料叢編》第1輯（香港：銀河出版社，2000年），頁97-98。
102　同上。
103　張培森、程中原、曾彥修，〈張聞天與西安事變〉，《黨的文獻》，1988年第3期。

各地愛國將領加入，並推舉閻錫山為「全國抗日援綏聯軍」總司令。[104]
15日，中共領導人毛澤東、朱德、周恩來等，致電國民黨和國民政府，
要求南京政府接受張、楊主張，停止正在發動的內戰，罷免蔣介石，
並「交付國人裁判」。[105]顯見，中共最初對待蔣介石的態度是公審。

　　然而，莫斯科共產國際的態度卻與延安不同。12月16日，中共接
到了共產國際關於西安事變的指示電：張學良的行動，無論其意圖如
何，在客觀上只能有損於中國人民的力量結成抗日統一戰線，並助長
日本對中國的侵略。既然這次行動已經發生，就應該考慮實際情況，
中國共產黨要堅決主張以下述條件為基礎和平解決事變：

(1) 通過吸收幾名抗日運動的代表和維護中國領土完整和國家獨立
　　 的人士參加政府的辦法改組政府；
(2) 保障中國人民的民主權利；
(3) 停止實行消滅紅軍的政策，並與紅軍實行合作抗擊日本侵略；
(4) 與同情中國人民反擊日本帝國主義進攻下的國家實行合作。[106]

　　莫斯科一開始就反對「西北大聯盟」，他們擔心這個做法可能會
迫使蔣介石和日本合作，對蘇聯不利。讓中國和日本作戰最符合蘇聯
的利益，所以，西安事變的消息傳到莫斯科時，他們立刻想到，萬一
中國沒有蔣介石，取而代之的人極可能是汪精衛；而蘇聯得到消息，
希特勒派了飛機去接在歐洲的汪精衛，用船送他回中國，蘇聯擔心汪

---

104 「毛澤東等關於西安事變後的形勢及我方行動方針致張學良楊虎城電」，中央檔案
　　 館編，《中國共產黨關於西安事變檔案史料選編》，頁191。
105 「紅軍將領關於西安事變致國民黨國民政府電」，中央檔案館編，《中國共產黨關於
　　 西安事變檔案史料選編》，頁200-201。
106 「共產國際執行委員會書記處給中共中央的電報」，中共中央黨史研究室，《共產
　　 國際、聯共（布）與中國革命檔案資料叢書》第15卷（中共黨史出版社，2007），
　　 頁265-266。

精衛有可能和德國簽訂防共協定。[107] 是故，莫斯科得知西安事變後，更急於通知中共不但不可殺蔣，還要讓蔣返回南京。

共產國際的指示與中共中央的設想反差太大，毛澤東等人一時難以接受，再加上周恩來尚未到達西安，無法了解張、楊二人的想法，故而編個理由回覆共產國際，拖延時間：「勤務組弄錯了，（電文）完全譯不出，請即檢查重發。」[108]

12 月 17 日，周恩來抵達西安，立刻與張學良、楊虎城會商，當天致電中共中央：「為緩和蔣系進兵，便我集中、分化南京內部，推廣全國運動，在策略上答應保蔣安全是可以的。但聲明，如果南京進軍，挑起內戰，則蔣的安全無望。」[109] 這個電報說明，張、楊二人同意「保蔣安全」，也使得中共中央放棄公審蔣介石的主張。

共產國際的指示、張楊二人的態度，以及國內輿論的反應，促使中共中央調整處理西安事變的政策。[110] 18 日，中共中央致電國民黨中央，放棄公審蔣介石的主張，提出只要接受 8 項主張「不但國家民族從此得救，即蔣氏的安全自由當亦不成問題」。[111] 19 日，中共中央政治局召開擴大會議，通過了〈中央關於西安事變及我們任務的指示〉，為了防止和反對新的內戰，「主張南京和西安間在團結抗日的基礎上，

---

107 楊天石，《海外訪史錄》（北京：社會科學文獻出版社，1998），頁 473。

108 學界對共產國際指示電的時間有爭議，大部分學者認為中共政策的轉變是自主的，共產國際的指示是在 20 日才譯出。但最近有學者指出，中共 16 日就已譯出電文。見陸暘、孫果達，〈西安事變共產國際的 16 日來電考〉，《軍事歷史研究》，2012 年第 1 期。

109 「周恩來關於到西安後與張學良所談情況給毛澤東並中央電」，中央檔案館編，《中國共產黨關於西安事變檔案史料選編》，頁 213-214。

110 西安事變發生後，並未獲得其他地方實力派的積極回應，反而有不少地方實力派通電擁護中央。

111 「中共中央關於解決西安事變致國民黨中央電」，中央檔案館編，《中國共產黨關於西安事變檔案史料選編》，頁 218-219。

和平解決」。[112] 至此，中共中央最終確定和平解決西安事變。

南京方面：派系競爭各有所圖

　　南京何應欽、朱培德等獲知西安事變的消息後，「深受事變刺激，情態異常緊張」。[113] 他們緊急邀請戴季陶、吳稚暉等密商對策，並要求新聞媒體封鎖西安事變的消息。12 月 12 日晚上 11 時，國民黨中央常務委員會和中央政治委員會召開緊急聯席會議，討論處置辦法。戴季陶、居正、何應欽等人認為張、楊的行為是「叛逆」，主張以武力討伐張楊，以維護「黨國紀綱」，不應過於瞻顧蔣介石的安全，置國家綱紀於不顧。

　　會議決定褫奪張學良本兼各職，交軍事委員會嚴辦，還做成 4 項決議：

(1) 行政院由副院長孔祥熙負責。
(2) 軍事委員會常委改為 5 至 7 人，並加推何應欽、程潛、李烈鈞、朱培德、唐生智、陳紹寬為常委。
(3) 軍事委員會由馮玉祥副委員長及常務委員會負責。
(4) 指揮調動軍隊，歸軍事委員會常委兼軍政部長何應欽負責。[114]

　　13 日晨，宋美齡、孔祥熙匆匆從上海趕到南京。當日下午，國民黨中央黨部召開第 29 次中央政治會議。會上，戴季陶、居正、何應欽、朱培德等人主張趁張、楊部署未定之際，搶先發動攻擊，救出委員長。他們一再強調明令申討之必要及迅速討伐的重要性。但宋美齡堅決反

---

112 〈中央關於西安事變及我們任務的指示〉，中央檔案館編，《中國共產黨關於西安事變檔案史料選編》，頁 222-223。

113 宋美齡，《西安事變回憶錄》（台北：正中書局，1987），頁 40。

114 《中央週報》第 446 期（1936 年 12 月），頁 3-4。

對他們的主張，她認為在真相未明之前，遽用武力，將危及委員長的生命，「請各自檢束與忍耐，勿使和平絕望；更請於推進討伐軍事之前，先盡力求委員長之出險」。[115] 雙方各不相讓，會議沒有結果。

16 日上午，國民黨中央政治委員會召開第 30 次會議，國民政府主席林森以及孫科、馮玉祥、朱培德、于右任、何應欽、陳果夫、戴季陶、程潛、張羣等軍政要人都出席了會議。會議決議：推舉何應欽為討逆軍總司令，迅速指揮軍隊進攻西安；由國民政府下令討伐張、楊；推舉于右任為西北宣慰使，北上進行孤立張、楊的分化瓦解活動。[116] 當日，國民政府下令討伐張、楊。

第二天（17 日），何應欽就職討逆軍總司令，並任命劉峙、顧祝同分任討逆軍東、西兩路集團軍司令，調集 10 幾個師的兵力，向西安進攻。與此同時，中央空軍在渭南、華縣一帶實施轟炸。西安方面也拉開架式，準備阻擊中央軍。宋美齡擔心討伐行動會危及蔣介石的安全，她在中央軍校演說時，批評主張討伐的人是「別有用心」，於是，何應欽只好噤口不言，戴季陶、居正等只是乾著急，不便再說什麼。[117]

17 日上午，張學良拜託蔣百里勸說蔣介石，希望蔣介石致函南京中央，「勿即攻陝」，並保證蔣介石「不久當可出來」。[118] 蔣介石終於同意手函何應欽，暫時停止攻擊，並派蔣鼎文攜手令赴南京。[119]

蔣鼎文在 18 日上午抵達洛陽，迅即向南京報告蔣介石的命令。當天，在國民黨中央常會上，與會者聽到蔣鼎文的來電內容，大部分委員均感寬慰，但是，居正、孫科「均有極激昂之表示，以為此種電報在蔣先生不自由之期間，均為小張所弄虛玄，現在唯一的出路，迅速

115　宋美齡，《西安事變回憶錄》，頁 41、45。
116　《中央週報》第 446 期，頁 4。
117　陳公博，《苦笑錄》，頁 237。
118　蔣介石日記，1936 年 12 月 17 日。
119　蔣介石日記，1936 年 12 月 18 日。

以大軍包圍西安始有講話餘地，在蔣先生沒有恢復自由以前，一切命令均應認為無效」。[120] 當天下午，蔣鼎文攜蔣介石手令回到南京，國民黨中央政治會議最終同意暫停轟炸，但為了維護中央權威，不便公開調停，最好祕密進行，「密談解決之法，如派宋子文飛赴西安與張面洽，並由閻錫山居中斡旋」。[121]

蔣介石的手令使南京方面對西安事變的政策發生了變化，同意政治、軍事雙管齊下之解決辦法，實質上是同意和平調解。南京政策的轉變為宋子文出面調解開了一扇門。

端納赴西安探望

西安事變發生後，蔣介石羞憤絕望，不吃不喝，不肯住在楊虎城的新城大樓，拒絕遷到高桂滋的公館，也不願遷到張學良的寓所。他堅持「生而辱，不如死而榮」。[122] 聲稱如果張學良不送他回南京，他就死在西安。張學良多次來看蔣，蔣不跟他說話，張學良暗自淚泣，不得效果。[123]

第一位打開僵局的是蔣介石、宋美齡的私人顧問端納（William Henry Donald）。端納是英籍澳大利亞人，與張學良熟識，擔任過張的秘書，1933 年張下野後曾陪張遊歷歐洲，後來受聘為蔣介石、宋美齡顧問。西安事變發生時，他正在上海，因為有這層淵源，宋美齡請他飛到西安，了解真相。端納根據多年來對張學良的了解，相信張不會殺蔣。[124] 與端納一同前往的還有與蔣、宋關係密切的勵志社總幹事黃

---

120 《王子壯日記》第 3 冊，1936 年 12 月 17 日（台北：中央研究院近代史研究所，2001），頁 352-353。

121 《王子壯日記》第 3 冊，1936 年 12 月 17 日，頁 352-356。

122 蔣介石日記，1936 年 12 月 13 日。

123 蔣介石日記，1936 年 12 月 13、14 日。

124 李新總主編，中國社會科學院近代史研究所中華民國史研究室編，《中華民國史》

仁霖。宋美齡派黃仁霖陪同端納到西安，一方面擔任端納與蔣介石的翻譯，同時方便傳遞消息、判斷情勢。[125]

　　端納在 12 月 14 日抵達西安，張學良請他勸蔣接受他們的主張，並表示只要蔣答應抗日，就立刻釋放蔣，還說要親自送蔣回南京，繼續擁護他為領袖。[126]

　　端納和黃仁霖一起見蔣介石，並帶來宋美齡的信，蔣看到第一句「轉電已悉」，忍不住「淚下如雨，泣不成聲」，張學良也在一旁泣下。[127] 端納告訴蔣，南京政府已決議討伐張楊，蔣認為這個做法沒錯。[128] 端納勸蔣改變態度，接受張楊要求，因為只有這樣才能離開西安。蔣從端納的口中了解到張、楊兵諫的動機，也知道他們並無傷害自己的本意，於是態度有所鬆動，並在當天由新城遷入張學良的寓所。[129]

　　16 日，端納和黃仁霖準備先飛洛陽、再轉往南京，蔣介石要黃仁霖帶信給宋美齡，又擔心信件被張學良扣押，特別在黃仁霖面前朗誦兩遍，要黃將其記在心裡。[130] 蔣給宋美齡的信是這樣的：「兄決為國犧牲，望勿為余有所顧慮。余決不愧為余妻之丈夫，亦不愧為總理之信徒。余既為革命而生，自當為革命而死，必以清白之體歸還我天地父母也。對於家事，他無所言，惟經國與緯國兩兒既為余之子，亦即為余妻之子，務望余妻視如己出，以慰余靈而已。但余妻切勿來陝。」[131] 蔣特別叮囑黃仁霖，「余妻切勿來陝」。[132]

續 ⋯⋯⋯⋯⋯⋯⋯⋯⋯⋯⋯⋯⋯⋯⋯⋯⋯⋯

　　第8卷（北京：中華書局，2011），頁595。

125　同上，頁595。

126　同上，頁613。

127　蔣介石日記，1936年12月14日。

128　同上。

129　同上。

130　蔣介石日記，1936年12月16日。

131　同上。

132　同上。

六、宋子文千里救援

　　端納僅是探視蔣介石的狀況，而真正協助解開西安事變僵局的是宋子文。過去對西安事變的研究，很少注意到宋子文在西安事變中的角色，2004 年 4 月，宋子文檔案在史丹佛大學胡佛檔案館開放，舉世才發現宋子文是西安事變中重要的當事人。在短短不到 6 天中（1936 年 12 月 20 日到 25 日），宋子文兩次自南京飛西安營救蔣介石，為蔣出謀劃策，並代表蔣與張學良、楊虎城、周恩來等人進行談判。

　　宋子文曾任國民政府財政部長、行政院副院長，他在 1933 年辭去所有政府職務後，退出國民黨及國民政府的決策圈，專心經營中國建設銀公司。但是，他的身分特殊，既是宋美齡的哥哥、蔣介石的妻舅，和張學良有深厚的友誼，和中共亦有前緣。更重要的是，他一直對蔣介石先剿共再抗日的做法有微詞，他認為共黨問題是社會問題，不是軍事手段能解決的。他同情沈鈞儒、章乃器他們的救國會，並曾給予資助，中共中央對他的印象很好，覺得他是南京政府領導人中「最好的」。[133]

　　西安事變發生時，宋子文在香港，聽到消息，立刻趕到上海，然後再到南京，協助宋美齡。端納回南京後，宋子文決定到西安協調此事。國民黨中央委員有人以為不妥，但宋子文強調，他不是以國民黨或政府任何身分前往，而是以私人身分前去探望。[134]

　　宋子文帶著兩位秘書（陳康齊、陳鳳辰）在 12 月 19 日飛到洛陽，20 日上午抵達西安。張學良和宋子文是舊識，張宋兩家常來往，張的妹妹還和宋的幼弟宋子安定親，後來因為西安事變、抗戰爆發，這門

133　楊奎松，《西安事變新探：張學良與中共關係之謎》，頁359。

134　孔祥熙，〈西安事變回憶錄〉，收入羅家倫主編，《革命文獻》第94輯（台北：中國國民黨中央委員會黨史史料編纂委員會），頁140。

親事最後不了了之。[135]

張學良告訴宋子文，蔣介石在 17 日曾同意 4 項條件，即：

(1) 改組國府、採納抗日分子。
(2) 廢除塘沽、何梅、察北協定。
(3) 發動抗日運動。
(4) 釋放被捕七人。

但蔣介石後來又反悔了，表示不願在脅迫下接受任何條件。張學良希望宋子文能說服蔣，和平解決事變。[136]

宋子文踏進蔣介石房間，兩人沒說兩句話，蔣就哭了起來；尤其見到宋美齡的信函寫道「如子文三日內不回，則妹必來陝與兄共生死也」。蔣更為難過，含淚咽嗚，無法說話。[137]宋子文對蔣說，他非但沒有蒙受羞辱，反而得到全世界的關懷和同情。[138]

蔣介石雖然內心激動，但態度依然強硬。他告訴宋，絕不在脅迫屈辱下接受張學良所提出的任何條件，並指出「軍事解決」才是唯一之途。[139]

宋當場分析，軍事上的成功並不能確保蔣介石性命安全，即便西安順利為政府軍所占，張、楊的部隊依然可以向西撤到與中共接壤的地區，繼續活動，國家將因此陷入分裂，內戰四起，生民塗炭，此當非蔣所願。宋子文因而提出以「政治手段」解決，並說服了蔣介石。[140]這次會面是後來蔣介石同意接受張學良與中共方面所提條件的一個重

---

135 宋子安之子宋仲虎（Leo Soong）告知此事。
136 胡佛檔案館所藏（下同）《宋子文西安事變日記》，1936 年 12 月 20 日。
137 蔣介石日記，1936 年 12 月 20 日。
138 《宋子文西安事變日記》，1936 年 12 月 20 日。
139 同上。
140 同上。

要轉折點。

12 月 20 日，蔣介石同意了幾個原則：

(1)　允許張學良部隊開往綏遠；

(2)　「四項條件」可以在（國民黨中央執監）大會上討論；

(3)　改組陝西省政府，由楊虎城提名人選；

(4)　蔣並讓宋子文與張、楊二人討論此等事項。[141]

然而，張學良與楊虎城對宋子文表示，「第 1 與第 3 點無關重要，『四項條件』才是問題的關鍵，委員長稱將此事提交中央執監大會討論，是有意規避責任」。張學良還告訴宋，他們（抗日聯軍臨時西北軍事委員會）「已經決定，若一旦爆發大規模戰事，他們將把委員長交給中共。這絕非虛聲恫嚇」。[142]

宋子文觀察西安情形，發現「張、楊的部隊和共產黨人一起，已經形成一個難以對付的集團，以他們的實力、地形和目標一致，可以堅持戰鬥幾個月」。因此，南京方面的軍事解決方案太危險，將使「國家陷於分裂，內戰四起」。他認為「拯救中國唯一之途，只能藉政治解決」。[143]

他決定先從下面幾點著手：

(1)　讓蔣夫人來西安照顧委員長；

(2)　由戴雨農（戴笠）代表黃埔系前來西安，親身觀察此地的局勢；

(3)　派一位將軍來西安，以處理可能產生之軍事問題。[144]

....

141　《宋子文西安事變日記》，1936 年 12 月 20 日。

142　同上。

143　《宋子文西安事變日記》，1936 年 12 月 21 日。

144　同上。

　　宋子文的想法獲得張學良的支持。21 日早上，宋子文帶著蔣介石寫給宋美齡和經國、緯國的遺書，以及張學良寫給宋美齡、戴笠的信，風塵僕僕趕回南京。

　　宋子文當天下午抵達南京，立刻與宋美齡、宋靄齡、戴笠等人會商，大家一致贊成上述辦法。他連夜拜會葉楚傖、顧祝同、蔣鼎文、孔祥熙和熊式輝等人，並把西安所提的 4 項條件告知他們。他向國民黨中央要求 4 天時間，「四天內，飛機不轟炸西安，陸軍不得進攻。四天期限一過，如果尚未尋出解決方案，而此時委員長亦離開西安，那麼，他們可放手讓飛機大砲轟炸西安、使用任何方式攻擊西安」。[145] 國民黨中央經過激烈的爭辯與討論，最終同意了宋子文大部分要求。

　　22 日下午，宋子文、宋美齡一行飛抵西安。蔣介石見宋美齡「竟冒萬險而入此虎穴」，不禁悲喜交加，他可以不顧自己的生死，但想到宋美齡，覺得「以今後所作，乃須顧慮妻之安危」。[146]

　　宋美齡將外間情況告訴蔣介石，力勸他：「能先設法出去再說。」[147] 蔣介石得知南京方面的情形之後，不再堅持原有的立場，但也表示：「決不可允其有簽字違法之事，如簽一字，則余即違法，更無離此希望。」[148]

　　蔣介石提出，如果中共方面同意：取消中華蘇維埃政府、取消紅軍名義、放棄階級鬥爭、願意服從委員長作為總司令的指揮。他可以保證：將在 3 個月內召集國民大會，對此，如有必要，他可讓蔣夫人簽具一份保證。但是，在此之前，他必須先召開國民黨大會，以還政於民。重組國民黨後，倘共產黨服從他如同他們之服從總理，他將同意國共聯合抗日、容共聯俄，他將給張學良發布手令，收編紅軍，收

145　《宋子文西安事變日記》，1936 年 12 月 21 日。

146　蔣介石日記，1936 年 12 月 22 日。

147　同上。

148　同上。

編人數將視其擁有武器之精良度決定。[149]

　　23 日，宋子文與周恩來進行首次談判，張學良和楊虎城也參與。周恩來詳細說明中共方面的原則與條件。會後，宋子文將所談內容向蔣介石做了簡要彙報，蔣介石同意：

(1) 他將不再擔任行政院長，擬命孔祥熙接任。未來國民政府新內閣將不再有親日派；
(2) 他返回南京後，將釋放在上海被捕的七位「救國會」領袖；
(3) 設立西北行營主任，由張學良負責。同意將中央軍調離陝、甘。中共軍隊編入國軍正規部隊，一旦中日爆發戰爭，所有軍隊一視同仁；
(4) 派蔣鼎文去命令中央軍停止對西安的軍事行動。將與張學良討論雙方共同撤軍，他離開西安後就發布命令。

　　周恩來與張楊二人對蔣介石的答覆頗為滿意。就在當天（23 日）深夜，周恩來拜訪了蔣介石與宋美齡，進行了簡短的晤談。[150]

　　當年在黃埔軍校，蔣介石擔任校長，周恩來為政治部主任，二人合作愉快。但 1927 年清黨（「四・一二事件」）後，分道揚鑣，兩人已有將近 10 年未曾見面。故人來訪，蔣介石在日記寫道：「一別多年，未免生情。」[151]

　　張學良、楊虎城、周恩來有了初步共識，但東北軍和西北軍內部不少高級將領對蔣介石提出的條件「引發了暴風雨般的抗議」，大多數堅持「委員長離開西安之前，若非全部、至少部分應付諸實施」。[152]

....

149　《宋子文西安事變日記》，1936 年 12 月 22 日。
150　《宋子文西安事變日記》，1936 年 12 月 23 日。據蔣介石日記記載，周恩來與蔣介石的會面時間是 24 日晚。
151　蔣介石日記，1936 年 12 月 24 日。
152　《宋子文西安事變日記》，1936 年 12 月 24 日。

宋子文深知，「委員長是寧願死也不會同意在他回去之前就實現任何一條措施的」。情勢相當緊張，因為已經有人在談論反張（學良）的二次革命，他們認為，張學良搖擺不定，輕易就被宋子文說服了。[153]

張學良和宋子文商量應對辦法，張學良召集了態度最激烈的人員，做了長時間的訓話。張學良對他們說，他們應該承認，這次兵諫的方法是不對的，但他們的動機是純正的。難道他們不想要委員長領導他們抵抗日本嗎？如果不想，他們早在 11 日就應該一槍打死委員長了。只憑口頭承諾就放走委員長確實是有風險的，但是在發動這場兵諫的時候，他已經對他們說過，他們在冒掉腦袋的危險，誰願意退出盡可以退出。除此而外，他們還有什麼辦法收拾當前的局面？交談之後，張學良自認已經說服了那些態度激烈的部屬。[154]

24 日下午，蔣介石手令中央軍停戰，並由蔣鼎文帶著離開西安。

原本期望蔣介石在 25 日耶誕節當天便可以返回南京，24 日晚上張學良和楊虎城為了是否放走蔣的事，發生激烈爭論。楊警告張：「你發動了這場兵諫，卻在什麼也沒得到的情況下就放走了委員長。他一定會砍掉我們的腦袋！」張說，他對這場兵諫承擔全部責任，如果他們仍接受他的領導，就應聽他的；如果不接受，大可槍斃他。現在，除了這種行動方針還能有什麼別的辦法？他們想不想解決當前的局面？楊極為不滿地離開了。[155]

楊虎城有 9 個團的兵力駐紮在西安和近郊，而張只有 1 個團的兵力駐紮在市區和近郊，楊虎城有可能會用暴力劫持蔣介石，情勢仍極危險。宋子文與張學良討論如何以出其不意的行動把蔣介石帶到機場並迅速離開；但是他們又覺得這個計畫過於危險，因為張的一舉一動都已在楊的監視之下。他們最後決定，如果情勢不能好轉，宋子文就

153 《宋子文西安事變日記》，1936 年 12 月 24 日。
154 同上。
155 同上。

強迫宋美齡第二天一早以爭取再次延長停戰期為藉口，返回南京。等到夜晚，他們再以汽車把蔣送到城外張的主力部隊駐地，再從陸路前往洛陽。[156]

24日上午，宋子文、宋美齡、周恩來進行第二次會面，宋氏兄妹希望周恩來能說服西安方面確保蔣介石順利離開，周恩來表示，只要蔣介石當面允諾今後不再剿共，他願意盡力說服西安方面同意蔣離開。周恩來並求見蔣介石，希望宋氏兄妹協助促成。

25日上午，周恩來再度來見蔣介石。周恩來向蔣介石解釋，中共一直力圖避免內戰，以保存國家實力，中共並沒有要從西安事變中索取任何資本，他希望蔣能夠保證：停止剿共、容共抗日、允許中共派代表到南京向蔣解釋中共的主張。蔣介石表示，只要紅軍願停止一切赤化宣傳，聽從他的指揮，他將視其軍隊如己出。[157]

周恩來希望蔣當面允諾「以後不剿共」。蔣周二人的對話頗有意思：

蔣：「爾當知余平生之性情如何。」
周：「余自然知蔣先生之革命人格，故並不有所勉強。」
蔣：「爾既知余為人如此，則爾今日要求余說『以後不剿共』一語，此時余決不能說也……若爾等以後不再破壞統一，且聽命中央，完全受余統一指揮，則余不但不進剿，且與其他部隊一視同仁。」
周：「紅軍必受蔣先生之指揮，而且擁護中央之統一，決不破壞。」
蔣：「此時不便多言，餘事望與漢卿詳談可也。」[158]

幾句對話，蔣介石、周恩來各得所需，周隨即告辭。出門後，周告訴宋子文，他會協助蔣順利離開。

156 《宋子文西安事變日記》，1936年12月24日。
157 《宋子文西安事變日記》，1936年12月25日。
158 蔣介石日記，1936年12月25日。

為了安撫張學良和楊虎城，蔣介石在 25 日下午接見他們，蔣表示：儘管他們的做法是叛變行為，但他會原諒他們。他所允諾的一切也都會履行。[159]

不過，蔣介石是否能安全離開西安，仍是未定之天。25 日上午，宋子文要他的秘書陳康齊做好準備，隨時會離開。宋子文特別交代：避免引人注意，「丟下所有行李，不要帶大衣」。[160] 可見當時情勢危急之一斑。

25 日下午 5 點，蔣介石在張學良、宋子文、宋美齡的陪同下登上飛機，張學良坐在駕駛座旁邊，親自送蔣介石離開。蔣介石一行當天晚上飛抵洛陽，26 日抵達南京，西安事變最終得以和平解決。

國民政府內部派系角力

從蔣介石、宋子文西安事變的日記看來，當時蔣介石生死未卜，國民政府內部就如何應對張楊兵變，存在激烈的政治角力；國民黨中央對處理中共的問題，也有不同看法。宋子文在 12 月 21 日從西安回到南京後，不少國府軍政要員並不完全信任他，也懷疑他帶回的訊息。江西省政府主席熊式輝說，他擔心蔣介石在西安違背自己的意志，被迫接受張學良的條件；軍政部長何應欽質疑張學良提出讓戴笠與蔣鼎文前往西安，是要逼其透露南京方面的軍事計畫；戴季陶與葉楚傖等國府委員則向宋子文表示，站在南京中央的立場，只要蔣委員長遭受脅迫，他們就無法同意任何西安方面所提出的條件。宋子文在南京還聽到謠言，指張嘉璈對外宣稱，西安事變是宋子文本人一手策劃的。南京大員的反應，讓他十分驚訝與心寒。[161]

159　《宋子文西安事變日記》，1936 年 12 月 25 日。

160　宋子文檔案，附錄《隨員日誌》，1936 年 12 月 25 日。

161　《宋子文西安事變日記》，1936 年 12 月 21 日。

　　而值得玩味的是，這些堅決主張以強硬的軍事手段解決西安事變的要員，絕大多數具有日本背景，多主張與日本和平相處。

西安事變挑戰國民政府的對日政策

　　不可否認，西安事變的發生，反映了地方實力派對蔣介石「攘外必先安內」，以及對日隱忍政策的不滿，希望停止內戰，一致抗日。

　　自 1931 年九一八事變以來，面對日益加深的民族危機，中國人民與官員內心都發生了變化。這種變化日益超越黨派、集團、和個人的利益，向著民族的、國家的利益發展。從「福建事變」到「兩廣事變」，表面上看是國民黨內部的權力紛爭，當時地方實力派也提出了「反蔣」的口號，但深究起來，這一連串的紛爭多多少少與中國民族危機的逐漸加深有關。

　　楊奎松指出：「西安事變直接的受益者，正是中共與紅軍。」[162]的確，西安事變導致共產黨和紅軍倖存的事實，史學家幾乎沒有異議。西安事變爆發的一年前，紅軍在江西第五次反圍剿挫敗，被迫進行 2 萬 5 千里長征，一路之上兵員損失慘重。事變前夕，另立中央的張國燾又帶了幾萬紅軍出走，毛澤東在陝北的紅軍只剩下不足 2 萬人，而當時圍剿紅軍的國民黨中央軍、張學良的東北軍、楊虎城的西北軍加起來超過 30 萬人，紅軍處於空前的險境。西安事變改變了這一切。紅軍不但不再被圍剿，而且被正式承認為國民政府軍隊，建制八路軍和新四軍。

　　西安事變是中國由內戰到抗戰的轉捩點。事變終結了蔣介石的剿共行動，促成了國共第二次合作，以及各地方勢力的團結，蔣介石「從一黨的領袖變成一國之君」。[163]中國的民族意識和抗日情緒空前高漲，

162　楊奎松，《西安事變新探：張學良與中共關係之謎》，頁438。
163　同上，頁439。

逼得中國的抗日戰爭提前爆發。[164]

　　那麼，事變的兩位最重要的當事人看法如何呢？蔣介石認為事變讓他的剿共大業功敗垂成，「西安事變是我國民革命過程中一大頓挫」，不但攪壞了他的抗日規劃，而且扭轉了中共的頹勢。他說：「八年剿匪之功，預計將於兩星期至一個月可竟全力者，幾全毀於一旦。而西北國防交通、經濟建設，竭國家社會數年之心力，經營敷設，粗有規模，經此叛亂，損失難計……建國程度，至少要後退三年。可痛之至！」[165]

　　張學良在 12 月 26 日陪同蔣介石到南京後，匆忙在一本巴掌大的紅色小筆記本寫了數封形同「遺囑」的短信。他在第一頁就對自己的莽撞極為懺悔，並感嘆其本欲救國，結果反成為誤國。此外，他還安排了家屬的去留與生活，分配財產，要兩位夫人自行改嫁，並要求宋子文照顧他的家屬與財產，另外還寫信給東北軍將領和東北南下的重要人士。[166]

　　不論如何，蔣介石回到南京後，停止了大規模軍事圍剿紅軍的計畫，重新容納共產黨，改編紅軍，共同抗日。同時，國民政府自九一八事變以來「一面抗戰、一面談判」、對日隱忍的政策，業已走到盡頭，從此轉為積極抗日。

164　Mark Peattie, Edward Drea, Hans van de Ven, *The Battle for China*, p. 461.

165　林博文，《張學良、宋子文檔案大揭祕》（台北：時報文化，2007），頁 16。

166　張學良託人把這本小筆記本帶給妻子趙一荻（Edith Chao），並請他的飛機機械師里昂（Hyland Bud Lyon）擔任趙一荻與幼子張閭琳的貼身侍衛。1941 年太平洋戰爭爆發後，里昂離開中國，帶著一個小保險箱（包括這個筆記本和張學良與中共中央來往的電報書信）以及張家託付的 3 大箱私人檔案、照片回到洛杉磯。里昂於 1975 年過世，所有物件交予其德籍妻子 Maria 保管。大約 2003 年，Maria 過世前託付給她的朋友 Audrey Pittokopitis，希望她找到合適地方典藏。2006 年 Audrey Pittokopitis 主動聯繫胡佛檔案館，邀請胡佛研究員郭岱君、林孝庭前往南加州檢視這批檔案，並承諾將它們捐贈給胡佛檔案館。遺憾的是，Pittokopitis 家族後來改變承諾，2013 年把這批檔案拿到紐約拍賣。據了解，這批重要的文件目前應在中國大陸。

【 第 三 編 】

大戰初起

$$\boxed{\text{第七章}}$$

重探七七盧溝橋事變

岩谷將（日本北海道大學法律與政治研究所教授）
郭岱君（史丹佛大學胡佛研究院研究員）

　　自從 1931 年九一八事變日本占領東北以來，其間雙方已有數次軍事衝突，比較著名的有 1932 年的一二八淞滬之戰、1933 年的長城之戰、1936 年百靈廟之戰，但最終都和平解決。這是因為國民政府對日的方針是「隱忍」，對日本做有限度的讓步，盡量避免，或拖延爆發大戰，以爭取時間備戰。[1]

　　但是，七七事變後國民政府對日的態度改變了，不僅反對妥協退讓，蔣介石更是「積極運兵北進備戰」！[2] 為何蔣介石不再隱忍？何以蔣在七七事變前後對日的態度迥然不同？多年來始終是個謎團。[3] 更讓人疑惑的是，中日是怎麼打起來的？

　　過去的研究多認為七七盧溝橋事變是日本挑釁，日本想製造一起地方事件，截斷平漢路，劃定永定河東北為其後方基地，以圖北進蘇俄之西伯利亞。不料中國奮起抗戰，以致日本的企圖不但沒得逞，反

1　蔣介石日記中有許多這樣的句子：「三年之內，倭寇不能滅亡中國，我何患其強迫，但此時尚不可不隱忍耳。」（1936 年 9 月 26 日）「韜光養晦乃為國家唯一自處之道乎。」（1933 年 7 月 4 日），美國史丹佛大學胡佛檔案館藏。

2　蔣介石日記，1937 年 7 月 9 日。

3　唐德剛，《民國史抗戰篇：烽火八年》（中國近代口述史學會編，2014），頁 22。

而引發中日大戰。[4] 也有研究指出七七事變是「日本帝國主義為實現鯨吞中國的野心而蓄意製造出來的」。[5] 近年許多相關檔案先後開放，一些撲朔迷離的歷史脈絡逐漸浮現出來，對於七七盧溝橋事變的來龍去脈也有了新的理解。

一、七七事變是偶發的意外

七七事變其實是個意外，而且中日雙方都希望能和平解決，中國的冀察政務委員會與日本華北駐屯軍密切交涉，並達成初步協議。但衝突卻停不下來，最後，一個地區性的意外事件卻演變成中日大戰的導火線。

中日均望和平解決

1937 年 7 月 7 日夜，日本駐屯軍中隊長清水節郎率領一中隊（大約一個步兵連的兵力）在宛平城外永定河畔的荒地進行夜間實彈演習。盧溝橋位於北平城西南約 15 公里的永定河上，既是南下的要衝，也是北平進出的咽喉要道，軍事地位頗為重要。

當天晚上 22 時 40 分左右，突然傳來兩次槍擊聲，日軍立即停止演習點名，發現一名士兵（志村菊次郎）失蹤。兩次槍聲究竟從何而來？日方認為是第 29 軍方面的射擊，中國否認，雙方各說各話。參與調查的日本駐北平武官今井武夫事後表示[6]：「有人認為是由中國兵偶然發生，或有計畫性的，或陰謀，此陰謀是由於日本軍的謀略，或是尖銳

4　陳誠，《陳誠先生回憶錄・抗日戰爭》（上），頁27。

5　張憲文，《中華民國史》第3卷（南京：南京大學出版社，2005），頁10。

6　今井武夫名義上是日本大使館駐北平武官，實際上是直接向東京日本陸軍參謀總長負責。

抗日分子之謀略等，雖以各種方式調查，但至今仍然不清楚該開火者是誰。」[7]因為始終找不到證據，今井武夫以及日本歷史學者認為，這件事仍無答案，「總之是個謎」。[8]

既然有士兵失蹤，清水中隊長緊急報告駐豐台的大隊長一木清直，一木大隊長立即報告駐北平的聯隊長牟田口廉也。牟田口在午夜做出指示，要求豐台駐屯部隊迅速開赴當地，並發出命令「做好戰鬥準備，傳喚宛平城內的營長出來進行交涉」。[9]日軍要進入宛平尋找失蹤的士兵。

日軍要進入宛平找人，這個要求沒有道理，但過去幾年日軍在華北對中國部隊予取予求，已經習慣了，而宋哲元的 29 軍（西北軍）大多容忍讓步。但是，這次宛平的守軍卻不同意。

駐守宛平城內的中國守軍是 29 軍 37 師 110 旅 219 團第 3 營的營長金振中（團長是吉星文）。金振中不同意日軍進入宛平城搜查失蹤士兵，雙方僵持，發生小規模的互相射擊。正在這個時候，失蹤的士兵出現了，日方也在 8 日凌晨 2 時向中方通報了最新情況。[10]

人雖然找到了，但因為中方拒絕日軍進城，開始射擊，日軍立刻開火，雙方打起來了，雖然是極小規模的衝突，但日軍態度變得強硬，8 日凌晨 5 時 30 分，日軍開始砲擊宛平城，守城的中國軍隊起而抵抗，打打停停，互不讓步。

與此同時，櫻井德太郎少佐（冀察政務委員會的軍事顧問）代表日方進城和宛平縣縣長王冷齋交涉，雙方同意暫停開火，天亮後展開

7　今井武夫，《今井武夫回憶錄》（北京：中國文史出版社，1987），頁48-50。

8　同上，頁49；秦郁彥，《盧溝橋事件の研究》（東京：東京大學出版會，1996）。

9　〈支那駐屯軍步兵第一聯隊第三大隊戰鬥詳報〉，日本防衛研究所戰史研究中心史料室藏，下同。

10　王冷齋，〈抗戰建國第一年〉，《盧溝橋事變回憶錄》（七七書店編印，1938），頁4。

聯合調查，並達成 3 點共識：[11]

(1) 不調用其他部隊；
(2) 不讓盧溝橋的部隊出城；
(3) 極力避免事態擴大。

中日聯合調查團 8 日清晨開始在宛平城內調查槍擊的真相，查不出最初的槍聲來自何處，但雙方都不肯讓步，不時仍出現零星的戰鬥。

8 日傍晚，日本駐北平武官今井武夫和北平市長秦德純（也是 29 軍副軍長，代理冀察政務委員會事務）徹夜交涉。

中日雙方同意「不擴大事態」，但直到 9 日凌晨 4 時左右，對於撤軍的事情仍無共識，不過氣氛尚平和。[12]

日本駐屯軍司令部在天津，因此，天津方面的協談也同時進行。8 日晚上，張自忠（天津市長、29 軍 38 師師長）出面和駐屯軍參謀長橋本群協商，到 9 日凌晨 3 點，雙方才達成共識：[13]

(1) 雙方立即停止射擊；
(2) 以永定河為界，雙方在 9 日早上 5 點同時撤退；
(3) 由保安隊守備盧溝橋。

談判已有結果，日本參謀本部決定不擴大事態，9 日發出「臨命第400 號」，指示「避免主動投入更多兵力，以防止事態擴大」。[14]

於是，9 日清晨開始撤兵，日軍撤退到豐台，中方撤至盧溝橋以西，

11　《北平陸軍機關業務日誌》（防衛研究所戰史研究中心史料室藏，下同）；〈支那駐屯軍步兵第一聯隊第三大隊戰鬥詳報〉，收錄於《支那駐屯兵旅團之作戰》（防衛研究所戰史研究中心史料室藏，下同）。

12　今井武夫，《今井武夫回憶錄》，頁 27。

13　《日軍對華作戰紀要（一）：從盧溝橋事變到南京戰役》，頁 205。

14　「臨命・大陸指綴」（防衛研究所戰史研究中心史料室藏，下同）。

宛平城內的防務則由原有的保安隊以及冀北保安隊擔任。[15]

到此，衝突應可和平落幕。然而，之後一連串的發展，出人意料，中日的衝突不但沒有解決，反而繼續擴大，成為中日大戰的序幕。

東京認為中日全面戰爭沒有爆發的可能

七七盧溝橋事變發生時，日本當時並沒有對中國全面開戰的計畫，東京的陸軍省及參謀本部也不想把事態擴大。當時日本陸軍的假想敵是蘇俄，海軍的假想敵是美國，他們認為「國民政府無能、國家又未統一」，不可能引起全面性戰爭。[16]

日本對中國的策略是：經營東北（滿洲），再利用中國軍閥割據的現實，各個擊破，分而治之，在各地區成立自治政府或親日的地方政府。當時日本已經扶植了殷汝耕的冀東自治政府以及德王的蒙古軍政府，正積極推動華北自治運動——「華北特殊化」。

所以，七七盧溝橋事變發生時，陸軍中央及參謀本部「均未特別予以重視」。[17]陸軍中央在8日清晨5時接到盧溝橋事變的電報，上午9時又收到第二份電報，說明雙方停火、日本駐屯軍已掌控盧溝橋情勢。陸軍省認為「事態已逐漸平安解決，反而放了心」。[18]同時，參謀本部判斷「日中戰爭幾乎沒有爆發的可能，自然也不可能有對中全面戰爭計畫」。[19]而且，他們不願意任何中國的戰爭影響到蘇俄對日開戰，所以決定採取不擴大事態的方針。[20]

15　王冷齋，〈盧溝橋事變始末記〉，《文史資料選編》第二輯（1979），頁46。

16　《日軍對華作戰紀要（一）：從盧溝橋事變到南京戰役》，頁376。

17　同上，頁206。

18　《日軍對華作戰紀要（一）：從盧溝橋事變到南京戰役》，頁206。

19　《石原莞爾中將回想應答錄（參謀本部製作）》，日本防衛研究所戰史研究中心史料室藏。

20　《日軍對華作戰紀要（一）：從盧溝橋事變到南京戰役》，頁210。

　　這期間有一件小意外，促使參謀本部決心採取不擴大方針。盧溝橋事變不久，日方從竊聽電話中得知，孔祥熙（國民政府代理行政院院長）正在訂製數千萬元的武器，他們判斷，「中國抵抗的決心非比尋常……此時如變成戰爭，將演變到最後極限」。[21] 因此亟欲避免導致戰爭。

　　不過，日本雖然避免擴大事態，而且也沒有打算在中國作戰，但日本欲控制華北的目的是明顯的。

　　此時在華北的日本駐屯軍已有 5 千 6 百多人，是個步兵旅團，下轄兩個聯隊，包括步兵、騎兵、工兵、砲兵、還有輜重、裝甲車等。另外還有一些偽組織部隊，例如冀東保安隊、蒙漢回自衛軍、滿蒙征綏聯合軍及一些雜牌部隊等，約有 6 萬人，但雜牌軍的戰鬥力相當差。

　　駐屯軍司令部在天津，除了一部分駐守天津、北平外，還控制了平津外圍的豐台、通縣、南苑、北苑，北平四周的交通要道幾乎都在日軍牽制中，中國軍隊鎮守的只剩下宛平縣以及旁邊的盧溝橋這一個出入口了。

　　當時，中方在華北的最高軍政領導是西北軍背景的宋哲元，他是華北的中國駐軍第 29 軍軍長，也是冀察政務委員會的委員長。29 軍下轄 5 個師、4 個旅，約 7 萬多人。

　　有一個狀況值得一提。七七事變發生時，日本駐屯軍司令官田代皖一郎中將正重病臥床，7 月 11 日東京命香月清司中將接任駐屯軍司令官，田代皖一郎於 16 日病逝。最高指揮官臥病，多少影響了司令部對分駐各地部隊的掌控。

　　中方也有類似的現象。事變發生時，宋哲元正好缺席。宋因為中日之間事故不斷，日方對華北提出各種要求，他不勝其擾，在當年的 5 月 12 日以「養病」為名，回到山東老家樂陵，把當地的事務交給 29

軍副軍長（也是北平市長）秦德純代理。

田代皖一郎臥病、逝世之事情中方是知道的，在南京的國民政府軍事委員會委員長蔣介石也清楚盧溝橋事變並不是日本蓄意的挑戰：「倭駐津司令田代死亡，此實為陰狠之敵將，竟為其部下不聽命而逼死矣。」[22]

既然是一件偶發的事件，中日雙方都不希望事情擴大，而且 7 月 9 日凌晨談判停火的協議已初步達成，眼看著就要平息的爭端，為什麼卻停不下來？不但如此，36 天後，千里外的上海竟發生驚天動地的淞滬大戰，這一戰，中日雙方參戰人員超過百萬，死傷數十萬，是抗戰期間最慘烈的一次大會戰，也正式宣示長達 8 年中國全面抗戰的開始。

二、從七七到八一三究竟發生了什麼事？

那麼，從七七到八一三這短短的 36 天，究竟發生了什麼事，改變了中日兩國的命運？

東京意見分歧、猶豫不決

七七盧溝橋事變時，日本方面的反應大致分為兩派：「擴大派」及「不擴大派」。政壇一些資深元老，例如西園寺公望、近衛文麿主張對中國的壓力應適可而止。軍部也有人希望避免事態擴大，盡量以協商的方式來解決華北的問題，參謀次長多田駿、參謀本部作戰部長石原莞爾、和戰爭指導課長河邊虎四郎是這一派的代表。他們認為，日本應致力完成「滿洲國」的建設，完成對蘇俄的戰略準備，不能讓

22　蔣介石日記，1937 年 7 月 16 日，本週反省錄。

中日戰爭事態擴大，而陷日軍於兩難之局。[23]

　　「不擴大派」認為中日和則兩利，戰則兩害，希望以和平方式來解決爭端。他們注意到國民政府自九一八事變後積極展開國家建設，中國各方面都有長足的進步；同時，西安事變後，中國人民的抗日共識已逐漸成形，這股力量不可小覷。石原莞爾認為，中日戰爭一旦爆發，很快戰線將擴展到中國全土，數年後，日本的國力會消耗掉，外國也可能來干涉，對日本極為不利。[24]

　　是故，他們主張日本應避免挑起中國全面的反抗，否則，日本將陷入戰略的泥沼之中而難以自拔。石原莞爾指出：「不能對支那出手，而造成大局支離破碎。」[25] 他特別警告：「支那的抵抗和決心絕不可輕視。戰爭一旦爆發將難以收拾，因此應極力避免戰爭。」[26]

　　另一派（擴大派）則以陸軍為主，包括參謀本部第三課（作戰課）、第二部（情報部）、支那課、陸軍省軍事課，以陸軍大臣杉山元大將為代表。他們對於過去幾年在華北打打停停的方式不耐煩；特別是要宋哲元脫離南京政府的華北自治運動成效不彰，宋哲元態度曖昧，日本在他身上未得到實質利益。東京及華北駐屯軍都有人主張乾脆通過武力，一舉解決「懸而未決的華北問題」。[27]

　　兩派相持不下，東京方面拿不出一致的決策。從 7 月 7 日事變發生到 25 日決定從內地（日本本土）動員、對華北發動全面攻擊，這期間日本政府決策的過程，顯示出猶豫不決、進退不定的現象。

　　盧溝橋事變第三天（7 月 9 日），東京召開所有大臣參加的內閣會議，討論因應對策。陸軍大臣杉山元提議派遣 3 個師團到華北，但中日

23　《日軍對華作戰紀要（一）：從盧溝橋事變到南京戰役》，頁 210-211。

24　《石原莞爾中將回想應答錄（參謀本部製作）》。

25　《西村敏雄回想錄》（防衛研究所戰史研究中心史料室藏，下同）。

26　《石原莞爾中將回想應答錄（參謀本部製作）》，頁 413-414。

27　《河邊虎四郎少將回想應答錄（參謀本部製作）》，頁 413-414。

雙方已在當天清晨達成停火撤軍的協議，所以這個提議沒有被採納。[28]
參謀本部當天決定「不擴大事態」。[29]

　　參謀本部在9日上午擬定了「處理華北時局要領」，規定「僅將
事件限於平津地區，迅速確保該地方以謀求安定」。這個文件特別指出：
「若中國方面對日本軍顯示挑戰態度時，將增加中國駐屯軍必要之兵
力……如抗日實力行為波及華中、華南時，亦以不觸動陸軍兵力為原
則，但視需要，出兵至山東方面，保護當地日僑，確保日方權益。」[30]

　　東京外務省在前一天（8日）就已決定「不擴大事件、局部解決」
方針。[31] 8日下午召開的閣議同意這個方針，並對陸、海、駐外各機關
發出訓令。[32]

　　10日，中日雙方在北平繼續就撤退後的停戰協定內容商討。日本
參謀本部次長發電報給駐屯軍，再度指示避免事態擴大，「為解決盧
溝橋事變，應避免觸及政治問題」，並列出停戰協定的原則：

(1) （中國）停止在盧溝橋左岸駐軍；
(2) 對將來的保證；
(3) 處罰責任人；
(4) 儘快要求對方致歉。[33]

　　根據這個指示，10日晚上，日本特務機關長松井太久郎與今井武
夫出面和29軍將領張自忠、張允榮（冀察政務委員會委員、河北保安

28　軍令部，《大東亞戰爭海軍戰史・本紀》第一卷（防衛研究所戰史研究中心史料室
　　藏，下同）。

29　「臨命・大陸指綴」。

30　《日軍對華作戰紀要（一）：從盧溝橋事變到南京戰役》，頁212-213。

31　同上，頁209。

32　同上，頁210。

33　〈關於為解決盧溝橋事件進行的對中交涉〉，收錄於《支那事變戰爭指導關係綴（其
　　一）》（防衛研究所戰史研究中心史料室藏，下同）。

處處長）交涉，氣氛尚平和，但在「處罰責任人」和「撤軍」這兩點
上擱淺。日方要求中日兩軍各自撤回原駐地後，中方不再在盧溝橋附
近永定河的左岸駐軍，而且，盧溝橋附近的軍事及治安須按照日方要
求行事。[34] 中方不願接受，直到第二天仍無結果。拖到傍晚，中方就
「處罰責任人」這點上做出讓步，但「不再駐軍」這點上，仍然堅拒。
主要是互相不信任，日方要求中方先撤，但中方懷疑中國軍隊撤出後，
日軍不撤反而進駐盧溝橋。[35]

　　直到第二天（11日），日方提議，如果協議成立，則日方會主動
撤離，而中方也應同時撤離，這樣雙方才達成共識。[36] 雙方並約定當天
下午3時完成簽約。

　　這個協定的內容是這樣的：[37]

(1) 第29軍代表向日軍表示遺憾，並處分責任人，聲明將負責防
　　止類似事件發生；

(2) 為避免與駐豐台日軍過於接近而引發事端，中國不再在盧溝橋
　　城廓及龍王廟駐軍，改由保安隊維持治安；

34　關於四項條件寫道：「1. 第29軍代表對日軍表示遺憾，並聲明保證今後防止類似
　　事件發生；2. 對責任人進行處分；3. 盧溝橋附近永定河左岸不再駐紮支那軍隊；
　　4. 鑒於本次事件中存在眾多所謂藍衣社、共產黨等其他抗日系各團體指導之痕跡，
　　將來應對其進行徹底取締。中方接受以上要求，並以書面形式提交給日軍。第四
　　項的具體事項只進行了說明。中方接受上述條件後，日支兩軍各撤回原駐地，但
　　盧溝橋附近則按我方要求行事。」參謀本部，《支那事變陸戰概史》上篇（防衛研
　　究所戰史研究中心史料室藏，下同）。

35　今井武夫，《今井武夫回憶錄》，頁31。

36　同上。

37　《北平陸軍機關業務日誌》。內容為：1. 第29軍代表向日軍表示遺憾，並處分責任
　　人，聲明保證今後防止類似事件發生；2. 因中國軍隊離豐台駐屯地的日軍距離過
　　近，容易引發事件，中國不再在盧溝橋城廓及龍王廟駐軍，改由保安隊維持治安；
　　3. 鑒於本次事件中存在眾多所謂藍衣社、共產黨等其他抗日系各團體指導之痕跡，
　　將來應對其進行徹底取締。

(3) 鑒於本次事端多為藍衣社、共產黨及其他抗日團體所領導，故此將採取對策，徹底取締。

事變看起來就要告一段落了，卻突然傳來東京準備派兵的消息，情勢立刻變得緊張。

東京為什麼改變態度要派兵呢？這是因為盧溝橋事變激起中國全面的抗日情緒，華北地區尤其激烈，各地反日的消息在 9 日、10 日陸續傳到東京，10 日起中國方面又在北平實施戒嚴，日本駐屯軍認為北平城內的 2 千多名日僑將受到威脅。[38] 更重要的是，東京在 10 日上午得知蔣介石派中央軍「沿平漢線逐次調兵北上，同時逐漸準備對日戰爭」。[39] 這些最新的發展，使日本陸軍中央態度轉趨強硬，並擬增派中國駐屯軍的兵力。[40]

陸軍省建議先緊急自關東軍及朝鮮軍抽調部隊增援，並從日本本土派出 3 個師團以及飛行中隊馳援。[41] 參謀本部第二課及作戰部長石原莞爾反對，但華北駐屯軍電報不斷傳達中央軍集結並逐次北上的消息，使得反對者「不得不聽從」，[42] 但強烈要求「盡可能不動員日本本土師團」。[43]

陸軍次官梅津美治郎也主張不動員本土師團，他「不反對主旨，但立刻派遣本土三個師團，會造成國際關係惡化，而且尚未明瞭華北的情勢」。[44] 東京最後的決定是，承認動員本土師團的原則，但作為「準備案」，暫不執行，先從關東軍及朝鮮軍抽調部隊，「暫時觀察情勢

38　《日軍對華作戰紀要（一）：從盧溝橋事變到南京戰役》，頁218-219。

39　同上，頁219。

40　同上。

41　同上。

42　《日軍對華作戰紀要（一）：從盧溝橋事變到南京戰役》，頁220。

43　同上。

44　同上。

發展，再做決定」。[45]

　　為因應國民政府中央軍北上的情勢，日本政府在 11 日召開緊急會議，先是五相會議（首相、外相、陸相、海相、藏相），依照陸軍部所擬的方案通過派兵的決議（從關東軍、朝鮮軍抽調人手到華北，準備動員本土軍隊）；接下來的閣議也認同這個決議。不過，會議中除了陸軍大臣杉山元力主派兵，其他大臣都主張慎重。最後達成妥協方案，通過了有條件的派兵決議：「為保護僑民、保護支那駐屯軍的安全，依狀況判斷是否動員內地師團，如達到目的，則停止動員。」[46]

　　當天下午 4 時，參謀總長與陸軍大臣覲見天皇，請旨出兵華北。裕仁天皇對蘇聯的動態頗為關切，參謀總長閑院宮載仁親王保證，蘇聯不會利用中日衝突來攻擊日本。天皇問道：「這是陸軍的看法而已，如蘇聯趁機宣戰又將如何？」閑院宮無法回答，天皇對此頗為不滿。[47]此外，海軍軍令部長伏見宮博恭王上呈天皇：「古來不遣無名之師」，對於出兵表示擔心。[48]

　　雖然如此，天皇最終批准對華北用兵。於是，11 日下午 6 時 35 分，東京發出「臨參命第 56 號」、「臨參命第 57 號」，派遣關東軍（獨立混成第 1、第 11 旅團）及朝鮮軍（第 20 師團）至華北。[49]

　　東京準備派兵的消息在 11 日下午已先傳到華北，當時日本駐屯軍與 29 軍協議已成，正準備簽署，但駐屯軍的中層軍官仍大受鼓舞，群情興奮，認為這是解決華北多年懸案的大好機會。他們進一步主張，

45　《日軍對華作戰紀要（一）：從盧溝橋事變到南京戰役》，頁 220。

46　外務省東亞局第一課，《日支事變處理經過》外務省文書（外交史料館藏，下同）；《內閣之情況（一）《日支事變處理經過》外務省文書華作戰紀要》，第一冊，頁 220。

47　原田熊雄，《西園寺公望與政局》第 6 卷（東京：岩波書店，1951），頁 30。

48　福留繁，《海軍之反省》（東京：日本出版協同株式會社，1951），頁 225。

49　外務省東亞局第一課《日支事變處理經過》外務省文書；《內閣之情況（一）》《日支事變處理經過》外務省文書，頁 224-225。

既然已經要派兵，那就「沒有必要進行當地談判，如已達成協議，也予以撕毀」。[50] 連日辛苦參與交涉的今井武夫對此突變十分驚愕，他想插問一句話，立刻被嚴厲阻止。駐屯軍參謀中還有人直接打電話給今井武夫，施予壓力，要他不要簽訂協定。好不容易達成的協議，卻無端生變，今井唯有扼腕嘆息。[51]

東京派兵的消息使原定下午 3 時簽署協定的事宜往後推延。不過，松井機關長、今井武官和 29 軍的張自忠、張允榮仍努力完成簽約，終於在晚上 8 時由松井機關長和張自忠將軍完成簽署。[52]

東京發布派兵的聲明和華北駐屯軍與 29 軍（冀察政府）在北平簽訂停戰協定的消息幾乎是同時發生的，訊息混亂，使得東京與南京都陷入長考。今井武夫對此感到遺憾，中日雙方在華北的協商幾近完成，就在這個微妙時刻，內閣卻決議派兵，不但使日方談判代表陷入困難，在中方也引起連鎖反應，29 軍內部以及南京政府的態度都強硬起來，使得華北情勢「陷於悲慘的結局」。[53]

消息逐漸澄清，東京的海軍部首先質疑派兵的正當性。他們認為，中國方面已接受日本軍的要求而結束事態，「此時應避免興無名之師」。[54] 陸軍高層雖然仍然堅持派兵，但態度已趨緩和，13 日表示「堅持不擴大、當地解決問題的方針，極力避免採取會導致戰爭全面爆發的行動」，並推遲動員內地軍隊的行動。[55] 第二天（14 日），新到任駐屯軍司令官香月清司接到侍從武官長宇佐美興屋的函件，表示天皇

50　今井武夫，《今井武夫回憶錄》，頁 32。

51　同上。

52　同上，頁 235。

53　同上，頁 33-34。

54　同上，頁 237。

55　〈北支事變處理方針（七月十三日午後八時）〉，收錄於《支那事變戰爭指導關係綴（其一）》。

非常擔心事變擴大，躍躍欲試的駐屯軍不得不放緩腳步，採取慎重態度。[56]

南京迅速反應，動員備戰

相較於東京方面「不擴大派」與「擴大派」的爭議與拉扯，南京國民政府的反應卻是迅速而明確的。

盧溝橋事變的消息迅速傳遍中國，各地輿論紛紛支持國民政府，不能再對日退讓。國民黨內各派系及中國共產黨都表示抗日的決心。桂系李宗仁與白崇禧、山西的閻錫山、四川的劉湘、山東的韓復榘都致電中央支持抗日。在延安的中共中央也在 9 日發出電報，呼籲南京對日採取強硬態度，並派周恩來等人前往南京，共商抗日大計。[57]

事變發生時，國民政府軍政領導蔣介石（行政院長兼軍事委員會委員長）、汪精衛（中央政治會議主席）、王寵惠（外交部長）等都在江西廬山主持暑期軍官訓練團訓練。蔣介石在 8 日早晨 7 時得知這個訊息，[58] 立刻發電報給宋哲元，指示：「宛平城應固守勿退，並須全體動員，以備事態擴大，此間已準備隨時增援矣。」[59]

宋哲元發來的電報相當簡略，而且，各種不同管道的情報資料接連傳來，錯綜複雜，南京無法確切掌握華北那邊的進展。在情勢不明的情況下，蔣介石很快做了幾個決策：

---

56 香月清司，《支那事變回想錄摘記》（防衛研究所戰史研究中心史料室藏，下同）。

57 馬振犢，《抗戰中的蔣介石》，頁 34。

58 當時在南京的軍事委員會辦公廳主任徐永昌在 8 日清晨 5 時已接到電話，得知盧溝橋衝突的消息，見《徐永昌日記》1937 年 7 月 8 日（台北：中央研究院近代史研究所，1991）。

59 「蔣委員長覆示冀察綏靖主任宋哲元宛平城應固守並動員以備事態擴大電」，《中華民國重要史料初編‧對日抗戰時期‧第二編‧作戰經過（二）》（台北：中國國民黨中央委員會黨史委員會，1981），頁 32。

(1) 命令南京軍事委員會辦公廳主任徐永昌、參謀總長程潛，通令全國戒嚴，準備動員；

(2) 命令當時在四川的軍政部長何應欽迅速趕回南京，處理調兵遣將事宜；

(3) 命駐開封的豫皖綏靖主任劉峙準備動員，派一師兵力前往黃河以北；[60]

(4) 下令孫連仲、龐炳勛、高桂滋各部，準備動員北上支援；[61]

當天（8日）晚上，蔣介石仔細研判華北的情勢，推測有三種可能：「一、彼將乘我準備未完之時，使我屈服乎？二、與宋哲元為難乎？三、使華北獨立化乎？」[62]

他認為日軍應不會藉機對中國開戰，因為「此時倭無與我開戰之利」。[63]剔除第一種可能，剩下二、三項，他推斷這又是日軍一貫的「不戰而屈」策略，因而思考是否「決心應戰，此其時乎」？[64]

從8日傍晚到次（9）日清晨，華北的秦德純（北平市長）、馮治安（29軍37師師長、河北省主席）、張自忠（29軍38師師長、天津市長）陸續發來了比較詳細的報告，各種情報也同時從不同的管道傳進來，但內容不盡相同。[65]

....

60 「蔣委員長令軍事委員會辦公廳主任徐永昌轉示參謀總長程潛準備增援華北電」，《中華民國重要史料初編・對日抗戰時期・第二編・作戰經過（二）》，頁32。

61 蔣介石日記，1937年7月8日。「蔣委員長致軍事委員會辦公廳主任徐永昌參謀總長程潛指示部隊調動電」，《中華民國重要史料初編・對日抗戰時期・第二編・作戰經過（二）》，頁33-34。

62 蔣介石日記，1937年7月8日。

63 同上。

64 同上。

65 「河北省政府主席馮治安天津市市長張自忠北平市市長秦德純報告盧溝橋變起現仍對峙中電」，《革命文獻》第106輯《盧溝橋事變史料（上）》（台北：中國國民黨中央委員會黨史委員會，1986），頁121。

　　奇怪的是，這些電報、電話似乎都沒有引起宋哲元的警覺，他仍在山東老家，並沒有準備返回北平。他的職務代理人秦德純十分焦急，電令冀察政務委員會委員兼河北高等法院院長鄧哲熙趕到樂陵，當面促請宋哲元速返北平。宋哲元見到鄧哲熙，仍不著急，表示日本還不至於對中國發動戰爭，只要稍微退讓，當可解決。宋並且下了一道手令「只許抵抗，不許出擊」，要秦德純轉達給 29 軍官兵。[66]

　　宋哲元滯留山東，蔣介石極為擔憂與不滿，9 日電報催促他儘快趕回北平處理危局：「請兄速回駐保定指揮，此間決先派四師兵力增援。」[67]

　　蔣介石同時電令秦德純、張自忠、馮治安：「應先具決死與決戰之決心，及繼續準備，積極不懈……（對日）談判之時，尤應防其欺詐，刻刻戒備，勿受其欺。」[68]

　　南京再三電令，宋哲元仍無反應，蔣介石只得在 10 日再發電報，催他儘快趕建國防工事，務必「星夜趕築，如限完成為要」。[69]

　　同一天，蔣介石電程潛令孫連仲的兩個師向石家莊或保定集中。他又電徐永昌、程潛、何應欽、唐生智（訓練總監部總監），準備動員，各地戒嚴，並派第 21 師、25 師動員候調。[70]

....

66　何基灃等，〈七七事變紀實〉，《七七事變：原國民黨將領抗日戰爭親歷記》（北京：中國文史出版社，1986），頁 51。

67　「蔣委員長致冀察綏靖主任宋哲元指示速回駐保定指揮電」，《中華民國重要史料初編・對日抗戰時期・第二編・作戰經過（二）》，頁 36。

68　「北平市市長秦德純天津市市長張自忠河北省政府主席馮治安自北平報告擊退盧溝橋附近日軍及與日軍交涉情形電」，《中華民國重要史料初編・對日抗戰時期・第二編・作戰經過（二）》，頁 35-36。

69　「蔣委員長致冀察綏靖主任宋哲元指示趕築國防工事電」，《中華民國重要史料初編・對日抗戰時期・第二編・作戰經過（二）》，頁 37。

70　「蔣委員長通飭軍事委員會各行營主任各綏靖主任各省主席各特別市長等一體戒備準備抗戰並調各部隊迅開保石應援電」，《中華民國重要史料初編・對日抗戰時期・第二編・作戰經過（二）》，頁 37。

　　10 日這一天，蔣介石還命徐永昌、何應欽催派駐守洛陽的高射機槍隊，速即前往保定，歸 29 軍指揮。[71] 第二天（11 日）又指示何應欽即刻匯撥 50 萬元給 29 軍築建國防工事。軍事委員會當時沒有餘款，蔣介石指示先向農民銀行暫借。[72]

　　11 日，蔣介石電報秦德純、張自忠、馮治安，囑咐他們「我軍非有積極決戰之充分準備、與必死之決心，則必不能和平了解。」又告訴他們：「孫（連仲）、龐（炳勛）各部及砲團今已北開，均歸宋（哲元）主任指揮調遣。」[73]

　　11 日夜，宋哲元從山東回到河北，但他沒有回到北平南苑的 29 軍司令部，而是停留在天津。他召集冀察委員會主管和 29 軍將領到天津開會，決定「哲元停留天津，打算遵守（日）軍司令官的一切指導」。[74]

　　宋哲元做了這個決定後，第二天（12 日）電告蔣介石：「本擬馳赴保定，嗣因情勢轉趨和緩，特於昨晚來津，察看情形，以決定今後應付之方策。」[75]

　　宋哲元沒有依照指示到保定部署防禦工事，反而留在天津，蔣介石認為不妥，立刻覆電宋哲元，「兄似仍應從速進駐保定，不宜駐津也。如何？盼覆」。[76]

71　「蔣委員長令電示洛陽分校主任祝紹周石家莊行營主任徐永昌催洛陽高射機槍隊速運保定歸第二十九軍指揮手令」，《中華民國重要史料初編‧對日抗戰時期‧第二編‧作戰經過（二）》，頁 38-39。

72　「蔣委員長致軍事委員會軍政部長何應欽指示速匯撥冀察國防工事經費電」，《中華民國重要史料初編‧對日抗戰時期‧第二編‧作戰經過（二）》，頁 39。

73　「蔣委員長致北平市市長秦德純天津市市長張自忠河北省政府主席馮治安告以誓守盧溝橋長辛店勿為和平解決所欺電」，《中華民國重要史料初編‧對日抗戰時期‧第二編‧作戰經過（二）》，頁 39。

74　《日軍對華作戰紀要（一）：從盧溝橋事變到南京戰役》，頁 265。

75　「冀察綏靖主任宋哲元自天津報告到津查看情勢決定今後應付方策電」，《中華民國重要史料初編‧對日抗戰時期‧第二編‧作戰經過（二）》，頁 42。

76　「蔣委員長覆示冀察綏靖主任宋哲元速進駐保定電」，《中華民國重要史料初編‧對

　　然而，宋哲元不但對軍事委員會的電令置若罔聞，反而在 13 日發出聲明「對日絕對無抵抗」。[77] 他並且下令：解除北平戒嚴，列車行駛正常化，釋放被捕的日本人，嚴禁與日軍摩擦。[78]

　　宋哲元無心備戰，不斷釋出善意，希望對日議和。蔣介石十分不安，擔心宋會輕易對日妥協。13 日，蔣再度致電宋哲元，言辭懇切，對宋曉以大義：「盧案必不能和平解決，無論我方允其任何條件，而其目的，則在以冀察為不駐兵區域，與區內組織用人皆得其同意，造成第二冀東（自治政府）。若不做到此步，則彼必得寸進尺，決無已時，中（正）早已決心，運用全力抗戰，寧為玉碎，毋為瓦全，以保持為我國家與個人之人格。」蔣介石分析華北的情勢，「平津國際關係複雜，如我能抗戰到底，只要不允任何條件，則在華北有權利之各國，必不能坐視不理」。他進一步告訴宋，「重要數國外交皆已有把握」。希望宋與中央行動一致，絕對不要單獨與日和談，以免上了日本人的當。他強調，「此次勝敗，全在兄與中央共同一致，無論和戰，萬勿單獨進行，不稍與敵方以各個擊破之際，則最後勝算，必為我方所操」。蔣警告宋，對付日本，唯有團結內部，激勵軍心，與中央一致，「除此之外，皆為絕路」！但是，蔣實在拿不住宋的心意，最後問宋：「兄決心如何？請速詳告。」[79]

　　對於蔣介石的諄諄囑告，宋哲元 14 日的回電令蔣介石嚇了一跳。宋竟然打算放棄天津，理由是，軍隊集結需要時日，天津地處要衝，情勢複雜難守，請示中央「應否放棄」？[80] 蔣介石立刻批覆：「天津絕

續 ⋯⋯⋯⋯⋯⋯⋯⋯⋯⋯⋯⋯⋯⋯⋯⋯⋯⋯⋯⋯
　　日抗戰時期・第二編・作戰經過（二）》，頁42。

77　《日軍對華作戰紀要（一）：從盧溝橋事變到南京戰役》，頁265。

78　同上。

79　「蔣委員長致冀察綏靖主任宋哲元指示盧案要堅持國家立場寧為玉碎毋為瓦全電」，《中華民國重要史料初編・對日抗戰時期・第二編・作戰經過（二）》，頁43。

80　「冀察綏靖主任宋哲元請示應否放棄天津電」，《中華民國重要史料初編・對日抗戰時期・第二編・作戰經過（二）》，頁44。

對不可放棄，務望從速集結兵力應戰。」[81]

　　蔣介石同時命令軍政部長何應欽：

(1)　立即抽調高射砲六連，運往保定；

(2)　速運子彈三百萬顆，交宋哲元領用。

　　蔣介石在南京軍事委員會忙著調兵遣將，中國各地關心華北情勢的國人紛紛匯寄金錢、物品到北平29軍司令部，支持抗日。奇怪的是，在天津的宋哲元卻在15日通電全國，謝絕國人「捐款募軍之舉」，以免給日軍藉口，「妨礙和平」。[82]

　　宋哲元的舉措，令蔣介石更加疑慮，擔心宋「已允倭寇退出天津乎？可疑之至」。[83]

蔣介石想趁機解決華北問題

　　蔣介石為什麼這樣擔心華北的局勢？為什麼急著調兵遣將？其實他在7月9日已得到消息，「中倭兩軍已撤」，中日已在北平展開交涉。[84]而且他分析日本此時並沒有要擴大事端的意思。那麼，他為什麼還積極地作出這一連串備戰的處置？為什麼一再叮囑宋哲元「萬勿單獨進行」，「不稍與敵方以各個擊破之隙」？有幾個原因：第一，他深信中日之戰必不可免，擔心日本很可能會藉著這次事件加速搞「華北特殊化」，使華北和南京中央政府分離。[85]他絕不能讓華北成為日本傀儡

81　「冀察綏靖主任宋哲元請示應否放棄天津電」，《中華民國重要史料初編・對日抗戰時期・第二編・作戰經過（二）》，頁44。

82　吳相湘，《第二次中日戰爭史》，頁366-367。

83　蔣介石日記，1937年7月15日。

84　蔣介石日記，1937年7月9日。

85　「蔣委員長致冀察綏靖主任宋哲元指示盧案要堅持國家立場寧為玉碎毋為瓦全電」，《中華民國重要史料初編・對日抗戰時期・第二編・作戰經過（二）》，頁43。

政權。第二，他認為，就算要與日本協談和平解決，也要展現不畏戰
鬥決心，「如我不有積極準備，示以決心，則不能和平解決也」。[86] 還
有，他想趁此機會解決華北問題。

　　蔣介石對華北一直有著深沉的憂慮。日本自 1935 年開始，積極鼓
動華北五省（山東、山西、河北、察哈爾、綏遠）自治（亦即「華北
特殊化」）。1935 年日本駐屯軍逼著何應欽簽了《何梅協定》，此後，
中央軍和國民黨撤出河北，原來抗日的河北省政府主席于學忠去職，
由宋哲元接替，後來合併河北、察哈爾兩省組成「冀察政務委員會」，
宋哲元任委員長。從此，國民政府失掉華北大部分主權，冀察兩省盡
入宋哲元之手。宋哲元是西北軍系統，與蔣介石的關係素來微妙，他
刻意與南京中央「不即不離」，強固在華北地方事務上的自主權；對
日本則「捨小利保大權」，盡量隱忍、容讓。[87] 是故，蔣介石擔心宋和
日本人合作，成為日本人的傀儡。

　　實際上，日本在華北已經製造了兩個傀儡政權：殷汝耕的「冀東防
共自治政府」（河北省及察哈爾省一部分），以及德王的「蒙古軍政府」
（察哈爾省東部的蒙古各蒙旗）。日本早就在宋哲元的「冀察委員會」
下功夫，明裡暗裡推動華北自治，眼看著華北與中央漸行漸遠，蔣介
石擔心日本會利用這次盧溝橋事變「造成第二冀東」，[88] 如果再不阻止，
華北就全部落入日本之手了。

　　所以，當時蔣介石真正關心的不僅是和戰的問題，他還想趁此機
會扭轉 1935 年以來國民政府在華北的劣勢。[89] 盧溝橋的衝突正好提供

86　蔣介石日記，1937 年 7 月 10 日，本週反省錄。

87　馬振犢，《抗戰中的蔣介石》，頁 65。

88　「蔣委員長致冀察綏靖主任宋哲元指示盧案要堅持國家立場寧為玉碎毋為瓦全電」，
　　《中華民國重要史料初編・對日抗戰時期・第二編・作戰經過（二）》，頁 43。

89　楊奎松，〈七七事變後蔣介石的和戰抉擇〉，中國社會科學院近代史研究所，《紀念
　　七七事變爆發 70 週年學術論文集》（北京：社會科學文獻出版社，2009），頁 4。

了機會。

　　蔣介石趁勢派中央軍北上，並不是真要和日本宣戰，而是「以戰求和」。而且，他還想讓中央軍打著支援 29 軍的旗號，進入河北，讓中央的勢力再回到華北，順理成章地打破「華北特殊化」的趨勢。此外，他還想著是否能讓日本取消「冀東防共自治政府」，「乘此次衝突之機，對倭可否進一步要求其撤退豐台之倭兵或取消冀東組織」？[90]

　　於是，7 月 9 日，蔣介石命令中央軍 4 個師北上，支援第 29 軍。

　　仔細分析蔣介石派出的中央軍 4 個師，是有所考量的。這幾個部隊雖然隸屬中央軍編制，但多是西北軍的背景，孫連仲、龐炳勛、高桂滋都曾是馮玉祥的舊部，和宋哲元同出一系。蔣介石知道宋哲元不歡迎中央軍進入華北，所以特別派出有西北軍背景的軍隊，以減緩宋哲元的疑慮。

中央軍北上，華北情勢急轉而下

　　但是，中央軍北上，使得宋哲元和東京疑慮頓生，29 軍和日本駐屯軍的交涉因此變得複雜，東京方面的態度更是急轉而下。

　　日方正是得知中央軍北上的消息後，11 日緊急召開五相會議和閣議，討論是否增兵華北。

　　雖然雙方都在增兵，但平津當地的交涉仍在繼續中。11 日正午，侍從室主任錢大鈞向蔣介石報告天津發來的消息：日方提出 3 個條件，中方已經同意前兩個（處分負責人、取締反日分子），第 3 條（29 軍不再駐紮永定河正面）正在進行交涉中。[91]（實際上，張自忠和松井太久郎在 11 日傍晚簽署了協議，但南京直到 7 月 22 日才得知內容。）

90　蔣介石日記，1937 年 7 月 9 日。

91　「錢大鈞轉天津電話局關於日方提出無理條件便箋」，中國第二歷史檔案館，《中華民國史檔案資料彙編》，第五輯，第二編，軍事（二），頁 7。

　　11 日這一天，蔣介石也得知日本已決定「在不損害帝國陸軍威信的前提下，和平解決事件」的「不擴大事態」原則，[92] 而且雙方交涉正在逐漸靠攏，因此，他命令正在往北集結的中央軍暫時停止前進，不要越過河南省彰德（彰德是津浦路上的一個車站，在現在的河南省安陽市）。[93]

　　陰錯陽差，就在蔣介石命中央軍暫停北上的同一天，東京卻因為中央軍將進入華北的消息，召開五相會議和閣議，決定就近從關東軍抽調兩個旅團、從朝鮮軍抽調一個師團到華北，共約 2 萬 2 千人，進駐天津附近。[94]

　　不巧的是，蔣介石在 12 日收到日方即將進行總攻擊的情報（其實是日方因應中央軍北上而抽調的關東軍的一個聯隊抵達天津），[95] 又聽到關東軍動員、內閣召開緊急會議、日本各政黨擁護閣議的訊息，認為「戰事勢必擴大，不能不積極準備」。[96] 於是，他命令暫時停駐在河南省彰德一帶的中央軍（孫連仲部隊）繼續北上。[97]

　　中央軍眼看就要進入華北，國民政府要員為之心驚。因為，根據 1935 年的《何梅協定》，中央軍不得在華北駐兵。教育部長王世杰認為蔣介石派兵的決定是「毅然不復顧慮所謂《何梅協定》之任何束縛矣」！[98] 外交部長王寵惠更是「甚慌急」，擔心會刺激日本進一步對華

92　「軍事委員會調查統計局呈日軍幹部會議之內容電」，《中華民國重要史料初編・對日抗戰時期・第二編・作戰經過（二）》，頁41。

93　《徐永昌日記》，1937年7月10日。

94　《日軍對華作戰紀要（一）：從盧溝橋事變到南京戰役》，頁213。

95　關東軍獨立步兵第12聯隊於7月12日上午到達天津。獨步第十三聯隊志刊行會，《獨步第十三聯隊志》（1980年），頁17。

96　蔣介石日記，1937年7月12日。

97　《王世杰日記》，1937年7月15日（台北：中央研究院近代史研究所，1990）。

98　同上。

北衝突「下最大決心」。[99]

中日同時在華北增兵，情勢變得緊張，日本陸軍內部的「擴大派」因此抬頭，參謀本部及陸軍省的強硬派紛紛提出，既然中方沒有誠意，還不如以武力解決問題。[100]

不僅雙方政府變得劍拔弩張，華北這邊的協議也節外生枝。11日簽了協議，但執行上卻出了問題，主要是卡在撤軍以及南京的態度上。雙方都增兵華北，日方主張中方違反《何梅協定》，必須先撤軍，宋哲元認為可以同意，但蔣介石堅持雙方同時撤兵。同時，南京外交部長王寵惠以備忘錄通知日本駐華使館：「任何諒解或協定，未經中央核准者，一律無效。」[101]

國民政府中央堅持的兩點原則（「雙方同時撤兵」與「協定應經中央核准」）都直接牽涉中央政府對華北的主權，而這正是日本當局最忌諱的。中國駐日大使館曾電報蔣介石：東京11日派兵的決議「係以中央軍為目標」。[102] 報告指出，日方黨政及軍部的關注「集中於國府的態度與中央軍北上，對地方成立之協定，則不予重視」。[103] 也就是說，日軍在華北已掌握優勢，華北脫離國民政府中央，只是時間早晚的問題，所以並不在意29軍和日本駐屯軍在華北的協議，日本真正在意的是南京國民政府的態度。很明顯，南京堅持的兩點原則，是要藉機宣示國民政府在華北的主權，以阻撓日本的「華北特殊化」計畫。

99　《王世杰日記》，1937年7月15日。

100　《河邊虎四郎少將回想應答錄（參謀本部製作）》。

101　秦孝儀編，《總統蔣公大事長編初稿》，卷2，頁74。

102　《中日外交史料叢編》（四）《盧溝橋事變前後的中日外交關係》（台北：中華民國外交問題研究會，1966），頁215。

103　同上，頁215。

南京無法掌握冀察的意向

蔣介石的堅持，還有一個原因，他無法掌握宋哲元的意向。宋哲元在 7 月 11 日和日本簽署協議，但一直沒有把協議的具體內容報給南京（蔣介石直到 22 日晚上才得知內容）。蔣介石只知 11 日協議達成，但不知細節如何。12 日開始，四處傳言宋哲元已簽協議，但各種版本不一，使蔣介石對當地的談判充滿猜疑。他不知道宋哲元究竟有沒有讓步？是張自忠出面交涉？還是宋哲元親自談判？與日本有沒有密約？得不到及時的訊息，使他作出各種揣測，內心極為不安。[104]

蔣介石對宋哲元敷衍中央的做法十分不滿，認為宋的報告遲遲未到是「失時」，他在南京積極部署，宋卻置之不理，使他深感「受辱」，自覺「中正實為眾人之奴隸，任勞任怨，受苦受難，可謂至矣」。[105]

蔣介石對宋哲元不放心，宋哲元對蔣也有疑慮。蔣介石派中央軍北上，除了表示不畏戰的決心外，更要展現國民政府中央對華北的主權，而宋哲元偏偏不希望看到中央勢力進入華北。宋希望自行解決此次事變，中央最好不要干涉，所以他沒有和南京保持密切的聯繫。蔣派兵進駐保定，更使宋懷疑蔣是想趁機分散他的領導權。平津一帶當時有傳言，說蔣介石要奪宋的兵權。為此，蔣介石特別派參謀本部次長、與西北軍素有淵源的熊斌北上，當面向宋哲元解釋，希望避免誤會。[106]

12 日，蔣介石再度電催宋哲元趕快進駐保定：「兄仍應進駐保定，不宜駐津，如何？盼復。」[107] 他同時提醒秦德純，不要被日方拖延時間的戰術所欺，應盡速備戰。[108]

104　蔣介石日記，1937 年 7 月 12 日。
105　蔣介石日記，1937 年 7 月 11 日。
106　馬振犢，《抗戰中的蔣介石》，頁 33。
107　秦孝儀編，《總統蔣公大事長編初稿》卷 4（上），頁 75。
108　「蔣委員長致北平市市長秦德純指示勿中日軍緩兵之計手令」，《中華民國重要史料初編・對日抗戰時期・第二編・作戰經過（二）》，頁 42-43。

13 日，蔣介石再發電報，囑宋「萬勿單獨言和接受任何條件」。[109]

14 日，宋哲元仍留在天津，未依蔣介石指示把 29 軍司令部移到保定。

蔣介石此時非常擔心宋哲元「態度不定也，可知其果為倭軟化，受其欺乎」！[110] 他的口氣也變得強硬，警告宋哲元，如果宋哲元屈服日方壓力，在駐軍這個議題上讓步，「則中央部隊決不南調」。[111] 換句話說，中央軍的進退，一切要看宋哲元的態度，如果宋哲元對日本妥協，則正在北上的中央軍就決不撤回。

不僅是蔣介石，南京其他軍政領導對於宋哲元的不合作，也十分不滿、不安。7 月 14 日，事件發生已一週，中央政府和平津間的溝通仍相當隔閡。何應欽在中央的會議上抱怨：「依據確切情報，11 日宋哲元已經簽訂協定，接受日方提出的條件。現在，中央尚未宣戰，而是尋求和平，但地方卻搶先締結停戰協定，中央卻被蒙在鼓裡，仍在調兵遣將。」[112]

還有一個奇怪的現象，地位僅次於宋哲元的秦德純（29 軍副軍長、冀察政務委員會副主委，親中央系）電話向蔣介石報告，他對締結停戰協定之事一無所知，他本人沒有在任何文件上簽字。[113]

這種「前方已締結停戰協定，後方卻被蒙在鼓裡，仍在調兵遣將」的怪現象一直沒有解決。15 日，秦德純向外交部長王寵惠報告，他們正秉持委員長「不能喪權辱國」的原則進行交涉。[114] 但是，就在前一天，

....

109 「蔣委員長致冀察綏靖主任宋哲元指示盧案要堅持國家立場寧為玉碎毋為瓦全電」，《中華民國重要史料初編・對日抗戰時期・第二編・作戰經過（二）》，頁 43。

110 蔣介石日記，1937 年 7 月 14 日。

111 同上。

112 「何應欽等於盧溝橋事變後籌畫軍事有關會議記錄及附件」，中國第二歷史檔案館，《中華民國史檔案資料彙編》，頁 62。

113 「盧溝橋事件第四次會報」，《民國檔案》，1987 年第 2 期。

114 「轱嶺徐次長呈王部長電」，《中日外交史料叢編》（四）《盧溝橋事變前後的中日外

宋哲元卻來電勸蔣介石放棄天津，被蔣介石嚴詞制止。[115]

不僅南京和平津之間的溝通不暢通，冀察領導層（29 軍）已分裂為主戰和主和兩派。國民政府軍政部派駐北平的參事嚴寬密電何應欽：馮治安主張對日強硬，張自忠則對日談和抱積極態度，陳覺生（29 軍司令部顧問、冀察政務委員會外交委員會委員兼交通委員會主任委員）也主張對日議和。[116]

日本發出最後通牒

日方對於協議遲遲不能履行，感到不耐；對於南京方面的強硬態度，更為不滿，陸軍的主戰派因而轉為強勢，原來反對擴大用兵的外務省、參謀本部第二課態度也開始轉變。7 月 15 日，參謀本部提出對華北的情勢判斷：中國方面以中央軍推進平漢線北上，並準備利用歐美各國介入交涉，如日本仍躊躇出兵，「不僅被中國的拖延政策玩弄，而且令其懷疑日本的決心與實力」。[117] 參謀本部因此提出決策的底線：雖然仍應保持不擴大事變的方針，但如認為南京方面已無誠意時，則宜「斷然行使必要之兵力，討伐中國軍，剷除華北糾紛之禍根」。[118] 這個報告最後強調，「如中國方面以誠意履行要求時，日本軍應主動命令撤回所增加之部隊」。[119]

但陸續進來的情報顯示，雙方緊張的態勢並沒有改善。15 日，東京獲悉中央軍進入第二期動員，除了第一批孫連仲、龐炳勛部隊之外，

續 ⋯⋯⋯⋯⋯⋯⋯⋯⋯⋯⋯⋯⋯⋯
交關係》，頁215。

115 「冀察綏靖主任宋哲元請示應否放棄天津電」，《中華民國重要史料初編‧對日抗戰時期‧第二編‧作戰經過（二）》，頁44；蔣介石日記，1937年7月15日。

116 「嚴寬致何應欽密電」，中國第二歷史檔案館編，《抗日戰爭正面戰場》上（江蘇古籍出版社，1987）頁178-179。

117 《日軍對華作戰紀要（一）：從盧溝橋事變到南京戰役》，頁269。

118 同上，頁270-271。

119 同上，頁271。

駐紮安徽、河南的特種兵團也開始動員。[120] 16 日，駐屯軍決定把兵力部署在北平周圍，同時把來自關東軍的航空隊編成集成飛行團，準備摧毀北上的中國飛機。[121]

此時，東京的陸軍部、參謀本部，以及內閣閣員對於華北的態度逐漸轉到同一方向。陸軍部軍事課長田中新一的日誌記錄了一個微妙的現象。雖然，他們都有信心七七事變很快能解決，可是「這麼大吵大鬧鼓動全國一致的大場面，僅僅解決七七事變，實有意猶未盡之感」。[122] 不但如此，還有被人取笑的可能。在這種氣氛下，愈來愈多人開始覺得「利用此機會解決多年來對華懸案，未嘗不是好事」！[123]

其實，在華北，宋哲元的冀察當局已做出妥協的態度，但宋無法控制內部的派系，37 師主戰的聲音，以及南京在平漢路集結兵員的情報，仍不斷傳來。因此，東京對於華北停戰協議能否執行，有著疑問。

16 日晚上，陸軍大臣杉山元不願再觀望，決定「現地、限期談判」的原則。根據這個決定，17 日，陸軍省及參謀本部對宋哲元發出最後通牒：

(1) 中國第 29 軍軍長宋哲元正式向日方道歉；
(2) 中方免除馮治安的軍職（馮是 37 師師長兼河北省主席，抗日派）；
(3) 中國軍隊撤出八寶山附近；
(4) 國民政府不得妨礙當地交涉，中央軍停止北上；
(5) 以 19 日為期限，中方需履行上述全部條款。否則，日本將動

120　《日軍對華作戰紀要（一）：從盧溝橋事變到南京戰役》，頁274。
121　同上。
122　同上；《支那事變記錄》，陸軍省軍事課長田中新一大佐業務日誌，日本防衛研究所戰史研究中心史料室藏。
123　《日軍對華作戰紀要（一）：從盧溝橋事變到南京戰役》，頁274。

員內地師團赴華北。[124]

隨後的五相會議通過這個決定。

東京的態度變得強硬，原來簽署的協議草案只要求 29 軍道歉，並未指名哪一位，現在卻上綱要宋哲元親自道歉；除了要中央軍立刻停止北上之外，還要求南京的中央政府不得妨礙平津當地的交涉；更甚者，這次還定了期限，限 2 日內履行全部條款，否則日本將從本土派更多的部隊到華北。這無異是一份哀的美敦書。

不僅如此，日方還拿出《何梅協定》，要中國遵守協定。17 日，日本外務省訓令駐華大使川越茂，把一份備忘錄知會國民政府外交部長王寵惠，堅持「華北事件應在當地解決」，要求南京停止「挑釁行為」，禁止干涉華北當地的交涉。[125]

發出最後通牒的同時，參謀本部也展開第二次動員（動員本土師團到華北）的準備。除了之前計畫的 3 個本土師團外，還增加了一些後勤部隊，並強調要以「裝備優良、在短期內能壓倒中國軍為原則」。[126]

就在同一天，7 月 17 日，蔣介石發表「廬山談話」，把七七事變以來懸而未決的緊張態勢推上層樓。

三、廬山談話亮出抗日底線

國民政府對和戰尚無共識

當時南京方面對於和戰並無共識。雖然各個民眾團體紛紛主戰，

---

124 軍令部，《大東亞戰爭海軍戰史‧本紀》第一卷《田中新一業務日誌》（日本防衛研究所戰史研究中心史料室藏，下同）。

125 同上。

126 《日軍對華作戰紀要（一）：從盧溝橋事變到南京戰役》，頁279。

但政軍首長多主張慎重。軍事委員會辦公廳主任徐永昌、軍政部長何應欽均持保留態度。他們認為備戰需要半年到一年時間，建議在可能範圍內盡量讓步，至少推遲大戰的時間。[127] 參謀總長程潛雖主張備戰動員不可忽視，但仍「希望緩兵，以完成我方之準備」。[128]

徐永昌多次表達緩兵備戰的態度。他曾致函軍政部長何應欽、軍事委員會副委員長閻錫山、外交部長王寵惠，呼籲「在能容忍的情勢下，總向和平途徑為上計」。希望他們傾力維持和平。[129] 他還上書蔣介石，說明對開戰的憂慮：「對日如能容忍，總以努力容忍為是。蓋大戰一開，無論有無第三國加入，最好的結果是兩敗俱傷，但其後日本係工業國，容易恢復，我則反是，實有分崩不可收拾之危險」。[130]

財政部長孔祥熙也提出，除非已有相當把握，否則的話「似宜從長考慮」。[131]

民間人士反戰的也不少。著名學者胡適、蔣孟麟、蔣廷黻、王芸生都主張「忍痛求和」。[132] 王芸生甚至提出，為避免戰爭，不妨接受「華北特殊化」，因為「在我主權之下，借才異邦，亦無不可」。[133]

胡適認為，一旦燃起烽火，「中央十年來準備的軍力將要毀壞，沿海各省的一切也都要毀滅了」。他呼籲中央再忍讓，再有十年的準備，中國就不怕日本了。[134]

....

127 《徐永昌日記》，1937年7月19、20日；《王世杰日記》，1937年7月19日。

128 「盧溝橋事件第四次會報」（1937年7月14日），《民國檔案》，1987年第2期，頁7。

129 《徐永昌日記》，1937年7月14、16、18日。

130 《徐永昌日記》，1937年7月20日。

131 「孔祥熙致蔣委員長電」，1937年7月20日，《國史館藏蔣中正總統檔案／革命文獻》，第45冊，頁3245。

132 張太原，〈九一八事變後自由知識分子對日本侵略的態度〉，中國社會科學院近代史研究所，《紀念七七事變爆發70週年學術論文集》（北京：社會科學文獻出版社，2009），頁256-278。

133 同上，頁271。

134 胡頌平編，《胡適之先生年譜長編初稿》第5冊（台北：聯經出版公司，1984），

　　不僅如此，胡適還與陶希聖聯名上呈蔣介石，諄諄說明政府不應輕啟大戰，因為大戰將耗盡中國統一與現代化的力量，建議政府做外交上最大的努力，「放棄力不所及之失地，而收回並保持冀察之領土完整」。意思是，放棄東北，以交換日本不侵犯華北。[135]

「盧山談話」劃出中國底線

　　面對各種主和的聲音，蔣介石態度堅決，不為所動。他認定這次日本處理盧溝橋事變的做法仍是九一八以來的「慣技」，仗勢欺人、色厲內荏，想「不戰而屈」，所以，「我必以戰而不屈之決心待之」。[136]

　　蔣介石雖然態度堅決，但仔細觀察其言行，他並不是非戰不可，他其實是「示以決心」以求和平解決。[137] 不過，對蔣介石來說，華北是黨國「存亡之關頭，萬不可失」。[138] 所以，從盧溝橋事變的第一天開始，他真正考量的重點是如何趁此機會扭轉國民政府在華北的劣勢，使中國重新立於更主動的地位。[139]

　　蔣介石從各種資訊判斷，東京並不希望擴大事件，華北日軍雖然動作不斷，但增援部隊未到，日軍始終不敢大舉攻擊，因此，他認為應及時表明立場，希望影響日本當局懸崖勒馬，避免戰局擴大。[140]

　　蔣介石從 7 月 13 日開始思考「對日宣言」。[141] 他反覆斟酌發表宣

續 ⋯⋯⋯⋯⋯⋯⋯⋯⋯⋯⋯⋯⋯⋯⋯⋯⋯⋯
　　頁 1611。

135　楊天石，〈胡適曾提議放棄東三省，承認滿洲國〉，《抗戰與戰後中國》（北京：中國人民大學出版社，2007），頁 30-42。

136　蔣介石日記，1937 年 7 月 17 日。

137　蔣介石日記，1937 年 7 月 10 日，上週反省錄。

138　同上。

139　楊奎松，〈七七事變後蔣介石的和戰抉擇〉，中國社會科學院近代史研究所，《紀念七七事變爆發 70 週年學術論文集》，頁 4。

140　同上，頁 6。

141　蔣介石日記，1937 年 7 月 13 日。

言的利弊得失，認為「盧案已經發動十日，而彼倭仍徘徊威脅，未敢正式開戰」，可見日本「外強中乾」，無意激戰。[142] 如果日本準備大戰，「其權在倭王，若我宣言能感動彼倭，或可轉危為安」；萬一不能避免戰爭，「則余之宣言亦無害」。因此，他認為「發表為有利也」。[143]

同時，南京國民政府的外交和軍事部門也就對日開戰的利害關係進行討論，直到 17 日才作出建議。他們認為，日本如拿下平津，就是中國抗日的「最後關頭」了；但如果開戰，宜「交戰而不宣戰」。[144] 他們的理由是，中日如果斷交並轉為交戰國後，日本海軍一定會封鎖中國海口，禁止各國向中國出口軍需品和原料，而中國在軍需上必須仰仗外國進口，為免進口受到影響，雙方即使交戰，也不宜宣戰，應盡量把局面控制在和九一八事變後相同的狀態。[145]

到了這個地步，國民政府絕大多數官員心中明白：「就算妥協也無法避免戰爭了。」[146]

7 月 17 日，蔣介石發表「盧山談話」，他自承這是「哀的美敦書」[147]。他首先說明，中國是弱國，過去數年，面對日本的侵略，「委屈忍痛，對外保持和平」，是因為國家亟需建設，而建設則需要和平，因此，才會堅持「和平未到絕望時期，決不放棄和平；犧牲未到最後關頭，決不輕言犧牲」的原則。但是，如果最後關頭來了，那就只有「拚全民族的生命，以求國家生存」。他呼籲全體國民認清一個事實：「最後關頭一到，我們只有犧牲到底，抗戰到底，唯有犧牲到底的決心，才能博得最後的勝利。若是彷徨不定，妄想苟安，便會陷民族於萬劫

142　蔣介石日記，1937 年 7 月 16 日。

143　同上。

144　「盧溝橋事件第七次會報」，《民國檔案》，1987 年第 2 期。

145　同上。

146　《王世杰日記》，1937 年 7 月 19 日。

147　蔣介石日記，1937 年 7 月 20 日。

不復之地！」[148]

他強調，有人以為盧溝橋事變是偶發的，但其實是過去幾年日本對華北經營的必然結果。日本步步進逼，「我們東四省失陷，已有了六年之久，繼之以《塘沽協定》，現在衝突地點已到了北平門口的盧溝橋。如果盧溝橋可以受人壓迫強占，那麼我們百年故都，北方政治文化的中心與軍事重鎮北平，就要變成瀋陽第二」！那就是「人為刀俎，我為魚肉」！這樣下去，「北平若可變成瀋陽，南京又何嘗不可變成北平」！所以，盧溝橋事變的推演，是關係中國整個國家的問題，「此事能否結束，就是最後關頭的境界」。[149]

他提出中國立場的四個原則，呼籲透過和平外交方法來解決這個事情：

(1) 任何解決，不得侵害中國主權與領土之完整；
(2) 冀察行政組織，不容任何不合法之改變；
(3) 中央政府所派地方官吏，如冀察政務委員會委員長宋哲元等，不能任人要求撤換；
(4) 第 29 軍現在所駐地區不受任何約束。[150]

他強調，「我們希望和平，而不求苟安；準備應戰，而決不求戰」。但如果戰端一開，那就是「地無分南北，年無分老幼，無論何人，皆有守土抗戰之責，皆應抱定犧牲一切之決心」。[151]

最後，他指出「盧溝橋案將為對日和戰最後之界限，不僅是中國存亡的問題，而將是世界人類禍福之所繫……盧溝橋事件能否不擴大為中日戰爭，全繫於日本政府的態度，和平希望絕續之關鍵，全繫於

148 秦孝儀編，《總統蔣公大事長編初稿》，卷 4（上），頁 80-83。
149 同上。
150 同上。
151 同上。

日本軍隊之行動」。[152]

「盧山談話」是蔣介石對中外人士（特別是對日本）發出的一個重要訊息。他自承，黨內有人不贊成發表這個談話，他卻認為這個談話或能扭轉中日關係陷入戰爭的境況，「人以為危，阻不欲發，而我以為，轉危為安，都在此舉」。[153] 因此，他密切注意談話發表後日方的反應：「余宣布應戰談話後，彼是否即下哀的美敦書？或進一步強逼？當視今明兩日之態度如何」。[154]

東京對「盧山談話」幾乎無視

意外的是，日本沒有出現預期的警覺。東京對「盧山談話」的反應「幾乎等於無視」。[155] 研究中日戰爭的歷史學者安井三吉也指出，日本對於「盧山談話」的關注度不高。[156] 少數注意到這個談話的日本人則認為蔣介石言辭間仍留有餘地，事情還不到那麼緊急的程度。[157] 蔣介石也發現這個現象，「倭以我談話為對內作用，故不以為意」。[158]

東京當局更加關注的是南京如何答覆日本 17 日提出的「華北事件應在當地解決」備忘錄。日本為什麼如此關注這份備忘錄？七七事變伊始，日本就堅持在當地解決，目的是突出宋哲元的冀察政府的治權，排拒南京中央政府涉入，藉以強調「華北特殊化」，否定南京對華北的主權。而蔣介石偏偏不容許華北脫離中央，特別要伸張中央政府的主權，他派中央軍進入華北、堅持由南京外交部直接和日本外務省洽

152　秦孝儀編，《總統蔣公大事長編初稿》，卷4（上），頁80-83。

153　蔣介石日記，1937年7月19日。

154　蔣介石日記，1937年7月20日。

155　秦郁彥，《盧溝橋事件の研究》（東京：東京大學出版會，1996）頁343。

156　安井三吉，《盧溝橋事件》（東京：研文出版，1993）。

157　同上。

158　蔣介石日記，1937年7月30日。

談，但是，這兩樣都犯了日本的忌諱。

因為這個原因，除了 17 日的備忘錄外，日本外務省還指示南京日本大使館在 19 日送了一份最後通牒給南京外交部，「帝國政府堅持不擴大方針，並不放棄和平折衝之希望，隱忍自重，不斷努力於當地解決。然中國政府不但繼續挑戰，並以各種手段與方法妨礙冀察當局解決條件之實行……帝國政府要求（中國政府）即時停止一切挑戰的言行，並要求不妨礙地方當局實行解決之事」。並希望中國政府「迅予明確回答」。[159]

南京外交部當天就嚴詞駁覆日本：「日本政府雖曾宣示不擴大方針，而同時調遣大批軍隊開入我河北省內，迄今未止。我政府於此情形下，固不能不做自衛之適當準備……現在我政府願意重申不擴大方針與和平解決本事件之意，再向日本政府提議：兩方約定以確定日期，雙方同時停止軍事調動，並將已派武裝隊伍撤回原地……至本事件解決之道，我政府願經由外交部與日本政府立即商議。倘有地方性質，可就地解決者，亦必經我國中央政府之許可……總之，凡國際公法或國際條約對於處理國際糾紛所公認之任何和平方式，如兩方直接交涉、斡旋、調解、公斷等，我政府無不樂於接受。」[160]

同一天，日本駐華武官喜多誠一特別拿著《何梅協定》，到南京軍政部當面告知何應欽，若中央軍違反《何梅協定》，則日本將採取相應手段。[161]

宋哲元竭力謀和、蔣介石無可奈何

宋哲元也不希望中央政府涉入。中日兩國外交部你來我往的同時，

159 《中日外交史料叢編》（四）《盧溝橋事變前後的中日外交關係》，頁217；吳相湘，《第二次中日戰爭史》，頁370。
160 《中日外交史料叢編》（四）《盧溝橋事變前後的中日外交關係》，頁218-219。
161 同上，頁217。

宋哲元、張自忠在平津這邊，仍竭力謀和，盡量滿足日方的要求，以求事件盡快解決。

蔣介石發表盧山談話的當天（17日），宋哲元要熊斌給何應欽發密電，說明幾件事：

(1) 戰爭恐怕無法避免；
(2) 他（宋哲元）現在身在天津，無法明確表明意見；
(3) 他們未做任何喪權辱國之事，望勿輕信謠言；
(4) 需要制定第二階段的計畫，希望能夠將張維藩叫到保定，讓他可以與熊斌商量。[162]

這封電報看來好像宋哲元會依照南京的指示和日方交涉；弔詭的是，發出電報的同一天，張自忠向日方表示，願意接受日方17日最後通牒的條件。次（18）日下午，宋哲元代表29軍當面向香月司令官表示歉意，願意接受日方所有條件。

19日晚上將近午夜，11時30分，宋哲元帶著29軍兩位將領張自忠、張允榮進入天津「偕行社」，[163] 由張自忠和日方駐屯軍參謀長橋本群簽署了停戰協定的實施細則（日本稱為「細目協定」），雙方並約定內容對外保密。

這個「對外保密」的內容是：

(1) 徹底鎮壓共產黨的活動。
(2) 冀察政府主動罷免不利於雙方合作的人員。
(3) 取締冀察各機關有反日色彩的職員。
(4) 在冀察範圍內除掉藍衣社、CC系等反日團體。

162 「熊斌致何應欽密電」收錄於《歷史檔案》。

163 「偕行社」是陸軍將校以互助為目的建立的團體，在各地有會館，有點像現在的陸軍會館。

(5) 取締反日言論、反日宣傳機關、及學生和民眾發起的反日運動。

(6) 取締冀察屬下各部隊、各學校中的反日教育和反日運動。[164]

　　儘管條件對中方極為不利，但宋哲元願意委曲求全。此外，他還主動提出將把抗日色彩濃厚的 37 師撤離北平城。[165]

　　宋哲元在 19 日還特別發表談話，表示「哲元對於此事之處理，求合理合法之解決，請大家勿信謠言，勿受挑撥，靜候國家解決」。他並期待中日互信互讓，共促東亞和平。[166]

　　因為宋哲元的道歉、同意日方提出的細目協定，使得日方人員認為局勢已從一觸即發的狀態轉緩。

　　看起來事件的確已逐漸走向解決。不過，宋哲元與日軍交涉細節，南京中央均蒙在鼓裡，使得蔣介石對宋的行為更加疑慮。[167] 正因為無法掌握華北的發展，南京政府在 19 日回覆日方備忘錄中，再度聲明，雙方應同時停止軍事行動，而且，平津當地的任何交涉應獲得中央的承認。[168]

　　日本陸軍高層對南京關於備忘錄的答覆極為震怒，本來已接近解決的事件因而又生變化。日方強硬派再度抬頭，認為不能再拖延，「當前事態無法長期放置不管，這並非兵力原因，而是國防上所無法容忍，

---

164 「支參二電74號」，收錄於《北支事變解決後的處置》（防衛研究所戰史研究中心史料室藏）；《日軍對華作戰紀要（一）：從盧溝橋事變到南京戰役》，頁283。

165 《日軍對華作戰紀要（一）：從盧溝橋事變到南京戰役》，頁283。37師（師長馮治安）主戰抗日，日軍視其為眼中釘。

166 吳相湘，《第二次中日戰爭史》，頁367。今井武夫也提及這個聲明，但日期是20日，《今井武夫回憶錄》，頁36。

167 宋哲元直到 7 月 22 日才把 11 日簽訂的協定內容報給蔣介石。

168 〈國民政府外交部致日駐華大使重申以和平方法解決盧案之備忘錄〉，《革命文獻》第 106 輯《盧溝橋事變史料（上）》，頁 254-255。

帝國不得不下達最終決斷的時機即將到來」。[169]

石原莞爾「華北撤軍論」遭否決

在這種狀況下，參謀本部作戰部長石原莞爾仍然認為動員後的發展不利日本。他在18日鼓起勇氣對陸軍大臣杉山元提出「華北撤軍論」，陸軍省梅津次官、田中作戰課長也在座。石原分析，依照目前的計畫動員，很可能引發與中國的全面戰爭，而日本當時能動員的只有30個師團，最多能有11個師團可以分配到中國方面軍，兵力拮据，實在沒有能力實施全面戰爭。如果勉強動員，結果恰似西班牙戰爭的拿破崙，陷入無底洞一樣。因此，他建議，「盡量將華北的全部日軍一舉撤退至山海關，然後請近衛首相到南京與蔣委員長討論解決中日之根本問題」。[170]

這個建議當場遭到杉山、梅津的駁斥。他們認為，這麼做等於放棄華北，「就有造成放棄在華權益，以及在華北、東北失敗的危險」。[171]

參謀本部在20日清晨召開部長會議，決定以武力解決問題。[172] 為了是否派遣國內師團赴華北，東京在7月20日一天之內召開了三次閣議，前兩次持慎重態度的還是占多數，幾位閣員認為，動員本土師團違反不擴大原則。何況，昨（19日）夜，華北那邊已簽訂了停戰協定的細目協定，「為何還要出兵」？外務省東亞局局長、海軍軍務局局長也都反對動員。陸軍大臣杉山元的態度比較強硬，隨後決定，動員的問題暫時擱下，在派兵前應先弄清楚南京方面的情況再做打算。[173]

....

169 「與參本二課長間的聯絡」，《支那事變處理》。

170 《日軍對華作戰紀要（一）：從盧溝橋事變到南京戰役》，頁281。

171 同上。

172 陸軍大學，《北支那作戰史要》（未定稿）第二卷；參謀本部第二課，《北支事變業務日誌》（日本防衛研究所戰史研究中心史料室藏）。

173 軍令部，《大東亞戰爭海軍戰史・本紀》，第一卷。

　　儘管東京方面對於派兵與否，力求慎重，但是前方的軍隊卻已經等不及了。20 日下午再次傳來駐屯軍和 29 軍在宛平和長辛店衝突的消息，雙方都有傷亡。[174] 結果，對派兵持消極態度的人員也不說話了。[175] 夜裡召開的第三次閣議決定出兵，可是有附帶條件：「如事態好轉時，立刻解除動員。」[176]

　　反對派兵的外務省東亞局局長石射豬太郎，因為意見未被採納，以「未被信任」為由，在 20 日提出辭呈。[177]

　　如此一波三折，平津方面又有新的發展。宋哲元從 20 日開始下令撤除北平街頭的沙包和拒馬，把抗日意識最強的 37 師調離北平，先在西苑集結，準備撤到保定。看起來宋哲元開始執行協議了。

　　宋哲元善意十足，於是駐屯軍參謀長在 22 日發給東京的報告指出，情勢已漸控制，駐屯軍的組織良好，從天津增派部隊已經足夠，無須再從內地派遣部隊。關於處分負責人事宜，宋哲元已把當事人免職；宋哲元也已開始撤免對中日邦交有妨礙的人物，「可以認為，第二十九軍首腦已經接受我方要求，並開始執行」。[178] 接到這些報告後，主張慎重的論調再次升起，參謀本部因此決定暫緩從內地派兵，「除非政府確定有必要徹底解決北支（華北）問題，否則應暫緩動員（本土師團）」。[179]

　　另方面，在南京的蔣介石聽說宋哲元與日軍簽了協定，但不知內容為何，他很著急，21 日去電詢問宋哲元：「彼（日方）與兄在天津

174 《北平陸軍機關業務日誌》。
175 「軍令部所見」，《支那事變處理》。
176 「七月二十日閣議之狀況（午後八時）」，《支那事變處理》。
177 《日軍對華作戰紀要（一）：從盧溝橋事變到南京戰役》，頁 288。
178 陸軍大學，《北支那作戰史要》（未定稿）第二卷；軍令部，《大東亞戰爭海軍戰史·本紀》第一卷《田中新一業務日誌》。
179 「與參本二課長間的聯絡（一）」（未定稿），《支那事變處理》。

所談各項辦法，望即詳細電告。」[180]

宋哲元沒有答覆，蔣介石十分焦急，22 日再度去電：「昨電至今尚未見覆，甚念！……與倭所商辦法，究為如何？盍不速告，俾便綜核，而慰秋慮。」[181]

這一天（22 日），蔣介石聽說 29 軍 38 師從盧溝橋撤退，防禦工事亦已撤掉，但具體內容卻毫無所知，「未知宋哲元與倭交涉之內容究為如何，不勝惶慮。」[182]

直到 22 日晚上，宋哲元才把 7 月 11 日和日方協議的停戰條款報請南京核議。[183] 可是這個電報只報告了 11 日與日軍交涉的三點原則，卻沒有提到 19 日在天津簽署的執行細節，蔣介石覺得內中情由「諱莫如深」。[184]

無可奈何，蔣介石只有再發電報給宋哲元。他先婉言安撫宋哲元，他並不是一定要戰，也不是不肯言和：「中央對此次事件，自始即願意與兄同負責任。戰則全戰，和則全和，而在不損害領土主權範圍之內，自無定須求戰不願言和之理。」接著詢問宋 11 日和日軍談判的三條原則，「所擬三條，倘兄已簽字，則中央當可同意，與兄共負其責任。惟原文內容甚空，在我愈宜注意。第二條之不駐軍（宛平縣城、龍王廟），宜申明為臨時辦法，或至某時間為止，並不可限定兵數。第三條之徹底取締（抗日團體），必以由我自動處理，不由彼方任意要求為限」。蔣介石指出，談和的條件應該是以日軍撤退 7 月 7 日後所增援的部隊為重要關鍵。[185] 末了，再度詢問宋哲元，「究已簽訂否？盼

180　《中華民國重要史料初編・對日抗戰時期・第二編・作戰經過（二）》，頁60。

181　同上，頁61。

182　蔣介石日記，1937年7月22日。

183　秦孝儀編，《總統蔣公大事長編初稿》，卷4（上），頁86-87。

184　蔣介石日記，1937年7月23日。

185　「蔣委員長致軍事委員會參謀次長熊斌轉冀察綏靖主任宋哲元指示不損害我領土主

覆」。[186]

　　蔣介石諄諄詢問宋哲元的同時，北平街頭的沙包和拒馬均被撤除，宋哲元命令馮治安的 37 師和趙登禹的 132 師長換防，取締反日的機關團體，擱置 29 軍高級將領建議的備戰計畫。[187] 宋哲元同時還對日方保證，將阻止北上的部隊繼續前進。[188]

　　東京那邊對於是否要放棄不擴大方針仍在斟酌。參謀本部在 22、23 日的會議中，對於是否「停止動員」或「暫緩動員」仍然沒有答案，只有繼續保持「暫緩動員」的狀態。[189]

　　不料，極力配合日方要求的宋哲元 24 日開始態度忽然變了，說好了從北平周圍撤兵的行動也停止了。今井武夫觀察宋的變化，認為可能是 22 日從南京來的參謀次長熊斌說服了宋哲元。熊斌傳達蔣介石的意思，並動員宋抗日。而且中央軍已抵達保定，中國準備對日開戰的氣氛，也使得宋哲元受到影響。[190]

　　宋哲元的態度變了，日方催促他儘快撤兵，宋回答：「眼下天氣太熱，等涼快點再辦！」[191] 駐屯軍負責談判的人員覺得宋這個理由，難以理解。同時他們也發現，29 軍內部對於和議的條件有嚴重的分歧，宋哲元可能已無法完全掌握 29 軍。[192]

續⋯⋯⋯⋯⋯⋯⋯⋯⋯⋯⋯⋯⋯⋯⋯⋯⋯⋯⋯⋯⋯⋯⋯⋯⋯⋯⋯⋯⋯⋯⋯⋯⋯

　　權範圍內言和電」，《中華民國重要史料初編・對日抗戰時期・緒編（一）》，頁61-62；《革命文獻》第106輯《盧溝橋事變史料（上）》，頁229。

186　同上。

187　29軍高級將領在7月17日已擬定一個以備萬一的作戰計畫，但呈給宋哲元後被擱置未批決。劉汝明，《劉汝明回憶錄》（台北：傳記文學出版社，1979），頁113。

188　今井武夫，《今井武夫回憶錄》，頁36。

189　參謀本部第二課，《業務日誌及祕密作戰日誌》，取自《日軍對華作戰紀要（一）：從盧溝橋事變到南京戰役》，頁295。

190　今井武夫，《今井武夫回憶錄》，頁37。

191　同上。

192　同上。

　　雖然態度已有變化，但是，宋哲元在24日這一天仍舊試圖阻止中央軍北上，希望中方的自制能使日方緩和下來。他請熊斌代呈蔣介石，請求蔣把北上的中央軍後撤，「擬請鈞座千忍萬忍，暫時委曲求全，將北上各部稍為後退，以便和緩目前」。[193]

　　不過，日本駐屯軍這邊，司令部正遭受前線官兵的「臭罵」，認為司令部過於軟弱。他們認為，南京中央軍已進入河北，破壞《何梅協定》，現在應是「謀求轉變局勢的時期」，不應再墨守不擴大方針。他們個個摩拳擦掌，「殺氣騰騰」，亟於一戰。[194]

　　在這種情況下，日方開始意識到，在華北當地解決事件的想法已經行不通了，應該對中方施加壓力。24日晚，駐屯軍司令官香月清司命令特務機關長松井太久郎、參謀副長矢野音三郎和宋哲元談判，要宋哲元確實履行協定內容，否則中日衝突將無法避免。[195]

蔣介石尋求國際調停

　　事情發展到這裡，戰爭已迫在眉睫。事實上，和議並沒有完全絕望。蔣介石雖然擺出強硬的姿態，其實是「以戰求和」，他展現「不畏戰」的決心，作為和議的籌碼，希望得到國際調停。

　　所以，自7月12日起，蔣介石一面做戰爭的準備，同時積極「運用各國外交，使英美聯合出任調解」。[196]他派陳立夫見蘇聯大使，要王寵惠協調英美出面調停，[197]指示外交部提送備忘錄給九國公約簽署國（美、日、英、法、義、比、荷、葡、德），說明日本違背九國公

193　《中華民國重要史料初編・對日抗戰時期・第二編・作戰經過（二）》，頁66。

194　「陸軍部軍事課田中新一課長業務日記」，《日軍對華作戰紀要（一）：從盧溝橋事變到南京戰役》，頁296。

195　同上，頁297。

196　蔣介石日記，1937年7月12日。

197　蔣介石日記，1937年7月14日。

約精神，促請各國政府注意。[198]

　　蔣介石自己也密集接見各個國家的駐華使節，7 月 20 日接見了三個國家的大使，7 月 21、24 日兩度接見英國大使許閣森（Hughe Montgomery Knatchbull-Hugessen），25 日接見美國大使詹森（Nelson T. Johnson），26 日接見德國大使陶德曼（Oskar Trautmann），這段期間他還接見了義大利、蘇聯、法國大使，尋求國際調解。[199]

　　但東京堅持事件應在華北當地解決，不但拒絕南京中央政府涉入，也婉謝第三國調解。[200]

　　美國當時孤立主義正盛，不希望涉入東亞的紛爭。國務卿赫爾（Cordell Hull）在 7 月 16 日發表聲明，呼籲各國透過和平與可行的方式促進國際合作，申明美國的態度是「避免形成任何聯盟或涉入任何承諾」。[201]

　　蔣介石仍不放棄，他在 7 月 25 日接見美國大使詹森，重申東亞局勢已是最後關頭，美國是「九國公約」的發起國，在國際法與道義上，都有制止日本行為的義務。蔣介石並促請美國和英國聯手干涉華北事件。詹森大使反應冷淡，他認為，日本企圖主宰華北，早有既定政策，此次事件只是日本既定步驟的一部分，很難改變，「中國必須自行決定何時是起而抵抗的時機」。[202]

　　英國大使許閣森比較積極，除了兩次覲見蔣介石，並在 7 月 15、

198　吳相湘，《第二次中日戰爭史》，頁 369。

199　蔣介石日記，1937 年 7 月 20、21、22、25；吳相湘，《第二次中日戰爭史》，頁 371-373。

200　Confidential British Foreign Office Political Correspondence, series 3, part 3, DA47.9. C6 C66 1997 GUIDE PT.4, p. 172.

201　U.S. Department of State, *Peace and War: United States Foreign Policy 1931-1941* (Washington, DC: U.S. Government Printing Office, 1983), p. 370.

202　Confidential British Foreign Office Political Correspondence, series 3, part 3, DA47.9. C6 C66 1997 GUIDE PT.4, p. 64.

16、17 日多次和外交部長王寵惠會面，就華北的衝突交換意見。15 日王寵惠請許閣森轉達，中國建議「定一個日期，雙方停止軍隊調動，將前方軍隊撤回原防」。[203] 許閣森把這個方案電報倫敦，但日本拿出《何梅協定》，指責中國違反協定，拒絕第三國調停。結果英國駐華大使館以及駐日大使館都不建議英國政府過於涉入中日的爭端，英國最後放棄調解。[204] 蔣介石期待的國際斡旋最終沒有實現。

廊坊事件與廣安門事件

25 日，駐屯軍司令官香月清司定下的期限到了，仍不見中方撤軍的行動，不僅天津駐屯軍司令部態度強硬起來，日本駐北平的陸軍軍官也失去耐性。

這天夜晚突然發生了「廊坊事件」。廊坊在北平東南方 50 公里處，日軍第 20 師團一中隊的士兵和工兵，修理北平到天津的軍用電線，從天津一路檢修到廊坊，進入了廊坊車站。此地是平津間的交通要地，駐屯那裡的 29 軍第 38 師第 113 旅旅長劉振三要求日軍撤走，日軍不允，雙方發生衝突，互相開火。26 日早上，日本派空軍轟炸中國軍隊軍營，中國軍隊只得撤退，廊坊車站被日軍占領。[205]

廊坊的衝突尚未善後，26 日下午宋哲元就收到香月司令官發出的通牒，語氣強硬地要 37 師立刻撤出北平，如不執行，「我軍將採取單獨行動，而由此引起之一切後果，應由貴軍負完全責任」。[206]

宋哲元發現大事不好，緊急下令 29 軍備戰。另方面，駐屯軍向東京申請積極投入兵力，參謀本部評估事態發展到這個階段，認為不擴

203　《中日外交史料叢編》（四）《盧溝橋事變前後的中日外交關係》，頁 472。

204　Confidential British Foreign Office Political Correspondence, series 3, part 3, DA47.9. C6 C66 1997 GUIDE PT.4, p. 93.

205　《日軍對華作戰紀要（一）：從盧溝橋事變到南京戰役》，頁 298。

206　今井武夫，《今井武夫回憶錄》，頁 38。

大方針「已完全走到盡頭」，無法轉圜，於是在 26 日下達「臨命第
418 號」：「鑒於當前局勢，中國駐屯軍司令官，應廢止『臨命第 400
號』，可依需要使用武力。」[207]

　　緊接著，當天（26 日）晚上又發生「廣安門事件」。日軍占領廊
坊後，當天下午就有大約 5 百名日軍以護僑為藉口，企圖從廣安門進
入北平城，中國駐守廣安門 29 軍 132 師獨立 27 旅 679 團團長劉汝珍出
來阻止，日軍堅持要進城，劉汝珍請示宋哲元，宋令劉汝珍備戰。劉
汝珍就下令開城門，等日軍一半進了城，中國軍隊開始射擊，日軍在
混亂中，有多人傷亡。[208]

　　發生廣安門事件，駐屯軍向陸軍部請命，要求允許日軍自 27 日中
午起，全面攻擊平津地區的中國軍隊。[209] 東京的陸軍中央迅即批准，
並動員日本國內的 3 個師團（第 5、6、10 師團）及第 18 飛行中隊到
華北。[210]

　　過去 18 天以來，中日在和戰之間徘徊，對日本來說，廊坊和廣安
門的衝突是中日戰爭擴大的轉折點。一直反對擴大事態的駐屯軍參謀
長橋本群表示：「真正下定決心的是廣安門事件的時候。」[211] 主張慎
重態度的參謀本部戰爭指導課長河邊虎四郎也指出，下決心對華北全
面動武是在廊坊・廣安門事件的時候。[212] 當時在作戰課任職的西村敏
雄也證明，中日戰爭是「以廊坊事件為開端爆發的」。[213] 從此，雙方
交戰，再無轉圜。

....

207 《日軍對華作戰紀要（一）：從盧溝橋事變到南京戰役》，頁 299。

208 《革命文獻》第 106 輯《盧溝橋事變史料（上）》，頁 46。

209 陸軍大學，《北支那作戰史要》（未定稿），第二卷。

210 軍令部，《大東亞戰爭海軍戰史・本紀》第一卷《田中新一業務日誌》。

211 《橋本群中將回想應答錄（參謀本部製作）》（防衛研究所戰史研究中心史料室藏，
　　下同）。

212 《河邊虎四郎少將回想應答錄（參謀本部製作）》。

213 《西村敏雄回想錄》（日本防衛研究所戰史研究中心史料室藏）。

戰事一發不可收拾。26日，蔣介石急電宋哲元，「此刻兄應決心如下：（甲）北平城防立即準備開戰，切勿疏失。（乙）宛平城防立即恢復警戒，此地點重要，應死守勿失。（丙）兄本人立即到保定指揮，切勿再在北平停留片刻。（丁）決心大戰，照中（正）昨電，對滄（縣）、保（定）與滄（縣）、石（家莊）各線從速部署」。[214]

蔣介石決心已定，他在當天的日記中寫道：「若遭遇無法避免之戰禍，當一意作戰，勿考慮避戰。」[215]

到這個時候，宋哲元徹底明白「敵有預定計畫，大戰勢所不免」。[216]他急電南京，請「速派大軍由平浦線星夜兼程北進，以解北平之困」。[217]蔣介石立刻回電告以：「當照來電派大軍全力增援，並派大員到保（定）策應。」[218]他叮囑宋：「請兄穩紮穩打，最後勝利，必歸於我也。」[219]

宋哲元下令第29軍全力抵抗，他自己仍留北平，並未遵照蔣介石指示到保定指揮。蔣介石28日再度催促宋「希速離北平，到保定指揮。勿誤」！[220]蔣不放心，同時指示秦德純：「不論如何，應即硬拉宋主任離平到保。」[221]蔣叮囑再三，並請秦德純務必轉告宋哲元，「此非然為一身之安危計，乃為全國與全軍對倭作戰之效用計也……對中命令，更應服從毋違為要」。[222]

....

214 「蔣委員長致冀察綏靖主任宋哲元指示從速部署決心大戰電」，《革命文獻》第106輯《盧溝橋事變史料（上）》，頁232；《中華民國重要史料初編·對日抗戰時期·第二編·作戰經過（二）》，頁67。

215 蔣介石日記，1937年7月26日。

216 「宋哲元致何應欽密電」，《歷史檔案》。

217 《中華民國重要史料初編·對日抗戰時期·第二編·作戰經過（二）》，頁70。

218 同上。

219 同上。

220 《中華民國重要史料初編·對日抗戰時期·第二編·作戰經過（二）》，頁72。

221 同上。

222 同上。

　　7 月 27 日，從日本本土派來增援的部隊抵達，日軍發動全面攻勢。
29 軍在各地的守軍奮勇作戰，但之前疏於準備，又未依照蔣介石的指
示布防，倉促應戰，在日軍重砲轟擊下，部隊損失慘重。

　　28 日凌晨 2 時，駐屯軍機關長松井太久郎電話告訴宋哲元，「日
軍將獨立採取行動。同時提出勸告，為避免戰火波及北平城，中方應
立即從城內撤出全部軍隊」。[223]

　　28 日天還未亮，日軍在飛機、坦克的配合下，猛攻南苑地區，戰
況激烈，副軍長佟麟閣、132 師師長趙登禹陣亡。日軍在上午 8 時開始
攻擊北平城。西苑、北苑也遭受日軍砲火的進擊。

　　走到這裡，國民政府自九一八以來的隱忍退讓、一面抵抗、一面
議和的國策，已走到盡頭。蔣介石在當天的日記寫道：「倭寇已在攻
擊北平，大戰無法避免。」[224]

　　宋哲元明白大勢已去，為免北平古都遭受戰火破壞，他在 28 日深
夜匆忙命張自忠代理他的職務，自己率領 29 軍撤離北平。奇怪的是，
如此重大的決定，竟然沒有報告南京，蔣介石是第二天（29 日）清晨
因為北平電話不通，查問之下，「乃知宋部全撤，北平不保，悲痛無
已」。[225]

　　29 日，北平失守，次日，天津淪陷。

　　日軍在占領平津地區後，即在周邊做戰略集中，準備發起第二期
作戰，目的是「尋求侵入於河北省之中國野戰軍，予以擊滅」，要徹
底解決華北局勢。[226]

　　平津失陷，中國抗日的「底線」與「最後關頭」都打破了，南京
決定抗戰到底，中日之戰一發不可收拾。

··

223 《北平陸軍機關業務日誌》。
224 蔣介石日記，1937 年 7 月 27 日。
225 蔣介石日記，1937 年 7 月 29 日。
226 《日軍對華作戰紀要（一）：從盧溝橋事變到南京戰役》，頁331。

　　7月31日，蔣介石發表「告抗戰全軍將士書」，說明九一八以來的隱忍是為了安定內部、完成統一，充實國力，到最後關頭來抗戰雪恥。現在既然和平絕望，只有抗戰到底，舉國一致「驅逐日寇，復興民族」。[227] 七七盧溝橋發生的衝突，最終發展成中日的全面戰爭。

四、七七為何不能和平解決？

　　從七七的發展看來，一個偶發事件竟一步步演變成中日全面大戰，內中實有錯綜複雜的原因。

國際情勢對中國不利

　　七七事變爆發時，國民政府希望援引 1932 年一二八事變的前例，由英美兩國出面調停，可惜 1937 年 7 月的世局與 5 年前大不相同。當時，世界經濟正陷入大蕭條，希特勒的納粹黨已取代威瑪共和民主政體，實行軍國主義，造成歐洲各國的緊張。西班牙內戰正殷，希特勒及義大利的墨索里尼都支持佛朗哥，而英美等國因為本身經濟和政治上的困難，對於德、義、西的發展默不作聲，更無暇顧及東亞的動盪。美國國內孤立主義仍高漲，羅斯福總統正專注於他的新政（New Deal Program），希望帶領美國走出蕭條，中日的衝突只得放在一邊。中國原本和德國、義大利友好，但 1937 年時，德、義、日三國軸心的態勢已隱然成形，德、義無暇、也不便干涉中日的糾紛。因此，中國當時很難獲得西方社會的支持；抗日，只有靠自己。

　　另一個與中日都有密切關係的蘇聯，它的疆域橫跨歐亞，西線面對德國，東線面對日本，再加上德、義、日都反共，因此蘇聯密切關注歐洲和華北的發展，防止日德東西夾攻的威脅。中日衝突，正好舒

227　秦孝儀編，《總統蔣公大事長編初稿》，卷4（上），頁93。

緩蘇聯東面的威脅，所以，莫斯科在 1937 年的策略是坐山觀虎鬥，盡量引導中日開戰。

1937 年 8 月 21 日，七七事變 43 天後，中蘇簽訂互不侵犯條約。對中國來說，在抗戰初期得以取得蘇俄的軍備支援；對蘇聯來說，中日開戰，日軍南下，蘇聯在亞洲東線的威脅因而減緩，中國替蘇聯擋住了日軍的砲火。因此，蘇聯不但不會幫忙息戰，反而是盡量煽火。

中日衝突不斷，大戰一觸即發

辛丑條約賦予十國在華駐軍的權利，但日本企圖心最大，從民國初年就透過製造事端、武力威脅、外交運用等方式，不斷擴展在中國的權益，1928 年的「五三濟南慘案」，中國人均引以為國恥。

1931 年九一八事變，日本占領東北，成為中國人心中的另一個國恥。從此中日之間的軍事衝突就沒有停過。九一八到七七這 6 年之間，中國不斷隱忍，盡量不讓戰爭擴大。七七事變發生時，中國軍民對日本長期累積的怒火，已是忍無可忍，當時中日緊張的局勢，已到了一觸即發的地步。

日本這邊，主戰的軍人對於華北局勢停滯不前的情形不耐煩，早就想以武力徹底控制華北。當東京仍想努力維持「不擴大方針」時，他們卻失去耐心，各個殺氣騰騰，急於求戰。

也有部分了解中國情勢的日本人士，觀察到國民政府自 1935 年收回四川以來的各項建設，深感如果再不出手，將會失去控制華北的機會。

當時，日本政軍方面已有人注意到華北情勢險惡，隨時會爆發衝突。大谷光瑞（日本淨土真宗西本願寺 22 世門主，與日本高層關係密切）提醒東京應避免在華北挑起事端「防止意外戰爭的發生」。[228] 駐

228　今井武夫，《今井武夫回憶錄》，頁9-10。

北平武官今井武夫擔憂日本在華北逼得太緊，隨時發生不幸，他曾建議應稍緩對華北經濟方面的要求，避免意外發生。石原莞爾也擔心「華北會有突發事變」。[229]

然而，這些警訊沒有令那些摩拳擦掌、躍躍欲試的陸軍強硬派停下腳步。雙方都已劍拔弩張，任何一點星星之火，都可能點燃大戰。

日本無法掌握「擴大派」與「不擴大派」的爭論

日本政府對華雖有「不擴大事態，不對華用兵」的初衷，但是，軍政領導人對於「擴大派」和「不擴大派」的爭論卻束手無策。華北駐屯軍主任參謀堀毛一麿指出，自七七事變以來，陸軍中央及駐屯軍司令部對於不擴大方針是否恰當的議論，「形成個人各樣的意見對立，不知如何整理頭緒」。[230] 中央軍部未顯示果斷的態度，參謀長、司令官也僅在混沌中拖時間。[231]

結果，華北的衝突不斷升級，東京無法達成共識，以致盧溝橋事變後的交涉遲遲沒有結果。東京曾經三次決定從內地（日本本島）增兵，但每次都因為華北的協議即將達成而拖延下來。拖得愈久，軍部的「擴大派」愈不耐煩，最後，石原莞爾這些主張不擴大的聲音受到壓制，東京閣議決定從本島動員3個師團到華北，和平的希望也隨之熄滅。

值得注意的是，日軍當時並無在華大規模作戰的計畫，即使是那些主戰的強硬派，也知道不能在中國全面作戰，他們只是想「打一仗而膺懲中國即可」，在華北製造傀儡政權，一旦達到目的，就立刻撤兵，畢竟「防蘇」才是日本軍事上不可忽略的目標。但他們錯估了中國的民族性，中國不是個受到「膺懲」就低頭的民族。

229　今井武夫，《今井武夫回憶錄》，頁9-10。
230　《日軍對華作戰紀要（一）：從盧溝橋事變到南京戰役》，頁300。
231　同上。

宋哲元處置失當

宋哲元是當時華北冀察地區的最高軍政領導，河北、平津地區的地方首長，幾乎都是 29 軍的人。宋哲元名義上聽命南京國民政府，實際上卻致力於擴大自己的勢力。他把冀察政務委員會作成南京政府和日本之間的緩衝區，一方面敷衍中央，一方面與日軍周旋，對日本作出不少讓步。

西安事變後，國民政府加快了政治和社會統一的步伐；相對地也加大了日本「華北特殊化」的壓力，宋哲元處境更加為難。他對變動的局勢拿不出應對的辦法，反而一走了之，以「養病」為由避到山東老家，使得情勢更加難控制。

宋哲元在七七事變後第 4 天才回到天津主持大局，但他在應對處置上有不少失著。

首先，宋哲元抗拒中央涉入，以為可以獨力解決這個事件。蔣介石一再命令他把司令部移到保定，速做應戰準備，他沒有做；等到真打起來，29 軍倉促應戰，才發現不堪一擊，主力迅速潰敗，導致最後的大撤退。

其次，當時南北通訊本來就不順暢，再加上宋哲元對南京各種詢問、指示的電報一味敷衍、拖延，既不把詳細交涉的情形向南京報告，也不請示任何機宜，以致南京無法準確掌握冀察方面的發展，中央與地方之間的猜疑，多少影響南京方面的決策。

第三，宋哲元昧於大局，以為對日讓步，就可以大事化小，對於駐屯軍的要求，包括道歉、撤軍、把反日的黨政軍力量全部撤出河北等等，他都接受，而且婉拒中央的支援，就是不願中央軍進入華北。然而，委曲卻未能求全。蔣介石對他極為失望，「倭此欲根本解決冀察與宋哲元，而宋始終不悟，有以為可對倭退讓苟安而僅對中央怨恨，

要求中央入冀部隊撤退，可痛心乎」！[232]

宋哲元這麼做，除了對情勢判斷不明外，背後還有他的私心。他把華北當作自己的勢力範圍，擔心蔣介石以抗日為名，使中央的力量重新回到華北。因此，他罔顧蔣介石一再電促儘快部署滄州、石家莊、與保定的防線，反而要求南京停止派孫連仲等部隊北上，還要 29 軍依照協議撤軍，一誤再誤，等到廊坊事件和廣安門事件，日軍發動攻勢，29 軍節節潰敗，籌碼全失，大勢已去。

陳誠批評宋哲元「既不能令，又不受命」，[233] 一步步走錯，這位長城抗戰的抗日名將，最後落得身敗名損。

西安事變後，中國不可能對日再讓步

七七事變時中國的情況與九一八事變時大不相同。1931 年日本侵占東北時，中國仍是一盤散沙，各地軍閥割據，中國人尚未有整體國家的概念。但是，6 年的時光，國民政府已「今非昔比」。[234]

兩廣重新納入中央體制，中央勢力進入西南，除了冀察地區、新疆、陝北及甘肅一小部分被日本、蘇聯、中共控制外，其餘省分大致聽奉中央命令，蔣介石設定的「攘外必先安內」已有相當成果。1935 年成立「資源委員會」，開發國防戰略資源，加速重工業、軍工業的建設。「新生活運動」在全國各地熱烈展開；1935 年還完成幣制改革，統一全國貨幣金融體系。1936 年開始試行「兵役法」，徵集兵源，加以軍事訓練。交通建設在這幾年間突飛猛進，鐵、公路都有顯著增長。國民政府的軍隊整編計畫到了 1937 年已完成 30 個師的調整，空軍、海軍方面亦有建樹。

232　蔣介石日記，1937 年 7 月 26 日。

233　陳誠，《陳誠先生回憶錄・六十自述》，頁 61。

234　黃自進，《蔣介石與日本：一部近代中日關係史的縮影》（台北：中央研究院近代史研究所，2013），頁 268-270。

　　1936 年底西安事變之後，中國各個政軍派系都開始擁護蔣委員長抗日，至少在形式上，內戰停止了。國民政府在經濟、思想、軍事各方面的備戰都初具效果，雖然準備尚未充分，但蔣介石此時抗日的底氣已大不相同。

　　再加上這 6 年間中日發生多次軍事衝突，民間仇日、反日的情緒高漲。七七事變爆發，輿論沸騰，全國民心更是憤慨至極，中央政府已無空間再拖延對日開戰。如果再不抵抗，內戰勢將再起。王世杰和王寵惠都指出，「如中央遙視華北之淪陷而不救，或坐視華北當局接受喪失主權的條件而不預為之地，則對內對外中央均將不保」。[235] 蔣介石自然也了解這個道理：「雖欲不戰，亦不可得，否則國內必起分崩之禍。」[236] 所以，「與其國內分崩，不如抗倭作戰」。[237]

日本未正視中國戰略變化與情勢發展

　　服部聰（Hattori Satoshi）與德瑞（Edward J. Drea）指出，盧溝橋事變使日本陷入曠日持久的中日全面大戰，最後耗盡了日本的國力，主要是由於日本軍方的兩個疏忽。第一個是政治的：東京忽視了 1937 年中國政軍情勢已發生根本的變化，以為可以循前例以武力使國民政府讓步。第二個原因是軍事的：日本當時信心滿滿，認為數週之內即可取得決定性的軍事勝利。但是，他們低估了中國可能的頑強抵抗。雖然有人提出警告，但被主戰的主流意見駁回。[238]

　　日本的誤判，還有一個原因。他們不明白，就大多數中國人來說，東北不比華北。東北畢竟是關外，九一八失去東北之痛尚可忍，但華

235　《王世杰日記》，1937 年 7 月 15 日。

236　蔣介石日記，1937 年 8 月 4 日。

237　同上。

238　Hattori Satoshi with Edward J. Drea, "Japanese Operations from July to December 1937," *The Battle for China*, pp. 159-160. 秦郁彥，《盧溝橋事件の研究》（東京：東京大學出版會，1996）。

北就不同了。華北一失，中原門戶大開，整個中國也就難保了。所以，蔣介石一定不能容許日本占領華北，或是搞華北特殊化，使華北脫離中央。

日方忽略國民政府戰略上的變化，未正視西安事變之後中國政情的發展，復又未重視蔣介石在 7 月 17 日「盧山會談」發出的警訊——華北是中國抗日的底線，越過這條線，中國軍民必起而反抗。遺憾的是，日本大部分政軍人士還以為中國這次會像以前一樣，只要增加一些壓力，中國就會讓步。

不過，和戰之間仍有模糊空間，從當時南京和 29 軍來往的電報，以及蔣介石積極請國際調解可看出，蔣介石對於是戰是和，有相當大的掙扎。[239] 如果駐屯軍對控制華北的企圖稍微收斂，或是對於撤軍一事不那麼咄咄逼人，又或是日本接受英美調停，那麼，九一八事變以來打打停停的狀況可能還會繼續下去。

遺憾的是，日本不是沒有了解中國、主張慎重的人士，但他們的聲音被激進的陸軍和過度樂觀的輿論壓制下去。參謀本部作戰部長石原莞爾反對對華用兵、甚至提出「華北撤退論」，但他隨後遭到撤換。[240] 最後，日本越過了華北這個中國抗戰最後一道界碑，「不衝破這道界碑，和平猶未絕望；衝破這道界碑……就只好與日寇拚命了」。[241]

蔣介石要趁機打破《何梅協定》

蔣介石派中央軍到河北保定，無疑是中日交涉中最大的變數。因為中央軍北上，日本才對天津增兵，使得華北情勢突然變得敏感、緊張；因為中央軍北上，東京才會在 7 月 11 日緊急召開會議，作出派兵

239　楊奎松，〈七七事變後蔣介石的和戰抉擇〉，中國社會科學院近代史研究所，《紀念七七事變爆發70週年學術論文集》，頁1-22。

240　《日軍對華作戰紀要（一）：從盧溝橋事變到南京戰役》，頁281。

241　陳誠，《陳誠先生回憶錄‧抗日戰爭》（上），頁23。

的決定；也因為中央軍撤軍的事，蔣介石堅持中日雙方同時撤軍，日本卻拿著《何梅協定》，要中方先撤，以致和議破滅。蔣介石派兵北上，就是為了要打破《何梅協定》。他自從 1935 年 6 月中央軍撤出華北後，就處心積慮要改變現狀，撕毀《何梅協定》，打破中央軍不得在河北駐軍的現狀。

蔣介石這個企圖在日記中說得清楚：「余即派中央軍入河北到保定，不惟打擊其（日本）目前之野心，而且打破其《何梅協定》也。」[242] 但是，這個心思，只能做，不能說，因為「此次派兵入冀，戰略之利在其次，對倭政略戰勝之利，無人能知者也」。[243]

蔣介石原來的算盤是先派兵進入河北，造成既成事實，然後循 1932 年一二八事變（第一次淞滬之戰）英美調停的模式，與日議和，如此，則日本「華北獨立之陰謀已為我打破」！[244]

當時最有可能擔綱調停的是英國，因為英日關係素來密切，蔣介石對英國期待最深，他兩度接見英國大使許閣森，請英國帶頭斡旋。

英國大使許閣森一開始態度尚積極，並和美國大使聯繫，以致蔣介石認為「對盧案英美已有合作調解趨勢」。[245] 7 月 15 日，許閣森與外交部長王寵惠會面，想要弄清楚蔣介石究竟是真的要跟日本打？還是願意調解？王寵惠電話請示蔣介石，蔣介石明白告以，「中國絕對只謀自衛，不願擴大。並願接受英方斡旋」。[246] 許閣森於是和王寵惠商議，自 17 日起，雙方停止增兵，並陸續撤兵至 7 月 7 日以前的地點，恢復七七之前的狀態。他把這個意見電告駐東京的英國大使，請其向日方密洽。

242　蔣介石日記，1937 年 7 月 17 日。

243　蔣介石日記，1937 年 7 月 24 日，本週反省錄。

244　同上。

245　蔣介石日記，1937 年 7 月 14 日。

246　《王世杰日記》，1937 年 7 月 15 日。

　　英國駐日大使前往協調時，東京婉謝第三國調停，並堅持華北的衝突是地方事務，應在華北解決，不需中央涉入。而且，日本外務省拿出《何梅協定》，理直氣壯地說明，依照協定，中國軍隊應先撤出河北。[247]

　　許閣森不知有《何梅協定》，詢問蔣介石究竟。蔣介石一直以為《何梅協定》只是口頭的臨時約定，直到英國大使查詢，蔣向外交部查證，外交部在 7 月 21 日拿出何應欽覆函的原稿，這時蔣介石才知道，雖然沒有簽字，但有何應欽的覆函，清清楚楚寫明中央軍須撤出河北省，而且，撤出後不再進入。而許閣森在 21 日看到何應欽覆函的抄件後，「態度突變」，[248] 轉為消極，婉謝介入中日事端。[249]

　　蔣極為尷尬，此事不但使他難以堅持中日同時撤軍，還讓他在外國使節面前大失顏面，他極為憤怒：「見敬之致梅津之函件，憤恨又不能自制，何愚劣至於此，痛心之至！」[250]（何應欽字敬之）第二天把函稿拿出來再看一次，更為生氣，用極不堪的字眼，把何應欽再罵一頓：「閱何致梅函稿而更為憤激，何愚劣至此，誠賤種也！」[251]

　　蔣介石同時也尋求美國的協助。美國因為國內孤立主義當道，無意涉入中日的衝突。不過，蔣介石仍請美國駐華大使詹森，敦促華盛頓本著人道主義立場，制止日本行為。詹森大使為此曾與許閣森交換意見，許閣森電報倫敦外交部，說明：他與美國大使共同認為，既有（何梅）協定，則英美兩國首先要防止「隱瞞及扭曲」，[252] 除非有進一步證

247　Confidential British Foreign Office Political Correspondence, series 3, part 3, DA47.9. C6 C66 1997 GUIDE PT.4, p. 63.

248　蔣介石日記，1937 年 7 月 22 日。

249　Confidential British Foreign Office Political Correspondence, series 3, part 3, DA47.9. C6 C66 1997 GUIDE PT.4, p. 73.

250　蔣介石日記，1937 年 7 月 21 日。

251　蔣介石日記，1937 年 7 月 22 日。

252　Confidential British Foreign Office Political Correspondence, series 3, part 3, DA47.9.

據，否則英國不宜「涉入太深」。[253] 英國駐日大使館對於此事的評估，也同樣是「不建議同意蔣介石的要求」。[254]

不過，許閣森相信蔣介石不是故意隱瞞，他給英國外交部的報告指出：何應欽僅向蔣介石報告「沒有簽署協定」，但「從未就這份文件的細節跟蔣介石溝通……以致蔣介石從未見過這份文件。」[255]

蔣介石的真正目的是以戰求和，並趁機打破《何梅協定》。他派出中央軍，展現國民政府不畏戰的決心，希望以此迫使在華北有經濟利益的列強（尤其是英美）出面干涉。但是，人算不如天算，蔣介石並不知道 1935 年何應欽曾有書函致梅津美治郎，白紙黑字地允諾中央軍不再進入河北。結果，日本理直氣壯地要求中央軍先撤兵，而英國也因此表示不便涉入。

綜合上述分析，宋哲元的失誤，日本誤判中國情勢，堅持事變在華北解決，拒絕南京中央政府涉入，藉此凸顯華北的「獨立自主」，偏偏蔣介石就是要強調中央對華北的治權，雙方僵持，而國際調停不成，中日衝突再起，一個地方性的偶發事件竟演變成中日全面開戰。

7 月 29 日，中國軍隊撤出河北，平津失陷，抗戰到了「最後關頭」，中國軍民只有共赴國難。

續 ....

C6 C66 1997 GUIDE PT.4, p. 63.

253　Confidential British Foreign Office Political Correspondence, series 3, part 3, DA47.9. C6 C66 1997 GUIDE PT.4, p. 64.

254　Confidential British Foreign Office Political Correspondence, series 3, part 3, DA47.9. C6 C66 1997 GUIDE PT.4, p. 93.

255　Confidential British Foreign Office Political Correspondence, series 3, part 3, DA47.9. C6 C66 1997 GUIDE PT.4, p. 74.

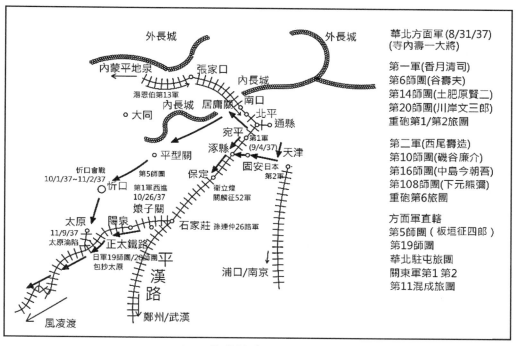

七七盧溝橋事變後形勢圖

$$\boxed{\text{第八章}}$$

重探八一三淞滬會戰

傅應川（前中華民國國防部史政編譯局局長）
岩谷將（日本北海道大學法律與政治研究所教授）
洪小夏（上海師範大學法政學院教授）

　　1937 年 8 月 13 日在上海爆發的淞滬會戰（又稱「八一三之役」），是中國抗日戰爭中第一場大型會戰，也是整個中日戰爭中戰鬥最慘烈、傷亡最重，意義最深遠的一場會戰。這場會戰使盧溝橋事變的地區性衝突升級為全面大戰，中日兩國祕而不宣、但又全面戰爭的真正開始。

　　過去的研究均認為八一三淞滬會戰是由日軍挑起的，中國是「自衛行動」。[1] 然而，最近開放的檔案（包括蔣介石自己的日記）卻呈現出另一個版本：這場會戰不但是國民政府主動挑起的，而且是早有準備的。

　　不僅如此，從淞滬到南京、徐州、武漢各會戰，研究者通常把它們個別看待，彷彿是彼此無關的前後作戰；但各種新檔案開放，顯示出它們其實是環環相扣，是蔣介石大戰略布局的一連串步驟。方德萬（Hans van de Ven）是極少數看出其中奧祕的學者之一。他在 2003 年就指出，從淞滬大戰到武漢會戰：「這些會戰其實是緊密相關的，只有從這樣的角度觀察，才能真正看懂個中道理。」[2]

1　蔣緯國編，《抗日禦侮》，第三部第五卷（台北：黎明文化事業公司，1978），頁 8；
　　吳相湘，《第二次中日戰爭史》上冊（台北：綜合月刊社，1973），頁 383。

2　Hans van de Ven, *War and Nationalism in China, 1925-1945* (London: Routledge, 2003), p. 211.

一、蔣介石另闢淞滬戰場

國民政府早已準備在上海作戰

國民政府在七七事變前 9 個月（1936 年 10 月）已經確定了抗戰的 3 個指導原則：[3]

(1) 打持久戰、消耗戰，拖死日本；
(2) 在上海作戰，誘日軍由東向西仰攻；
(3) 以四川為最後根據地，即放棄平原地區，把西南山地設為最後的國防線。

國民政府在 1934 年 12 月初步實現對四川的控制後，就積極準備全國的抗戰部署。1935 年到 1937 年間，軍事委員會根據對日作戰的需要，將中國劃分為不同層次的國防區域。[4] 上海地處華東沿海，一直被列入「抗戰區」的「京滬杭區」之內。京滬杭區的總負責人是唐生智（軍事委員會訓練總監），下劃為數個分區：

(1) 滬杭分區：司令張發奎（時任蘇浙邊區司令），防區為浙東北至上海浦東的沿海地區，指揮部駐嘉興；
(2) 南京分區：司令谷正倫（時任首都警備司令），防區為南京及至鎮江一帶的京滬鐵路西段，指揮部在南京。
(3) 京滬分區：司令張治中（時任京滬警備司令兼中央軍校教育長），防區為上海及至無錫、江陰一帶的京滬鐵路東段，司令部設在蘇州，部隊在蘇州、昆山一帶，積極準備上海方面的抗戰。

3　參見本書第五章「抗戰大戰略的形成」。
4　劃分標準、具體分區及稱呼，曾作過幾次調整。

　　其中，京滬分區司令張治中得到的命令是：「當戰爭無法避免時，我方則以優勢的兵力，出日本軍之不意，殲滅上海所有之日本軍後，予以占領，使日本軍不能增援。」[5]

　　張治中是上海戰場的宿將，1932年第一次淞滬之戰，就是他率領中央軍第5軍與粵軍第19路軍共同作戰的。此後，他對於南京、上海地區作戰的各種情況，毫不放鬆。1936年就任京滬警備司令後，他在陸軍官校設立了一個「高級教官室」，專門研究京滬的防衛計畫。這個單位後來擴編為「中央軍校野營辦事處」，設在蘇州，積極研擬京滬一帶防衛的部署及作戰計畫。[6]

　　根據這些規劃，國民政府從1936年開始祕密在吳淞、上海周圍構築堅固的國防工事，並在上海、南京之間，修建兩條鋼筋水泥的國防工事（吳福線、錫澄線），另外還有一條沿海的乍平嘉線（乍浦、平湖、嘉興）。1936年還在上海周邊以及市內的龍華、徐家匯、真茹、閘北車站、江灣、大場等地，舉行演習。[7]

　　國民政府參謀本部在1937年初擬定的《民國二十六年度國防作戰計畫》明確指出：「長江下游地區之國軍，於開戰之初，應首先用全力占領上海，無論如何，必須撲滅在上海之敵軍，以為全部作戰之核心，爾後直接沿江海岸阻止敵之登陸，並對登陸成功之敵，決行攻擊而殲滅之。不得已時，逐次後退占領預設陣地，最後須確保乍浦一嘉興一無錫一江陰之線，以鞏固首都。」[8]

　　所以，盧溝橋事變時，蔣介石雖全力關注華北的軍事行動，但並

5　中華民國國防部史政處編，《抗戰簡史》（台北：國防部史政處，1952）頁44。

6　張治中，《張治中回憶錄》，上冊，頁111-113。

7　日本防衛廳戰史室編，國防部史政編譯局譯，《日軍對華作戰紀要》（一）《從盧溝橋事變到南京戰役》（以下簡稱《從盧溝橋事變到南京戰役》）（台北：國防部史政編譯局，1987）頁399。

8　〈作戰指導要領〉，《民國二十六年度作戰計畫（甲案）》（1937年1月），中國第二歷史檔案館編，《抗日戰爭正面戰場》上冊（南京：鳳凰出版社，2005），頁7。

未疏忽上海的防備。事變第二天，7月8日，他「令長江沿岸戒嚴」，並開始部署淞滬地區防衛。[9]他擔心日本會重演5年前的一二八事變，在上海挑釁；同時，他也思考主動在上海開闢戰場的時間點。

派正規軍進入上海

當時駐紮京滬地區的是張治中京滬警備司令部所轄部隊：中央軍精銳的德械師第87、88、36師。其中第36師在1936年12月因為西安事變被調到陝西；所以，七七事變發生時，只有兩個師在京滬地區，第87師駐常熟、蘇州一帶，第88師駐無錫、江陰地區。上海近郊地區只有江蘇省保安團；上海市內則無正規軍，僅有上海保安團和警察大隊。

7月13日，最高軍事會議決定增兵上海，把駐嘉興的第2師補充旅（旅長鍾松）調往上海。[10]這個旅下轄3個團（658、659、660團），但此時增援上海、劃歸張治中統轄的只有兩個團（660團在蘭州）。張治中把該旅改稱為獨立第20旅；為了避開日本人的耳目，把658團改稱為憲兵第13團，進駐松江；659團則喬裝為保安團，第1營祕密進駐上海虹橋機場，第2營進駐龍華機場附近的龍華警備司令部，第3營和團部駐吳縣。軍事委員會又調江蘇保安第2團接替瀏河一帶的江防警戒；命江蘇保安第4團集結太倉；還從南京調了獨立砲兵第8團（裝備瑞典製L/14博福斯Bofors 75mm口徑山砲）、重砲兵第10團（裝備L14式150mm榴彈砲）的第1營，祕密向吳縣（蘇州近郊）附近集結。[11]

鍾松這個旅為什麼要喬裝進入上海？因為1932年《淞滬停戰協議》

9　蔣介石日記，1937年7月8日。

10　「盧溝橋事變後統帥部第三次會報會議記錄」（1937年7月13日晚），《抗日戰爭正面戰場》上冊，頁238。

11　《張治中回憶錄》上，頁116-117；彭廣愷，〈訪鍾松將軍談八一三淞滬抗戰〉，《傳記文學》，第73卷第4期；《抗日戰史·淞滬會戰》（一）（台北：國防部史政編譯局，1980），頁6-7。

規定，中國軍隊不能進駐上海市區及其周邊地區，所以，當時上海只有淞滬警備司令楊虎指揮的保安總團（總團長吉章簡，下轄兩個保安團及特務大隊）、上海警察總隊（相當於一個步兵團，約 2 千人），以及上海市民組成的保衛團（轄兩個團，約 5 千人）。[12]

如果要在上海作戰，首先要打破 1932 年中日《淞滬停戰協議》上海不駐正規軍的規定。

7 月 28 日，蔣介石認為，日本既攻取北平、天津，中國就沒有義務再遵守 1932 年的《淞滬停戰協議》。「政府應照既定決心，如北平失陷，則宣言自衛，與對倭不能片面盡條約之義務矣！」[13]他決定要派正規軍進入上海。

京滬警備司令張治中認為，中日難免一戰，中國對付日本，有三種策略：一是他打我，我不還手，例如東北九一八；二是他打我，我才還手，例如上海一二八；三是我判斷他要打我，我就先打他，這叫「先發制敵」，或叫「先下手為強」。他主張 1937 年的上海，應採取第三種策略。[14]

7 月 30 日，他向軍事委員會建議，一旦上海情況異常，「似宜立於主動地位，首先發難」。蔣介石回電同意：「應由我先發制敵，但時機應待命令。」[15]

這一天，蔣介石把教導總隊調到上海旁邊的蘇州一帶。[16]教導總隊是國民政府裝備與訓練最好的示範部隊，德式裝備，總隊長桂永清，全總隊約 1 萬 3 千人，相當於一個加強的調整師。

....

12　《抗日戰史·淞滬會戰》（一），頁6。

13　蔣介石日記，1937 年 7 月 28 日。

14　《張治中回憶錄》上，頁117。

15　同上。

16　「蔣委員長指示教導總隊應集中江南岸至其江北岸任務另派部隊擔任手令」，《中華民國重要史料初編·對日抗戰時期·第二編·作戰經過（二）》，頁161。

31 日，蔣介石指示軍事委員會趕築京滬一帶防禦工事，[17] 並加緊建築杭州各飛機場工事，[18] 還要軍委會政訓處處長袁守謙加強淞滬一帶民眾組織以及防空防毒訓練。[19] 這一切動作，說明國民政府準備在上海開戰。

黃濬洩密

國民政府緊鑼密鼓部署上海作戰的當兒，發生了一件洩密案。

7 月 28 日上午，漢口的日僑突然緊急撤退。正在漢口碼頭裝貨待發的日本商輪奉命臨時把貨卸下來，日僑隨即蜂擁而上，大部分連隨身衣物都沒有攜帶，有的家中爐火食物餘溫仍在，碗盤都來不及收，顯然是臨時接到日本總領事館的通知，倉皇離開。隨後長江中下游的九江、蕪湖、南京等地的日艦、日軍、日僑也全部撤到上海（因運輸力有限，這四個城市的日僑 29,230 人，直到 8 月 9 日才在日本海軍第 11 戰隊和漢口日本海軍陸戰隊 3 百人的護衛下，全部撤到上海）。[20]

此事發生得突然又急促，外界不知是怎麼回事。直到八一三在上

17 「蔣委員長令趕築京滬路陣地與後方交通路手令」，《中華民國重要史料初編・對日抗戰時期・第二編・作戰經過（二）》，頁 162。

18 「蔣委員長令軍事委員會與航空委員會趕築杭州各飛機場工事並派兵防護手令」，《中華民國重要史料初編・對日抗戰時期・第二編・作戰經過（二）》，頁 162。

19 「蔣委員長指示軍事委員會政訓處處長袁守謙注重民眾組織與防空防毒訓練以及對日軍心戰宣傳手令」，《中華民國重要史料初編・對日抗戰時期・第二編・作戰經過（二）》，頁 162。

20 顧高地，《我所知道的八一三戰役片段》，中國人民政治協商會議上海市委員會文史資料工作委員會編，《抗日風雲錄》下冊（上海：上海人民出版社，1985）頁 84。撤到上海的漢口、九江、蕪湖、南京四地日僑將近 3 萬人，匯合原住在上海的日僑 3 萬人，一共 6 萬人，其中 5 萬人在 8 月 13-19 日再次陸續撤退，返回日本。上海僅留下了約 1 萬名日僑，基本是青壯年男子，很多是當過兵的預備役軍人，他們組織了數千人的在鄉軍人會和壯丁義勇隊，協助日軍參加淞滬戰役。日本防衛廳防衛研究所戰史研究室著，田琪之譯，《中國事變陸軍作戰史》，第一卷第二分冊（北京：中華書局，1979），頁 1。

海打起來後，真相才被南京情報機關查清楚：國民政府 1937 年初核定的《民國二十六年度國防作戰計畫》已決定，一旦戰爭爆發，海軍立即「協助陸軍，以消滅敵在長江內艦隊、並保衛沿岸要塞為主要任務」。1937 年 7 月 27 日，國民政府在南京召開行政院祕密會議，海軍部長陳紹寬提出報告：奉軍事委員會命令，海軍將在江陰方面布雷、沉船，封鎖長江航道，然後集中轟炸日軍停泊在長江的七十多艘軍艦，即使無法全部炸沉，也可扣留一些日艦及人員，希望各部會配合海軍實施江陰封鎖作業。軍事委員會當天用急電飭令沿江各地駐軍立即執行。沒想到，第二天一早，所有在長江中下游水域的日軍戰艦，一夜之間全部撤往上海了。如此機密的封鎖長江計畫，日本如何在當天就知道了？毫無疑問，封鎖計畫洩漏了。蔣介石非常震怒，下令徹查。

參與這次會議的人寥寥可數，除了軍政中樞大員，就只有列席的委員長侍從室二處主任陳布雷和擔任會議記錄的行政院祕書黃濬（字秋岳）。很快查出來，黃濬被日本駐南京大使館收買已有多年；7 月 27 日當晚他就把這個情報告知日方，以致國民政府這個絕密的計畫功虧一簣。調查發現，黃秋岳在外交部工作的兒子黃晟也涉及洩密案。黃氏父子 1937 年 8 月 26 日同被處死。[21]

日本未料到蔣介石上海作戰

8 月 1 日，蔣介石在日記的「本月大事預定表」上注明幾件重要的事情：「五、國防會議；六、對俄訂互不侵犯條約；……十、政府地點擬定武漢，或長沙、廣州；十一、大本營擬洛陽、西安、彰德。」[22]召開國防會議、對蘇表示友善、考慮遷都事宜，均顯示蔣介石已決心

21　顧高地，〈我所知道的八一三戰役片段〉，《抗日風雲錄》下冊，頁84-85；《郭汝瑰回憶錄》（成都：四川人民出版社，1987），頁107。

22　蔣介石日記，1937年8月1日，本月大事預定表。

全面抗日，中日大戰迫在眉睫。

同日，蔣介石催促軍政部長何應欽，在南京與江陰部署德式 88 公釐高射砲何時完成？[23] 3 日，他指示上海警備司令等，「上海一切軍事行動皆歸張治中集中負責」。[24] 4 日，他反覆思考在上海啟戰的步驟，認為「應先取攻勢之利害」。[25]

8 月 10 日，行政院通過拆遷上海工廠計畫，準備把上海及華東沿岸的工廠、裝備、機關、學校遷往武漢、湖南、四川、陝西。[26]

國民政府積極在上海布局。上海的日軍在盧溝橋事變後，也加強警衛，經常在上海周邊及日租界實施夜間演習。但是，東京當局在 7 月底還一心想著與國民政府談判，儘速停止華北的軍事行動。

日本天皇非常關切和平談判的事情。7 月 30 日日本占領北平、天津後，日皇召見首相近衛文麿，詢問：「如平定永定河東北地區，是否可以停止軍事行動？」近衛答覆：「將迅速謀求收拾時局。」[27] 東京著手與南京國民政府談判事宜，陸軍省還擬出一份「處理對華政策」草案，要求中國做到（1）平津地區禁止中國軍隊駐紮；（2）實現華北特殊化；（3）在實行「廣田三原則」的基礎上展開談判。[28] 這份草案顯得自信與樂觀，還以為「華北特殊化」唾手可得，全然沒有意識到中國軍民已忍無可忍，大戰已迫在眉睫。

23 「蔣中正條諭何應欽南京與江陰八點八腰擊砲位臨時裝置究竟何日可成」，《蔣中正總統文物／革命文獻／抗戰時期》，國史館，002-020300-00009-004。

24 「蔣中正電上海市長警備司令等上海軍事行動等皆歸張治中集中負責」，《蔣中正總統文物／革命文獻／抗戰時期》，國史館，002-020300-00009-005。

25 蔣介石日記，1937 年 8 月 4 日。

26 朱匯森主編，《中華民國史事紀要（民國 26 年 7 月至 12 月）》（台北：國史館，1987），頁 249。

27 「軍令部次長嶋田繁太郎海軍中將備忘錄」，《日軍對華作戰紀要（一）：從盧溝橋事變到南京戰役》，頁 346。

28 《日軍對華作戰紀要（一）：從盧溝橋事變到南京戰役》，頁 346。

　　相較起來，外務省和海軍的態度較有彈性，願意作若干讓步，以外交方式收拾局面。但是日本陸軍仍打算像過去 6 年一樣，用軍事行動來壓迫國民政府讓步，然後再藉談判結束軍事行動。

　　7 月 27 日，日本駐南京大使館得到情報，中國海軍即將封鎖長江，炸沉日艦；日方緊急布置撤離長江沿岸的日艦與日僑；東京這才意識到上海與華中的情況不妙。

　　8 月 4 日，第三艦隊司令長谷川清要求東京祕密逐次派遣海軍陸戰隊到上海增援，但海軍省沒有同意，說要慎重，「觀察一段時間後再議」。[29] 8 月 7 日海軍大臣米內光政認為「為保護青島、上海日僑的生命財產，依狀況，應做迅速派遣陸軍兵力的準備」。並建議陸軍大臣杉山元就此事提出閣議。[30]

　　東京正在斟酌時，發生了上海虹橋機場事件（日本稱為「大山事件」或「大山勇夫事件」），促使陸軍認真考慮對上海派兵。

虹橋機場事件（大山事件）升高緊張情勢

　　張治中命鍾松旅的一個營以保安團名義祕密進駐虹橋機場，消息靈通的日本駐滬海軍很可能聽到風聲。8 月 9 日下午 5 時左右，日本海軍陸戰隊大尉大山勇夫及一等兵齋藤要藏，駕軍車沿著虹橋路一直開到虹橋機場門口，企圖強行進入。虹橋機場大門口鍾松旅改扮的保安團衛兵喝令停車，日本人不僅不停車，反而開槍，機場保安團開槍還擊。駕車的齋藤掉頭逃逸，汽車被打成馬蜂窩，癱在馬路上。大山當場在車內斃命；齋藤受傷，慌忙棄車逃命，在農田中跑了幾十米，中彈身亡。

　　打死了兩名日本軍人，為防止日軍藉機挑釁，淞滬警備司令楊虎

29　《大東亞戰爭海軍戰史・本紀》，第一卷，摘自《日軍對華作戰紀要（一）：從盧溝橋事變到南京戰役》，頁 365。

30　同上，頁 367。

指示在監獄裡找一名死囚，穿上軍裝，裹上綁腿，帶到虹橋機場內擊斃；對外說是日本軍人先開槍，打死我方士兵一人，我方被迫自衛還擊。[31]

上海市長俞鴻鈞立即向日本駐滬總領事館電話通報情況。開始日本領事館和海軍陸戰隊都裝聾作啞，否認有日本軍人外出進入虹橋機場。直到淞滬警備司令部參謀點出「大山勇夫」的名字，日方才予以承認；但稱大山嗜酒，可能是酒後私自外出。當晚，由淞滬警備司令部派人，會同日本總領事館武官、海軍陸戰隊人員等一同到現場檢驗；雙方意見分歧，激烈爭論，連夜驗屍。次日清晨，日本海軍陸戰隊把兩人屍骸及破汽車運走，並未提出什麼要求。[32]日本駐上海總領事岡本季正與上海市長俞鴻鈞數次交涉，尚屬平和，地方秩序表面看來，一切正常。[33]日本海軍陸戰隊也就虹橋機場事件發表聲明：「仍本不擴大事態之原旨。」[34]

交涉過程表面看似平和，但背後卻暗流湧動。

日本原有海軍第 3 艦隊 10 餘艘軍艦常駐上海（附有艦載陸戰隊數百人），岸上則有海軍特別陸戰隊 2 千 2 百餘人駐在日租界虹口、閘北一帶，以位於北四川路終點的司令部為核心據點，在虹口、楊樹浦、滬西和浦東四個地區共修築了 80 餘個軍事據點或準軍事據點，駐滬海軍和特別陸戰隊由日本海軍第 3 艦隊司令官長谷川清中將統一指揮。

---

31 「俞鴻鈞等報告虹橋機場一案及有關意見密電」（1937 年 8 月 9 日）；「俞鴻鈞致何應欽等密電」（1937 年 8 月 11 日）；「楊虎致何應欽密電」（1937 年 8 月 11 日），《中華民國史檔案資料彙編》第五輯第二編（軍事）（二），頁 187-189。

32 這具身穿中國軍裝的囚犯屍體，因破綻百出，當晚在現場調查時就被日方識破。參見董昆吾，〈虹橋事件的經過〉，全國政協文史委編，《文史資料選輯》第 2 輯（北京：中華書局，1960）頁 131-133。

33 「上海公安局局長蔡勁軍自上海報告虹橋機場事件經過電」，《中華民國重要史料初編·對日抗戰時期·第二編·作戰經過（二）》，頁 166。

34 「軍事委員會侍從室第一處主任錢大鈞向蔣委員長綜呈方唯智等之日軍行動報告電」，《中華民國重要史料初編·對日抗戰時期·第二編·作戰經過（二）》，頁 167。

虹橋機場事件次日，長谷川清就下令調在日本佐世保軍港的第 3 艦隊機動部隊海軍第 8 戰隊、水雷隊、航空隊以及兩支海軍特別陸戰隊共 2 千餘人赴滬增援。東京方面雖然意識到「解決事態最後可能以武力外，別無他法」。但如要派遣陸軍到上海，從動員到開始攻擊，約需 20 天，因此海軍省指示長谷川清，「目前應盡量慎重行事，盡量不急於把事態導致不可收拾的局面」。[35]

中日雙方調兵遣將

同一天（8 月 10 日），東京就上海情勢舉行內閣會議。海相米內光政提出希望陸軍準備派出部隊到上海，陸相杉山元表示同意，內閣會議決定：為保護僑民，準備向上海派遣陸軍部隊。但隨後在陸軍省和參謀本部聯合召開討論出兵具體事宜的會議上，又發生了分歧。參謀本部作戰部長石原莞爾強烈主張陸軍派兵僅止於華北，上海方面應由海軍負責；陸軍次官梅津美治郎也支持石原的意見。經過爭論，最後決定派遣「最小限度的兵力」——不超過兩個陸軍師團。8 月 12 日制定了向上海派遣陸軍的計畫：派遣第 3 師團和第 11 師團（欠一個旅團）前往上海增援海軍。[36]

8 月 11 日至 12 日，從佐世保開來的日本兵艦及海軍陸戰隊陸續抵達上海。特別陸戰隊 2 千餘人在 11 日夜晚登陸完畢，使在上海的日本海軍特別陸戰隊增加到 4 千餘人，軍艦也由平時的 10 幾艘增至 30 餘艘。

11 日下午，蔣介石聽說日本軍艦正往上海集中，而且有 8 艘運輸艦已抵達上海，他估計是運載日本陸軍來滬的（其實是從佐世保開來

35　《大東亞戰爭海軍戰史·本紀》，第一卷，摘自《日軍對華作戰紀要（一）：從盧溝橋事變到南京戰役》，頁 367。

36　《大東亞戰爭海軍戰史·本紀》，第一卷，摘自《日軍對華作戰紀要（一）：從盧溝橋事變到南京戰役》，頁 368。

的海軍陸戰隊），故「決心封鎖吳淞口」，準備攻擊部署。[37] 晚 9 時，蔣介石用電話下達了作戰命令：「令張司令官治中率第 87、88 兩師於今晚向預定之圍攻線推進，準備對淞滬圍攻。」同時命令駐蚌埠的第 56 師星夜開赴蘇州，嘉興的砲 2 旅第 3 團（裝備瑞典制 L/14 博福斯 75mm 口徑山砲 24 門）和南京的砲 10 團第 2 營（L14 式 150mm 榴彈砲）也開赴蘇州，統歸張治中指揮。[38]

張治中立即向相關各部下達了進軍令。原已抵達上海外圍和周邊的部隊得令而動。88 師兩個旅分從無錫、蘇州等地出發，登上臨時軍用專列火車，直駛上海。87 師 261 旅在江陰，分乘徵用的 3 百輛汽車，連夜出發；259 旅在蘇州，也立即搭乘火車開赴上海。12 日清晨開始，各部陸續抵達南翔、真茹、大場、江灣。駐在南京、嘉興、蚌埠的部隊，則連夜開抵蘇州等上海周邊地區；第 39 軍軍長兼 56 師師長劉和鼎奉張治中之命出任江防指揮官，指揮第 56 師和江蘇省保安第 2、第 4 兩個團，負責太倉至寶山一線的長江江防。[39]

87 師（師長王敬久）、88 師（師長孫元良）都參加過 5 年前的一二八淞滬戰役，對於上海可說是熟門熟路了。12 日，87 師占領了吳淞、瀏河，控制了大場、羅店一線，前鋒 529 旅從西北方向推進到江灣新市中心附近；88 師抵達大場以南，其先遣部隊 262 旅最先到達真茹（今真如），從西南方向逼近閘北；砲 10 團第 1 營和砲 8 團，分抵真茹、大場，準備配合 88 師和 87 師展開進攻。早先進入上海的鍾松旅一個團以及上海保安總團等部，則占據了真茹、閘北、江灣，掩護 87、88 師主力開進。鍾松旅假扮憲兵的另一個團，由松江開抵上海西

37　蔣介石日記，1937 年 8 月 11 日。

38　《上海作戰日記》，1937 年 8 月 11 日，中國第二歷史檔案館編，《抗日戰爭正面戰場》上冊，頁 339。

39　《張治中回憶錄》上，頁 121。

北郊南翔待命,張治中的指揮部也在同日從蘇州移到南翔。[40]

一夜之間,將近 3 萬名頭戴德式鋼盔、裝備精良的中央軍開進上海。清晨起床的上海市民看了,既驚奇又高興,夾道歡迎。12 日下午,蔣介石親到上海巡視,「問張文白準備程度」(張治中字文白),並提醒張「吳淞口尚未實施封鎖」。[41]國軍在上海主動啟戰,已箭在弦上。

「八一三」還是「八一四」?

張治中在上海市及周邊積極部署。8 月 12 日,張治中致電蔣介石及何應欽:「本軍各部隊在本日黃昏前可輸送展開完畢,可否於明(元)日拂曉前開始攻擊?我空軍明晨能否同時行動?」[42]

數萬名國軍精銳部隊進入上海,勢單力薄的駐滬日本海軍陸戰隊發現大事不妙,緊急施展緩兵之計。12 日上午,日本駐滬海軍陸戰隊發表聲明,再次強調日本的「不擴大」原則;總領事岡本則提議召開「淞滬停戰協定共同委員會」會議。外國領事團同意了,於是當日下午在公共租界工部局召開緊急會議。會上各國領事幾乎異口同聲,希望中國「保安隊稍稍後退,以免衝突」。上海市長俞鴻鈞在會上力陳:《淞滬停戰協定》早已被日本破壞,今天本無必要開這個會。中國軍隊在上海華界的駐防行動,外國沒有干涉之權。如果日本願意調回增援的軍艦和軍隊,中國保安隊和新增的軍隊也可以撤退。[43]會議開了一個小時,毫無結果,不歡而散。

---

40 《張治中回憶錄》上,頁 121。

41 蔣介石日記,1937 年 8 月 12 日。

42 「張治中致蔣介石、何應欽密電」,1937 年 8 月 12 日,《抗日戰爭正面戰場》上冊,頁 341。

43 〈交涉經過與戰爭的醞釀〉,《文匯年刊》(上海:文匯有限公司,1939)頁 16-18;「俞鴻鈞致何應欽密電」(1937 年 8 月 12 日),《抗日戰爭正面戰場》上冊,頁 331-332。

　　散會後，日本駐滬總領事館武官沖野及秘書福井隨即拜訪淞滬警備司令楊虎，總領事岡本則拜訪上海市長俞鴻鈞，繼續交涉。兩個拜會都長達數小時之久，其目的顯然是拖延時間。[44]但外國領事團一致希望中日雙方在上海避免衝突，他們的要求使蔣介石主動進攻的決心生出一絲猶豫，他決定把發起攻擊的時間從13日推遲到14日，並在當天（12日）電令張治中：「希等候命令，並須避免小部隊之衝突為要。」[45]

　　因為推遲了一天，所以張治中指出：「大家都說這一次淞滬抗戰為『八一三』戰役，實際上八月十三日並未開戰，不過是兩軍對壘，步哨上有些接觸，正式的開戰是在八月十四日。這樣耽擱了兩天，卻給了敵人一個從容部署的機會。」[46]

　　8月13日，蔣介石曾指示張治中：「對倭兵營與其司令部之攻擊，及其建築物之破壞與進攻路線、障礙之掃除，巷戰之準備，皆須詳加研討，精益求精，不可徒憑一時之憤興，以至臨時挫折；或不能如期達成目的之氣餒，又須準備猛攻不落時之如何處置，以備萬一。倭營鋼筋水泥之堅強，確如要塞，十五生的重榴砲與五百磅之炸彈，究能破毀否？希再研討，與攻擊計畫一併詳覆。」[47]

　　這是一個相當重要的指示。蔣介石是砲兵出身，了解中國軍隊的裝備狀況、指揮水平和步砲協同戰術水準的不足，因此叮囑張治中仔細研究、詳加準備、並上報進攻詳細計畫。但從後來的發展看，張治中似乎並未理解蔣介石的用意，也未認真執行這個指示。

44　「軍事委員會侍從室第一處主任錢大鈞向蔣委員長綜呈方唯智等之日軍行動報告電」，1937年8月12日，「淞滬警備司令楊虎自上海向軍事委員會報告日本要求撤退保安隊與廢除一切工事並日軍亦可撤退新來之陸戰隊電」，1937年8月12日，《中華民國重要史料初編‧對日抗戰時期‧第二編‧作戰經過（二）》，頁167-168。

45　「蔣介石覆張治中密電稿」，1937年8月12日，《抗日戰爭正面戰場》上，頁341。

46　《張治中回憶錄》上冊，頁121-122。

47　《中華民國重要史料初編‧對日抗戰時期‧第二編‧作戰經過（二）》，頁169。

蔣介石命張治中迅速摧毀上海日軍基地

淞滬初期圍殲戰的目標是，趁著日本在上海兵力薄弱的機會（只有數千名海軍陸戰隊和一些海軍艦艇），把陸戰隊在上海及長江的基地整個摧毀，打掉日本正規陸軍兵團登陸的機會。但初戰未能得手，造成全盤被動。

中國陸軍最精銳的部隊德械師第 87 師、88 師，再加上 8 月 15 日後趕到的 36 師、98 師，總共有 4 萬餘人，擁有絕對優勢的兵力，士氣也無比高昂，卻硬是攻不下日本海軍特別陸戰隊司令部大樓（蔣所說的「倭營」），消滅不了區區數千人的日本海軍特別陸戰隊。張治中以為若早一天開戰，他就可以把「上海一次整個拿下」，事實是，他後來整整攻了 10 天，也沒有拿下！

日軍海軍陸戰隊的據點之所以久攻不下，是有原因的。日本海軍特別陸戰隊司令部大樓的外牆，是厚度超過一米的鋼筋水泥建築，內部還堆了幾層裝滿土的麻包，使整個牆體「變」成 2、3 米厚，異常堅固。中方無論是 15 公分口徑的重榴彈炮（一顆砲彈重達 500 磅）、還是空軍飛機的轟炸，都奈何它不得，只能在大樓頂部「啃」出幾個小缺口。

張治中曾向蔣介石報告圍攻戰的情況：我軍「按預定部署全部開始總攻擊，最初目的原求遇隙突入，不在攻堅，但因每一通路，皆為敵軍堅固障礙物阻塞，並以戰車為活動堡壘，終至不得不對各點目標施行強攻」。攻堅戰必須配備相應的重武器，而張治中部隊並沒有穿甲彈、燒夷彈這些裝備，也缺乏重砲。他僅有三門 15 公分口徑榴彈砲，但沒有一門正發揮作用，「新十五榴一門，因射擊激烈，膛線受損；舊十五榴二門，一門膛炸，一門不能射擊」。[48]「對日司令部一帶各目標命中甚多，因無燒夷彈，終不能毀壞」。[49] 這種拮据的裝備，想要攻

48　「張治中致蔣介石電」，1937 年 8 月 17 日，《抗日戰爭正面戰場》上，頁 416。
49　同上。

下日本陸戰隊司令部大樓，談何容易！

誰先打響「八一三」第一槍？

8 月 12 日，蔣介石作了組織調整，撤銷京滬警備區，將張治中的京滬警衛軍改編為第 9 集團軍，下轄第 87、88、56 師、鍾松獨立旅等，以及上海保安總團、上海警察總隊和 3 個砲兵團（兩天後還增加了第 36、98 師），負責淞滬圍殲戰。次日，將張發奎的蘇浙邊區軍改編為第 8 集團軍，下轄第 55、57、61、62 師和獨 45 旅等部，負責守備杭州灣北岸到浦東的沿海一線，保障第 9 集團軍的側翼安全。

8 月 13 日，蔣介石正式下達作戰令：「令第 9 集團軍於 14 日拂曉開始攻擊虹口、楊樹浦。空軍於明（14）日出動，協同陸軍作戰。令海軍部封鎖江陰江面。並命第 18 軍（軍長羅卓英）由平漢線方面轉向吳縣。」[50] 一場大戰即將開始！

從 12 日晚到 13 日上午的 10 幾個小時裡，中日雙方軍隊都嚴陣以待，衝突隨時可能爆發。中國軍隊已把日本海軍特別陸戰隊司令部重重圍住，只等命令一下，就衝鋒進攻。而身陷重圍的日本陸戰隊更是高度緊張，司令大川內傳七少將 8 月 12 日晚下達了作戰準備令，陸戰隊全體上崗，把守各自據點，準備隨時戰鬥。

八一三淞滬會戰具體何時拉開帷幕？又是誰先打響第一槍？迄今仍眾說紛紜。

根據史料，我們可以大致描述現場情景如下：

8 月 13 日上午 9 點 15 分許，一小隊日本海軍特別陸戰隊員，在天通庵車站以南越過淞滬鐵路，進入寶山路，向西寶興路附近的上海保安總團陣地進犯，中國軍隊奮起還擊。這次對射僅約 20 分鐘，雙方很快停火。但 10 點左右，日本海軍特別陸戰隊多支小分隊，在虬江路、

50　朱匯森主編，《中華民國史事紀要：民國 26 年 7 至 12 月》，頁 289。

寶山路、天通庵車站等多地向中國保安部隊進攻，均被守軍擊退。這天上午，閘北各街道，槍聲時起時落，但時間都不長。下午約3時50分，日軍陸戰隊的大砲和黃浦江上的艦砲交相轟擊，使閘北、江灣多處起火。[51]下午5時半，國軍88師忍無可忍，奮勇出擊。駐在寶山路附近的88師262旅（旅長彭鞏英）523團（團長吳求劍）第1營（營長易瑾），冒著砲火搜索前進，在八字橋遭遇一支日本海軍特別陸戰隊，一舉擊退敵軍，收復八字橋。[52]當晚未再發生衝突，八一三之夜，上海暫時轉入沉寂。

前已述及，面對日軍在上海的挑釁，蔣介石決定制敵先機，主動進攻，消滅勢單力薄的上海日本海軍特別陸戰隊。這是既定的決策，因此淞滬會戰的爆發是必然的；無論誰先擦槍走火，對會戰的影響甚微。不過，蔣介石的部署是8月14日開始進攻；而日本海軍因援兵未到，也應是力避衝突的。沒想到人算不如天算，衝突還是在13日爆發了。

在上海開闢第二戰場既成事實，8月13日深夜，蔣介石在日記寫道：「以戰術補正武器之不足，以戰略補正戰術之缺點，使敵處處陷於被動地位。」[53]

二、轟轟烈烈的淞滬大戰

淞滬會戰揭開序幕

8月14日，中國空軍到上海協同作戰，轟炸虹口日本海軍特別陸戰隊司令部大樓、停泊黃浦江上的日本海軍第3艦隊旗艦「出雲」號等軍事目標，轟轟烈烈的淞滬會戰由此展開。以往作戰，都是日本飛

51　〈閘北與滬東的前哨戰〉，《文匯年刊》，頁18-19。
52　張柏亭著，黎東方注，〈八一三淞滬會戰回憶〉，《傳記文學》第41卷第2期。
53　蔣介石日記，1937年8月13日。

機在天上肆虐；這一次，中國空軍搶先出動，打了日本一個措手不及，
震動海內外。

人口密集的閘北區是最初的主戰場，所以淞滬會戰一開始就是短
兵相接的巷戰。日軍把大砲架在馬路上，面對人群及房舍平行射擊，
造成無數的平民傷亡。

8 月 20 日，軍事委員會頒布作戰指導訓令，第一戰區（華北）的
首要任務是「拒止敵人沿津浦、平漢兩鐵路南下，同時側擊敵人對南
口方面之攻擊，鞏固南口、萬全之線，以策定爾後轉移攻勢收復失地
之基礎」。對第三戰區（京滬）的訓令是：「應以掃蕩上海敵軍根據地，
並粉碎在沿江、沿海登陸取包圍行動之敵，以達成鞏固首都及經濟策
源地，為作戰指導之根本原則。」[54]

從這個訓令看來，北守南攻，十分明確。華北戰場是「守」：阻
止日軍沿平漢、津浦鐵路南下；淞滬則是「攻」：一舉消滅日本上海
的海軍陸戰隊以及沿江、沿海的日軍陣地，斷絕任何日軍登陸的機會。
蔣介石已決心要在上海大打一仗。

是否增兵上海，東京激烈辯論

上海方面風雲緊急，究竟應如何應對？東京方面產生激烈辯論。
參謀本部的戰略規劃一直是以防蘇為重點，因此不希望把軍力分散到
上海。8 月 10 日的閣議上，參謀本部作戰部長石原莞爾強烈反對派陸
軍到上海；但陸軍大臣杉山元主張應派兵護僑；海軍大臣米內光政雖
認為應該慎重，但也認為應派兵護僑。

雖然陸海軍都同意應派兵護僑，但是，華北戰局正殷，究竟是以
上海為重點，還是以華北為重點，參謀本部主要幹部仍有顧慮，擔心
北面的蘇聯會趁機異動。

54　《抗日戰爭正面戰場》上，頁46。

　　針對參謀本部顧慮蘇聯的動向，陸軍省認為不足為慮，因為史達林在2個月前（1937年6月11日）才展開肅反運動，牽連甚廣，連紅軍元帥米哈伊爾‧尼古拉耶維奇‧圖哈切夫斯基都遭到殺害；還有，6月30日，日本艦艇在黑龍江的一個小島（乾岔子島）擊沉了蘇聯砲艇，在與蘇聯交涉時，日本發現對方態度軟弱，所以，蘇聯自顧不暇，應不會對日採取軍事行動。[55]

　　8月12日晚上舉行首相、陸相、海相、外相四相會議。海軍大臣要求派遣陸軍部隊到上海，其他三大臣也認為「勢態到了這個地步，出兵是不得已」。[56]13日上午召開閣議，正式同意派遣陸軍到上海。[57]

　　閣議剛作出派兵決定，中日雙方就在上海開火了，派兵與否已不再有爭議的空間。不過，根據軍令部次長嶋田繁太郎海軍中將的紀錄，13日晚上，參謀本部第三課正忙著實施作戰部署時，石原莞爾進入室內，特別對於即將派遣陸軍之事，發表否定的言論。[58]

　　8月14日，東京下令動員第3、11、14師團共三個師團，向上海和青島各派一個半師團。

　　儘管14日中國空軍已在上海轟炸了日本軍艦、海軍陸戰隊大樓等目標，東京在14日晚上閣議已決定正式派遣陸軍到滬作戰，但日本政府還是發表聲明，強調日本所期待的是中日合作，不希望發展成全面戰爭，仍應本不擴大方針，努力提早結束事變。[59]15日，日本政府正式發表聲明：「帝國已達到其能隱忍之限度，為著膺懲支那軍之暴戾，

55　《軍事史評論》（台北），第3期（1996年6月），頁133。

56　《日軍對華作戰紀要（一）：從盧溝橋事變到南京戰役》，頁369。

57　同上。

58　「軍令部次長嶋田繁太郎海軍中將備忘錄」，摘自《日軍對華作戰紀要（一）：從盧溝橋事變到南京戰役》，頁369。

59　「陸軍省軍事課長田中新一大佐業務日記」，《中日戰爭記錄》，摘自《日軍對華作戰紀要（一）：從盧溝橋事變到南京戰役》，頁374。

促使南京政府反省，現今不得不採取斷然之措施。」[60] 這個聲明顯示，日本出兵的主旨是為了「膺懲」中國軍隊，目標是「促使南京政府反省」。

15 日，東京發布「臨參命第 73 號」，正式宣布組建「上海派遣軍」，派松井石根大將為司令官，率領第 3、第 11 師團前往上海增援（11 師團欠一個旅團）。

此時，日本政府依舊想延續不擴大方針。因此限定上海派遣軍的任務是「協助海軍掃蕩擊滅上海附近之中國軍，占領上海以及其北方地區之要線，保護日本僑民」。[61]

陸軍大臣杉山元解釋：「應堅持不擴大方針，努力早日解決事變。儘管向上海派兵改變了事變的性質，但我們不認為事件已經升級為全面戰爭，將目標轉變為打倒南京政府。」[62]

參謀本部作戰部長石原莞爾仍堅持他一貫的態度，對派兵持消極態度，不願把戰場擴大到華東。他表示：「上海危險就撤僑，損失一億也好，兩億也好，僑民損失多少，（日本政府）全賠給他們。這比起戰爭便宜多了！」[63]

與石原相反，上海派遣軍司令官松井石根則是堅定的主戰派和「擴大派」，他對於上海派遣軍的任務被限定為「膺懲、護僑」，以及僅派遣不足兩個師團到上海，表示不滿，他認為應派 5、6 個師團，速戰速決，打垮國民政府。出發到上海之前，他對派遣軍參謀長飯沼守中將表示：「政府聲明不可按照以往的姑息，應使蔣委員長下台，國民政府沒落方可……速戰速決，與其將主力用在華北，不如將主力用於南京……（作戰）方法應定為五、六個師團，預先做宣戰布告較為妥

60　藤原彰，陳鵬仁譯，《解讀中日全面戰爭》（台北：水牛出版社，1996）頁 112。

61　《日軍對華作戰紀要（一）：從盧溝橋事變到南京戰役》，頁 377。

62　同上，頁 373-374。

63　同上。

當。」[64]

參謀本部戰爭指導課長河邊虎四郎戰後檢討當時的決策，認為「當時陸海軍可能均未預料到，中國方面將其強大兵力集中至上海方面」。[65]

對於上海之戰，關東軍的態度是堅決主張派陸軍增援華中。關東軍自七七事變開始，就質疑東京的不擴大、當地解決的方針。他們認為如此反而會延遲事態的解決，應該「用必要之兵，採取斷然措施」。[66] 關東軍司令官植田謙吉主張迅速在短期內行動，「應即向上海、山東方面各派有力之兵團，使其確保有力之態勢，同時摧毀中國空軍，配合放膽之政治經濟謀略等，把目標集中於擊滅華北中央軍、徹底討伐南京政權，以促使其對反抗日本斷念而死心」。[67]

8月17日，東京閣議決定「放棄不擴大方針，採取戰時態勢上所需之各種準備」。[68] 8月18日，第3師團（師團長藤田進中將）、第11師團（師團長山室宗武中將）完成臨時動員，登上海軍艦艇，分兩梯次出發。

日本終於出動陸軍精銳部隊了，但上海日本海軍陸戰隊卻等不及了。因為中國陸軍正規軍的精銳部隊和中國空軍聯手，已出手了。

中國空軍大顯身手

中國空軍成立不久，官兵仍在培訓養成之中。盧溝橋事變爆發後，華北戰事緊急，新編的空軍奉命北調。年輕的飛行員抵達華北不久，

64　參謀本部印，《飯沼守中將日記》，摘自《日軍對華作戰紀要（一）：從盧溝橋事變到南京戰役》，頁382。

65　參謀本部印，《河邊虎四郎少將回顧應對錄》，摘自《日軍對華作戰紀要（一）：從盧溝橋事變到南京戰役》，頁381。

66　《日軍對華作戰紀要（一）：從盧溝橋事變到南京戰役》，頁375。

67　同上。

68　同上。

蔣介石決定在上海另闢戰場，命令年輕的飛行員掉頭緊急南飛，務必在 8 月 13 或 14 日傍晚之前趕回南京、筧橋、廣德、揚州、句容等地機場。

8 月 14 日凌晨 2 時，航空委員會下達轟炸上海日軍的命令。當時日軍在上海主要集中在三個地方：海軍陸戰隊司令部、匯山碼頭、公大紗廠（日軍軍械庫），還有停泊在黃浦江和長江口的軍艦，這幾個地方就成了中國空軍轟炸的主要目標。

不過，這次轟炸效果並不理想，僅炸傷日本第 3 艦隊旗艦「出雲」號，還轟炸了日本海軍陸戰隊司令部大樓、公大紗廠、日軍數個兵營。負責轟炸長江口日艦的第 5 大隊因颱風過境，能見度極差，連轟炸目標都沒有找到。不但如此，14 日下午還不小心掉落兩顆炸彈在人口稠密的上海市區「大世界」遊樂場附近，造成中外平民 2 千多人傷亡。參與任務的第 2 大隊第 11 中隊中隊長龔穎澄檢討效果不彰的原因：訓練不成熟、作戰無經驗、事先沒有縝密的規劃與計算，只憑著血氣之勇難以成事。[69]

這波轟炸雖然成績不夠好，但迫使日艦往東海逃走，同時也激怒了日軍。日軍立即調派在台灣松山機場的鹿屋航空隊，以及駐在朝鮮濟州島的木更津航空隊，準備一舉摧毀上海、南京一帶的中國空軍基地，引發了著名的「八一四」大空戰。

14 日下午，日軍從台灣松山機場調派 18 架轟炸機，攻擊杭州筧橋及皖南廣德機場。當時華東地區風雨交加、烏雲密布，能見度很差。日機沿著浙江海岸進入內陸時，中國空軍第 4 大隊 21 及 23 中隊 18 架飛機正好冒雨從河南周家口返抵杭州筧橋。剛落地不久，大多數尚未加油，就接到敵機來襲的消息，有幾架飛機尚未加油，也不顧一切立

69　朱力揚，《中國空軍抗戰記憶》（杭州：浙江大學出版社，2015）頁 136-138。陳應明、廖新華編著，《浴血長空：中國空軍抗日戰史》（北京：航空工業出版社，2006），頁 30-36。

刻升空迎戰。雙方在莧橋上空遭遇，中國空軍在大隊長高志航帶領下，對日機迎頭痛擊，寫下了七七事變以來中國空軍的第一場空戰。

這一仗，中國空軍擊落鹿屋航空隊 2 架轟炸機、重傷 1 架（返回後損毀）。襲擊廣德機場的鹿屋航空隊 1 架飛機被掉隊的第 4 大隊 22 中隊分隊長鄭少愚擊成重傷，勉強支撐返航，剛飛到基隆港外的小島就墜毀了。另外還有 4 架飛機被擊傷，帶著累累彈痕飛回台北松山機場。

中國飛機損失為零，但一架飛機因油料用盡，飛機失速，撞毀在機場附近，機員劉樹藩重傷死亡。另一架飛機也是因為油料用盡，迫降在機場邊的田野裡，駕駛員金安一輕傷。

8 月 14 日這一整天，從拂曉到黃昏，中國空軍分別從南京、杭州、揚州、廣德，出動了 9 批 76 架次各型戰機，轟炸上海日軍據點、軍艦，尤其是下午高志航率領的第 4 大隊大勝日本從台灣飛來的鹿屋航空隊，中國人民知道這個消息，奔相走告，欣喜若狂，國民政府後來在 1939 年決定以「八一四」這天為中國空軍節。

日軍之所以鎩羽而歸，主要是輕敵，不相信中國空軍也能空戰。他們視八一四為恥辱，立刻在第二天（15 日）派木更津航空隊 20 架轟炸機來報復性轟炸南京。高志航率領第 4 大隊 21 架戰鬥機迎戰。首次參戰的日本王牌木更津航空隊被擊落 4 架，擊傷 6 架，損失近半。這一天，日軍還從航空母艦起飛 45 架次飛機，被擊落 21 架。八一五，中國空軍在地面防空部隊的配合下，取得更為輝煌的勝利。

16 日，日軍再來攻擊。中國空軍繼續還擊，共擊落日機 11 架。

中國空軍參加淞滬會戰前三天，共擊落日本飛機 30 餘架，大獲全勝，令舉世刮目相看；高志航、劉粹剛等成為中國人家喻戶曉的空軍英雄。日軍原駐台灣松山機場的鹿屋航空隊，幾乎全軍覆沒，隊長因此切腹自殺。

不過，日軍很快在上海建築防禦工事，還有新式的九六戰鬥機加入行列，中國空軍就倍感吃力了。作戰時飛機耗損嚴重，無法整補，

毀一架就少一架，戰機數量逐漸減少；而日軍的戰機源源而來，數量不斷增加；雙方比例很快拉開。

以高志航的第 4 大隊為例，8 月初原有 32 架美製霍克 III 型驅逐機原是要去華北參戰，8 月 7 日飛到河南周家口機場，因機場降雨，跑道泥濘，5 架飛機落場時翻覆失事；8 月 14 日下午飛回杭州筧橋時，只有 27 架飛機。經過 3 天空戰，只剩 21 架，到 9 月 21 日移防蘭州（去接收蘇聯賣給中國的戰機）時，只剩下 8 架。八一四後不到 1 個月，中國空軍幾乎無法再大舉空襲日軍陣地，許多工作僅能夜晚執行，以避過日軍飛機的攻擊。

飛機尚且如此，人就更不堪了。飛行員日夜輪流執勤，最多時一天起降 13 次。愈到後來，傷亡愈重，沈崇文連人帶機衝向日艦，與日艦同歸於盡；閻海文遭日軍砲火擊落，英勇犧牲；[70] 高志航也在 11 月 21 日在河南周家口機場陣亡。

淞滬大戰，雙方不斷增兵

再回頭看地面部隊的淞滬大戰。此役一開始是黃浦江沿線東西向為主軸的作戰，日本陸軍登陸後，戰線轉為南北向。

蔣介石原來預計一週內就可殲滅上海日本海軍特別陸戰隊。作戰第一階段（8 月 13 到 22 日），日本海軍陸戰隊確實處於劣勢。但日軍的坦克、重砲、還有艦艇飛機也使得中國軍隊的進攻不順，而且傷亡相當大。8 月 16 日，蔣介石派陳誠到上海戰場視察。陳誠發現張治中的第 9 集團軍初期投入的部隊雖然包圍了日軍，但兵力優勢並不大，以至於強攻了 3 天，進展有限。因此建議將第 36 和 98 師也加入攻擊，

---

70 過去一般說閻海文是跳傘落地後不屈自盡的。薩蘇根據 1938 年出版的日文書《上海十日戰》發現，閻海文跳傘尚未落地時已在空中中彈犧牲了。參見薩蘇，《退後一步是家園・後記》（濟南：山東畫報出版社，2011），頁 349-351。

造成絕對優勢的兵力，先中央突破，再向兩側席捲，殲滅敵軍。[71] 此時宋希濂的第 36 師在 8 月 19 日剛好趕到上海，張治中便匆忙決定 20 日晚以 36 師為主力，發起匯山碼頭攻擊戰。

虹口區租界內通往黃浦江邊的街道，沿途的房屋都被日軍改造成了工事，每個街口都建築了街壘；36 師的官兵想衝過去，一路障礙重重。擔任主攻的 216 團團長胡家驥下令：「不顧一切犧牲，冒著敵人的砲火前進」，並身先士卒帶隊衝鋒。結果胡身邊的兩個衛士，一個犧牲，一個身中兩彈，胡團長本人五處負傷。衝到目的地江邊的匯山碼頭，主力突擊營第 1 營（營長熊新民）傷亡近半，沒有後續部隊跟進，再想向兩邊席捲，已力不從心了，宋希濂只好下令 216 團撤回攻擊出發地。

事後宋希濂總結：「我軍裝備遠遠不如敵軍，」「日軍的防守掩體，多半是鋼筋水泥加上沙包建成。我軍缺乏攻堅砲火，只能逐步接近，使用手榴彈爆炸敵人據點。」[72] 但無論如何，匯山碼頭之戰，是第一階段作戰的亮點，也是整個淞滬會戰中可歌可泣的戰例之一。

但是，要怎麼打？華北戰場如何應付？蔣介石似乎仍在猶疑。七七事變之後，日軍的進攻重點在華北。因為國民政府早在 1936 年就有在上海開闢戰場、誘日軍南下的打算，所以蔣介石此時如能在淞滬開闢第二戰場，就有可能達到一石三鳥的目的：首先，減輕華北戰場的壓力；其次，消滅人數不多的日本海軍陸戰隊，保衛上海這個國府的經濟中心，進而拱衛首都南京的安全；第三，上海是國際都會，希望引起國際干預，制裁日本，至少能限制或牽制日本侵華的步伐和規模。[73]

71　《陳誠先生回憶錄‧抗日戰爭》（上），頁 53。

72　宋希濂，《鷹犬將軍宋希濂自述》，頁 117-118。

73　蔣介石總認為中國全面抗日的時機尚不成熟。他在 1933 年曾計畫用 6 年時間，整理出 60 個現代化的師，到 1939 年完成這一整軍建軍任務，再配合工業、交通等建設，中國才有把握對日宣戰。

　　但在淞滬開戰之初，蔣介石尚未決定淞滬會戰要打多大的規模、多長的時間。8 月 16 日，陳誠和熊式輝奉蔣介石之命到上海視察，兩人發現中國軍隊雖然暫時包圍了日軍，但後備部隊不足，而且一旦日本陸軍正規部隊登陸，戰況會變得極為艱難。18 日回到南京後，熊式輝向蔣介石報告：「不能打。」陳誠則說：「不是能不能打的問題，而是要不要打的問題。」[74] 陳誠認為：華北戰事擴大，已無可避免；日本如在華北得手，必利用其快速部隊沿平漢路南犯，直取武漢。武漢若守不住，中國被斷分為二，對中國大不利。因此，「不如擴大淞滬戰爭，誘敵至淞滬作戰，以達成二十五年所預定之戰略」。[75] 陳誠所指民國 25 年「預定之戰略」，就是 1936 年 10 月底在洛陽決定的策略：避免日軍從華北向南，過黃河、直取武漢；要設法誘日軍到江南，改變日軍作戰軸線。

　　蔣介石同意陳誠的建議，立刻發布陳誠為第三戰區前敵總司令，兼第 15 集團軍總司令，並決定擴大向上海增兵。

　　淞滬會戰可分四個階段：

第一階段

　　8 月 14 日中國軍隊主動啟戰。第一階段主要是在上海市區圍殲日本海軍陸戰隊的各個據點。張治中部隊在砲火掩護下勇猛進擊，中國空軍猛轟日軍據點，海軍封鎖長江江陰水道，中國軍隊以絕對優勢兵力，趁著日本陸軍援兵未到的空檔，以中央軍精銳 88、87，加 36 師，後來還有 98 師等部，圍殲人數不多的日本上海海軍陸戰隊。起初進攻還算順利，14 日當天就收回了八字橋、持志大學、滬江大學，接著克復愛國女校、日本海軍操場等，17 日攻入日本海軍俱樂部，到 8 月 22

74　《陳誠先生回憶錄・抗日戰爭》（上），頁53。
75　同上。

日，中國軍隊占領了閘北、虹口、楊樹浦多個日軍據點。但最後一段，也就是虹口到楊樹浦這條戰線上，遭遇了困難。日本海軍陸戰隊司令部大樓一帶防禦工事異常堅固，日軍憑著堅固的工事、火砲，以及日本海軍的火力掩護，守在裡面等待援軍。中國軍隊發動數次進攻，和日軍一座橋、一幢樓地爭奪，死傷慘重，但就是攻不下日軍的核心陣地。

8月18日，蔣介石獲悉日本陸軍決定大舉增兵上海，又接受了陳誠的建議，決定增調部隊到上海。18至20日，各部集結、出發，奔赴上海。20至23日，陸續到達上海的部隊有步兵6個師，中央軍校教導總隊（相當於1個加強師），砲兵2個半團。至此，在淞滬地區（含張發奎第8集團軍）的中國軍隊共計約相當於13個步兵師，4個砲兵團。再加上25日到達的陳誠15集團軍，一共15個步兵師。

8月22日半夜，日軍從本土派來的第3、第11師團陸續登陸後，情勢就不一樣了。第11師團前鋒部隊在長江沿岸的川沙口[76]、寶山一線登陸，隨後西進，向羅店、嘉定、南翔推進。從名古屋開來的日軍第3師團前鋒部隊則在黃浦江的吳淞口以南、張華濱一線登陸，然後進攻大場；另以一部沿黃浦江航行至楊樹浦碼頭附近登陸。

第二階段

中日雙方大部隊都到了上海，淞滬之戰進入第二階段，作戰重心，由在市區圍殲日本海軍陸戰隊，轉移到抗擊新登陸的日本陸軍上海派遣軍。

國軍增援部隊陸續開到，最初均交給第9集團軍總司令張治中指揮。中央軍18軍（軍長羅卓英）所轄的第98、11、14、67四個師，浙軍周嵒的第6師，中央軍王耀武的第51師等，都由第9集團軍指揮，

76　此川沙口非浦東川沙，而是瀏河以東、寶山以西、長江邊的一個小河口。

此時張治中是淞滬戰場唯一的指揮官。

但陳誠出任第三戰區前敵總指揮兼第 15 集團軍總司令後，由陳誠和張治中分別指揮江防軍和圍攻軍作戰，實際是成了二元領導體制。陳誠的指揮思路和張治中不盡相同，蔣介石比較支持陳誠的部署，後來陳誠指揮的兵力愈來愈多，他在淞滬戰場的發言權逐漸超過張治中。

陳誠麾下主要是他擔任總司令的第 15 集團軍，下轄第 18 軍和 54 軍（軍長霍揆彰）兩個軍，還有指揮江防軍劉和鼎部（56 師等），25 日後又增加了第 6 師和 51 師等，是抗登陸作戰的主力軍。

這些中國的精銳部隊在長江、黃浦江沿岸頑強阻擊日軍；當江防第一線陣地失守後，退守吳淞、寶山、月浦、楊行等地，步步為營，以血肉之軀，與日軍第 3、11 師團浴血死戰，創造了羅店爭奪戰的輝煌戰例，但 15 集團軍的 4 個主力師也幾乎打光了。

張治中繼續指揮第 9 集團軍圍殲日本海軍陸戰隊。但因為 8 月 22 日晚日本陸軍大舉登陸，江防那邊狙擊力量不足，把 98 師和 87 師一個旅調到江防作戰，張治中指揮的兵力更加捉襟見肘；而上海日本海軍陸戰隊在 8 月 19 日後又繼續獲得海軍增援，因此張治中只得暫取守勢，躲在海軍陸戰隊司令部內的日本海軍陸戰隊因此得到喘息之機，甚至向國軍發動反攻。

8 月 23 日日本兩個師團陸軍登陸後，立刻發揮驚人的能量。當天凌晨開始，中日雙方就在吳淞、瀏河、寶山、羅店一帶展開激戰。

陳誠首先指揮第 15 集團軍第 18 軍的第 11、14、67、98 師等發起全線攻擊，試圖圍殲剛剛登陸、立足未穩的日本陸軍，奪回羅店、殷行等被日軍占據的戰略要地。但因日軍陸海空立體作戰，艦砲火力極猛，飛機狂轟濫炸，全力掩護陸軍展開，陳誠圍殲日軍的計畫未能實現，但還是出現了像羅店爭奪戰、寶山守備戰等可歌可泣的戰例。

羅店是南達大場和上海市區、西抵嘉定、東通寶山的交通樞紐，但因守軍兵力不敷分配，這樣的戰略要地卻未駐兵。日軍 11 師團在 8

月 23 日中午占據了羅店，國軍第 11 師當天晚上就奮勇將它收復，但在 5 天後再度失守。之後，國軍以第 18 軍的 4 個師為主，加上 74 軍和 56 師一部，先後發動了四次大規模反攻羅店的戰役，但最後在 9 月 6 日停止反攻、實施撤退。羅店爭奪戰雙方死傷慘重，國軍尤為悲慘，面對日本砲火，前仆後繼，一整排、一整排的犧牲，整個連、整個營幾小時就被打掉了，羅店成了「血肉磨坊」。

　　寶山城也是如此。第一次被日軍第 3 師團攻陷是 8 月 23 日，幾乎和羅店第一次失守同時，但次日就被國軍 98 師收復。然後 98 師 583 團 3 營（營長姚子青）負責該城的守備。這個營死守寶山不退，直到 9 月 6 日終被日軍攻陷，姚子青營幾乎打光，少數倖存者被俘，但隨即全被日軍殺害，整營官兵幾乎全部死亡。[77]

　　面對中方大量中央軍的強兵悍將，日軍也陷入苦戰。在這種情況下，上海派遣軍司令官松井石根請求向上海增派援軍，海軍也請求儘快增兵。

　　8 月 19 日，日本參謀本部討論再次增兵上海的問題。根據陸軍省軍事課長田中新一大佐的紀錄，參謀本部認為，當時蘇聯駐遠東軍隊可達 31-50 個師；此時繼續增兵中國，相當冒險。因為日本陸軍戰前一共只有 17 個師團，其中 1 個派駐朝鮮，4 個留守日本國內，其餘 12 個都在中國（關東軍 4 個、華北派遣軍 6 個、上海派遣軍 2 個），這已是對華作戰的最大限度了；萬一蘇聯有所異動，日本將毫無招架之力。但是，陸相（陸軍大臣）杉山元力陳，增兵上海是為了速戰速決，徹底打擊中國政府，才能提早收拾時局。最後，為了提早解決中國事變，

77　過去都說守城的 98 師 94 旅 583 團姚子青營，全營陣亡。實際並未全部陣亡，而是大部分傷亡，倖存者被俘，但遭日軍全部殺害。寶山殺俘開南京殺俘的先河。以往戰例，還沒有發生過日軍將國軍俘虜全部殺害的情況。詳情參見程兆奇，〈寶山城攻防史料鈔〉，嚴耀中主編，《論史傳經》（上海古籍出版社，2004）。

不得不「毅然動員」。[78]

　　會議中，議會政黨領袖有政黨領袖提問：「究竟要進攻到何種程度，蔣委員長才會屈服？」杉山元答道：「不久後即將發生的華北會戰，正是達到此目的的一戰。」[79] 這說明日本陸軍到了 8 月下旬，仍在想著華北大戰。

　　9 月初，在上海的中國軍隊已有步兵 21 個師又 6 個旅，砲兵 6 個團，達 30 萬之眾。蔣介石於 9 月 6 日簽發了大本營對第三戰區第二期作戰指導計畫的訓令，把陳誠的第 15 集團軍（原稱江防軍），張發奎的第 8 集團軍（原稱浦東防守軍），張治中的第 9 集團軍（原稱上海圍攻軍）改稱為左翼軍、右翼軍、中央軍；另在戰略上，對日軍，改攻勢作戰為守勢作戰。[80] 在這個戰略指導下，國軍對日軍發動的每一次攻勢，都嚴陣以待，寸土必爭，抵死不退，雙方進行拉鋸戰，使日軍無法順利推進。

　　上海戰況膠著，東京頗為著急，不得不繼續增兵。首先，命令原在華北的第 11 師團天谷支隊歸建上海。其次，9 月 6 日決定再派 3 個師團（第 9、13、101 師團）增援上海。在這 3 個師團動員、集結、運輸期間，先從台灣守備軍中抽調重藤支隊，以軍艦迅速派往上海；7 日又發布「臨參命第 96 號」，從華北方面軍抽調後備步兵（10 個大隊）、砲兵（2 個中隊）、工兵（2 個中隊）、野戰重砲兵（1 個大隊）、高射砲隊（5 個隊）等，迅速趕赴上海，[81] 以解燃眉之急。

　　東京判斷，將如此重兵派到中國，可以在 10 月底至 11 月初結束對

78　《陸軍省軍事課長田中新一大佐業務日記》，摘自《日軍對華作戰紀要（一）：從盧溝橋事變到南京戰役》，頁 410。

79　同上。

80　《抗日戰爭正面戰場》上，頁 374-377。

81　「軍令部次長嶋田繁太郎海軍中將備忘錄」，摘自《日軍對華作戰紀要（一）：從盧溝橋事變到南京戰役》，頁 424-425。

華戰爭。

中日全面大戰已在眼前，一直堅持不擴大方針的參謀本部作戰部長石原莞爾少將辭職，被轉調為關東軍副參謀長，9 月 28 日，他的職務由下村定少將繼任。

此時日本在中國已投入 15 個師團（6 個在華北、5 個在淞滬、4 個在東北），超過了對華用兵的極限。參謀本部擔心對俄、對華兩面作戰可能的風險。作戰課西村敏雄少佐回憶當時的情形：「作戰課是一面祈禱北方平安，一面以如履薄冰的心情指導對華作戰。」[82]

9 月 12 日以後，隨著日軍更大規模地增兵並大舉進攻，淞滬會戰進入第三階段——相持階段。

第三階段

中日雙方不斷增兵，日本最早不到 5 千名海軍陸戰隊，後來陸海軍不斷增援，各種兵種的投入，到 9 月中旬，已有 5 個師團又兩個旅團，約 12 萬軍隊在上海。

中國方面，國民政府也是逐次增兵，從最早張治中的兩個師一個旅約 3 萬人，到 9 月中旬已陸續投入將近 40 萬人。

9 月 21 日，蔣介石對淞滬會戰的指揮系統進行了一次調整。調走了有名無實的戰區司令長官馮玉祥，[83] 自己親自兼任第三戰區司令長官，副司令長官仍是顧祝同。40 萬大軍分為左右兩翼：左翼軍總司令陳誠，轄第 9（總司令張治中）、15（總司令陳誠兼）、19（總司令薛岳）三個集團軍；右翼軍總司令張發奎，轄第 8（總司令張發奎兼）、10（總司令劉建緒）兩個集團軍。這就把淞滬戰場第一階段的統帥、第二階

82　《西村敏雄中佐回顧錄》，摘自《日軍對華作戰紀要（一）：從盧溝橋事變到南京戰役》，頁410。

83　派到新成立的第六戰區（津浦鐵路沿線地區）當司令長官。該戰區 1 個月後撤銷。

段和陳誠並列的指揮官張治中降為陳誠的下級了。

調整命令剛下達，張治中之前在 9 月 4 日提交的辭職報告立刻被批准。於是，蔣介石當天又追加一道電令，改變部署為：淞滬戰場改為分左中右三翼：左翼軍陳誠（轄第 15、19 兩集團軍）；右翼軍張發奎（轄第 8、10 兩集團軍）；中央軍總司令朱紹良（轄第 9 集團軍和第 18 師，朱紹良兼第 9 集團軍總司令）。朱紹良全面取代了張治中。

張治中早在 1932 年就率第 5 軍參加一二八淞滬之役，1936 年兼任京滬警備司令，1937 年淞滬戰役初期擔任第 9 集團軍總司令，竟然在激戰正酣的淞滬戰場上，突然被調走了。他被派到一個遠離戰火的閒職：軍事委員會管理部部長。

張治中黯然去職，而他所率領的淞滬戰場的驍將們卻升官了：87 師師長王敬久升任 71 軍軍長、88 師師長孫元良升任 72 軍軍長、36 師師長宋希濂升任 78 軍軍長（他們都還兼任原來的師長）。臨陣易帥，本是兵家大忌，而且一天連下兩道電令，這種情形頗為罕見。[84]

第三階段（相持階段）時間最長，兩軍鏖戰拉鋸，直到 11 月 5 日，日本第 10 軍從金山衛一帶登陸，才打破相持的僵局。將近 2 個月的時間，雖然雙方都沒有大進大退的戰績，但戰爭像台絞肉機，不動聲色地吞噬了無數的生命。在日復一日的反覆拉鋸中，交戰雙方陷入激烈悲慘的苦戰；一方死攻，另一方死守，陣地數易其手，死傷無數。

中國軍隊從 9 月上旬開始，一直盯著長江以南、楊涇、潘涇以西的戰線，苦守了 20 多天；隨著日軍進攻的鋒芒向南，又在蘊藻濱、走馬塘地區死守了 20 多天。這 40 多天的苦戰，日本陸軍的精銳部隊僅僅向前推進了 10 幾公里，戰況激烈以及國軍死守的決心可見一斑。這期間，悲壯慘烈的故事比比皆是，每一公里都埋葬了數萬中國官兵的

84　張發奎口述、夏蓮瑛訪談及記錄、鄭義翻譯及校注，《蔣介石與我：張發奎上將回憶錄》（香港：星克爾出版（香港）有限公司，2009），頁228。

生命；即使是裝備最好的中央軍88、87師，三分之二以上都傷亡了。

孫元良的88師，從8月13日一開始就負責固守閘北，視死如歸，前仆後繼，一直堅守了76天，寸土未失。日軍數次來攻，都沒能越雷池一步。88師死傷慘重，最後活下來的不到三分之一。

宋希濂的36師，與87、88師一樣，也是蔣介石王牌的德械整編師，淞滬參戰前原有9千餘人，會戰中補充過4次，每次補充一個團，約1千5百至2千人，都是別的部隊送來的有戰鬥經驗的老兵，4次一共補充了6千餘人；戰後全師僅存4千餘人，官兵傷亡高達1萬2千餘人，傷亡超過75%。

3個月中，團營幹部換過好幾波，連排幹部更不用說了，有時一天就換幾次。由於沒有制空權，補充兵員都是利用夜晚行動，有時補充兵剛到前線，碰到日軍夜間進攻，馬上投入戰鬥，有的當晚就犧牲了，連名字都沒來得及登記，造成了眾多的無名烈士。[85] 這樣的慘狀處處可見。

日軍進攻方向由向西改為向南後，戰鬥更加慘烈。在蘊藻濱南北兩岸及走馬塘地區，縱深不過10幾公里的彈丸之地，中日雙方各投入數以萬計的人馬，從9月下旬到10月中旬，血戰20餘天，傷亡慘重，形成比羅店更大的「血肉磨坊」。

最慘烈的相持戰就發生在此時此地。日軍海上有排列成行的軍艦艦砲，天上有空軍飛機炸射掩護，地面有重砲轟擊和戰車開路，如此重兵，竟然每天平均前進不到1公里，幾乎是一米一米地往前挪。這個地區河渠縱橫，但河溝水淺或基本乾涸，一馬平川，無險可守。國軍將士憑著對民族的忠誠和一腔熱血，白天踩著泥水堅守淺淺的陣地[86]，

85　《鷹犬將軍宋希濂自述》，頁119-120。

86　因上海地下水位高，蘊藻濱、走馬塘又是河渠縱橫地帶，挖很淺的工事都會滲水。守在陣地內的士兵腿腳終日泡在水裡。很多士兵不願向下挖掘，而是用沙包平地堆砌工事，所以工事都很淺，導致防轟炸、防彈效果較差。

夜晚還要搶修白天被炸塌的工事，不休不眠，缺食缺水，用絕對劣勢的武器裝備和血肉之軀，阻擋日軍的攻勢。一支部隊，往往堅持不了幾天，就大部傷亡，被換下戰場，再調一支新增援的部隊上來，輪番上陣。今天被日軍擊退 1 公里，明天組織敢死隊再打回去，捨生忘死，始終維持著防線。

一些裝備較差的地方部隊，在這期間的守備戰中也表現出驚人的勇氣，發揮了超常的戰力。例如，由湖南地方武裝升級編成的第 8 師（師長陶峙岳），武器陳舊，被戲稱只有「幾桿破槍」。他們就憑著破槍和熱血，從 9 月 20 日到 10 月 10 日堅守蘊藻濱南岸陣地 21 天，撤下陣地時，全師從參戰時 8 千餘人減員到只剩 7 百餘人，傷亡超過 90%。[87]

川軍第 26 師（師長劉雨卿），10 月中旬開到大場陣地接替宋希濂的 36 師時，全師有 5 千多人。浴血奮戰 7 天 7 夜，4 個團長 2 死 1 傷，14 個營長傷亡 13 人，連排長傷亡 240 多人。有時候一天要替補幾次，有的步兵連都打光了，只剩下 3、5 個人。26 師最後撤下來時，只剩下約 6 百人，換防交接排隊時，個個衣衫襤褸，幾乎全是裹著繃帶的傷患，有的穿著草鞋，有的光著腳，穿著分不清是長褲還是短褲的褲子，全身汙泥，認不出面目。第二年（1938 年）軍委會在武漢召開的總結會上，蔣介石特別表揚第 26 師為淞滬戰場上 75 個師中戰績最優的第五名。[88]

日軍的日子也不好過，同樣是傷亡慘重、驚人減員。10 月初，天谷支隊歸建，重藤支隊趕到，華北支隊抵達，從日本國內來的第 9、13、101 師團也陸續登陸，日軍在淞滬戰場投入兵力超過 12 萬人。原以為可以馬上打破僵局，獲得決定性的戰果，沒想到中國軍隊頑強抵抗，而且陸續投入淞滬戰場的兵力已超過 40 萬人，後續部隊還源源不

87　引語是指揮該師作戰的第 1 軍軍長胡宗南所說。參見陶峙岳，〈第八師在蘊藻濱的日日夜夜〉，中國人民政治協商會議全國委員會文史資料研究委員會編，《八一三淞滬抗戰》，頁 286-287。

88　何聘儒，〈英勇不屈，奮力拚搏〉，《八一三淞滬抗戰》，頁 348-349。

斷地趕過來。中國軍人不怕死，面對日軍的現代化武器裝備，以血肉相搏，誓與陣地共存亡，讓日軍無可奈何。

東京參謀本部西村敏雄少佐曾奉命到上海現場視察戰況，他記道：

(1) 中國軍隊抵抗確實頑強，無論被砲擊或被包圍，均絕不後退；

(2) 判斷中國軍第一線兵力約19萬，第二線停戰區內還有27-28萬；

(3) 中國民眾敵愾心極強；

(4) 派遣軍因臨時動員以軍艦運輸，故而後續部隊跟進不上，使兩師團陷於大苦戰。[89]

由於中國軍隊沒有制空權，日機白天整天在天上盤旋，發現軍隊、軍車、尤其是軍官或要人的坐車便衝下來掃射轟炸。張治中就放棄座車，經常騎著自行車到前線督戰。[90] 在這樣危險的情況下，宋美齡到前線慰問傷患官兵，座車遭到日軍飛機掃射，車毀人傷。宋美齡怕影響在南京的蔣介石的心情，嚴格叮囑不許讓蔣知道，蔣大約在兩週之後，無意間聽到孔祥熙提起，才知道宋美齡受傷的事情。[91]

淞滬會戰進入10月，戰局仍然膠著。東京數次增兵，仍無法取得決定性的勝利，一心要速戰速決的日軍統帥部極為惱怒，也十分焦急。大本營研討戰局，認為蔣介石已傾全國兵力的五分之三投入上海，擺出決戰的架式。此前日軍一直把主力放在華北，尋求決戰無果，於是決定集中力量，把戰略重點轉向華中，希望迅速結束淞滬戰役。

為此，東京決定編組新的作戰軍團。參謀本部和陸軍省10月20日下達密令，組建第10軍，準備對中國軍隊實行大包圍，打破僵局。大本營決定從華北戰場抽調兩個師團（第6、第16師團）和一個旅團（第

89　「軍令部次長嶋田繁太郎海軍中將備忘錄」，摘自《日軍對華作戰紀要（一）：從盧溝橋事變到南京戰役》，頁426。

90　參見《張治中回憶錄》上冊，頁128-129。

91　蔣介石日記，1937年10月26、28日。

5 師團第 9 旅團,加技術兵種,組成國崎支隊),再從日本本土把原擬增援滿洲的第 18 師團調過來、另外再新動員一個 114 師團,以及技術兵種,總共 12 萬餘人。其中第 6、18、114 三個師團加國崎支隊共約 10 萬餘人,組成第 10 軍,由柳川平助中將擔任司令官;10 月 30 日又命令在華北的 16 師團轉隸上海派遣軍序列。

參謀本部制定的作戰方案是:第 10 軍在杭州灣北岸登陸;第 16 師團在上海的長江上游、江蘇常熟白茆口一帶登陸,切斷京滬鐵路;從南北兩個方向大縱深迂回,封閉上海守軍西撤的退路,徹底摧毀中國軍隊堅守淞滬的決心,並與上海派遣軍另 5 個師團一起,南北夾擊消滅淞滬戰場的中國軍隊主力。

除此之外,日本海軍軍令部還在 10 月 20 日新編成第 4 艦隊,和已在上海的第 3 艦隊共同編成中國方面艦隊,由長谷川清擔任中國方面艦隊司令長官並仍兼第 3 艦隊司令。至此,派往淞滬戰場線的日軍已達 27 萬餘人,包括陸軍 9 個師團、2 個旅團、海軍第 3 和第 4 艦隊以及海軍陸戰隊及空軍力量;已遠超過在華北戰場的 2 個軍 7 個師團。從戰略的觀點看,日軍被迫從華北調兵增援淞滬戰場,他們由北到南的作戰軸線已經被中國軍隊扭轉了。

此時,日軍華北派遣軍和在淞滬戰場的軍隊合計 4 個軍 16 個師團又 2 個獨立旅團,加上關東軍和華南派遣軍,90% 的陸軍都派到中國,而日本國內只剩下 2 個常備師團,在朝鮮僅有 1 個師團。為了儘快結束淞滬戰事,日軍冒奇險,傾巢出動了!

第四階段

日軍擺出大決戰的態勢,準備在杭州灣登陸,從上海後背包抄中國軍隊,淞滬會戰進入第四階段。這是中方戰略退卻階段。

先是中國軍隊為了打破僵局,在 10 月 21 日晚上開始,以新到的桂系第 21 集團軍 4 個師(171、173、174、176 師)為主,連續 3 天,發

動對日軍蘊藻濱南岸防線的大規模反擊戰。氣勢雖盛，但因火力不能提供有效支援等原因，反而遭受重大的損失。桂系突擊部隊旅長傷亡 4 人、團長傷亡 10 人、營長以下軍官及士兵傷亡過半，3 天下來，部隊被打殘了，只得撤下去休整。這次攻擊不僅沒有打破僵局，反而打擊了自己的士氣。蔣介石在日記中嘆息：「滬局以桂軍挫敗頓形動搖。滿擬以桂軍加入戰線，為持久之計，不料竟以此為敗因。」[92] 次日又寫道：「本日滬戰桂軍潰敗，不可收拾，因之全線動搖。」[93]

接著日軍展開報復性攻擊，連續幾天進攻大場，並於 25 日發動總攻。150 架次飛機輪番轟炸，地面坦克開路，決心要拿下大場，切斷中國軍隊的作戰線。

大場位於江灣以西、真茹以北，走馬塘和滬太公路的交叉處，是上海北部的重要據點，陳誠的司令部就在這裡。把守這裡的是中央軍第 18 師（師長朱耀華）等部。18 師驍勇善戰又不怕死，在大場已經堅守了 2 個月，日軍對它非常頭疼。

26 日，日軍久攻不下的大場最終還是陷落了。18 師官兵大半傷亡，師長朱耀華悲憤難抑，拔槍自戕，實踐了與陣地共存亡的誓言。

大場落入日軍手中，淞滬戰局頓生變化。蔣介石擔心廟行、江灣、閘北等地中央軍作戰防線被日軍切斷，下令撤退。10 月 26 日夜晚 11 時，顧祝同以第三戰區名義下達撤退令，命守軍撤到蘇州河南岸，重新布防。[94]

雖然後撤，但蔣介石命令 88 師留下部分兵力，死守四行倉庫，目的是向即將召開的九國公約會議顯示中國軍隊並未放棄上海市區，仍有防守能力和戰鬥精神。於是，88 師第 524 團第 1 營奉命留下來。

孫元良把這個不滿員的營交給 524 團團副謝晉元，共 400 多人，為

92　蔣介石日記，1937 年 10 月 22 日。

93　蔣介石日記，1937 年 10 月 23 日。

94　轉引自「顧祝同致蔣介石密電」（1937/10/26），《抗日戰爭正面戰場》上，頁 400。

壯聲勢，對外號稱 800 人。在日軍包圍下，謝晉元和營長楊瑞符帶領
400 多名不畏死的官兵，與日軍血戰 4 天 4 夜，傷亡日軍 200 餘人，自
己僅傷亡 30 餘人，四行倉庫始終飄揚著中華民國國旗。

他們英勇的行為感動了中外人士。數萬人在租界的樓頂上隔河「觀
戰」，許多人高舉寫著大字的黑板，向守軍通報日軍的進攻動向。租
界當局害怕受到日軍砲火的株連，英、法、義領事都出面協調，最後
謝晉元部奉命撤入租界。這就是著名的「八百壯士」。

中國守軍防線移到蘇州河南之後，中央作戰區地盤縮小，蔣介石
再次調整指揮系統：將淞滬國軍劃分為左右翼兩個作戰集團，左集團
總司令仍是陳誠，下轄第 15、19 和 21 三個集團軍，負責京滬線方向
作戰；右集團總司令還是張發奎，下轄第 8、9、10 三個集團軍，負責
上海市區、浦東和滬杭線方向作戰；撤銷了中央軍，朱紹良他調；戰
區負責人仍是第三戰區副司令長官顧祝同（實際還是蔣介石自己）。[95]

10 月下旬至 11 月上旬，日軍集重兵猛攻蘇州河南岸，在周家橋與
孫立人的稅警總團第 4 團發生激戰。周家橋緊靠蘇州河南岸，因河道
狹窄，成為日軍進攻的重點地段之一。孫立人率部在這裡防守，與日
軍血戰兩週，重創日軍。11 月 3 日，日軍一小部過河偷襲得手，占據
了一座小紅樓。孫立人正在指揮反擊時，被日軍一顆榴散彈炸成重傷，
全身受創 10 幾處，宋子文想辦法把他送到香港去治療，撿回一命。[96]
稅警總團陣地不久移交給宋希濂的 36 師，日軍最終還是在 11 月 4 日從
周家橋渡過了蘇州河。

---

95 張發奎認為，這是又一次錯誤的「陣前易帥」。參見《張發奎上將回憶錄》，頁
229-230。其實這次和張治中被撤職那次性質不同。這次頂層指揮系統還是蔣介石
→顧祝同→陳誠，對戰場的影響不大。

96 孫立人原任稅警總團第 4 團團長，在淞滬戰場火線上晉升為第 2 支隊司令兼第 4 團
團長。1938 年 7 月傷癒從香港回國，擔任重建後的稅警總隊少將總隊長，1941 年
改編為新編 38 師，孫任師長，後加入緬甸遠征軍。參見鄭殿起，〈孫立人將軍智
勇報國〉，《八一三淞滬抗戰》，頁 194-197。

中國軍隊屢屢敗陣，但屢敗屢戰，敗而不亂，雖然處於被動地位，一再後撤，但仍控制著蘇州河南岸的陣地。孰料，11 月 5 日拂曉，日本第 10 軍在柳川平助指揮下，傾巢而出，在杭州灣北岸金山衛等地登陸，戰局突變！

日軍登陸金山衛

杭州灣北岸、浦東沿海地區有多處便於登陸的海灘，蔣介石曾提醒嚴防金山衛；張發奎也注意到這個問題。這一帶原由張發奎第 8 集團軍所轄 4 個師 1 個旅數萬人防守。10 月 26 日中央軍撤到蘇州河南岸後，浦東戰況激烈，兵力不足，張發奎不得已把防守這一線的部隊陸續抽調到浦東作戰，造成防務空虛。

11 月 5 日清晨，日軍第 10 軍司令官柳川平助以 3 個半師團的兵力，在艦砲掩護下，突然在金山衛附近登陸，從上海南面包抄中國軍隊防線。金山衛至乍浦幾十公里長的海岸線，當時只有第 63 師的 2 個步兵連、砲兵 2 旅 2 團一個連，以及少數地方武裝防守，根本無法抵抗人數超過 10 萬、裝備精良的日本陸軍正規軍的突襲登陸。

得知日軍登陸金山衛的消息，蔣介石發出緊急指令，右翼集團總司令張發奎及第 8 集團軍副總司令黃琪翔、第三戰區前敵總指揮陳誠、第三戰區副司令長官顧祝同都採取了緊急應變處置，先後抽調第 62 師、獨立 45 旅和剛到戰場的 79 師等部，趕赴金山衛一線阻擊；代替張發奎指揮右翼作戰的黃琪翔還令駐青浦的東北軍第 67 軍（軍長吳克仁）速經松江向金山挺進，阻止日軍登陸。但來不及了，而且兵力過少，迅速被擊潰，日軍第 10 軍順利登陸了。

日軍在杭州灣登陸，等於切斷中國軍隊的退路，形成了從長江和杭州灣兩面的鉗形包圍態勢，中國軍隊的側背受到嚴重威脅，陷入日軍的包圍，從此陷入被動。

日軍登陸成功後，上海派遣軍與第 10 軍合編成為華中方面軍（日

文：中支那方面軍），由松井石根統一指揮。東京參謀本部規定：華
中方面軍的任務是配合海軍，消滅上海附近的中國軍隊，挫傷中國的
戰鬥意志，迫使中國向日本投降，從而達到結束戰爭的目的。[97] 還規定
華中方面軍的作戰地域應為蘇州、嘉興一線以東（亦即不得超越蘇州、
嘉興一線）。

11 月 8 日夜晚，日軍憑藉強大火力從東、南、西三面突入松江城，
防衛松江地區的第 67 軍死戰不退，幾乎全軍覆沒，軍長吳克仁殉國。
他是淞滬會戰中唯一一位陣亡的軍長。松江淪陷，滬杭鐵路及公路被
切斷。

與此同時，日軍第 16 師團在中島今朝吾的指揮下，在江蘇太倉境
內的白茆口登陸，前鋒直指京滬鐵路和公路，與上海派遣軍及第 10 軍
形成合攏之勢，淞滬地區中國 70 萬大軍頓時陷入危險境地。

日軍第 10 軍占領松江後，竟然不顧大本營不得超越蘇州─嘉興一
線的命令，隨即兵分兩路，第 6 師團沿太湖東岸，經浙江、安徽直指
南京；第 18 師團則沿滬杭鐵路向楓涇、嘉善、嘉興前進。

此前，蘇州河北岸的日本上海派遣軍各師團在 10 月 31 日後陸續強
渡蘇州河，迅速向南推進，上海市區已全部淪陷，只剩下最後一塊土地：
南市。11 月 7 日，日軍進攻南市。守備部隊是皖系陳調元舊部 55 師
165 旅（旅長張彬）、海軍警衛營、上海員警總隊、蘇浙行動委員會別
動隊等部。這幾個部隊官兵與日軍苦戰 3 天 3 夜，彈盡糧絕。11 月 11 日，
張彬旅長在巷戰中陣亡；該旅 330 團殘部 40 餘人在團長焦長富的率領
下，且戰且退，最後焦團長身負重傷，其餘全部潰散或犧牲了。11 日
午夜，守軍停止反抗，日軍占領南市，上海全境陷落。最後一批中國
軍隊放下武器，12 日下午撤進法租界。[98]

97　「臨參命第138號」（1937/11/07），王衛星、雷國山編，《南京大屠殺史料集11：日
　　本軍方檔》（南京：江蘇人民出版社，2006），頁4。

98　焦長富，〈防守柘林、浦東紀實〉，《八一三淞滬抗戰》，頁222-224。

　　11 月 11 日，上海市長俞鴻鈞發表〈告上海市民書〉，沉痛宣告遠東第一大都市上海淪陷，但特別讚揚 3 個月來國軍上海抗戰的表現。[99]同日，國民政府軍事委員會發表〈告上海同胞書〉，聲明：「各地戰士，聞義赴難，朝命夕至，其在前線以血肉之軀，築成壕塹，有死無退，陣地化為灰燼，軍心仍堅如鐵石，陷陣之勇，死事之烈，實足以昭示民族獨立之精神，奠定中華復興之基礎。」[100]

三、國軍大撤退成為大潰敗

　　日軍第 10 軍在杭州灣登陸，與上海派遣軍形成合圍之勢，淞滬這一仗勝負已定，中國軍隊士氣開始低落，謠言紛傳，軍心不穩。此時若再不撤退，將成甕中之鱉，被日軍一網打盡。

　　張發奎在 10 月 28 日大場陷落、陳誠在 11 月 5 日日軍登陸金山衛時，都曾建議蔣介石及早撤退，以保全實力，做持久戰。蔣介石在 11 月 5 日原本已同意撤退，但隨即變卦，命令「再打三天」。[101]蔣介石如此猶豫不決，是因為他一直認為「解決中倭問題，惟有引起國際注意與各國干涉」。[102]九國公約組織 11 月 3 日在比利時首都布魯塞爾召開組織會議，主要議題就是日本侵華事件，所以他希望再堅持幾天，以利國際視聽，「此乃抗戰犧牲之效果也」。[103]

　　拖到 11 月 8 日，蔣介石仍未下決心：「惟對撤退蘇河南岸，隔離上海之戰局，對九國公約會議之影響，對死傷軍民之悲哀，皆使此心

99　俞鴻鈞，〈告上海市民書〉，華美晚報編，《中國全面抗戰大事記》（上海：華美出版公司，1938），頁22。

100　秦孝儀編，《總統蔣公大事長編初稿》卷4（上），頁141。

101　《陳誠先生回憶錄‧抗日戰爭》（上），頁55。

102　蔣介石日記，1937年10月31日。

103　同上。

猶豫不決也。」[104] 但此時南京統帥部以及淞滬戰場各個高級指揮部，已經方寸大亂了。是撤是守，爭執不下。

11 月 8 日晚上，蔣介石終於下令全面撤退，所有部隊撤出上海戰場，向南京、蘇州、嘉興以西地區轉移。

蔣介石對撤退時機躊躇再三

撤退的命令來得太晚、簡單而急促，以至命令不能順利下達（右翼軍總司令張發奎整整晚了一天才接到撤退的命令），也沒有具體說明各部隊撤退的順序，部隊陷入極度紊亂。數十萬中國將士擠在幾條公路上，頭上有日軍飛機轟炸掃射，後面又有日軍地面部隊窮追不捨，導致撤退的過程中，人員、裝備損失慘重。

第 1 軍軍長胡宗南設在蘇州河邊的軍部遭到日軍水上挺進隊襲擊，胡宗南身邊衛士非死即傷，該軍國民黨特別黨部書記長沈上達跳水突圍淹死；胡宗南冒死突圍而出，徒步跋涉到昆山。10 月下旬接替陳誠擔任左翼軍總司令的薛岳，設在安亭的總司令部也被日軍衝入，薛岳在特務營的掩護下乘車突圍，半途車被打壞，同車的隨從全部殉職，薛岳跳車泅水逃生，上岸後凍得瑟瑟發抖，步行抵達昆山，而整個特務營全部犧牲。[105]

因為秩序大亂，許多部隊在撤退的過程中打散、打殘，沒有依照預定規劃撤退到定點。更荒謬的是，先前費心建設的幾道堅固的國防工事（吳福線、錫澄線等）原是撤退時對付狙擊追兵的依託，卻因種種因素根本無法使用，氣得士兵們破口大罵。

全線崩潰的亂象還不止如此。從 11 月 8 日下達撤退命令，到 11 月

---

104 蔣介石日記，1937 年 11 月 8 日。

105 本段主要綜合，《張發奎上將回憶錄》，頁 234；《陳誠先生回憶錄・抗日戰爭》（上），頁 58、60；《胡宗南上將年譜》增修版，頁 82-83；陳壽恆等編著，《薛岳將軍與國民革命》（台北：中研院近代史研究所，1988），頁 310-311。

16 日，這 7、8 天裡，坐鎮南京的蔣介石與淞滬撤退的各級將領（包括陳誠、胡宗南等親信在內），竟然失去聯絡，完全不知前線戰情如何。[106]

而日軍則是一鼓作氣，勢如破竹，順利攻占虹橋機場、龍華、青浦、楓涇。11 月 20 日，日軍攻下蘇州，蔣介石宣布遷都重慶。

四、八一三淞滬大戰觀察與檢討

淞滬血戰 3 個月，中日雙方都精銳盡出，損失慘重。11 月中，驚天動地的淞滬大戰終於落幕，此役有許多值得總結和檢討的地方。

蔣介石主動啟戰之得失

八一三淞滬戰役是國民政府主動啟戰的事實已無庸置疑。蔣介石的目的是把戰事從華北引到華東，一方面阻止日軍從華北沿平漢線南下武漢，同時，在上海打仗，勢必影響列強租界的利益，引起國際注意，有可能重演 1932 年一二八之役的國際干涉與調停，為中國爭取寶貴的備戰時間。

但是，蔣介石一開始並沒有準備傾舉國之力在上海和日本打一場大戰，否則不會開戰時只出動張治中的兩個師。8 月 18 日陳誠到上海視察戰情後，建議擴大淞滬戰事，以重兵把日軍逼到淞滬作戰，蔣介石同意，迅即向上海增兵。此役，國民政府四次發布全國動員令，最後投入上海的兵力高達 75 萬人。

最先投入戰場的是蔣介石嫡系的中央軍，裝備與訓練都是當時中國最優良的部隊。中央軍在此役的表現可歌可泣，遺憾的是，死傷太慘，大部分都折損了，後來整補的軍隊以及地方部隊，無論在素質與

106　蔣介石日記，1937 年 11 月 16 日。

訓練上都不如這批中央軍，裝備就更談不上了，以致淞滬之後，國民政府面臨無可用之兵的窘境。

蔣介石決定放棄華北決戰，在淞滬與日軍決戰，是想掌握戰略主動權。在上海和日軍決戰，其實是超過中國軍隊的實力與經驗的。中日之戰本就是一場實力懸殊的戰爭，也就是說，無論在哪裡決戰，中國都要面對日軍絕對的優勢。選擇上海決戰，雖然犧牲大，但各方面條件比在別的地方更有利於蔣介石的指揮和軍隊的調配，拖住日軍的時間可能久一點，而拖住日軍的這 3 個月對中國至為重要。更何況還有引起國際干預的可能性，這是在任何別的地方作戰都不易達到的效果。

這 3 個月的時間，不但徹底粉碎了日本「速戰速決」的計畫，而且把中國軍民的民族性與士氣打起來了。最初，蔣介石用他的嫡系部隊捨生忘死、不計代價地打出幾場硬仗，一方面證明抗戰並非是消耗地方部隊的藉口，同時爭取到國際的同情與支持。會戰中後期，各地方軍紛紛表態支持，積極參戰，廣東、安徽、湖南、湖北、河南、山東，各地軍隊都跋涉而來，連遠在西南的川軍、桂軍、黔軍、滇軍，也來參戰。（部分川軍和滇軍未到達戰場，會戰已經結束了。）

會戰期間，中共在陝北的軍隊整編為國民革命軍，歸於閻錫山麾下，參加山西抗戰；在南方的中國共產黨軍隊也達成協定，擬整編為國民革命軍新編第 4 軍，參加第三、五戰區作戰。

這一戰，破除了地方割據、統一了中央號令，真正把中華民族的心連在一起。黃仁宇指出，中國必須「先有抗戰，然後有國軍」。[107]陳誠也指出：「上海一隅之抵抗，實促進全國一致共赴國難，邊省部隊皆出而應戰，形成統一之局。」[108]

107　黃仁宇，《從大歷史的角度讀蔣介石日記》（台北：時報文化出版，1994），頁185。
108　《陳誠回憶錄・六十自述》，頁64。

　　淞滬鏖戰 3 個月，國民政府把上海和華東沿海的機關、學校、工廠、文物等以各種交通工具運往武漢、四川、雲南，工廠繼續生產，學校弦歌不輟，為隨之而來長達 8 年的抗戰奠定持久的經濟、教育、文化基礎。

　　再看具體的戰役得失。日軍從最初不足 5 千名海軍陸戰隊，經過國內數次動員增兵，又把華北、台灣的軍隊抽調過來，加上後勤部隊，總共出動了將近 30 萬人，死傷 4 萬餘人（死 10,076 人，傷 31,866 人，合計 41,942 人）。[109] 傷亡率約為 16.8%，比較近代以來日軍侵華歷次作戰，這顯然是個高得驚人的傷亡率。從這個角度看，中國軍隊給日軍的打擊，非同一般。

　　當然，中國軍隊的損失數倍於日軍。從最早的 2 個師 1 個旅到最後幾乎全國總動員，總共投入陸軍 78 個師 10 個獨立旅又 7 個砲兵團，還包括全國的海軍和空軍，總共投入 75 萬人左右，死傷超過 20 萬人。[110] 中日傷亡比約為 4.76：1，而且中國最精銳的中央軍半數以上在這場戰役中折損，尤其是蔣介石苦心訓練的德械師，幾乎損失殆盡，對整個中國軍隊的戰力而言，是極為沉重的損失。

　　但是，淞滬會戰對整個抗戰大戰略具有關鍵性的意義——它扼阻了日軍速戰速決、占領華北的企圖。此役迫使日本將主戰場從華北轉向華東，扭轉了日軍在華作戰的軸線，硬是讓日軍投入更多部隊到華

109　日軍淞滬損失人數，有不同的說法。此處採用原始資料：日本上海派遣軍參謀長《飯沼守日記》，1937 年 11 月 16 日。南京戰史編輯委員會編，《南京戰史資料集》（東京：偕行社，1989），頁 191，略高於日方公布的其他數字。根據程兆奇的研究，日軍傷亡實高於此數，約為 44,000-44,500 人之間。詳見程兆奇，〈八一三戰役日軍死傷人數鉤稽〉，嚴耀中主編，《論史傳經》（上海古籍出版社，2004），頁 444-448。

110　據 1937 年 11 月 5 日南京軍事會議何應欽的彙報，第三戰區 8 至 11 月初共傷亡 187,200 人（參見徐永昌 1937 年 11 月 5 日日記，《徐永昌日記》第四冊，頁 167）。第三戰區在這 3 個月中還有些其他的小傷亡，而 11 月初淞滬會戰尚未結束，因此整個淞滬戰役國軍的傷亡應稍高於這個數字。

東戰場，逼得日軍不得不沿長江向西仰攻。蔣介石、陳誠最擔心的就是日軍在華北得利後，由北向南迅速占領武漢，斷絕國民政府退路並合圍夾擊，整個中國最精華地區落入日軍之手，戰局將不堪設想。

所以，淞滬會戰之意義不在戰鬥結果之輸贏得失，會戰發動後國民政府就首先贏得戰略上的主動權，而這個主動權對以後抗戰全域的發展，有關鍵性的正面意義。[111]

三個失誤

不過，淞滬之戰有三個重大的失誤。

第一，抗戰大戰略的最高指導方針是「持久消耗戰」，是要保留戰力，誘敵深入。但淞滬一役最高決策卻是消極防禦，死守陣地，在淞滬狹窄的水鄉地帶投入數十萬軍隊，打了3個月，死傷慘重，這和持久戰的原則是相悖的。事後，指揮淞滬會戰的陳誠都忍不住質疑「似有決策，似無決策」。[112] 此役，陸、海、空軍的精銳損傷殆盡，國軍元氣大傷，導致緊接著的南京保衛戰缺乏強有力部隊，南京迅速淪陷。蔣介石後來檢討，對自己這個失誤頗為懊惱，不該「於精疲力盡時，反再增兵堅持，竟使一敗塗地，不可收拾」。[113]

第二，專注正面而疏忽了杭州灣北岸的防務。金山衛水深，可停船艦，又有利於登陸的沙灘，日軍早就偵察過杭州灣。蔣介石曾提醒嚴防金山衛，張發奎也注意到這個問題，他派第63師、62師防衛乍浦、金山衛。可是10月26日中央軍撤到蘇州河南岸後，浦東戰況激烈，防務緊張，張發奎又把62師主力調到浦東，以致防務空虛。11月5日，日軍第10軍以3個半師團的兵力在金山衛登陸。中國統帥部緊急把62

111　馬振犢，《慘勝：抗戰正面戰場大寫意》（九州出版社，2011）頁103。
112　《陳誠先生回憶錄・抗日戰爭（上）》，頁58。
113　蔣介石日記，1938年2月2日。

師再調回來，但已來不及了。中國軍隊的側背受到嚴重威脅，陷入日軍的包圍，從此陷入被動。

　　第三，蔣介石把外交考慮置於軍事之上，為了配合九國公約會議，錯失了兩次撤退的時機，導致了中國軍事戰略和戰術上的被動，以致「戰略為政略殉」。[114] 最後撤退命令下達時，部隊秩序已經亂了，命令無法下達，以致兵敗如山倒，在撤退過程中互相踩踏、被日軍掃射而傷亡的人數巨大。遺憾的是，蔣介石當時並未認真檢討這個失誤，以致緊接而來的南京保衛戰重蹈覆轍。直到 1938 年徐州會戰後，蔣對英美、蘇聯的干預完全失望，才承認自己 1937 年的這一失誤，「革命應注重本身之實力，不可遷就外交」。[115]「革命軍無外交可恃，⋯⋯切勿以軍事遷就外交也。」[116]

張治中的「滑鐵盧」

　　淞滬會戰還暴露了中國軍隊現代化水準遠遠落後於日軍的嚴酷現實。張治中被臨陣撤換，就是一個例子。

　　「八一三」淞滬會戰第一期的作戰目標是殲滅日本駐上海的海軍陸戰隊，阻斷日本陸軍登陸的機會。蔣介石在第一週派出 4 個中央軍德械師、還有 2 個裝備 150 毫米口徑榴彈砲的重砲團，共約 4 萬人，再加上坦克、空軍助戰，這樣的陣勢裝備雖不如日軍，但已是中國最精銳的部隊，而在數量上則有絕對優勢。但整整 10 天，數次強攻，硬是拿不下小小的日本海軍陸戰隊司令部；等到 8 月 23 日日本兩個陸軍師團登陸，殲滅日本海軍陸戰隊的最好時機已喪失了。

　　這個結果令蔣介石十分生氣，他在日記中屢次透露出對張治中的

114　李君山，《上海南京保衛戰》（台北：麥田出版公司，1997）。唐德剛，《民國史抗戰篇：烽火八年》（中國近代口述史學會編，2014），頁64。

115　蔣介石日記，1938年6月4日。

116　蔣介石日記，1938年6月5日。

抱怨和不滿。例如，8 月 15 日，蔣對圍殲戰頭兩天的進展不滿，認為張治中指揮不稱職：「滬戰無進步，實人謀之不臧也。」[117] 8 月 17 日又記：「上海總攻擊未得奏效。」[118] 對圍殲戰的關切和盼望躍然紙上。23 日日本陸軍師團在獅子林、川沙鎮登陸，他指責張治中「布置與指揮如兒戲，此人早不宜用也」！[119] 蔣介石不但對張治中不滿，連帶對推薦張治中的何應欽（軍政部長，字敬之）也不滿：「前方指揮官張文白怯弱無能，敬之任意委用，言之痛心。」[120]

德國顧問法肯豪森對淞滬的戰績也頗為失望。他在 9 月 7 日呈送給蔣介石的淞滬檢討報告中表示：「如果指揮系統更有決心、更統一、目標更明確的話，我們應該可以達到快速勝利的。」[121]

9 月中旬，蔣決心要換將了。15 日，他在日記的預定事項裡簡單地寫了 4 個字：「撤張文白。」[122] 21 日，他以朱紹良替換張治中。

沒有進一步的證據說明蔣介石撤換張治中的原因，但從蔣日記以及其他資料顯示，張治中未能在日本陸軍登陸前拿下日本陸戰隊司令部，應是導致他被撤的主要原因。[123]

這個職位變動是張治中軍旅生涯中重大的挫折，也是人生的重要分水嶺。張治中時年 48 歲，官拜陸軍中將，畢業於保定軍校步科，歷任見習官、連長、營長、團長、師長、軍長、集團軍總司令等各級軍

117　蔣介石日記，1937 年 8 月 15 日。

118　蔣介石日記，1937 年 8 月 17 日。

119　蔣介石日記，1937 年 8 月 23 日。

120　蔣介石日記，1937 年 9 月 1 日。

121　Von Falkenhausen, "Our experience during the battle for shanghai from 19-31 August 1937," 「法肯豪森建議我擴充軍備」，國史館，055/0994「德籍顧問法肯豪森呈蔣委員長報告」，1937 年 8 月 29 日，ZHMGZYSL, II:2, pp. 181-182.

122　蔣介石日記，1937 年 9 月 15 日。

123　例如 88 師參謀長張柏亭的回憶文章裡，就直接點出：淞滬戰場「左翼軍司令官初為張治中，旋因指揮不當撤換，由朱紹良將軍接替」，《傳記文學》第 41 卷第 2 期，轉引自《八一三淞滬抗戰》，頁 137。

事主官，因為這個挫折，從此再也沒有帶過兵了！從離開淞滬戰場到1949年，整整12年，張治中歷任軍事委員會管理部部長、湖南省政府主席、軍委會政治部部長、三青團中央幹事會書記長、西北行營主任兼新疆省政府主席、西北軍政長官公署長官等職，職位相當高，但就是沒有帶兵打仗！

血肉長城抵不住無情的砲彈

　　淞滬會戰不僅是張治中個人的「滑鐵盧」，它也顯示出中國當時軍事指揮系統的紊亂、部隊武器裝備與訓練的不足。

　　蔣介石認為張治中對進攻日本海軍陸戰隊的準備工作做得不夠，指揮作戰又失之怯懦、大而化之，可能是事實。蔣早已提醒張治中「倭營鋼筋水泥之堅強，確如要塞」，張部所有的重榴砲與炸彈很可能無法摧毀它，叮囑張仔細研究。[124] 結果張治中的部隊就栽在這裡！中國陸軍最優秀的主力德械師，擁有優勢的兵力，士氣也無比高昂，最初幾天作戰頗為順利，但為何硬是攻不下日本海軍陸戰隊司令部，消滅不了區區數千人的日本陸戰隊？

　　前面提過，日本海軍陸戰隊司令部外牆堅厚，從戰後日方公布的照片顯示，無論是國軍15公分口徑的重榴彈砲、還是空軍飛機的轟炸，都奈何它不得，只能在頂部打出幾個小缺口。問題是，張治中自己事先也沒有預見這個情形，他在8月17日發給蔣介石、何應欽密電中表示：「本軍於今晨五時按預定部署全面開始總攻擊，最初目的原求遇隙突入，不在攻堅，但因每一通路皆為障礙物阻塞，……。」[125] 蔣介石和張治中都把事情看得太容易了，以為以精銳部隊「遇隙突入」，

---

124 《中華民國重要史料初編・對日抗戰時期・第二編・作戰經過（二）》，頁169。
125 「張治中致蔣介石何應欽密電」（1937年8月17日），《抗日戰爭正面戰場》上，頁416。

就能攻下日本海軍陸戰隊司令部，沒想到事與願違，攻堅而不得，反
而弄得自己傷亡慘重。

　　這恰是中國軍隊的困境。日軍在司令部外牆和大樓角落設置機槍、
火砲，再加上日艦上的火砲、飛機轟炸，而中國軍隊的砲火制不住日
軍，中國軍隊人數雖多，但進入日本陸戰隊司令部砲火範圍內後，幾
乎是處於一面倒挨打的狀況。在閘北狹小的巷道中，中央軍頂著日軍
砲火勉強推進，雖然士氣高昂，前仆後繼，但畢竟「血肉築成的長城，
事實上抵禦不了無情的砲彈」。[126]

　　蔣介石認為中國軍隊並非完全沒有攻堅的武器，德國製的三點七
公分戰防砲（反坦克砲）就是專打戰車及碉堡的，教導總隊就轄有戰
防砲營。遺憾的是，張治中事先沒有想到，何應欽也沒想到。[127] 蔣介
石因此責怪何應欽誤事誤國：「緒戰第一星期，不能用全力消滅滬上
敵軍。何部長未將所有巷戰及攻擊武器發給使用，待余想到戰車與平
射砲，催促使用，則已過其時，敵正式陸軍，已在虯江碼頭與吳淞登
陸矣。敬之誤事誤國，實非淺尠。」[128] 他所說的「戰車與平射砲」指
的就是裝甲車及德制戰防砲。

　　平情而論，中方巨大的犧牲仍無法阻止日軍登陸，真正的問題
還是中日兩國軍力的巨大差距。荷蘭軍事觀察員佛瑞明（Henry de
Fremery）曾親到淞滬戰場，他指出，中國軍隊想要清除日軍在上海的
陣地，10 天是不夠的；而且，即使中央軍把日本海軍陸戰隊逐出上海，
仍缺乏足夠的火力迫使日本海軍撤退，仍然無法阻擋日軍登陸。[129]

126　《陳誠先生回憶錄・抗日戰爭》（上），頁64。

127　Yang Tianshi, "Chiang Kai-shek and the Battles of Shanghai and Nanjing," in Mark
　　　Peattie, Edward Dera & Hans van de Ven ed., *The Battle for China*, pp. 147-148.

128　蔣介石日記，1937 年 11 月 20 日。

129　De Fremery, "Report No. 6," in Teitler, Ger and Kurt Radtke, ed., *A Dutch Spy in China:*
　　　Reports on the First Phase of the Sino-Japanese War (1937-1939) (Leiden: Brill, 1999),
　　　pp. 110-111.

　　佛瑞明認為，日軍兩棲登陸的戰力不可忽視，他們海軍有強大的砲火；同時，日軍登陸的工具，也遠遠超越美英。日本登陸艇的前頭環繞著弧形的裝甲鋼，兩側有裝甲鋼板，可以防止步兵和機槍的火力。每艘艦艇能運載80人和20噸的貨物（坦克、裝甲車、馬匹、大砲等）；尾艙還可以放低，登陸艦艇一上岸就可以迅速卸貨。[130]

　　工業化的日本和農業的中國之間戰力的巨大差距不僅在於武器裝備，兩國官兵也似在不同的時空作戰。此外，日軍有三軍聯合作戰的經驗與訓練，空軍、海軍和陸軍之間有高速通訊，戰場上還有一個嫻熟的軍官團協調指揮作戰及補給事宜。而淞滬會戰是中國軍隊第一次多軍種（陸、空）、多兵種（步兵、砲兵、坦克兵）協同作戰。中國過去從沒有過這樣大兵團作戰的經驗，即使是最精銳的87師、88師也從未有過類似的訓練，更遑論前後方的協同、各兵種間的協同。陳誠指出，淞滬會戰期間前線官兵竟有幾個月不發餉、幾天得不到飲食的情況；至於彈藥補充、傷兵醫護支援，更是付之闕如。[131] 這是整個抗戰期間不斷出現的問題。

中日雙方不宣而戰

　　淞滬會戰還有一個特殊的現象，值得一記。此役雙方總動員人數超過百萬，鏖戰長達3個月，雙方死傷慘重，震驚中外；可是，好像事先商量好的一樣，中日兩國均是不宣而戰。

　　國民政府早在盧溝橋事變後就開始研究是否對日宣戰、如何宣戰的問題。1937年7月17日，外交及軍事部門建議：如果開戰，宜「交戰而不宣戰」。[132] 理由是，中日如果斷交並轉為交戰國後，日本海軍

---

130 De Fremery, "Report No. 6," in Teitler, Ger and Kurt Radtke, ed., *A Dutch Spy in China: Reports on the First Phase of the Sino-Japanese War* (1937-1939), pp. 110-111.

131 《陳誠先生回憶錄・抗日戰爭》（上），頁65。

132 「盧溝橋事件第七次會報」（1937年7月17日晚），《抗日戰爭正面戰場》上，頁246-247。

一定會封鎖中國海口，禁止各國向中國出口軍需品和原料，而中國在軍需上必須仰仗外國進口；為免進口受到影響，雙方即使交戰，也不宜宣戰，應盡量把局面控制在和九一八事變後相同的狀態。[133]

同樣的，東京在七七事變後也開始研究是否要對中國宣戰。1937年9月中旬，陸軍、海軍兩位次官作出建議：「陸海軍一致的意見，希望取消宣戰布告。」理由是：「如布告宣戰，雖可阻止中國與第三國間的貿易，但日本從國外進口軍需物資就變得非常不自由，對國防力量產生莫大缺陷，使事態更加嚴重。」[134]

但在中國戰場的日本軍官反對不宣而戰。因為，如果沒有宣戰布告，不能接收海關，對郵政、金融，以及占領地區行政多有不便。他們也擔心，沒有向中國正式宣戰，會使中國懷疑日本的決心。內閣為此特別設立第四委員會研究宣戰與否的得與失，外務省、海軍省、陸軍省也舉辦類似的研究；最後在11月上旬作出結論——不宣而戰，因為「宣戰布告對於日本方面為不利」。[135]

淞滬會戰開啟了蔣介石大戰略之門

總的來說，淞滬會戰是戰術有失誤、戰略較成功。[136]首先，淞滬一戰打了3個月，粉碎了日軍「速戰速決」的算盤。

其次，蔣介石最初投入的是他自己嫡系的精銳部隊，中央軍浴血作戰，震驚中外，也震醒了中國的民族心，各地方的軍隊陸續趕赴上海參戰，國民政府真正做到了「破除割據，統一號令」，對整個抗戰

---

133 「盧溝橋事件第七次會報」（1937年7月17日晚），《抗日戰爭正面戰場》上，頁246-247。

134 《日軍對華作戰紀要（一）：從盧溝橋事變到南京戰役》，頁583。

135 同上。

136 張鑄勛，〈從淞滬會戰析論日軍侵華作戰線改變——抗日戰爭最重要的戰略指導〉，《抗日戰爭是怎麼打贏的》（台北：國防大學，2014），頁132-133。

產生了長遠的戰略影響。

　　第三，中國以極慘重、極大的代價，硬逼得日本擴大動員、不斷向淞滬增兵，最後還不得不抽調華北部分兵力，使得在淞滬戰場的軍隊超過在華北的，從而改變了日軍的作戰軸線。從此，日軍開始由東向西沿著長江仰攻，一步步陷入蔣介石漫長的持久戰戰略布局之中。

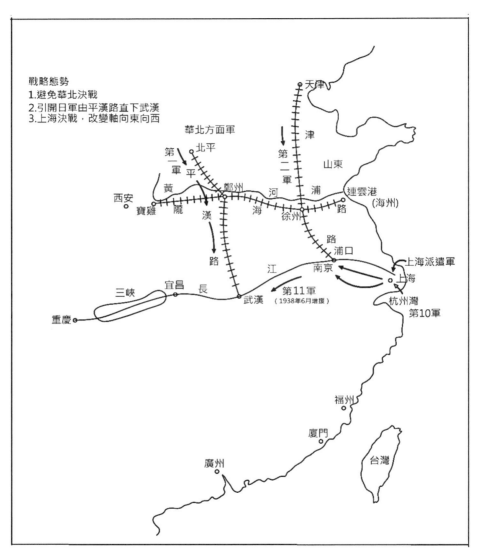

戰略態勢
1.避免華北決戰
2.引開日軍由平漢路直下武漢
3.上海決戰，改變軸向東向西

抗戰初期全盤局勢圖

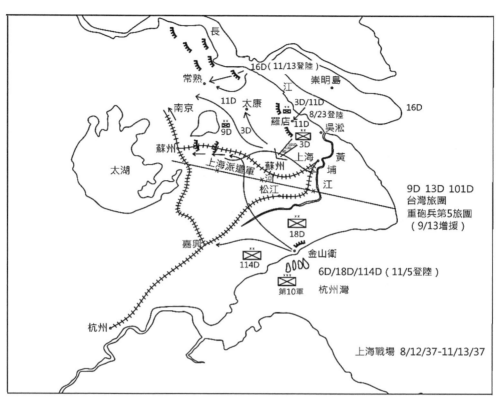

八一三淞滬大戰形勢圖

第九章

重探南京保衛戰

洪小夏（上海師範大學法政學院教授）

傅應川（前中華民國國防部史政編譯局局長）

原　　剛（日本防衛廳防衛研究所調查員）

南京是國民政府的首都，首都失陷，是中國軍民難以承受的打擊，接著發生大屠殺，更是中國人心中永遠的痛。不過，數十年來，世人的視線多集中在南京大屠殺，不太注意南京保衛戰。事實上，大屠殺與保衛戰的實施與部署有關，而當年負責保衛南京的國民政府軍隊，在南京城外與城垣，與日軍打了一場激烈悲壯的保衛戰，中國軍隊死傷比例甚至高於淞滬會戰。因此，要探究南京大屠殺，就得從南京保衛戰說起。

為了保衛南京，國民政府花了 3 年時間和大把銀子，在上海和南京之間以及南京城垣修建國防工事。蔣介石親自主持、精心策劃南京保衛戰，憑藉國防工事，計畫至少可以守上 1、2 個月。孰料國防工事沒有發揮預期作用，日軍不到 10 天就攻下南京！唐生智誓言死守卻中途退走。撤退時亂象橫生，自己人互相踩踏，更可悲的是發生了南京大屠殺。何至於此？本章試圖找出答案。

一、南京能不能守？該不該守？

1937 年 11 月初，淞滬會戰打得最慘烈時，蔣介石已考慮南京的問題，能不能守？該不該守？如何守？他不僅躊躇再三，而且「躊躇再四」。[1]

南京能不能守？

1937 年 11 月中旬，蔣介石在南京召開三次高級幕僚會議，商討南京防守問題。第一次約在 11 月 14 日，[2] 與會者只有何應欽（軍政部長）、白崇禧（軍委會常委、副參謀總長）、徐永昌（軍委會辦公廳主任）、劉斐（軍委會第一部作戰組長）數人，地點在蔣介石的南京中山陵園官邸。

劉斐首先發言，認為南京不能守。因為南京位於長江轉彎處，地形背水，日軍在占領上海後，必會以優勢的海空軍和重裝備陸軍沿長江和京滬鐵路、京杭國道等西進；同時也會先西進攻占南京上游的蕪湖，切斷南京守軍的退路；對南京形成立體包圍的態勢；然後海、陸、空協同攻擊南京。中國軍隊在淞滬會戰中損失太大，不經過相當時期的整補，很難恢復戰力。因此，為貫徹持久抗戰方針，應避免再打一場大規模的南京保衛戰。他建議在南京僅作象徵性的抵抗就主動撤退，使用兵力為 12 個團，最多不超過 18 個團。

李宗仁也不贊成守，他說：「戰術上說，南京是個絕地，敵人可三面合圍，北邊又阻於長江，無路可退。以新受挫折的部隊來坐困孤城，難望久守。」[3]

1　蔣介石日記，1937 年 11 月 17 日。
2　蔣介石日記，1937 年 11 月 14 日。
3　《李宗仁回憶錄》下，頁 797。

　　白崇禧支持劉斐、李宗仁的意見，何應欽、徐永昌也表示同意。蔣介石表示：你們說的有道理，但南京是國際觀瞻所繫，還是應該守一下。如何守，再議；同意淞滬會戰損失大的部隊，先一律調到後方整補。[4]

　　11 月 17 日，蔣介石在南京陵園官邸召開第二次高級幕僚會議。除第一次與會者外，增加了唐生智（軍事委員會訓練總監部總監兼軍委會警衛執行部主任）、谷正倫（南京警備司令部司令兼南京憲兵司令）、王俊（軍委會第一部副部長）等人。唐生智主張固守南京。他認為，南京是中華民國的首都，對國際視聽影響很大，又是孫中山總理的陵寢所在，不守說不過去。再者，為掩護淞滬撤退部隊的休整和後方部隊的調動集中，也應固守，以阻止或延緩日軍的進攻。

　　蔣介石認為唐生智所言有道理，蔣還考慮到，九國公約會議仍在討論日本侵華問題，加上德國駐華大使陶德曼已開始調停中日戰爭，他估計日軍一時不會馬上大舉進攻南京。此外，德國駐華軍事總顧問法肯豪森早就提了書面建議，建議應固守南京。因此，蔣介石比較傾向唐生智的意見，但劉斐仍堅持原議。此次會議未做決定，但固守南京的決策已呼之欲出。

　　第二天，18 日晚上，蔣介石召開第三次高級幕僚會議。唐生智仍堅持死守南京。蔣介石表示同意，並問：「誰負責固守南京為好？」無人應答，於是唐生智說，「若沒有別人，我願意勉為其難，擔此責任。」蔣馬上表示同意。[5]

4　劉斐，〈抗戰初期的南京保衛戰〉，中國人民政治協商會議全國委員會文史資料研究委員會本書編審組編，《南京保衛戰》（北京：中國文史出版社，1987），頁8-10；《白崇禧回憶錄》（北京：中國大百科全書出版社，2010），頁67；宋希濂，《南京守城戰役親歷記》；中國人民政治協商會議全國委員會文史資料研究委員會編，《文史資料選輯》第 12 輯（北京：中華書局，1961），頁19。

5　唐生智，〈衛戍南京之經過〉，《南京保衛戰》，頁3-4；上述劉斐回憶文章亦有此說。

其實蔣介石內心很清楚南京不能守，但又有著千絲萬縷的羈絆，「南京城孤不能守，然不能不守」，否則「對上、對下、對國、對民無以為懷矣」。[6]

大家不贊成，也不願負責守南京，是可以理解的。但蔣介石認為南京不能不守，也是實話。不僅因為南京是中國首都、孫中山陵寢；更重要的是，蔣介石對九國公約會議的影響力，寄予期望，此時他仍希望國際干預中日戰爭。

二、部署南京保衛戰

南京保衛戰一般指的是南京城廓守備戰，以南京城垣為中心，包括近郊的弧形圈、方圓數十公里的範圍。時間從 1937 年 12 月 4 日到 12 月 13 日，指揮機關是南京衛戍司令部，參戰部隊開始是 3 個半師，5 萬人，後來增加為 15 個師 11 萬餘人。

最近史學研究有些新的看法，認為存在廣義的南京保衛戰，包括南京周邊（浙西北、蘇南、皖南廣大地區）的作戰，時間從 11 月 12 日上海失守開始，到 12 月 13 日南京淪陷為止。指揮機關除了南京衛戍司令部外，還有第三戰區、第七戰區以及海軍司令部；參戰部隊除了城廓守備戰的 15 個師外，還有第三戰區的第 9 集團軍、第 19 集團軍、胡宗南的第 17 軍團共計 4 個軍團；以及第七戰區的第 15、第 8、第 23 等 3 個集團軍共 5 個軍團，還有海軍司令部的江陰要塞阻塞戰、其他沿江要塞戰和江防軍的江防作戰。這就是大南京保衛戰，甚至可稱為南京會戰。[7]

....

6　蔣介石日記，1937 年 11 月 26 日。

7　戚厚傑，〈南京保衛戰指揮機構與參戰部隊考證〉，《日本侵華史研究》（南京大屠殺館主編），2013 年第 4 期。

還有第三種看法，把淞滬會戰和南京保衛戰視為一次大會戰中的兩個不同階段，而南京保衛戰是淞滬會戰的延伸。[8]

南京保衛戰的指揮機關和參戰部隊

南京保衛戰決定之後，蔣介石親自坐鎮南京，協助唐生智調集守衛部隊。

首先成立首都衛戍司令長官部，唐生智為司令長官，羅卓英和劉興為副司令長官，周斕為參謀長，佘念茲為副參謀長。衛戍司令長官部先是設在唐生智公館，後來搬到鐵道部大樓。

接著調兵遣將。調用部隊有：

(1) 孫元良的（第72軍）第88師；

(2) 宋希濂的（第78軍）第36師；

(3) 南京警備司令谷正倫指揮的首都衛戍軍，下轄教導總隊（總隊長桂永清，下轄3個旅，兵力略多於一個加強師）、南京憲兵隊（副司令蕭山令，憲兵第2、10團和教導第2團共3個憲兵團，兵力近於一個建制師）；

(4) 特種部隊各一部。例如江寧要塞司令邵百昌部（下轄烏龍山、老虎山、獅子山、馬鞍山、雨花台5座砲台，後又增加兩座新的高射砲砲台）。其他還有砲兵、裝甲兵、通信兵、特務團等特種兵。

總兵力相當於4個師，共5萬多人。[9]可以看出，最早調集的大多是蔣

8　國民政府傾向這種說法，理由是淞滬與南京之間沒有明顯的「會戰間隔」，所以把南京戰視為淞滬會戰的延伸。楊天石，〈蔣介石與1937年的淞滬、南京之戰〉，《學術探索》，2005年6月第3期，頁94。

9　馬振犢等編，《南京大屠殺史料集（2）南京保衛戰》（南京：江蘇人民出版社、鳳凰出版社，2005），頁253、276、374、381；〈江寧要塞守備部隊兵力情況〉，江寧

介石的嫡系部隊，戰鬥力較強。

後來再增調 11 個師，包括武漢的徐源泉第 2 軍團兩個師（41、48師）；廣東部隊 2 個軍共 4 個師（葉肇第 66 軍的 159、160 師，鄧龍光第 83 軍的 154、156 師）；中央軍嫡系部隊有王敬久第 71 軍第 87 師，俞濟時第 74 軍 2 個師（51、58 師）；另有江防軍 2 個師（103、121 師）；加上原有部隊和特種部隊。總兵力相當於 15 個師，約 11 萬餘人。[10]

參戰的中央軍 87、88、36 師和 74 軍的 2 個師，在淞滬會戰中傷亡慘重，各部所剩不及半數，到南京後各師補充了 2 千至 4 千名新兵，但還是嚴重缺編，訓練也不足。[11]

以上是保衛南京城廓的部隊。至於大南京保衛戰，指揮機關是第三、第七戰區和南京衛戍司令部，還有海軍司令部。第七戰區是淞滬會戰後期成立的，司令長官劉湘，副司令長官陳誠，下轄陳誠的第 15集團軍、張發奎的第 8 集團軍、劉湘的第 23 集團軍。司令長官部就設在南京赤壁路，作戰地域包括蘇南、浙西、皖南，中心任務就是保衛南京。

但是，陳誠和張發奎的部隊在淞滬會戰中損失慘重，實已無力再承擔保衛南京的任務，實際戰區司令長官劉湘，也只能指揮得動他自己的第 23 集團軍。所以軍事委員會在 11 月中旬又作調整，決定專門成立南京衛戍司令部（唐生智為首），另調部隊，擔負守備南京城的任務。

續 ··

要塞甲一台台附瀛雲萍的回憶文章〈堅守烏龍山砲台〉，參見馬振犢等編，《南京大屠殺史料集（2）南京保衛戰》，頁 388-389。

10　增兵後的戰鬥序列見〈南京保衛戰戰鬥詳報〉，《抗日戰爭正面戰場》上，頁 476。南京保衛戰參戰部隊，共 13 個建制師加原首都衛戍軍和特種部隊，但參戰總兵力有不同數字：最少 8 萬餘人（參見譚道平，《南京衛戍戰史話》之附二〈衛戍兵力傷亡概數統計〉，馬振犢等編，《南京大屠殺史料集（2）南京保衛戰》，頁 482）；最多 15 萬人，參見張憲文主編，《南京大屠殺全史》上（南京：南京大學出版社，2012），頁 106。大多數學者認為參戰部隊約 15 個師，11 萬餘人。

11　《鷹犬將軍宋希濂自述》，頁 127。

　　第七戰區和南京衛戍司令部的作戰任務相同，都是保衛南京，它們是平級、平行的軍事機構，兩者是相互配合的關係。

　　南京保衛戰還包括海軍司令部指揮的江陰要塞阻塞戰。海軍從 8 月12 日至 12 月 1 日的江陰要塞阻塞戰，毫無疑問延遲了日軍沿長江進攻南京的時間。江陰戰役的參戰部隊有海軍第一艦隊和第二艦隊。

保衛南京的會戰部署

　　最早調集的 88 師、36 師、教導總隊、憲兵和特種兵等 4 個師 5 萬多人，都是蔣介石的嫡系部隊。負責防守南京城的附廓陣地。具體部署為：

(1) 第 88 師主力在右方雨花台附近，擔任水西門、中華門至武定門即城南之守備。

(2) 第 36 師主力在左方龍王廟附近，擔任玄武門、紅山、幕府山至挹江門即城北之防守；並協同幕府山要塞封鎖長江。

(3) 教導總隊主力在中央小營附近，擔任光華門、中山門至太平門即城東之守備；並負責紫金山天城堡要塞的守備；還抽一個團歸江寧要塞司令邵百昌指揮，加強烏龍山要塞之守備。

(4) 憲兵部隊主力在城內清涼山附近，擔任城西定淮門至漢中門之守備；並向龍潭、湯水鎮、淳化鎮各派出一個搜索連。

(5) 要塞部隊負責烏龍山、幕府山等要塞地區守備，重點封鎖長江。

(6) 員警負責維持城內秩序，並負責交通要點、重要倉庫、自來水塔、電燈廠等要點之守護。[12]

12　唐生智，「首都保衛軍作戰計畫」（1937 年 11 月），南京中國第二歷史檔案館藏，軍事委員會軍令部戰史編纂委員會檔案（以下簡稱《戰史會檔案》），全宗號 787，案卷號 7593。

後來增兵至 15 個師 11 萬餘人，決定擴大防守區域，恢復東南主陣地為第一道防禦陣地，加大陣地縱深。南京城內外的防守部署又做了進一步調整、細化。

整體來說，中央軍嫡系第 36 師（城北）、88 師（城南及西南）、87 師（城東南）和教導總隊（城東）共約 4 個多師，守備內線城垣附廓陣地。徐源泉的第 2 軍團（北）、廣東部隊 66 軍（東南）和 83 軍（東北）、中央軍俞濟時的第 74 軍（南）共 4 個軍 8 個師，守備外線「東南主陣地」。憲兵團控制城內制高點；另江防軍 2 個師守鎮江等陣地。看起來，南京保衛戰的部署利用了南京戰前修建的工事、城牆、和城內外的山地地形，南京理論上能守住 1 至 2 個月。

三、從淞滬到南京

「固若金湯」的國防工事

11 月 5 日日本第 10 軍從杭州灣登陸，截斷了淞滬戰場中國軍隊的後路，淞滬前線國軍全線動搖，勉強堅持了幾天，開始大舉西撤。

國軍原指望撤到吳福線，可以憑藉國防工事，反身狙擊日軍追兵。

中國政府從 1935 年開始，修建的國防工事包括上海—南京之間的兩條防禦工事：吳福線和錫澄線，以及南京周邊的防禦陣地。

南京外圍的工事是利用南京城內、外的丘陵山地，構築出一個三環兩線，周邊和附廓兩道陣地、再加城內制高點構成的立體防禦系統：

(1) 沿大勝關、牛首山、方山、淳化鎮、青龍山、湯水鎮至龍潭，大約 50 公里長，構成了南京周邊的環形陣地，稱為「東南主陣地」。

(2) 以南京城牆為內廓，城外環城以雨花台、紫金山、楊坊山、紅

土山、幕府山、銀孔山、烏龍山、棲霞山之線為外廓，構成「附廓陣地」。

(3) 再在城內北極閣、清涼山等高地鑄成堅固的核心據點。[13]

1937 年 1 月 29 日，蔣介石率領顧祝同、唐生智、錢大鈞、胡宗南、桂永清等高級將領視察紫金山、天城堡要塞陣地時，指著南京城內外起伏的山巒說：「首都錦帶江山，可以說是天然的要塞，要是守衛有方，一定可以支撐一兩個月。」[14]

然而，吳福線、錫澄線國防工事，形同虛設，淞滬一路退過來的部隊根本沒用上；而南京外圍的防禦工事也沒有發揮預期的作用。

國防工事到哪兒去了？

花重金、寄予厚望的兩道國防工事為什麼沒有發揮作用呢？

吳福線、錫澄線國防工事，在設計修築時就有缺點。當時僅僅修建若干各自獨立的水泥碉堡和掩蔽部，彼此間沒有交通壕連接。為了保守軍事機密，這些永久性的鋼筋水泥碉堡均覆蓋土層，做了偽裝；碉堡上鎖，鑰匙交給當地的保長保管。

結果是，淞滬撤過來的軍隊，根本找不到國防工事（被覆土遮掩了），好不容易找到了，卻找不到鑰匙（保管鑰匙的人跑掉了）！還有，各碉堡之間的距離較遠，臨時要修建連接交通壕的工程量較大，緊急時根本來不及。機關槍掩體的槍眼設計過大，射擊後容易暴露目標，對射擊者來說很不安全。[15]

13　程奎朗，〈南京附廓陣地的構築及守城戰鬥〉，馬振犢等編，《南京大屠殺史料集（2）南京保衛戰》，頁 352-355。

14　視察時間根據蔣介石日記，1937 年 11 月 29、30 日（史丹佛大學胡佛檔案館藏）；蔣介石引語根據譚道平，《南京衛戍戰史話》（東南文化事業出版社，1946）；馬振犢等編，《南京大屠殺史料集（2）南京保衛戰》，頁 456。

15　王耀武，〈南京保衛戰的回憶〉，馬振犢等編，《南京大屠殺史料集（2）南京保衛

　　南京附近的防禦工事，設計比吳福線、錫澄線稍好，除了輕重機槍掩體之外，還有觀測所、指揮所、掩蔽部等配套工事。但同樣存在槍眼過大的問題；而且工事本身不是按照縱深配備和側射、斜射的交叉火網設計構築的，位置也未注意隱蔽，大多選在高山頂部和稜線部分，很不安全。[16]

　　更荒謬的是，這些國防工事竟沒有部隊守備，結果淞滬前線的部隊奉命撤退到吳福線、錫澄線時，既找不到嚮導、拿不到地圖、也找不到工事。即使找到了工事，卻拿不到鑰匙！國家花了大錢、修建了2、3年的國防工事，基本沒有發揮應有的遲滯和消耗敵軍的作用。

　　第2軍團第41師師長丁治磐在南京戰後對國防工事和南京防禦工事評價極低。他說：「國防工事構築甚多，糜款亦巨。然此次抗戰，實無一處能得其用。其原因在既無預定部隊駐守，臨時配以某部，殆知既成之衣，未必適體。」[17]

日軍打破禁制線攻擊南京

　　日軍最初並無攻占南京的計畫。1937年8月15日，日本參謀本部決定組建上海派遣軍增援上海海軍時，賦予上海派遣軍的任務是：「與海軍協作，殲滅上海附近的敵人，占領上海及北部地方主要戰線，保護帝國臣民。」[18] 11月7日，軍部決定第三次向上海大規模增援並組建華中方面軍之時，仍明確規定：「華中方面軍的任務是：與海軍協作，

續 ……………………………………………………………
　　戰》，頁260-261。

16　程奎朗，〈南京附廓陣地的構築及守城戰鬥〉，馬振犢等編，《南京大屠殺史料集（2）南京保衛戰》，頁353。

17　「第二軍團京東戰役戰鬥詳報」（1937年11月-1938年1月），第二歷史檔案館編，《中華民國史檔案資料彙編》第五輯第二編，軍事（二），頁320-321。

18　「臨參命第73號」（1937日8月15日），王衛星、雷國山編，《南京大屠殺史料集（11）日本軍方檔》，頁1。

挫敗敵軍戰鬥意志，為尋找結束戰爭的機遇而殲滅上海附近的敵人。」[19]
同日，參謀本部強調攻占上海後，「華中方面軍的作戰區域，大體是
蘇州、嘉興一線以東地區」。[20] 也就是說，東京三次指令都強調是殲滅
「上海地區」、「上海附近」的敵軍，日軍不得跨過蘇州、嘉興這條
禁制線。

　　但是，華中方面軍司令官松井石根早在 1937 年 8 月中旬出掌上海
派遣軍時，就主張攻占南京，不過，他的意見當時未被陸軍省和參謀
本部接受。[21]

　　首先打破軍部觀念和限制的是第 10 軍司令官柳川平助。第 10 軍
11 月 5 日開始在杭州灣、金山衛一線登陸，沒有受到嚴重抵抗便順利
登陸，大大助長了第 10 軍的作戰企圖心。第 10 軍隨後西進、北上，
一路勢如破竹，先後攻占金山、松隱鎮、松江、青浦、楓涇鎮、嘉興、
平望鎮、昆山等地，很快到達參謀本部規定的蘇州、嘉興這條禁制線。

　　11 月 15 日夜，柳川召開幕僚會議商討進退，會議決定向南京追擊。
17 日，制定〈從嘉興向南京追擊的作戰指導要領〉；18 日，向各師團
下達進軍南京的作戰命令。[22] 19 日，柳川平助正式發布「丁集（團）
作命甲第 31 號」，明確提出：「集團要不失時機地追擊敵軍至南京。」[23]
次日，柳川驕傲地宣稱：「南京城頭高懸日旗指日可待！」[24]

....

19　「臨參命第138號」（1937日11月7日），同前書，頁4。

20　「臨命第600號」（1937日11月7日），同前書，頁6。

21　〈松井石根陣中日記〉（1937日8月15日-1938年2月28日），王衛星編，《南京大屠
　　殺史料集（8）日軍官兵日記》（南京：江蘇人民出版社、鳳凰出版社，2005）頁
　　21-27。

22　日本防衛廳防衛研究所戰史室著，齊福霖譯，《中國事變陸軍作戰史》第一卷第二
　　分冊（北京：中華書局，1981），頁107。

23　「丁集團命令」（1937日11月19日），王衛星、雷國山編，《南京大屠殺史料集（11）
　　日本軍方檔》，頁199。

24　「訓令」（1937日11月20日），同前書，頁201。

　　第 10 軍的決定受到華中方面軍的支持，但東京參謀本部 20 日看到第 10 軍 19 日發出的報告，非常吃驚，認為這違反了先前的規定，尤其是次長多田駿態度強硬，立刻發出電報：「中止向南京追擊。」[25] 問題是，華中方面軍也和第 10 軍意氣相合，他們在 25 日呈報東京本部：「為使事變迅速解決，須趁現在敵軍的衰勢，攻占南京。」[26]

　　一路往前衝的第 10 軍未理睬東京的指示，繼續西進。參謀本部無可奈何，只得尊重前線將領的意見，24 日以「大陸指第 5 號」發布指示：「廢除以『臨命第六百號』指示的華中方面軍作戰地域。」[27]

　　12 月 1 日，參謀本部正式下達命令：「華中方面軍應與海軍協同，進攻敵國首都南京。」同日還下達了華中方面軍作戰序列，將第 10 軍正式納入華中方面軍的指揮序列。[28] 12 月 2 日，免除松井石根大將的上海派遣軍兼職，專任華中方面軍司令官；任命陸軍中將朝香宮鳩彥親王繼任上海派遣軍司令官。從此，將（戰地）帥（東京）同心，上海派遣軍和第 10 軍在松井石根統一指揮下，分路向南京進軍。

四、血戰南京

　　日軍速度相當快，從 12 月 4 日至 7 日，短短 4 天，各路日軍先後攻占丹陽、句容、金壇、宜興、溧陽、溧水、江寧、鎮江、靖江、廣德、寧國、宣城、郎溪、板橋鎮、秣陵關等地，從東、南兩面，逼近淳化鎮、湯水鎮、龍潭等南京周邊第一線陣地。

25　《日軍對華作戰紀要（一）：從盧溝橋事變到南京戰役》，頁 600-601。

26　同上，頁 601。

27　日本防衛廳防衛研究所戰史室著，齊福霖譯，《中國事變陸軍作戰史》第一卷第二分冊，頁 107-109。

28　「大陸命第 8 號」（1937 日 12 月 1 日），「大陸命第 7 號」（1937 年 12 月 1 日），王衛星、雷國山編，《南京大屠殺史料集（11）日本軍方檔》，頁 7-8。

激戰南京外圍

　　12 月 7 日，華中方面軍下達〈南京城攻占要領〉：上海派遣軍負責進攻南京城東北面的中山門、太平門、和平門（今中央門）；第 10 軍負責進攻南京城西南面的共和門（今通濟門）、中華門、水西門等。[29]

　　防守這幾個門的大多是蔣介石嫡系部隊，戰鬥力較強，和日軍爆發激戰。12 月 8 日到 10 日這 3 天，南京城的周邊陣地，砲火沖天、血肉橫飛。第 74 軍 51 師（師長王耀武）先是在淳化鎮與日軍第 9 師團激戰 3 天，守軍第 301 團大部分傷亡，當晚奉命撤退時，擔負掩護任務的第 305 團死傷慘重。緊接著 7 日開始，74 軍第 58 師在城南牛首山、將軍山一線再與日軍第 114 師團、第 6 師團激戰 3 天，重創日軍，但自己也遭受重大傷亡。9 日晨，大勝關、牛首山失守，第 74 軍奉命退守秦淮河以北的雙閘鎮、河定橋一線陣地。

　　8 日，日軍第 16 師團部隊進攻中國軍隊第 66 軍 159 師（師長譚邃，粵軍）守備的湯水鎮一線陣地，雙方肉搏作戰，慘不忍睹，最後湯水鎮還是失守。徐源泉第 2 軍團 41 師守備的龍潭也失守，中國軍隊被迫全線收縮到南京城附廓陣地。由於撤退倉促，有的地方外廓陣地還沒站穩，日軍就直接逼近了城門的內廓陣地，光華門的守軍且戰且退，但碰到城垣無處可退，只能依託城垣守備，幾乎處於挨打的狀況，死傷慘重，戰壕盡是屍體和傷兵。[30]

29　王衛星、雷國山編，《南京大屠殺史料集（11）日本軍方檔》，頁 25。

30　作戰情形，中方資料主要參閱，〈南京衛戍軍戰鬥詳報〉（1937 年 12 月 4 日 -10 日），中國第二歷史檔案館編，《抗日戰爭正面戰場》上（南京：江蘇古籍出版社，1987），頁 409-412。日方資料主要參閱，〈第九師團戰史〉，王衛星編，《南京大屠殺史料集（56）日軍文獻（上）》（南京：江蘇人民出版社、鳳凰出版社，2010 年），頁 114-116。

悲壯的城垣守備戰

12 月 9 日中午 12 時，日軍用飛機撒播松井石根署名的勸降通牒，限守軍 24 小時內（即 12 月 10 日中午）放下武器，和平開城；屆時若無答覆，日軍將展開對南京的總攻擊。唐生智不予理會，南京的守軍也沒有人願投降，松井等不到任何回答，於是 10 日中午下令攻城。

悲慘壯烈的城垣守備戰就此展開。守備南京的部隊人員不足、裝備不齊，但面對日本的飛機大砲，前仆後繼，無人畏死。

12 月 9 至 10 日，南京城東南角光華門一線爆發激戰。守在這裡的是 87 師 260 旅、88 師 262 旅和教導總隊。日軍以飛機大砲猛烈轟擊，城門城牆數處被炸開缺口，日軍第 9 師團第 36 聯隊數次突入城內，守軍數次發動反擊戰，殲滅攻入城內的日軍，並奪回被日軍攻占的城外重要據點工兵學校，許多軍官和士兵在反擊戰中英勇犧牲。

10 日夜，83 軍 156 師一部分官兵組織敢死隊，從城牆上墜城而下，用火攻的方法，殲滅了潛伏在光華門城門洞內的一小隊日軍。[31]

11 日和 12 日，雙方圍繞光華門城門和城牆展開拉鋸戰，日軍躲在城門洞內死戰不退，中國軍隊據守城牆寸步不讓，就這樣你來我往，雙方都受創慘重。直到 12 日下午中國守軍撤退，日軍才登上了光華門城頭。

城東中山門由 87 師和教導總隊堅守，日軍第 16 師團連日猛烈進攻，但守軍抵死不退。中山門以及門外的中山陵和遺族學校等地，至 12 日撤退前仍在堅守之中。教導總隊主力負責的中山門外紫金山，也是一樣。日軍第 16 師團連日猛攻，前沿陣地、第二峰均失守，但紫金

31　〈南京衛戍軍戰鬥詳報〉（1937 年 12 月 10 日），中國第二歷史檔案館編，《抗日戰爭正面戰場》上，頁 412；劉紹武，〈第八十三軍南京突圍記〉，《南京保衛戰》，頁 250；另一說是教導總隊第 1 旅第 2 團團長謝承瑞所率領；參見教導總隊參謀處第一課作戰參謀劉庸誠，〈南京抗戰紀要〉，《南京保衛戰》，頁 183-184。

山最高峰即第一峰陣地，至 13 日凌晨守軍撤退時仍未被日軍占領。

第 88 師防守的城南中華門（262 旅）、雨花台（264 旅）一帶，連續 3 天遭受日軍第 9 師團第 19 聯隊和第 10 軍的第 114 師團、第 6 師團的猛烈進攻。守軍以血肉之軀抵擋日軍砲火，寸土不讓，城外的雨花台陣地失而復得、得而復失，守軍損失慘重，直到 12 日午後才放棄雨花台陣地。幾天下來，88 師幾乎死傷殆盡，兩位旅長（朱赤、高致嵩）、3 位團長（韓憲元、華品章、李傑）、14 名營長（黎仁、黃琪、符儀廷、陳斌升、周圖燦、趙月冷、陳樹聲、林彌堅、周鴻、李強華、蘇天俊、王鴻烈、李儻、周世標），還有 80% 的連排長，均在雨花台一帶陣亡。[32]

中華門 11 日曾被日軍大砲炸毀，日軍第 6 師團一部突入中華門，88 師 262 旅在 87 師 259 旅援助下，展開激烈巷戰，殲滅突入城內的敵軍。259 旅旅長易安華在中華門外重傷殉國，守軍就是寸土不讓。日軍一直拿不下中華門，直到中國軍隊撤離後的 13 日晨，日軍才進得了門。這一役日軍也付出沉重的代價。

還有，第 74 軍 51 師 305 團 11 日在雨花台南面的華嚴寺一帶與日軍第 6 師團第 45 聯隊 2 千餘人發生激戰，陣地數度易手，雙方就在彈丸之地廝殺，後來 88 師雨花台周邊陣地失守，51 師已經腹背受敵，仍堅持到 11 日深夜，才奉命撤退到南京城西南的水西門附近。

12 日拂曉，51 師 302 團在賽公橋和南京城西南角一線遭遇日軍第 6 師團第 23 聯隊飛機 20 餘架、坦克 10 餘輛聯合猛攻，頑強堅守，團長程智陣亡。12 日中午，在水西門和中華門之間有一段城牆被炸開，日軍第 6 師團第 47 聯隊一部 2 百餘人爬上城牆進了城，51 師 306 團第 3 營營長胡豪組織敢死隊衝向缺口，將突入的日軍殲滅，還俘虜了 10 餘人，但胡豪和大部分敢死隊員都英勇犧牲了。

....

32　第 88 師軍官傷亡名單，綜合，《億萬光年中的一瞬：孫元良回憶錄》（台北：自印本，2002），頁 246-248；〈陸軍第八十八師京滬抗戰紀要〉，馬振犢等編，《南京大屠殺史料集（2）南京保衛戰》，頁 177。

　　南京城外東北方向的楊坊山陣地也是一片血戰。日軍第 16 師團第
38 聯隊 2 千餘人在 30 餘門大砲、10 餘架飛機、16 輛坦克掩護下，猛
烈進攻，負責守備的第 2 軍團第 48 師 288 團第 3 營，浴血抵抗，幾乎
全營陣亡。

　　日軍拿下楊坊山陣地後，轉攻楊坊山之北的銀孔山。守備部隊第
48 師 283 團第 1 營，也是拚死抵抗，血戰半日，傷亡殆盡。戰壕裡堆
滿了陣亡軍人的屍體，倖存的士兵仍不肯撤退，令日軍印象深刻。日
軍第 16 師團第 30 旅團旅團長佐佐木到一記道：中國軍隊「寧死不退，
死守陣地」。[33] 奉命增援銀孔山東的 283 團第 2、3 營，半路受到日
軍飛機大砲攔截，傷亡過半，還沒趕到，銀孔山已告失守。12 日，第
2 軍團餘部奉令轉往烏龍山協防，但烏龍山與城內的聯繫此時已被割
斷。[34]

　　南京保衛戰中國軍隊浴血抵抗，大出松井的預料，不得不承認「守
城士兵的抵抗極其頑強」，日軍「砲兵也無濟於事」。[35]

五、南京撤退方寸大亂

　　城垣守備戰打得慘烈、悲壯，但終究不敵日軍的飛機大砲，到 12
日夜、13 日清晨，周邊、附廓相繼失陷，剩下的部隊大多退入南京城內。

33　〈佐佐木到一日記〉（1937 年 12 月 11 日），王衛星編，《南京大屠殺史料集（8）日
　　軍官兵日記》，頁 310。

34　本段各部作戰過程，主要參考各部戰鬥詳報，輔以相關人員的回憶文章。馬振犢
　　等編，《南京大屠殺史料集（2）南京保衛戰》，頁 138-242。

35　〈松井石根陣中日記〉（1937 日 12 月 8 日 -13 日），王衛星編，《南京大屠殺史料集
　　（8）日軍官兵日記》，頁 147；〈鯖江步兵第三十六聯隊史〉，王衛星編，《南京大屠
　　殺史料集（56）日軍文獻（上）》，頁 133-136。

唐生智誓言死守南京

南京衛戍司令長官唐生智最初有背水一戰的決心，1937年11月底，唐生智就職不久發表談話：「本人奉命保衛南京，至少有兩事最有把握：第一，即本人及所屬部隊誓與南京共存亡，不惜犧牲於南京之保衛戰中；第二，此種犧牲，定將使敵人付出莫大之代價。」[36]

為了表示破釜沉舟的必死決心，唐生智做了幾個決定：

(1) 把下關到浦口間的渡輪撤走；
(2) 禁止任何部隊和軍人從下關渡江；
(3) 通知在浦口的胡宗南第1軍，凡由南京向北岸渡江的任何部隊或軍人個人，都請制止；如有不聽他們制止的，可以開槍射擊；
(4) 命令在城內防守城北的宋希濂第36師在挹江門設卡，不允許任何人隨意通過挹江門，前往下關碼頭北渡。

這些措施在南京保衛戰中的確發揮了正面作用，激勵官兵誓死保衛南京，同時也阻擋了想提前撤退的官兵。[37] 但是，後來在決定撤退突圍時，這些安排卻成了要命的障礙了。

此外，唐生智屢屢在公開場合說誓與南京共存亡；但背後又對蔣介石說：「沒有你的命令，我決不會下令撤退。」[38] 這就留有餘地了，意思是，如果蔣介石下令撤退，唐生智就不與南京共存亡了。

蔣介石對撤退時機猶豫不決

問題是蔣介石心中是如何盤算的？淞滬會戰，部隊死守，已經付出了慘重的代價；南京保衛戰是在不少人反對的情況下勉強進行的，

36　〈唐生智表示誓與首都共存亡〉，《大公報》（漢口版），1937年11月28日第2版。

37　以上幾段均參見劉斐，〈抗戰初期的南京保衛戰〉，《南京保衛戰》，頁10-12。

38　唐生智，〈衛戍南京之經過〉，《南京保衛戰》，頁4。

蔣介石並不想重蹈淞滬戰的覆轍，他無意再次死守，只想短期固守，達到內政與外交的效果。但是，這個「短期」究竟是幾天？其中分寸很難把握，而且他也不能早早就把底牌掀開，如果部下知道南京只是象徵性的守一下，肯定會影響守軍的士氣。

12 月 7 日晨，蔣介石搭乘「美齡號」專機離開南京到武漢，此後，他人在武漢，心繫南京，每日電話、電報不斷。但是，原以為可支撐 2 週至 1 個月的周邊主陣地帶，僅守了兩三天就被突破了。收縮到附廓陣地，立足未穩，又被日軍多點突破，他已有了放棄南京的念頭。

12 月 9 日，他在日記寫道：「革命可以失敗，主義不可以消滅。」[39]當天晚上，他得知南京上游的蕪湖已落入日軍之手，第二天，蕪湖和南京之間的當塗也失掉了，還有日軍在當塗附近西渡長江，北上逼近南京對岸的江浦。極度失望下，他考慮「進退問題」。[40]

10 日這一天，他心情特別低落，南京的壞消息不斷傳來，「所聞所見皆屬悲感之事」，他再也坐不住了。11 日中午，蔣介石下令南京守軍撤退，以免南京守軍被日軍圍殲。蔣要在江北的第三戰區副司令長官顧祝同打電話給唐生智轉達撤退命令。顧祝同打電話的時間約為 11 日中午 12 時許。唐生智表示不能馬上撤退，必須向將領們傳達清楚後才能走。[41]

11 日晚上，蔣介石親自致電唐生智：「如情勢不能久持時，可相機撤退，以圖整理而期反攻。」[42]同樣內容的電報，蔣在當天連發了兩次，[43]也許是得到顧祝同的彙報，知道唐生智沒有馬上撤退的安排，故

39　蔣介石日記，1937 年 12 月 9 日。

40　蔣介石日記，1937 年 12 月 10 日。

41　以上過程，參見唐生智〈衛戍南京之經過〉，《南京保衛戰》，頁 4-5。

42　轉引自〈南京衛戍軍戰鬥詳報〉，馬振犢等編，《南京大屠殺史料集（2）南京保衛戰》，頁 145。

43　張憲文主編，《南京大屠殺全史》上，頁 150。

親自催促。

但是，蔣介石其實是猶豫不決的。以至於第二天他居然發出另外一封意思相反的電報：「南京唐司令長官、劉、羅副司令長官：據報江浦附近已發現敵軍，是敵希圖對我四面合圍，或威脅我後路，逼我撤退也。五日激戰，京城屹立無恙，此全賴吾兄之指揮若定與犧牲精神有以致之。經此激戰後，若敵不敢進攻，則只要我城中無恙，我軍仍以在京持久堅守為要。當不惜任何犧牲，以提高我國家與軍隊之地位與聲譽，亦為我革命轉敗為勝惟一之樞機。如南京能多守一日，即民眾多加一層光榮；如能再守半月以上，則內外形勢必一大變，而我野戰軍亦可如期策應，不患敵軍之合圍矣。遙望京城，想念官兵死傷苦痛，無任繫念！進退戰守，生死榮辱，惟兄等熟圖之。」[44]

這份電報的意思很明顯，蔣介石對南京是既想撤又不想撤，他內心深處還是希望南京能再守一段時間的。事實上，當蔣希望「如能再守半月以上」的時候，唐生智已經準備撤退了，軍心思撤，這個電報已不可能改變部署。

唐生智倉促安排撤退

唐生智在 12 月 11 日接到蔣介石可以相機撤退的電報後，當天深夜，唐生智和羅卓英、劉興兩位副司令長官、參謀長周斕、參謀處長廖肯等人研究，決定用兩天時間做撤退準備，在 14 日夜開始實施撤退。唐生智命周斕連夜召集司令部參謀人員開會，起草撤退命令，制定撤退計畫。計畫初步做好，已是 12 日凌晨 3 時許。

12 日下午 5 時，唐生智在衛戍司令部召開師以上將領會議。他先說明戰況，問大家認為是否還能守？與會將領無人發言，因為明擺著

44　「蔣介石致唐生智等電」（1937 年 12 月 12 日），秦孝儀主編，《中華民國重要史料初編・對日抗戰時期・第二編・作戰經過（二）》，頁 219-220。

守不住了，但大家都曾表過態，要與南京共存亡，因此誰也不願先說出那個「撤」字。此時，唐生智拿出蔣介石 11 日夜「可相機撤退」的電報，問大家該如何處理？沒有人反對撤退，於是唐生智讓大家都在會議記錄簿上簽字，表示對撤退的決定共同負責。然後參謀長周斕分發參謀處油印好了的撤退命令和突圍計畫，人手一份。會議決定將撤退時間提前到 12 日當天晚上 11 時開始實施。

撤退安排的基本原則是：

(1) 總部和第 36 師撤到江北，其餘各部隊從各自當面陣地方向正面突圍，然後分向皖南、浙西的指定地點（祁門、黟縣、休寧、於潛、昌化等地）集結，仍留在江南。

(2) 第 83 軍堅守紫金山、麒麟門一帶高地，掩護各部突圍，應晚 7 個小時再開始突圍；

(3) 第 2 軍團應盡可能長時間的固守烏龍山要塞，保持長江封鎖線，掩護總部和 36 師北渡到皖東，萬不得已時可渡江，向皖東六合集結；

(4) 第 36 師維持挹江門、下關地區的秩序，掩護憲兵部隊、衛戍總部直屬隊從下關撤離之後，再尾隨總部從下關渡江，向皖東集結；

(5) 總部直屬隊和 36 師分六批從下關撤退，制定了分批渡江的計畫表以及各部隊的聯絡信號。[45]

已經有了書面命令，唐生智又補充口頭指示說：第 87 師、88 師、74 軍及教導總隊，「如不能全部突圍，有輪渡時可過江，向滁州集

---

[45] 「首都衛戍部隊突圍命令稿」及附件一、二（1937 年 12 月 12 日），中國第二歷史檔案館編，《中華民國史檔案資料彙編》，第五輯第二編，《軍事》（二），頁 329-331。

結」。[46] 這一口頭命令不但降低了書面命令的權威性，而且成為許多官兵的催命符。後來只有廣東部隊第 66、83 軍各一部、教導總隊第 3 旅是遵照撤退命令從陣地正面突圍。大部分部隊沒有按照規劃撤退，都擠到下關地區渡江，他們以為有渡輪可迅速過江，不必冒死突圍，最終造成極大的混亂、擠壓、與傷亡。

挹江門成了「鬼門關」

受唐生智「死守」誓言的影響，不僅南京守軍不准過江，而且城外的部隊不准入城，城內的部隊也不准出城。在南京保衛戰進行過程中，防守城垣各門的守軍，都將城門堵塞。開始還留一兩米寬的位置可供人車進出，對進出之人嚴加盤查；後來乾脆全部堵死，根本不考慮城外部隊撤入城內的問題。第 88 師在雨花台失守後，本欲從中華門撤入城內，但城門被堵死，進不去，只好頂著日軍彈雨、沿著城牆橫向轉移，向下關江邊靠攏，這一堵塞，使 88 師官兵冤枉送掉不少生命。

光華門也發生同樣的悲劇。光華門外守備工兵學校的第 87 師部隊，也無法通過光華門把本部的傷患送進城內醫院救治，極大地影響了守軍的情緒。在整個南京保衛戰期間，從各地先後增調來到的部隊，分工各守一段的防衛，彼此互不隸屬，相互之間更缺少協同作戰的思想，影響了整個守備戰的效果。

最荒唐的是，唐生智司令部下達撤退命令後，竟沒有及時通知守在挹江門及下關的第 36 師及第 1 軍！

12 日黃昏，各部慌張撤退，有的帶兵官離開會場根本沒回部隊，自己就搶先撤退了。例如，第 83 軍按照規定，應該掩護別的部隊先撤，自己要到 13 日晨 6 時再撤退，但他們根本沒有執行命令，自行提前撤

46　〈南京衛戍軍戰鬥詳報〉，馬振犢等編，《南京大屠殺史料集（2）南京保衛戰》，頁 146。

退了。[47]有的部隊沒有收到撤退的通知，但看到隔鄰部隊撤了，便自行決定撤退，根本不管什麼先後次序的安排。有的文書、檔案、地圖等資料沒有銷毀、處理，就匆忙撤離了。

當時南京城東北、東南、西南各城門都被日軍砲火包圍，只有西北角還沒被日軍切斷，而一些指揮機關早在下關一帶偷偷預留了輪船、木船等交通工具，因此很多人都往下關江邊方向跑。

要去下關，首先要出城；正對著下關碼頭的就是挹江門。但在挹江門，撤退大軍受到了第36師的阻攔。因為36師根據原來的命令，是禁止任何人擅自撤退的。後來得到書面撤退命令，也只讓總部和本師的人在晚11時後進入下關地區，對其他部隊的提前撤退是一律阻攔。他們舉起步槍、架起重機槍，阻攔撤退大軍，於是在挹江門發生了嚴重的擁堵。

從新街口至挹江門10餘公里長的中山路和中山北路上，全被砲車、汽車、馬車等堵塞，加上湧動的人流；挹江門已經被沙袋封閉了兩邊的門洞，只留了中間一條狹窄的通道。面對蜂擁而來的撤退大軍，36師的官兵奉命對天開槍，甚至直接對人開槍，打死多人，仍無法控制希望逃生的人流。欲奪路逃生的士兵和36師的士兵對射，增加了雙方的傷亡。最後城門被撤退大軍強行突破了。

人太多、門太窄，如何擠出城門去，成為一個大難題。在通過城門時，有一輛人力車被擠翻，有一匹馬被擠倒、踩死，還有更多的人被擠倒、踩死。沒有人、也無法去清理現場；後面的人，就在人、馬的屍體上踩踏而過。有親歷者說：通過城門時，用「肩相摩，踵相接」都不足以形容，簡直是前胸後背相互緊貼，擠得喘不出氣，腳底不沾地，人被懸空擠出去的。教導總隊第1旅第2團團長謝承瑞，在光華

47　劉紹武，〈第八十三軍南京突圍記〉，馬振犢等編，《南京大屠殺史料集（2）南京保衛戰》，頁405-406。

門曾英勇作戰，體力透支，在過挹江門時被擁擠的人群活活踩死。有的官兵看到實在是無法擠出挹江門，只好用綁腿連接，吊下城牆，逃出城去。後來因為坦克部隊急於出城，開著坦克撞開了堵門的沙袋，從人、馬的屍體上輾壓過去，這才給後面的人打開了逃生通道。許多人踩著堆著二三層死屍、「積屍盈尺」的路面通過挹江門這道「鬼門關」。[48]

挹江門內外屍橫遍野，屍體「堆積如山」，都是自相踐踏造成的傷亡。其狀之慘駭人聽聞。[49] 負責防守挹江門一線的第 36 師 212 團第 1 營，盡忠職守地阻止潰兵出城，結果該營官兵被潰兵的子彈打死、被手榴彈炸死，或被擁擠的人流中被踩死、被翻倒的汽車壓死，有些衝出挹江門到達下關江邊的，又被擠到江裡淹死，全營四、五百人莫名其妙地損失殆盡。[50]

極小部分人好不容易出了城門、又想辦法上了船，尚未靠近北岸，又受到來自浦口方面胡宗南第 1 軍的射擊。因為胡宗南部原來得到的命令和宋希濂第 36 師一樣，禁止任何人擅自過江。南京的撤退命令沒有及時通知到胡宗南部下，所以第 1 軍士兵還是按照原來的命令，用機槍、步槍封鎖江面，向過江的船隻和人群開槍射擊。等到知道南京撤退，被打死的眾多冤魂，已經無法復生了。[51]

....

48　很多親歷者都談到了挹江門的混亂。參見王耀武，〈南京保衛戰的回憶〉；劉庸誠，〈上海南京抗戰親歷記〉；陳劍聲，〈所謂南京保衛戰中親歷簡記〉；程奎朗，〈南京附廓陣地的構築及守城戰鬥〉；何嘉兆，〈戰車三連衛戍南京紀實〉；劉井民，〈血染挹江門〉，參見馬振犢等編，《南京大屠殺史料集（2）南京保衛戰》，頁263、294、338、357-359、395、401-402。

49　郭岐，〈陷都血淚錄〉，張連紅編，《南京大屠殺史料集（3）倖存者的日記與回憶》（南京：江蘇人民出版社、鳳凰出版社，2005），頁140-143。

50　熊新民，〈擔任挹江門、下關地區守備任務回憶〉，全國政協文史資料委員會編，《文史資料存稿選編（6）抗日戰爭（上）》（北京：中國文史出版社，2002），頁608-609。

51　多篇回憶文章提到胡宗南第1軍在江北對渡江者的阻擊。王正元，〈南京保衛戰中

無船過江，撤退困難

　　絕大多數人找不到交通工具渡江。唐生智最初的封鎖政策，將下關和浦口間原有的兩條可載 5、6 百人的過江輪渡開到漢口去了，又收繳了各部自備的船舶；等到下達撤退令時，卻沒有安排過江的運輸工具。這一失誤造成了軍民撤退的極大困難。

　　沒有船的部隊，就公開搶劫別人的船，因此發生不少火拼的悲劇。更多的散兵游勇、平民百姓，找不到船，也搶不到船，只好八仙過海，各顯神通，尋找各種漂浮物過江。有的推動了下關碼頭的躉船當作渡船；有的用木頭紮木筏，甚至用大捆的蘆葦紮成浮排；有的用門板、床板、跳板、竹床、棺材、木盆、水缸漂浮；用木棍、木板、扁擔、鐵鍬等作槳，甚至以手作槳，划過江去。有的抱著門窗、木柱等各種漂浮物，靠自身的體力，游過江去。很多人因寒冷飢餓、體力不支，在江中沉沒；有的碰上了日軍的軍艦，被轟炸、掃射打死；有的靠近江北，被胡宗南的守兵打死。總之，從下關到浦口以及八卦洲、燕子磯、江心洲等幾處江面上，乘坐各種漂浮器物的人頭浮沉，救命聲、嚎哭聲，驚天動地；滿江是漂浮的屍體，慘不忍睹。[52]

中央軍各部按規劃突圍

　　撤退過程中，比較有秩序的是中央軍。中央軍各部都是按計畫突

續　⋯⋯⋯⋯⋯⋯⋯⋯⋯⋯⋯⋯⋯⋯⋯⋯⋯⋯⋯⋯⋯⋯⋯⋯⋯⋯⋯⋯⋯⋯
　　的軍話專線台〉；何嘉兆，〈戰車三連衛戍南京紀實〉，參見馬振犢等編，《南京大屠殺史料集（2）南京保衛戰》，頁 364、396。
52　彭月翔，〈從堅守陣地到北撤長江〉；李慕超，〈在滬寧抗戰的日子裡〉；劉庸誠，〈上海南京抗戰親歷記〉；陳頤鼎，〈南京守城戰鬥的一鱗半爪〉；嚴開運，〈南京抗戰親歷記〉；匡希聖，〈南京保衛戰親歷記〉；陳劍聲，〈所謂南京保衛戰中親歷簡記〉；韓時忱，〈護衛團旗退出南京〉；李西開，〈紫金山戰鬥〉，參見馬振犢等編，《南京大屠殺史料集（2）南京保衛戰》，頁 279、288、299-302、316、328、335、338、371-372、378-379。

圍，面對日軍突圍而出（例如第 74 軍和教導總隊 1 個旅），直接渡江；一部分按照唐生智的計畫或特許從下關附近渡江（如 36、87、88 師和教導總隊 2 個旅）。但他們在撤退過程遭遇日軍阻擊，傷亡慘重。

　　第 74 軍 58 師主力和 51 師一部共約 6、7 千人 12 日夜突圍時，先後遭遇日軍第 6 師團騎兵第 6 聯隊和第 45 聯隊的攔截，陣亡 3 千多人，剩下的 3 千多人在 13 日早上衝到大勝關以北的雙閘鎮附近，渡江到達江心洲，其中一部分輾轉北渡，但還有 2 千多人因找不到船，滯留在江心洲，全被日軍俘虜和殺害。[53] 整個 74 軍參加南京保衛戰時有官兵 1 萬 7 千多人，最後突圍到江北的，只剩 5 千餘人。[54]

　　第 87 和 88 師都是 12 日晚從下關一帶北渡的。參戰南京前，第 88 師約 7 千餘人，第 87 師約 8 千餘人，兩師各加上一個補充旅，總共約 7 萬 7 千多人。南京保衛戰第 88 師堅守雨花台、中華門，損失特大，88 師死亡將近 6 千人，最後北渡者，88 師不到 2 千人（一說僅剩 5 百人左右），87 師僅剩約 3 千人，三分之二精銳官兵都死亡了。[55]

　　教導總隊原有 3 萬人，第 3 旅向正面突圍，第 1、2 旅和總隊直屬部隊是乘船北渡的。總隊部 12 日夜在下關附近渡江；堅守紫金山的主力第 1、2 旅餘部 13 日凌晨在煤炭港至燕子磯之間乘坐木排北渡，中途遇到日軍攻擊，到 12 月底到達皖東滁縣集結的不到 4 千人（另一說

53　王衛星、雷國山編，《南京大屠殺史料集（11）日本軍方檔》，頁275；〈熊本兵團戰史——支那事變〉，王衛星編，《南京大屠殺史料集（56）日軍文獻（上）》，頁433-434；〈步兵第四十五聯隊史〉，王衛星編，《南京大屠殺史料集（57）日軍文獻（下）》（南京：江蘇人民出版社、鳳凰出版社，2010）頁508-510。

54　王耀武，〈第七十四軍參加南京保衛戰經過〉，《南京保衛戰》，頁141、146-147。〈陸軍第五十一師戰鬥詳報〉（1938年1月），馬振犢等編，《南京大屠殺史料集（2）南京保衛戰》，頁178-181。

55　〈陸軍第八十八師滬杭戰紀要〉，馬振犢等編，《南京大屠殺史料集（2）南京保衛戰》，頁177；盧畏三，〈第八十八師扼守雨花台中華門片段〉，《南京保衛戰》，頁165；譚道平，〈南京衛戍史話〉之附二「衛戍兵力傷亡概數統計」，馬振犢等編，《南京大屠殺史料集（2）南京保衛戰》，頁482。

不足 2 千人）。還有些失散人員，例如總隊少將參謀長邱清泉、第 2
旅旅部中校參謀廖耀湘等，隱居在老百姓家中，直到 1938 年 5 月以後，
才分別脫險，經上海、香港、廣州等地陸續歸隊（邱清泉、廖耀湘後
來都是抗日名將）。教導總隊最後突圍成功約 5 千人（另一說僅 2 千
餘人），這些國民政府最精銳的官兵 80% 以上都在南京保衛戰折損了。

另一支中央軍第 36 師，參加淞滬會戰損失過半，到南京後補充了
4 千餘人，參加南京保衛戰時恢復到 11,968 人，最後到達浦口集結的僅
3 千餘人，留在南京散失被屠殺者高達 7,023 人，損失率達 63% 以上。[56]

憲兵部隊 4 個多團共 5,452 人（含家屬），其中作戰傷亡 850 人，
因未能撤退留在南京而被屠殺者高達 2,184 人，合計損失 3,034 人，損
失率達 56%。[57]

比較幸運的是退守烏龍山的第 2 軍團餘部。他們因為與南京中斷
聯繫，未得到任何通知，也不知道撤退的安排。12 日夜聽從南京逃出
的散兵和百姓說南京已於當日淪陷，下關已無船，便自行果斷決定撤
退，徵用了 20 餘艘民間小木船，組織編隊，於當夜 12 時起至 13 日晨
7 時，從烏龍山和棲霞山之間的周家沙和黃泥蕩兩個碼頭，不停息的往
返多次，全軍 1 萬餘人全部成功北渡至望江亭、通江集、划子口一線，
是成建制突圍最多的部隊。撤退之前還炸掉了砲台的大砲。[58]

南京參戰部隊共 11 萬餘人，撤退或突圍而出的約 3 至 4 萬人，苦
戰陣亡的約 2 萬人，留在南京未能突圍者還有 5 萬餘人，這些留在南

56　〈陸軍第七十八軍南京之役戰鬥詳報〉及附表第二、四、五（1938 年 1 月），馬振
　　犢等編，《南京大屠殺史料集（2）南京保衛戰》，頁 189、191、194、195。

57　〈憲兵司令部戰鬥詳報〉附表（四），馬振犢等編，《南京大屠殺史料集（2）南京
　　保衛戰》，頁 220。

58　〈第二軍團京東戰役戰鬥詳報〉（1937 年 11 月 -1938 年 1 月），中國第二歷史檔案館
　　編，《中華民國史檔案資料彙編》，第五輯第二編，《軍事》（二），頁 318-320；人
　　數統計參見「徐源泉致蔣介石密電」（1937 年 12 月 23 日），中國第二歷史檔案館
　　編，《抗日戰爭正面戰場》上，頁 418-419。

京的官兵大多成為日軍屠殺的對象。[59]

六、南京大屠殺

被屠殺的厄運，首先降臨到在下關長江江邊尋機北渡而不得者。

下關江邊的屠殺

日軍第16師團步兵第38聯隊在獨立輕型裝甲車第8中隊的配合下，在12月13日下午3時抵達下關江邊，封鎖了渡口，輕裝甲車首先向擠在江岸，或逃進江裡的中國軍隊掃射。據他們估計，被包圍在下關江邊的中國軍隊「至少不下於兩萬人」。[60] 第38聯隊打完了1萬5千發子彈，中國軍人被打死的不計其數。日軍迅速占領了城北的5個城門，截斷了中國軍隊的退路。[61]

第16師團的另一支部隊第33聯隊，也是在13日下午2:30許抵達下關。聯隊戰報記錄：「發現揚子江江面滿是船、木筏及所有能漂浮的東西，無數殘兵敗卒正用之不斷地順流而下。聯隊馬上將前衛部隊及速射砲在岸上展開，猛烈射擊江面上的敵軍。據判斷，兩個小時消滅的敵軍不下兩千人。」[62]

59　關於南京保衛戰中國軍隊的參戰人數和損失人數等，戰後曾有各部彙報的概數統計：參戰部隊共8萬1千餘人，傷亡、下落不明者共3萬6千餘人，突圍者應為4萬4千餘人（譚道平，〈南京衛戍史話〉之附二「衛戍兵力傷亡概數統計」，馬振犢等編，《南京大屠殺史料集（2）南京保衛戰》，頁482）。但這個參戰人數和損失人數的統計數據明顯偏低，準確度有待核實。

60　〈步兵第三十八聯隊戰鬥詳報第11號〉（昭和12年12月12-13日），王衛星、雷國山編，《南京大屠殺史料集（11）日本軍方檔》，頁66、67。

61　〈佐佐木到一日記〉，1937年12月13日，王衛星編，《南京大屠殺史料集（8）日軍官兵日記》，頁315。

62　〈步兵第三十三聯隊南京附近戰鬥詳報〉，王衛星、雷國山編，《南京大屠殺史料集

　　日本海軍第 3 艦隊第 11 戰隊的軍艦，在同日下午 2 時之後開到下關附近江面，以艦砲和艦載機槍，轟炸、掃射中國軍民過江的各類船隻和在江中漂浮的人群，造成巨大的傷亡。[63]

　　13 日黃昏之前，日軍第 6 師團的步兵第 45 聯隊和騎兵第 6 聯隊，也抵達下關。[64] 從 13 日下午 2:30 之後至黃昏的約 3 個小時裡，被包圍在下關江邊的近 2 萬名中國軍人及部分平民，被日本陸海軍射殺 5 千人以上，剩下的都成為日軍的俘虜。下關江面和江邊形同屠宰場，水上漂滿浮屍，岸邊屍橫遍野，一片狼藉，慘不忍睹。

　　在此之後，在南京城西南的江心洲、南京城北的燕子磯、棲霞山等長江江邊，都發生過類似的屠殺事件，日軍肆意屠殺意欲過江或未能渡江的中國軍民，只是規模沒有下關這樣大。

集體屠殺戰俘

　　南京保衛戰中，最遺憾的是日軍進城後，從 1937 年 12 月中旬到 1938 年 1 月初，發生南京大屠殺（日本叫做「不法殺害」），不但造成中國軍民重大的人命死傷，而且，這個事件對中日關係造成重大影響，直到現在，還是中日政府與民眾心中難以越過的痛苦與障礙。

　　參加南京戰役的日軍各部隊都有屠殺俘虜的現象，僅僅是程度不同而已。最突出的是第 16 師團、第 6 師團、和第 13 師團山田支隊。

　　第 16 師團在 12 月 13 日在下關江邊當場打死約 4、5 千人，剩下被

續 ……………………………………………………………
　　（11）日本軍方檔》，頁 85；〈步兵第三十三聯隊史：光榮的 50 年歷程〉，王衛星編，《南京大屠殺史料集（56）日軍文獻（上）》，頁 282。

63　〈支那事變帝國海軍的行動〉（1938 年 1 月），王衛星、雷國山編，《南京大屠殺史料集（11）日本軍方檔》，頁 336。

64　〈佐佐木到一日記〉，1937 年 12 月 13 日，王衛星編，《南京大屠殺史料集（8）日軍官兵日記》，頁 316。

「處理掉約一萬五千人」。[65] 另外，13 或 14 日，第 33 聯隊第 6 中隊在太平門附近還屠殺了約 1 千 3 百名戰俘。[66] 第 16 師團還將在仙鶴門附近集結的 7、8 千名俘虜分成一兩百人一批的小隊，「領到適當的地方加以處理」（即分批殺害）。[67]

16 日，佐佐木支隊的一個中隊在南京東北部的太平門、麒麟門一帶抓了上萬名俘虜；據目擊者說，從飛機上可以「清楚地看到排成四列縱隊，前後長達八公里的俘虜隊伍，正被押送往南京城北部」。[68] 這些俘虜的命運只有一個：被屠殺。

13 日中午，第 13 師團山田支隊俘虜了 14,777 名中國兵。這麼多人數，「不論是殺掉還是讓其活著，都很困難」。15 日，山田「派本間騎兵少尉去聯繫處理俘虜的事宜和其他事宜」，得到「命令說將俘虜全部殺掉」。17 日，山田再次派相田中佐去南京城內的上海派遣軍司令部，請示俘虜處理問題，得到的還是一樣的命令。18 日至 19 日，山田支隊全體出動，「竭盡全力處理俘虜」。[69] 所謂「處理」，就是殺掉。

這批俘虜大多數是軍人，少數是警察，還有一些逃難的百姓。由於日軍一直在搜剿「殘敗兵」，所以人數不斷增加。14 日的統計是

65　〈中島今朝吾日記〉，1937 年 12 月 13 日，王衛星編，《南京大屠殺史料集（8）日軍官兵日記》，頁 280。〈佐佐木到一日記〉，1937 年 12 月 13 日，王衛星編，《南京大屠殺史料集（8）日軍官兵日記》，頁 316。

66　〈中島今朝吾日記〉，1937 年 12 月 13 日，王衛星編，《南京大屠殺史料集（8）日軍官兵日記》，頁 280。關於這次太平門的殺俘，參與或知情的士兵也有回憶。松岡環編著，新內如等譯，《南京戰・尋找被封閉的記憶：侵華日軍原士兵 102 人的證言》（上海：上海辭書出版社，2002）頁 144、146。

67　〈中島今朝吾日記〉，1937 年 12 月 13 日，王衛星編，《南京大屠殺史料集（8）日軍官兵日記》，頁 280；〈佐佐木到一日記〉，同前書，頁 316、318、320。

68　這批俘虜的人數，第十軍參謀長飯沼守說是約 2 萬人；〈飯沼守日記〉，1937 年 12 月 14 日，王衛星編，《南京大屠殺史料集（8）日軍官兵日記》，頁 205。

69　〈山田栴二日記〉，王衛星編，《南京大屠殺史料集 9・日軍官兵日記與書信》（南京：江蘇人民出版社、鳳凰出版社，2006），頁 2-4。

14,777 人，16 日已達 17,025 人，一般估計概數「約兩萬人」。俘虜們擠在臨時戰俘營地上，三四天時間裡只部分供應過一次食物，俘虜大多快虛脫了。16 日中午，集中營中忽然失火，燒掉了大約三分之一的房子。為了表示懲罰，當天下午 3 點，第 65 聯隊第 1 大隊將數千（宮本說約 3 千，遠藤和近藤說三分之一，約 7 千）名俘虜押到長江邊殺害了。[70]

大批戰俘的厄運降臨在 12 月 17 日，即日軍舉行南京入城式的那一天。第 65 聯隊各中隊士兵從早上開始，就把俘虜兩人一組，用鐵絲捆綁起來，一直捆到下午才捆完。然後用欺騙的手法，分批趕著俘虜走到上元門以北的長江邊一個江灣處的沙灘上，再用三面架好的機槍交叉掃射。反覆掃射兩次之後，日軍上來用木棒試探有無活人，發現未死的，就用刺刀捅死。清理完屍體後，在屍身上遮蓋樹枝、稻草，再澆上汽油，點火焚燒屍體。然後用石榴樹枝砍削而成的木叉，將燒得半透不透的屍體推進長江，焚屍滅跡。

整個屠殺過程從下午 5 時一直持續到晚上才結束。半夜裡，發現屍堆中還有沒死的人，參與其事的日軍再前去「處理」，一直忙到次日天亮。下午，該部相關日軍再次出動，清理屍體，從下午 2 時到晚 7 時半，沒能處理完；第二天再繼續前一天的「作業」。

由於冬天枯水季節，屍體數量過大，很多屍體沒能推進長江中；或者當時雖推進江水，後來又被回流沖回岸邊，半乾半濕地橫躺在江灘上。直到第二年初春，因為屍身發臭，影響健康，日軍才在紅卍字會的參與下，雇百姓將未能拋入長江的屍體挖坑掩埋。此時的屍體，經過幾個月風吹雨打，日晒雨淋，鷹啄狗刨，衣服猶在，屍身腫脹腐爛，裸露的地方例如頭部、手腳，基本成為半骷髏，其狀慘不忍睹。[71]

70　〈山田栴二日記〉，王衛星編，《南京大屠殺史料集（9）日軍官兵日記與書信》，頁 2-4。

71　本段描述綜合以下材料：（1）第六十五聯隊第四中隊步兵少尉，「宮本省吾陣中日

第 10 軍第 114 師團步兵第 66 聯隊第 1 大隊，12 日在中華門外「掃蕩」時，「消滅頑強抵抗的敵軍七百名」，另「俘虜一千五百餘人」。13 日下午，接到聯隊長轉達第 127 旅團旅團部的命令：殺死全部俘虜。他們將戰俘分批捆綁後，帶到野外，全部用刀刺死；從下午 5 時一直殺到晚上 7 時半才結束。[72] 14 日又刺殺了在雨花台俘虜的 1,354 人。

另外，在下關一帶的中山碼頭和煤炭港碼頭，12 月 14 日分別發生過集體射殺 2 千 8 百餘人和 3 千餘人的慘案。[73] 日本第 10 軍司令部參謀山崎正男在 12 月 17 日的日記裡寫道：入城式之後，經中山北路向北參觀，「來到揚子江岸邊的中山碼頭」，看到「無數的屍體被棄置於岸邊，全浸泡在水裡。這揚子江岸邊的景象可為是真正的屍骨累累。如將之打撈到地面上，一定是堆積如山了」。[74] 他的日記，無意中為中山碼頭慘案留下了一份印證。他還拍攝了現場的照片，後來廣泛流傳。

續 ···

記」，1937 年 12 月 13-19 日；第六十五聯隊第八中隊步兵少尉，「遠藤高明陣中日記」，1937 年 12 月 14-19 日；第六十五聯隊九中隊步兵少尉天野三郎軍事郵件，「致龍雄」、「致父親」；第六十五聯隊山砲兵第十九聯隊第八中隊「近藤榮四郎陣中日記」，1937 年 12 月 14-16 日；王衛星編，《南京大屠殺史料集（9）日軍官兵日記與書信》，頁 31-33、54-55、75-76、88-89。（2）中國目擊者：鈕先銘（教導總隊工兵營營長，在永清寺冒充和尚，8 個月後才逃離南京，是這次屠殺活動的全程目擊者，還參與埋屍），〈還俗記〉（節錄），張連紅編，《南京大屠殺史料集（3）倖存者的日記與回憶》（南京：江蘇人民出版社、鳳凰出版社 2005），頁 309-315、343-347。（3）中國倖存者（教導總隊第 1 旅第 2 團 3 營營部勤務兵，上元門江邊大屠殺倖存者），〈唐廣普口述〉，張連紅、張生編，《南京大屠殺史料集（25）倖存者調查口述》上（南京：江蘇人民出版社、鳳凰出版社，2007），頁 5-6。

72　〈步兵第六十六聯隊第一大隊戰鬥詳報〉（1937 年 12 月 10 日 -13 日），王衛星、雷國山編，《南京大屠殺史料集（11）日本軍方檔》，頁 240、246-247。

73　中山碼頭大屠殺，參見〈劉永興口述〉，張連紅、張生編，《南京大屠殺史料集（25）倖存者調查口述》（上），頁 10。煤炭港大屠殺，參見〈陳德貴口述〉、〈潘開明口述〉等，張連紅、張生編，《南京大屠殺史料集（25）倖存者調查口述》上，頁 7-8、8 等。

74　「山崎正男日記」，王衛星編，《南京大屠殺史料集（9）日軍官兵日記與書信》，頁 461。

1938 年任華中派遣軍第 11 軍司令官的岡村寧次，通過調查後承認：華中戰場的「派遣軍前線部隊一直以給養困難為藉口，大批處死俘虜，已成惡習。南京戰役時，大屠殺的人數多達四五萬之多」。[75] 他說的屠殺數字，應該是打了折扣的，而且主要指的是戰俘的屠殺，不包括被屠殺的平民。

大量屠殺平民

南京城破，沒能撤離的軍人，很多人脫下軍裝、丟棄武器，設法躲入居民家中、難民營內、各種醫院裡，日軍進城時，看到街上到處是軍服和械彈。[76]

根據王世杰（國民政府教育部長、國防最高委員會委員）日記記載：「首都陷落後，日方聲稱所獲步槍達十二萬枝之多，高射砲亦達五十餘門。予初不以為可信。今日晤何敬之，據云，大致確是如此！軍委會同仁，對唐生智多不滿。」[77] 這個數字言過其實，可能是日軍誇大之詞。因為南京守軍總共 11 萬多人，有砲兵、裝甲兵等各種兵種，而且之前的保衛戰中很多當時就人槍俱毀，所以，即使加上庫存步槍，12 萬枝步槍可能還是高估了。但是，城內許多軍人在撤退時丟槍卸甲，卻是不爭的事實。

日軍以搜剿「殘敗兵」的名義，拘捕了很多手無寸鐵的平民，強誣他們是軍人，濫殺無辜，姦淫擄掠，無所不為。

75　《岡村寧次陣中感想錄》，1938 年 7 月 13 日，王衛星編，《南京大屠殺史料集（8）日軍官兵日記》，頁 6。

76　韓時忱，〈護衛團旗退出南京〉，《南京保衛戰》，頁 160。

77　王世杰日記，1938 年 1 月 10 日，林美莉編輯校訂，《王世杰日記》上冊，頁 81。

姦殺婦女、縱火搶劫

除了屠殺戰俘和以男性為主的青壯年平民之外，日軍對婦女則進行強姦、輪姦和姦殺，其殘暴手段，令人髮指。

戰後東京遠東國際軍事法庭的起訴書寫道：「從 1937 年 12 月 13 日到 1938 年 2 月 6 日，南京城下至 9 歲、上至 77 歲的女性遭受日軍慘絕人寰的強姦和輪姦。」[78] 南京敵人罪行調查委員會的報告則指出：南京在「整個屠殺期間，共有 8 萬名婦女遭受到強姦」。[79] 最後東京審判的《判決書》，為了謹慎起見，採用了「南京安全區國際委員會」主席拉貝（John Rabe）1938 年寫給德國外交部的報告中提供的資料：「被占領後的第一個月中，南京城裡發生了將近 2 萬起強姦案。」[80] 這 2 萬件是有確鑿證據的，實際上被強姦的婦女遠遠超過 2 萬。

日軍在施暴時，還施行各種變態的、虐待狂的性暴行，逼著中國人亂倫，以取其樂。例如當著丈夫的面姦汙他的妻子，當著父母的面輪姦他們的女兒，甚至強迫和尚姦汙中國婦女。如想反抗或救助自己的親人，就打死被害婦女的丈夫、父母和家人，最後再殘忍殺害被害婦女。

戰後南京審判中，法院調查敵人罪行報告書中指出：「一般青年婦女以至六七十歲之高齡老婦，被害者甚多，其方式有強姦者，有輪姦者，有拒姦致死者，有令其父姦其女，兄姦其妹，翁姦其媳，以笑為樂者。更有割乳、刺胸肋、破齒落、下部腫胖，種種情況，慘不忍睹。」[81] 在被害女性中，有孕婦、有產婦，有高齡老婦，還有很多是

78　「起訴方對其證據的總結」，楊夏鳴編，《南京大屠殺史料集（7）東京審判》（江蘇人民出版社，2005）頁 396-397。

79　轉引自張憲文主編，《南京大屠殺全史》，頁 296。

80　「判決書（有關南京大屠殺）」，楊夏鳴編，《南京大屠殺史料集（7）東京審判》，頁 607。

81　「首都地方法院檢察處奉令調查敵人罪行報告書」（1946 年 2 月），郭必強等編，《南

10 歲左右甚至不到 10 歲的幼女。許多婦女被輪姦後，染上性病，有的造成終身疾病。更有甚者，日軍在強姦之後，有時還把被姦婦女殺掉，以防該婦女告狀給自己惹麻煩。而殘殺被害婦女的方式也是千奇百怪、殘暴絕倫，罄竹難書。

此外，日本還在南京全城大肆搶劫，往往在擄掠一空後，再放一把火，將罪證消滅乾淨。在日軍占領南京的最初一個月內，經常看到日軍士兵成群結隊，或闖入商鋪民宅搶劫，或背著搶來的財物在街上行走（許多照片當年被蓋上「不許可」印章，如今已公開出版）。

南京審判對第 6 師團師團長谷壽夫的判決書說：「日軍鋒鏑所至，焚燒與屠殺常同時並施。我首都為其實行恐怖政策之對象，故焚燒之慘烈，亦無與倫比。城陷之初，沿中華門迄下關江邊，遍地大火，烈焰燭天，半城幾成灰燼。我公私財物損失，殆不可以數位計。」[82]

總之，日軍攻占南京後，大開殺戒，姦淫擄掠，無所不為。淪陷之初的南京城，對中國人民來說，彷彿是一座人間地獄。

為什麼發生屠殺？

為什麼會發生大屠殺？南京日軍殘暴不仁是最根本的原因，但還有其他因素造成屠殺，例如：

1. 日軍對待俘虜的政策不清楚

日軍把中日戰爭定為「支那事變」，而不是「戰爭」，所以並沒有就如何對待俘虜發出明確的命令或指令。1937 年 7 月 21 日參謀本部制定的〈對支那軍戰鬥參考〉第 8 條「對待俘虜」有這樣的規定：「在

續 ⋯⋯⋯⋯⋯⋯⋯⋯⋯⋯⋯⋯⋯⋯⋯⋯⋯⋯⋯⋯⋯⋯⋯⋯

京大屠殺史料集（21）日軍罪行調查委員會調查統計》下（南京：江蘇人民出版社，2006），頁 1723。

82　「中國審判戰犯軍事法庭谷壽夫戰犯案件判決書」，南京：中國第二歷史檔案館藏，全宗號：593，案卷號：870。

當場使俘虜繳械後，為方便對其進行，可將其拘禁，如果需要可每數人進行捆綁。」[83]

如此對待中國俘虜，源於對中國人民和軍人的蔑視。昭和 8 年 1 月陸軍步兵學校發放的《對支那軍戰法的研究》指出：「支那人不僅戶籍法不健全，特別是兵員中流浪者甚多。因能認定其身分者甚少，就算殺掉或流放他地，在社會上也沒有問題。」[84]

中日戰爭不斷擴大，日軍仍沒有給前線部隊任何具體指示。沒有具體指示，等於是放任前線部隊自行處理。而前線軍隊面對大批難民和脫掉軍服的士兵，不知道該如何處理，便將他們殺死。

2. 日本人對俘虜和中國人的蔑視

日本一向以俘虜為恥（對日本人也是一樣），甲午戰爭和日俄戰爭後，許多到過中國的日本人看到中國貧窮落後，他們把親身的經歷傳遍日本全國，使得日本人普遍看不起中國人。很多官兵帶著這種蔑視感來到中國戰場，這種對俘虜和對中國人的蔑視，麻痺了日軍的理性和心理上對於殺害中國俘虜的牴觸，導致了非法殺害事件的發生。

3. 中國軍隊英勇抵抗，遭到報復

3 個月淞滬惡戰，中國軍隊的抵抗遠超出日軍的預期，日軍從上海一路苦戰，疲憊痛苦已達極點，不但死傷慘重，而且他們「速戰速決」的信念破碎。當時認為再拿下中國首都南京，中國肯定要妥協。沒想到守南京的中國軍隊仍然頑強抵抗，在奪取城垣的慘烈戰鬥中，雙方展開肉搏戰，即使日軍已進入附廓時，守軍仍然拒絕松井石根的勸降，使得日軍希望迅速解決南京戰鬥的意圖受到頓挫，心中憤恨，展開屠殺。松井石根戰後接受審判時坦承：「自登陸上海以來因苦戰惡鬥，

83　參謀本部，「対支那軍戰鬪の參考」1937 年（防衛研究所戰史研究中心藏）。

84　陸軍步兵學校，「対支那軍戰鬪法の研究」1933 年（防衛研究所戰史研究中心藏）。

付出巨大犧牲，激起我官兵強烈之敵愾心。」[85] 1938 年初擔任南京西部警備司令的天谷少將，認為日軍在南京的暴行「是由於長期以來的緊張戰鬥和遇到中國軍隊出乎意料的頑強抵抗」。[86]

中國軍隊頑強抵抗使日軍特別氣憤，這個可以理解；但是，因為氣憤就要屠殺平民或放下武器的軍人，顯然不通。

4. 國民政府政策影響

以南京的地形而論，背水一戰沒有退路，傷亡本來就很大，而國民政府一方面決定在南京抵抗，另一方面卻發生最高指揮官唐生智未妥善規劃、監督撤退，反而自己及其司令部先撤退的事情，以至軍民都被困在南京城牆之內，城門關閉，軍民都無處可逃，成日軍的俎上肉，或被日軍殲滅，或遭到逮捕，只有極少數逃到安全區。

南京大戰過後，日本參謀本部對南京大屠殺作了檢討和分析，主要原因有三：[87]

(1) 自淞滬會戰以來，日軍迭次遭受重創，積累了對中國軍隊的積怨，形成報復心理；

(2) 日軍糧食不足、供給短缺，自己都吃不飽，沒有糧食供應南京的中國人；還有，日軍人數有限，很難管理眾多的俘虜，乾脆「處理」掉被俘的南京平民和俘虜；

(3) 中國軍人換穿便衣，混在平民中，日軍認為這些人對南京治安產生隱患，所以嚴厲搜捕中國「敗殘兵」。但是，無法辨別混

85　田中正明，〈南京大屠殺之虛構〉，孫宅巍，《澄清歷史：南京大屠殺研究與思考》（江蘇人民出版社，2005）頁 58。

86　洞富雄著、毛良鴻譯，〈南京大屠殺〉，孫宅巍，《澄清歷史：南京大屠殺研究與思考》，頁 58。

87　〈鄉土部隊奮戰史〉，王衛星編，《南京大屠殺史料集（57）日軍文獻（下）》，頁 576；整個原因的完整分析，參見該書頁 574-581。

在平民中的軍人，便大量屠殺男性平民；故南京淪陷後的頭 5
天是大屠殺的最高峰，而且開始主要是屠殺疑似軍人的男性公
民。

這些理由看似成理，但都不能掩蓋背後真正的原因。真正的原因還是
日軍殘暴不仁，蔑視中國人，不把中國人當人。

南京大屠殺到底殺了多少人？

日本並不否認大屠殺（不法殺害）的事實，但是，70 多年來，中
日對於殺害的數目始終存有爭議。在東京審判中，對松井石根的起訴
書指出，遭到殺害的平民和俘虜人數合計 20 萬人以上，但最後在判決
書中這個數字卻變成了 10 萬人。而中國的南京審判強調是 30 萬人，
迄今仍堅持這個數字。

圍繞 30 萬人這一數字，多年來，中日兩國政府與民間爭論不休；
日本學界也分為屠殺、虛構、中間三派。[88] 屠殺派承認屠殺的事實；虛
構派不承認有南京大屠殺，認為只存在雙方交戰時偶然出現的殺戮情
況，只死了很少的人；兩派間還有一個中間派，他們承認屠殺，但是
數目保守，其內部又分左中右三派，認為屠殺人數大約是 1 萬到 3 萬
人之間。[89]

當時，「南京安全區國際委員會」主席約翰・拉貝（John Rabe）
指出，死亡人數約為 5、6 萬人。日本研究南京保衛戰的學者原剛，根
據當時史料和東京審判的證詞，並考證當時紅卍字會、崇善堂等慈善

---

[88] 屠殺派代表人物是洞富雄（早稻田大學日本史教授）、本多勝一（作家）、藤原彰
（一橋大學歷史教授，曾參加華北作戰），以及中生代學者：吉田裕、笠原十九司
等。虛構派則以田中正明（拓殖大學講師，曾任松井石根秘書）為主。中間派代
表人物是秦郁彥（日本大學歷史教授）、原剛（防衛廳防衛研究所）。

[89] 程兆奇，〈南京大屠殺研究的幾個問題〉，《歧羊齋史論集》（上海：上海交通大學
出版社，2013），頁 3-10。

機構埋屍報告的可靠性，認為遭受日軍殺害的人數應該是 2 萬多人。中國大陸若干學者估算是 5 萬到 10 萬人，而多數學者和官方一致認為是 30 萬人。

其實，兵荒馬亂中，很難算出準確的人數。但是，人數多寡不應是爭論的重點，重點是「對俘虜及平民的不法殺害」，即使是 3 百人、3 千人，都是軍人或施暴國之恥，都是難以原諒的罪惡，足以稱之為「南京大屠殺」。

七、南京保衛戰觀察與檢討

蔣介石決策的檢討

蔣介石決定固守南京，除了考慮到南京的特殊地位（若首都不戰而退，有失體面；固守南京則表明政府抗戰的決心和意志），更多的還是出於外交的考慮。事實上，自七七事變以來，國民政府始終沒有放棄尋求國際干預解決中日衝突的努力。

當時，九國公約國在布魯塞爾的會議尚在進行中，蔣介石希望九國公約會議能制裁日本，再加上 11 月上旬，德國駐華大使陶德曼（Oskar Paul Trautmann）出面調停，蔣介石希望利用陶德曼調停作為緩兵計，遲滯日軍在戰場上的攻勢，爭取時間整頓後方以利再戰。特別是蔣介石積極爭取蘇聯對華軍事援助、甚至期望蘇聯會直接參戰。

其實，因為和日本有著地緣、歷史上的糾葛，蘇聯與日本關係並不好。蔣介石在中日全面戰爭爆發前，就期待「日蘇先戰」，減緩中國的壓力。不幸七七事變後中日大打出手，日蘇並沒有先戰。蘇聯是列強中唯一願意積極支持中國的國家，也因此，蔣介石一直有個期待：蘇聯可能趁多數日軍投入中國戰場時，出兵中國東北，打擊日本關東軍，報日俄戰爭俄國戰敗之仇。

1937 年 8 月 21 日，國民政府外交部長王寵惠和蘇聯駐華大使鮑格莫洛夫（Погомолов）在南京簽署了久議未決的《中蘇互不侵犯條約》。9 月 1 日，蔣介石以行政院長身分在南京國防最高會議上報告《中蘇互不侵犯條約》的簽訂過程，預言蘇聯「終將加入對日戰爭」。[90]

南京保衛戰期間，蘇聯空軍志願大隊直接起飛參戰，並擊落日本飛機，給予中國人鼓舞和希望。[91] 蘇聯也在多個場合表示願積極支持中國抗日。蘇聯共黨及政府重要領導人伏羅希洛夫元帥不止一次表達蘇聯支持中國抗日的堅定態度；他在 1937 年 11 月明告蔣介石：如中國抗戰到生死關頭時，蘇聯當出兵，決不坐視。[92]

蔣介石一直提醒自己蘇聯有「待我生死關頭，必出兵攻倭之諾言」。[93] 淞滬潰敗，南京告急，蔣介石在 11 月 26、28 和 29 日，連發三個電報給在蘇聯的楊杰，令其速向蘇聯求援：「南京防禦工事殊嫌薄弱，恐難久持，未知友邦究能何日出兵？十日內能否實現？盼立覆。」[94] 蔣介石對蘇聯出兵望眼欲穿，但蘇聯一直沒有具體動靜。12 月 5 日，史達林、伏羅希洛夫終於回音了。他們表示：

(1) 如果蘇聯現在對日出兵，會被視為是對日本的侵略，這將有利於日本而不利於中國；

(2) 如九國公約各國或其中一部分國家願意出兵，蘇聯就可以立即出兵；

90　王世杰日記，1937 年 9 月 1 日，林美莉編輯校訂，《王世杰日記》上冊，頁 37。

91　馬振犢等編，《南京大屠殺史料集（2）南京保衛戰》，頁 261。

92　「楊杰、張沖致蔣介石電」（1937 年 11 月 1 日），「張沖致蔣介石電」（1937 年 11 月 18 日），秦孝儀主編，《中華民國重要史料初編‧對日抗戰時期‧第三編‧戰時外交（二）》，頁 334，338。

93　蔣介石日記，1937 年 11 月 24 日。

94　「蔣介石致楊杰電」（1937 年 11 月 26、28、29 日），台北：國史館藏，《蔣中正總統文物／籌筆／抗戰時期（七）》，卷宗號：00200000020A，典藏號：002-010300-00007-036、038、040。

(3) 蘇聯對日出兵，必須得到最高蘇維埃的批准，而最高蘇維埃開
　　會的時間將在 1 月中旬或 2 月分；

(4) 在最高蘇維埃開會之前，蘇聯將繼續對中國提供「技術支
　　援」。[95]

史達林明顯在拖延推諉，對亟盼蘇聯出兵的蔣介石來說，這個答覆不
啻是個當頭一棒。他極為失望，當天日記寫道：「史達林覆電，與楊、
張所報者完全相反。」他此時明白「蘇俄出兵已絕望」。[96]

　　即便如此，蔣介石還是做了最後的努力，因為「蘇俄無望但又不
能絕望也」。[97]他次日覆電史達林和伏羅希洛夫：「尚望貴國最高蘇維
埃能予中國以實力援助，早奠東亞和平之基也。」[98]因為有著蘇聯的考
量，直到 12 月 12 日，蔣還在對唐生智說：「如能再守半月以上，則
內外形勢必一大變。」其中的「外」，指的就是蘇聯出兵。

　　蔣介石期望國際干預，情有可原，但是這種做法當特別謹慎，何
況還有淞滬會戰的前車之鑒。淞滬會戰為了布魯塞爾的九國公約會議
而延遲撤退，造成巨大的傷亡；南京之役竟然再蹈覆轍，期期等待國
際干涉或蘇聯參戰，而疏於撤退的部署，一錯再錯。

　　不僅如此，南京保衛戰的決策再度違反了持久消耗戰的戰略原則，

95　「史達林、伏羅希洛夫自莫斯科致蔣介石電」（1937 年 12 月），秦孝儀主編，《中華
　　民國重要史料初編・對日抗戰時期・第三編・戰時外交（二）》，頁 339-340。原
　　電無具體日期，5 日的日期係由徐永昌 1937 年 12 月 6 日日記推得，《徐永昌日記》，
　　第 4 冊，頁 197-198。

96　蔣介石日記，1937 年 12 月 5 日。

97　此條見於蔣介石日記，1937 年 12 月 6 日的「注意」事項之中，應為當天較早時間
　　所寫。在當天日記的結尾處，他痛苦地寫到：「史達林覆電已到，倭、俄態度已明，
　　再無所待矣。」看來 6 日晚上，在回顧一天的活動並作出反省之後，蔣介石對蘇聯
　　出兵終於死心了。此後的日記，再沒見提到蘇聯出兵。

98　秦孝儀主編，《中華民國重要史料初編・對日抗戰時期・第三編・戰時外交（二）》，
　　頁 340。

南京一役，自己軍力損傷極大，卻沒有能消耗日軍戰力，可以說是又一次「戰略為政略殉」。

方德萬指出，國民政府在軍事、外交兩端躊躇，雖然不投降、不談判的決心不變，但蔣介石「不斷改變心意，在戰守及撤退之間優柔寡斷，使得南京衛戍部隊在慌亂的撤退中導致日軍大量的屠殺」。[99] 瞻前顧後、決策矛盾，戰略與政略拿捏不定，蔣介石難辭其咎。

唐生智的責任

中國軍隊裝備有限，攻堅能力較差，但依城死守的決心和能力卻相當堅強。南京的守軍 11 萬人，半數以上是中央軍，裝備較好，雖然多數是淞滬會戰打殘撤下來的部隊，但如果死守打巷戰，雙方攪在一起，日軍的裝備優勢便難以發揮作用，南京保衛戰再延長一、兩週、甚至更久，也不是不可能。事實上，南京保衛戰到 12 月 12 日下令撤退時，南京城並沒有破。如真下決心死守，日軍必須付出更大代價，才能拿下南京。

奇怪的是為什麼只守了 8 天蔣介石就突然下令撤退？既然要退，為何不及早規劃？結果是中國守軍匆忙中未及妥善規劃就自行撤退，這是南京保衛戰最大的悲劇之一。

至於南京衛戍部隊司令長官唐生智，他在 1927 年曾反蔣，抗戰初起，已沒有自己的軍隊，在國民政府擔任軍事委員會訓練總監部總監、兼任警衛執行部主任，他身體不好，戰前曾負責防禦工事的督導構築。南京保衛戰他主動請纓。[100] 但是，多年不帶兵，他和所指揮的部隊間又缺乏了解，在各部隊高級軍官中威望不足，而南京保衛戰又主要是

99　Edward J. Drea and Hans van de Ven, "An Overview of Major Military Campaigns during the Sino-Japanese War, 1937-1945," *The Battle for China*, p. 31.

100　馬振犢認為唐生智主動請纓，有藉此「提高自己地位」的想法。馬振犢，《慘勝：抗戰正面戰場大寫意》（九州出版社，2012）頁 111-112。

以蔣介石嫡系部隊為基幹編制而成，這些都造成他指揮上的問題。

唐生智主張死守南京，又拒絕日軍的誘降，其抗日立場無可置疑；但是，指揮不當，特別在部隊撤退上，他有不可推卸的責任。唐生智沒有規劃撤退方案，又沒有督導撤退的執行，反而帶著衛戍司令部自己先撤退了！司令部沒有留下負責人員，無法及時溝通、指揮撤退大軍，以致下面很多部隊沒有得到撤退的通知，整個南京在 12 日黃昏之前已經群龍無首了，後來發生的許多慘況，唐生智要負最大責任。

日本對中國軍事民情的誤判

長期研究南京戰的原剛指出，在攻打南京的決策中，日本軍中「支那通」的觀點產生極大的影響。當時在日本被稱作「支那通」的有陸軍士官學校第 16 期的精英板垣征四郎、土肥原賢二、岡村寧次、磯谷廉介及其後輩佐佐木到一、喜多誠一、原田熊吉、根本博、永津佐比重、影佐禎昭等人。他們自以為了解中國，過於輕敵，沒有充分認識到中國軍民的抗戰意志，還有些為了獲取日本在華權益而對某些現象視而不見，認為只要占領南京，就能迫使中國投降。正是這種想法，使日本陷入長期戰爭的泥潭。[101]

日軍拿下南京後，東京及日本各地張燈結綵，大肆慶祝；日軍在南京也舉辦了隆重的入城儀式，所有人都沉醉於勝利的喜悅，以為中日之戰終於結束了。但中國軍民的抗戰意志，反而愈來愈堅強。

南京保衛戰和南京大屠殺的關係

南京保衛戰與南京大屠殺在時間上前後承接，保衛戰的失敗造成南京陷落，隨後發生了慘絕人寰的南京大屠殺。

---

101 原剛，《南京戰的失算與後遺症》（未刊稿）。

　　南京被屠殺的平民人數眾多，與大量平民滯留南京、未能及時疏散有直接關係。自 1937 年 8 月淞滬戰爭開始後，南京就成為日軍空襲的重要目標，國民政府開展防空和抗戰的宣傳教育，各社會團體開展了多種形式的抗日宣傳和捐款活動。到 12 月 13 日南京淪陷前夕，城市基本還在有序運轉（電燈、發電等到淪陷時都未停頓）。但是，國民政府應對戰爭的準備是有限的，特別是對南京城陷之後如何安置和保護市民並無詳細的規劃。

　　南京失陷前後，大批難民擁入城中的國際安全區，而在此前國民政府對於國際安全區的支援不夠，且安全區未得到日本的完全承認，因此，安全區對於難民的安全保障和生活救助相當有限。據統計，南京淪陷後，城內還有平民約 20 萬人。[102] 這麼多平民留在戰火紛飛的戰場，這點連進攻的日軍都沒有想到。[103]

　　在侵華日軍南京大屠殺中，數十萬中國軍民被屠殺，其中軍人應在 5 萬人以上。如此大規模的軍人被俘虜、屠殺，與南京保衛戰的戰略決策和指揮失誤密切相關。

　　方德萬認為，南京衛成部隊被日軍大量屠殺，多少與蔣介石決策猶疑有關。[104] 唐德剛亦質疑統帥部決策，「以躁激之將（指唐生智）將疲憊之兵，再加上進退之間舉棋不定，值此兵臨城下、千鈞一髮之際，來個不守、不撤，軍令稍一遲疑，遂遭強敵作闖城之屠」。[105]

　　南京居長江之南，日軍對南京取分兵合圍之勢，國民政府在沒有足夠力量保證南京守軍可以安全有序撤離的情況下，集合 10 餘萬軍隊

102　〈南京宣撫班報告・南京班第一次報告〉（1938 年 1 月 21 日提交），王衛星、雷國山編，《南京大屠殺史料集（11）日本軍方檔》，頁 338。

103　南京淪陷時的人數，參見日軍的想法，參見〈鄉土部隊奮戰史〉，王衛星編，《南京大屠殺史料集（57）日軍文獻（下）》，頁 574。

104　Edward J. Drea and Hans van de Ven, "An Overview of Major Military Campaigns during the Sino-Japanese War, 1937-1945," *The Battle for China*, p. 31.

105　唐德剛，《民國史抗戰篇：烽火八年》，頁 67。

固守南京，是軍事策略上的失誤。另一方面，作為南京衛戍司令的唐生智，先是迎合蔣介石而提出「誓與南京共存亡」的口號，在挹江門阻止軍隊退往長江邊，並收繳渡江船隻。後來接到撤退命令時，又沒有妥善規劃、監督撤退事宜，軍事決策與指揮體制的嚴重缺陷，導致南京淪陷後，中國守軍不能形成有效抵抗、交叉掩護和有序撤退，直接造成數萬官兵滯留城內，成為日軍殘殺的對象。

對南京保衛戰的評價：英勇壯烈

中國軍隊在南京保衛戰中的作戰英勇壯烈，給予日軍強烈的打擊，自己也付出極大的代價。如果說淞滬會戰猶如血肉磨坊，那麼，南京保衛戰就是更大的血肉磨坊。

1. 各部都見英烈

中國軍隊保衛首都，以血肉長城抵擋日軍砲火，前仆後繼，在南京城外的戰鬥、在南京城垣的血戰，以及後來的突圍戰中，各部隊浴血犧牲的英烈事蹟，比比皆是。

在淳化鎮、光華門、楊坊山、紫金山、中華門、雨花台等地，中國軍隊均與日軍發生激戰，重創日軍，自己也付出了慘重的代價。教導總隊堅守紫金山，在全軍撤退後仍堅持作戰到 13 日白天，連交戰的對手都佩服他們不愧是蔣介石的王牌軍。

第 88 師在雨花台、中華門與日軍激戰，無論是鬥志或是戰績，都不遜於淞滬會戰，甚至更為出色。他們以少敵多，不僅死守不退，有時還主動出擊、甚至組織敢死隊，重創日軍，自己則先後犧牲了 3 位少將旅長，傷亡約 6 千人。[106]

---

106 〈陸軍第八十八師京滬抗戰紀要〉，馬振犢等編，《南京大屠殺史料集（2）南京保衛戰》，頁 177。該紀要說第 88 師陣亡 6 千餘人，這可能是誤記，多半是「傷亡」人數，而非「陣亡」人數。

　　第 74 軍兩個師分別在淳化鎮和牛首山給予日軍沉重打擊，最後撤退時還在水西門之南重創了日軍，該役僅僅第 51 師就傷亡 7,855 人。[107]

　　廣東軍隊第 66 軍和 83 軍在戰鬥中的表現，令人矚目，而且最後成功從正面突圍，保留了部分元氣，並在突圍路上重創日本上海派遣軍司令部。

　　湖北部隊第 2 軍團，在楊坊山、銀孔山等地曾英勇作戰，重創日軍；最後在與上級斷絕聯繫的情況下，搶在日軍尚未到達烏龍山砲台之前，果斷決策，嚴密組織，官兵一致，有條不紊，1 萬 1 千多人全身而退。

2. 將星在南京殞落

　　南京保衛戰不到 10 天就陣亡了 20 位將軍，營連排級軍官及士兵更是數倍、數十倍、百倍於此。將軍和高級軍官陣亡的密度及比例均遠高於淞滬會戰，在世界戰爭史中也罕見如此密集的將軍陣亡紀錄，足以反映中國軍人的英勇精神和南京保衛戰的激烈程度。

3. 南京是更大的血肉磨坊

　　日軍的戰報詳細記錄了中日雙方戰鬥傷亡情況，日軍對國軍在南京保衛戰中激烈抵抗、英勇犧牲的記載，歷歷在目。例如，日軍第 16 師團步兵第 33 聯隊的戰報，該部 12 月 10 至 13 日在紫金山和教導總隊激戰，4 天之中，陣地上中國軍人遺屍高達 6,830 具。[108] 日軍第 114 師團（在南京城南作戰）對中國軍隊遺棄屍體的統計數字是：在秣陵關附近的戰鬥，國軍遺屍 200 具；在將軍山附近的戰鬥，國軍遺屍 800 具；在南京附近的戰鬥，國軍遺屍 5 千具；在方山附近的戰鬥，國軍

107　〈陸軍第五十一師戰鬥詳報〉之附表「陸軍第五十一師（衛戍南京之役）人員傷亡統計」（1938 年 1 月），馬振犢等編，《南京大屠殺史料集（2）南京保衛戰》，頁 181。

108　〈步兵第三十三聯隊南京附近戰鬥詳報〉之附表 3「昭和 12 年 12 月 10 日-14 日步兵第三十三聯隊繳獲表」，王衛星、雷國山編，《南京大屠殺史料集（11）日本軍方檔》，頁 89。

遺屍數字仍在統計；合計國軍遺屍 6 千具以上。該師團自己的傷亡數：
秣陵關 131 人；將軍山 25 人；南京附近 888 人；合計傷亡 1,044（死
253、傷 791）人。[109]

　　此外，進攻中華門的日軍第 114 師團步兵第 66 聯隊第一大隊的戰
報記載，該部在 12 月 10 至 13 日 4 天作戰中，中國軍隊在其正面遺屍
共 1 千 4 百餘具，另外他們俘虜了 1,657 人，繳獲步槍 602 枝，手槍 31
枝、輕重機槍 47 挺、砲 5 門。[110] 這 1 千 4 百餘具屍體全部是戰鬥陣亡的。
這個資料顯示，大多數國軍將士在被俘前都把自己武器銷毀或丟到河
裡。[111] 第 6 師團谷壽夫部隊，從 12 月 3 日至 13 日參加南京戰役的整
個過程中，本身傷亡 1,190 人，中國軍隊遺屍 1 萬 7 千 1 百具，另被俘
5 千 5 百名。[112]

　　日軍參加南京戰役的部隊共約 7 個師團 10 萬人左右，據日方統計，
從上海淪陷到南京入城式為止（日軍稱為「南京追擊戰」），日軍傷
亡 2 萬 6 千人，[113] 超過參戰人數的四分之一，代價不可謂不重。從 11
月 6 日第 10 軍決定進軍南京開始，到 12 月 17 日日軍舉行南京入城式，
43 天內，日本華中方面軍傷亡了 1 萬 8 千人。也就是說，在南京周邊
戰和突圍戰中，中國軍隊都曾給予日軍重大殺傷。

　　如此慘烈的戰績，卻是在雙方兵力相當、而日軍裝備訓練卻遠優

109　〈第一一四師團戰鬥詳報〉之附表 1 之 1-3、附表 3、附表 4。同前書，頁 226-231。

110　〈步兵第六十六聯隊第一大隊戰鬥詳報〉（昭和 12 年 12 月 10 日 -13 日）之附表 3「昭
　　　和 12 年 12 月 10-13 日第一大隊繳獲表」，同前書，頁 251。

111　〈步兵第一五〇聯隊戰鬥詳報第 6 號〉（昭和 12 年 12 月 10 日 -13 日）附表 3「昭和
　　　12 年 12 月 10-13 日步兵第一五〇聯隊繳獲表」，同前書，頁 264。

112　〈第六師團戰時旬報第 13、14 號〉之附表 1「追擊及進攻南京中敵我損失、傷亡一
　　　覽表」，同前書頁 277-278。

113　小林友一，〈中支那方面地上作戰經過概要〉（1937 年 11 月上旬 -1938 年 2 月 18 日），
　　　日本防衛研修廳戰史部藏檔案，中文翻譯稿可參見王衛星編，《南京大屠殺史料集
　　　（56）日軍文獻（上）》，頁 56-57。

於國軍的狀況下打出來的。中國將士打出這樣的成績，不僅難能可貴，可說是創造了奇蹟！

南京保衛戰未受到應有的重視

然而，這樣壯烈、可圈可點的南京保衛戰，長期以來軍、政、學界並沒有給予應有的重視。究其原因，可能有下列幾點：

(1) 南京城破後沒有開展巷戰，有違常規。其實，國軍原有在城陷後開展巷戰的計畫，在城內主要街道修建了街壘工事，挖了戰壕。後來未打巷戰的原因，主要是在 12 月 12 日下午唐生智撤退令下達之後，城內守衛部隊的任務即轉變為保存有生力量，因此原來準備巷戰的計畫被取消了。

(2) 撤退時雜亂無章，自相踐踏，造成大量非戰鬥傷亡。撤退令下得倉促，再加上唐生智部署撤退不力，尚未城破，城垣還打得激烈時，城內守軍就慌亂撤退。撤退時，軍隊指揮系統已經崩潰，有些軍官先行撤退，以致很多士兵喪失了鬥志，混亂中各自逃散。軍人撤了，平民也跟著逃，一路上互相推擠、自相踐踏，造成大量傷亡。還有，把守挹江門的第 36 師以及下關河岸的第 1 軍，不知臨機應變，而是執著於過時的命令，造成挹江門、太平門的踩踏慘案。

(3) 滯留在南京的軍人，出現個人或集體投降，或換裝丟棄武器藏匿民間的情形。而被俘的數萬軍人，面對日軍屠殺，基本沒有反抗，任人宰割。戰場上軍人走投無路時放下武器，不應苛責。許多士兵為了求生，脫下軍裝，扔掉武器，換上老百姓的衣服，躲入難民區或潛入民間。但是，有一些部隊並未喪失戰鬥能力，也向日軍繳械投降。當時中國軍人以為遵照日內瓦戰俘公約，投降後至多被拉夫、囚禁，或遣散。但是，無論是中國統

　　　　帥部、前線將領、士兵、還是在南京的外國人士，都沒有預料
　　　　到日軍會對放下武器的中國軍人和平民大規模的屠殺。

因此，國軍在南京保衛戰的作戰上，可說是可圈可點，但它敗在撤退
階段，以致整個作戰成了「虎頭蛇尾」的悲劇。加之隨後出現了慘痛
的南京大屠殺，所以，國民政府可能出於這些心理負擔，70 多年來，
沒有給予南京保衛戰應有的重視，在 22 次會戰中不多談它、甚至不提
它；中華民國國防部史政編譯局編寫的 101 卷的《抗日戰史》中也不
列獨立的篇章，僅在《淞滬會戰》中附列一小目。[114] 而中國共產黨則
突出大屠殺慘狀，卻淡化保衛戰的部分。

　　日軍過度輕視、誤判了中國抗戰的意志，以為只要攻陷首都南京，
中國就會投降。結果，南京屠殺非但沒有令中國屈服，反而激起中國
軍民同仇敵愾之心。日軍只得繼續前進，逐漸陷入了漫長的持久戰中，
還留下了南京大屠殺這個汙點，不但是中華民族難以磨滅的痛，也成
為中日關係中一塊不易跨過的陰影。

114　《抗日戰史》（台北：國防部史政編譯局編印，1986）；蔣緯國總編著，《抗日禦侮》
　　　第五卷第八章第二節，初期戰役（台北；黎明文化實業公司，1978）。

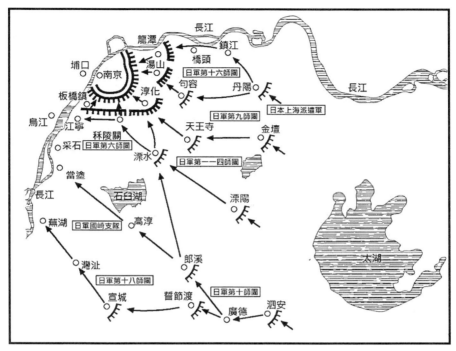

南京保衛戰形勢圖

【第 四 編】

走向持久戰

第十章

重探徐州會戰

傅應川（前中華民國國防部史政編譯局局長）
洪小夏（上海師範大學法政學院教授）

中國軍隊在華東歷經淞滬血戰、杭州灣失陷、南京淪陷、京滬大撤退的同時，華北亦是烽火連天，到 1937 年底，日軍占領了華北大部分地區。1938 年 2 月，中國全面抗戰業已半年，國民政府西遷重慶，軍事指揮中心則在武漢。此時，徐州的軍事重要性頓時凸顯出來。

徐州地處江蘇、山東、安徽、河南四省交界的要衝，是津浦、隴海兩大鐵路的交匯點，有向四面轉用兵力的交通條件；既是中國軍隊保衛武漢的屏障，又是日軍溝通南北戰場的樞紐。因此，徐州是中國軍隊必守、日軍必攻的戰略要地。

1938 年 2 月到 6 月的徐州會戰中，有幾件事值得關注：被譽為國民政府軍隊抗戰第一次大勝仗的「台兒莊大捷」、中國軍隊主動進攻的蘭封會戰（亦稱為豫東作戰）[1]，以及黃河花園口決堤。這三件事，長期有所爭議，近年相關檔案開放，許多疑點得到澄清；而徐州會戰作為中國抗戰由戰略防禦階段向戰略相持階段轉型的起點，它的重要，不言而喻。

1　蘭封這個地名現已不存在，它和考城縣一起合併為蘭考縣。國民政府很少稱「蘭封會戰」，他們把蘭封作戰視為徐州會戰的一部分，稱為「豫東作戰」或「蘭封作戰」，中國大陸史學界則較少對此役作深入研究。

一、中日軍力整補

日軍兵力不足的困境及其因應

1938 年開始，日本已陷入兵力不足的窘境。從淞滬會戰到 1937 年底南京淪陷這 4 個月間，日本陸軍已從戰前的 17 個步兵師團擴大到 24 個，而且除了國內 2 個常設師團和朝鮮 1 個師團外，其餘 21 個都投入了中國戰場，共約 50 萬軍隊（包括滿洲國的駐軍）。由於必須時刻提防蘇聯的動作，東京深感兵力不敷使用。

在中國的 50 萬大軍，散布在長達 2 千公里的作戰線上，兵力分散，對中國廣大的土地而言，仍是杯水車薪；面對分布各地、頑強抵抗的中國軍隊，東京明白，想要以「速戰速決」的方式予以殲滅，已不可得。

在此情況下，東京開始爭取以較小的代價結束中國戰爭，因而主張誘降蔣介石政府。[2] 東京在 1937 年 10 月底積極展開「和平工作」（即誘降），最著名的是透過德國駐華大使進行的「陶德曼調停」。國民政府高層中有不少人（汪精衛、孔祥熙、于右任、居正等）贊同對日和談，但蔣介石堅持兩點：

(1) 必須恢復到七七事變前的狀態，談判才有基礎。
(2) 必須有第三國參與及保證，中國不單獨與日本談判。[3]

談判雖然陷入膠著，東京還是願意考慮拿出比較寬鬆的條件說服南京政府。但是，11 月上旬後，日本在淞滬戰場上取得主動，談判的條件也隨之變得嚴苛。最後，蔣介石拍板決定中止和談（關於抗戰時期中日之間的談判及和議，請見本書第三卷第二章）。

2　日本防衛廳防衛研究所戰史室編，《中國事變陸軍作戰史》第二卷第一分冊（北京：中華書局，1979），頁 2-4。
3　蔣介石日記，1937 年 11 月 1 日。

和談不成，日本政府遂在 1938 年 1 月 16 日發表「不以國民政府為對手」的聲明。1 月 18 日，日本政府召回駐華大使川越茂；中國政府同時召回駐日大使許世英。中日之間雖沒有相互宣戰，但實際已絕交了。

1938 年 2 月 16 日御前會議，確定了對華方針，大本營頒布「中國事變帝國陸軍作戰指導綱要（1938 年 2 月至夏季）」。基調仍是「不擴大方針」，計畫在 1938 年 7 月之前，從日本國內繼續動員編成 6 個新的師團。在新部隊編成之前，「絕不發動新的作戰」。作戰指導上，華北方面，確保膠濟沿線並繼續向濟南上游黃河左岸（即江北）之線推進，嚴禁將戰場擴大到黃河以南；除航空部隊外，地面部隊不對較遠地區的敵軍發動攻擊；津浦鐵路沿線宜不擴大現作戰面。華中方面，陸海軍協同確保現占領地域安定，對敵後方只實行航空作戰。[4]

這份「作戰指導綱要」，由參謀本部第二課長河邊虎四郎大佐起草，考量的是對華長期作戰的戰略可行性，並獲得陸軍省的支持。但是，侵華戰地指揮官卻不贊成，尤其是華北方面軍。華北方面軍司令官寺內壽一大將對此非常不滿，他認為，日軍連戰皆捷，應該一鼓作氣，拿下武漢，中國必將屈服。因此，他力陳徐州作戰的必要性，引起東京大本營與在華戰地指揮官間的爭論。[5]

華北方面軍欲進攻徐州

淞滬會戰使日軍主力轉移到華東，華北方面軍頓時由主角變為配角，但不像淞滬戰場上的華中派遣軍那樣死傷慘重；華北方面軍部隊較完整，所以指揮官有強烈的企圖心，要求將軍事範圍擴展到黃河以

4　《日軍對華作戰紀要（二）：華中華南作戰及對華戰略之轉變》，頁 5-8、38。

5　〈河邊虎四郎中將回憶錄〉，《日軍對華作戰紀要（二）：華中華南作戰及對華戰略之轉變》，頁 8。

南，向徐州發動攻勢，打通津浦鐵路。

參謀本部不同意，在 1938 年 2 月 4 日電覆華北方面軍：「膠濟鐵路沿線，在現占據線及其他方面，不得超越黃河之線作戰。」華北方面軍仍堅持立場，再次申覆，指出徐州周邊尚集結十數萬中國軍隊，將對「日軍第一線後方，隨地進行反擊」；「為日軍自衛之需要，應伺機痛擊該中國軍根據地」。[6] 陸軍參謀本部再次電覆，重申立場：「我方必須考慮，被敵所誘，不知不覺中擴大戰面，被牽制大量兵力，將妨害我軍全盤整頓，以應付可能發生更大轉變時的施策……貴電所提『無非將現態勢稍向南移』，其結果擴大占領地域或被牽制更多兵力，明顯違背中央確定之大方針，絕對歉難容許。」[7]

中央態度堅決，華北方面軍只好下令第 2 軍安定作戰地區內的要地，確保該地區的治安。[8] 但是，第 2 軍並不甘心放棄進攻，仍不斷提出申訴。

另一方面，華中方面軍也躍躍欲試。華中方面軍在攻克南京後，下一步作戰方向的重點轉向長江以北。他們在 1937 年底逐次從揚州北上，至 1938 年 2 月上旬，已北進了 150 公里，抵達安徽蚌埠。

華中派遣軍參謀長在 3 月 8 日向大本營呈報：華北方面軍「第 10 師團當面之李宗仁的軍隊逐漸加強；派遣軍所屬的第 13 師團，現正位於淮河南岸之蚌埠地區」。因此，「本派遣軍必須策應華北方面軍而有所行動」。大本營基於全般形勢，仍堅持立場，不改變「不擴大政策」。[9] 在華北的第 2 軍也不願放棄，3 月上旬再次向大本營申請：「允准驅逐眼前之敵」。

....

6　《日軍對華作戰紀要（二）：華中華南作戰及對華戰略之轉變》，頁 38-39。

7　日陸軍大學編作，《支那事變初期之華北作戰史要》，第 1-3 卷。引自《日軍對華作戰紀要（二）：華中華南作戰及對華戰略之轉變》，頁 38-39。

8　同上，頁 39。

9　《日軍對華作戰紀要（二）：華中華南作戰及對華戰略之轉變》，頁 44。

就在侵華軍隊和東京相持不下的時候，力主「不擴大政策」的河邊大佐調職，由稻田正純中佐接任第二課課長。稻田立刻批准第 2 軍的請求。第 2 軍即令第 10 師團「擊滅運河以東之中國軍」，另令第 5 師團「以一部占領沂州（即臨沂）進入嶧縣附近」。「不擴大政策」就此開始崩潰。[10]

此時，東京大本營調整華中日軍：2 月 14 日，撤銷華中方面軍、上海派遣軍和第 10 軍三個司令部，另組華中派遣軍，以陸軍大將畑俊六為司令官，統一指揮華中地區日軍，下轄第 3、6、9、13、18、101 共 6 個師團以及天谷支隊（11 師團第 10 旅團）。[11] 他們的任務是確保長江南岸京、滬、杭三大城市以及蘇浙皖地區各要點的治安，但允許華中派遣軍在長江以北占領若干要點，以便為未來的徐州會戰做好準備。[12]

大本營在組建華中派遣軍之前，先將國崎支隊（第 5 師團第 9 旅團）歸建第 5 師團，又陸續將第 16、114 兩個師團調往華北。這就使得華北日軍的兵力再次超過華中日軍。

3 月 12 日，大本營又調整了華北方面軍，保持第 1、2 兩軍的架構不變，司令官仍是陸軍大將寺內壽一。第 1 軍司令官陸軍中將香月清司，下轄第 14、20、108、109 四個師團；第 2 軍司令官陸軍中將西尾壽造，下轄第 5、10 二個師團；方面軍直轄由華中調來的第 16、114 師團、新合併進來的中國駐屯兵團（約 7 千人）、新編入的獨立混成第 3、4、5 旅團和重編的臨時航空兵團。這樣，華北方面軍轄有 8 個師團又 4 個獨立混成旅團加航空兵團，總兵力 20 萬餘人，超過華中派遣軍（6 個師團又 1 個旅團）。

....

10　《日軍對華作戰紀要（二）：華中華南作戰及對華戰略之轉變》，頁 45。

11　同上，頁 9。

12　華中派遣軍之任務，依「大本營陸軍命令第五九號」（1938 年 2 月 14 日），《日軍對華作戰紀要（二）：華中華南作戰及對華戰略之轉變》，頁 11。

雖然兵力較多，但大本營給華北方面軍的任務卻比華中派遣軍消極，嚴禁南渡黃河，僅在限制地域內進行治安掃蕩。因為，這次調整的重點在因應華北局勢及對蘇作戰的準備。大本營此時尚不準備發動徐州會戰。[13]

國民政府損兵折將，亟待整補

另一方面，南京失陷後的國民政府境況頗為慘淡。日本華中派遣軍在 1938 年 3 月分析中國軍隊的「觀察報告」指出：中國軍隊在七七事變後 7 個月，已折損 80 萬大軍，而蔣介石嫡系的中央軍系 67 個師遭受嚴重打擊，戰鬥力已下降半數以上；又因首都淪陷，舉國震驚，中國軍民精神受到沉重打擊。[14]

的確，蔣介石最精銳的部隊（中央軍、半中央軍）在歷經淞滬、南京作戰，嚴重損耗，尤其是畢業於黃埔軍校的中下級軍官團隊，損失高達 70%。此時，華東地區剩餘的軍隊總共還有約 40 萬，在南京失守後的嚴寒天氣中，不成建制的退向武漢，等待整補。[15]

國民政府的窘境還不僅如此。不久前還發生負責守衛山東的韓復榘不戰而退的事情，導致山東大部陷入日軍之手，黃河防衛出現漏洞，使得津浦路正面大門洞開。

韓復榘最早追隨西北軍領袖馮玉祥，中間轉往晉綏軍領袖閻錫山麾下，後來又回歸馮玉祥。他在北伐時與蔣介石為敵，中原大戰時又投靠蔣介石。全面抗戰爆發，他是第五戰區副司令長官、山東省政府主席、第 3 集團軍總司令兼第三路軍總指揮，擁有正規部隊 14 萬人，民團 6 萬餘人，還有山東各縣的國民兵和義軍壯丁隊，總共約 20 萬人。

13　《日軍對華作戰紀要（二）：華中華南作戰及對華戰略之轉變》，頁38。

14　〈觀察報告〉，《日軍對華作戰紀要（二）：華中華南作戰及對華戰略之轉變》，頁31。

15　*The Battle for China*, p. 185.

但他認為自己的部隊無法抵擋日軍，為保存實力，早在日軍還沒占領德州時，就命令山東省政府的公務員送眷屬回鄉，又把省政府從濟南遷到泰安，再遷到山東省的西南角曹縣。

從 1937 年 12 月下旬開始，韓復榘多次不戰而退，使日軍長驅直入，如入無人之境，先後占領山東多座城市。第五戰區司令長官李宗仁很著急，嚴令韓復榘循津浦線步步為營，設險防守。韓復榘不遵命令，也不向李宗仁報告，竟然逕自放棄津浦路，一路往山東西南撤退。[16]

對韓復榘的違抗軍令、不戰而退，蔣介石極為憤怒，1938 年 1 月 11 日於開封召開軍事會議時，當場「下令拿辦韓復榘」，[17] 隨即押至武漢。1 月 24 日，「由軍委會提付高等軍法會審判處死刑」。[18] 韓復榘伏法之前，軍事委員會在 1 月 20 日還公布處分抗戰不力旅長以上將領 40 餘人，[19] 並明令嘉獎郝夢麟、佟麟閣等 5 位抗戰犧牲的將領。[20]

韓復榘是抗戰開始後第一名被處決的集團軍總司令。蔣介石毅然懲處韓復榘，使抗戰陣營精神振肅，也有助於地方實力派的軍紀整飭。

日軍南渡黃河、攻略青島

日軍無法貫徹大本營制定的「不擴大政策」，除了戰地指揮官的作戰積極性高於東京的政策制定者之外，戰地形勢的發展，也使得華北方面軍向南推進，欲罷不能。因為，早在 1937 年 12 月 23 日，華北方面第 2 軍依司令部命令，已實行南渡黃河作戰。韓復榘不戰而退，

16　李宗仁口述、唐德剛撰寫，《李宗仁回憶錄》下（上海：華東師大出版社，1995），頁 521-522。

17　蔣介石日記，1937 年 1 月 11 日。

18　葉健青編注，《蔣中正總統檔案・事略稿本》第 41 冊（台北：國史館，2010），頁 86。

19　同上，頁 74。

20　參見姜克夫編著《民國軍事史略稿》第三卷（上冊）（北京：中華書局，1991），頁 135。

使山東大部迅速失陷。華北方面軍撿到現成的便宜，更加不願收手了。

日軍第 2 軍實行黃河渡河作戰，主要是以第 10 師團為主力。[21] 第 10 師團是日本陸軍的甲種師團，裝備精良，被視為現代化師團的樣板。師團長磯谷廉介是日軍中的「支那通」，強悍善戰，後來在 1942 年出任香港總督。

第 10 師團在山東作戰勢如破竹，12 月 27 日占領濟南，並沿津浦線南下，31 日占領泰安，次（1938）年 1 月上旬陸續占領大汶口、曲阜、兗州、鄒縣，1 月 11 日占領濟寧。[22]

在第 10 師團南渡黃河的同時，華北方面軍在 12 月 24 日又下達了第 2 軍一部攻略青島的命令。1 月 18 日，第 5 師團長板垣征四郎中將進入青島。[23]

日軍南渡黃河、攻占青島，使第五戰區形勢大變。黃河天然屏障喪失，黃河以南、大運河以東的作戰地區受到威脅。1938 年 1 月下旬，軍事委員會在武漢研判當前狀況，認為日軍即將採取攻勢，企圖打通津浦鐵路，攻略徐州，決定採取積極的反擊行動。[24]

國軍秣馬厲兵，嚴陣以待

軍事委員會在 1938 年 1 月擴大第五戰區範圍，把第五和第三戰區的分界線由淮河南推到長江；並把第三戰區在江北的 3 個集團軍劃給第五戰區指揮，之後又數次增調部隊劃歸第五戰區序列，使李宗仁指揮的第五戰區所轄兵力高達 6 個集團軍 2 個軍團，共 29 個步兵師又 1

21　1937年12月下旬參加渡河行動的，開始還有本川旅團（原隸屬第1軍的109師團，本次作戰配屬第2軍第10師團）。但1938年2月該旅團歸建。

22　《日軍對華作戰紀要（二）：華中華南作戰及對華戰略之轉變》，頁22-23。

23　同上，頁23。

24　國防部史政編譯局，《抗日戰史·徐州會戰》（一）（台北：國防部史政編譯局，1981），頁16-17。

個步兵旅，近 30 萬人，[25] 成為當時全國兵力最多的戰區之一。如此布局，就是嚴防日軍為打通津浦鐵路會有大的動作。

蔣介石嫡系的中央軍除湯恩伯、衛立煌兩部比較完整之外，其餘在淞滬、南京之役中大多折損，亟待整補，一時無力再擔任重大戰鬥任務。此時，建制完整、尚有戰力的部隊是李宗仁、白崇禧的桂軍、部分未及參加華東大戰的川軍、東北軍、龍雲的滇軍、還有張發奎和薛岳的部分粵軍，以及部分由華北撤到華中的西北軍，總數約有 70 萬。

這些地方部隊很多官兵追隨他們的長官多年，彼此向心力極強；[26] 但大多數裝備訓練較差，在各戰區都不怎麼受歡迎。李宗仁來者不拒，多多益善。所以，此時第五戰區內的 30 萬大軍，基本上都是上述的地方部隊。[27]

於是，在平漢鐵路以東、黃河與長江之間的中原地區，以隴海鐵路為橫軸，以津浦鐵路為縱軸，以徐州為中心，中國第五戰區北抗日本華北方面軍，南敵日本華中派遣軍，中日雙方在北線沿濟寧、蒙陰、諸城一線對峙，在南線沿懷遠、蚌埠、盱眙、天長一線對峙。[28] 徐州大戰一觸即發。

....

25　1937 年 8 月 20 日成立第一至第五戰區時，第五戰區司令長官由蔣介石兼任，韓復
　　榘為副司令長官，與第三戰區的分界線是長江（《大本營頒・國軍戰爭指導方案》
　　（1937 年 8 月 20 日），《抗日戰爭正面戰場》上，頁 35-39）但旋即撤銷，將其轄區
　　和配屬部隊改劃第一戰區。1937 年 10 月 16 日決定重建第五戰區，以李宗仁為司令
　　長官，韓復榘為副司令長官，司令長官部設在徐州，與第三戰區的分界線是淮河。
　　《抗日戰史・徐州會戰》（一），頁 3-4、第四篇第十一章第一節插表第二。

26　*The Battle for China*, p. 186.

27　《李宗仁回憶錄》下，頁 515-516。

28　《抗日戰史・徐州會戰》（一），插圖第二。

二、徐州大戰

　　國軍積極應戰，但南京淪陷後，國民政府的對日作戰指導方案出現了防禦戰或運動戰的分歧。

中日雙方對徐州會戰的部署

　　一派主張防禦戰，他們認為，南京戰後，日軍氣焰囂張，國軍士氣低落，為保徐州，應將主力置於第一線，憑藉工事進行持久的防禦戰。另一種意見以軍令部第一廳（作戰廳）廳長劉斐為代表，他們主張：國軍訓練和素質參差不齊，武器裝備和戰鬥力都很弱，若與裝備優勢、訓練有素、戰鬥力較強的日軍作陣地防禦戰，必定會處於被動挨打的狀態。因此，應該利用國軍優勢兵力（數量多於日軍）和部隊裝備輕快的特點，大膽實行機動靈活的運動戰。[29]

　　劉斐因此建議，如日軍採取慎重態度，以大兵力向徐州作整體的會戰運動時，國軍應實行機動防禦，控制強大的預備隊，確保主動地位，相機掌握日軍弱點，以運動戰擊破之，確保徐州。這樣做的優點是，萬一津浦全線為日軍占有，國軍也可從津浦路兩側主動襲擊，使日軍不能達到安全利用津浦路的目的，還可以掩護國軍平漢路側面的安全。[30]

　　蔣介石同意，欲保衛武漢必須先保徐州，指示「以機動的運動戰迎戰日軍」。[31] 1938 年 1 月中旬，蔣介石在開封及洛陽，對第一、五戰區軍官訓話，指示基本作戰原則：確保武漢，分別於魯西、徐蚌、

29　劉斐，〈徐州會戰概述〉，全國政協文史委該書編審組編，《徐州會戰》（北京：中國文史出版社，1985），頁25-26。

30　同上。

31　蔣介石於1938年1月13日對第五戰區將士講話。《抗日戰史‧徐州會戰》（一），頁16。

鄂東南和湘東集結主力，並與各區游擊戰相配合，阻止日軍的攻勢，相機殲敵。[32]

2月3日，李宗仁下達第五戰區第三號作戰命令，對徐州會戰作出部署：對津浦南段之敵，予以牽制性打擊，將其阻止於淮河之南，確保蚌埠，並鞏固魯南山地；對津浦北段及隴海東段之敵，以側擊方式取攻勢，牽制其南下或西上，確保徐州。為實現這個作戰規劃，李宗仁把第五戰區部隊劃分為五個野戰兵團和四個游擊區，分別由該戰區各集團軍、海軍陸戰隊、皖北保安團和游擊隊等組成。[33]

日軍方面，華北方面軍司令官寺內壽一再三對東京大本營闡述徐州作戰的必要性。認為要對武漢實行攻略，就必須先打通津浦線，使華北方面軍和華中派遣軍會合。此時第2軍偵察到中國軍隊準備發動攻勢的情報，司令官西尾壽造在3月8日向第10師團參謀長表示：「希望」第10師團占領滕縣和確保大平邑。[34]

第10師團根據第2軍指示，於同日編成瀨谷支隊，命令該支隊要追擊至滕縣南方地區。3月13日，第2軍又令第10師團追擊至臨城。同時第2軍對第5師團也下令，要求該部占領臨沂和嶧縣，協助第10師團作戰。[35]

日軍開始發動對徐州以北各要點的攻勢；中國軍隊則積極部署，嚴陣以待。

32　張秉均，《中國現代歷次重要戰役之研究‧抗日戰役述評》（台北：國防部史政編譯局，1978），頁168；《抗日戰史‧徐州會戰》（一），頁15-16。

33　《抗日戰史‧徐州會戰》（一），頁17-18。

34　用「希望」而非「命令」，因為不便明顯地違背東京參謀本部嚴禁向黃河以南擴張的命令。日本防衛廳防衛研究所戰史室編，《支那事變陸軍作戰史（2）》，頁31。

35　日本防衛廳防衛研究所戰史室編，《支那事變陸軍作戰史（2）》，頁31。

徐州會戰經過

徐州會戰可分為四個階段：

第一階段：1938 年 2 月 3 日至 3 月初，主要是津浦鐵路南北段的攻防作戰；

第二階段：3 月初至 4 月 7 日，主要是台兒莊之役，以及前哨戰滕縣保衛戰和臨沂反攻戰；

第三階段：4 月 8 日至 5 月 5 日，魯南嶧縣東南地區的拉鋸戰；

第四階段：5 月 6 日至 6 月中旬，蘭封作戰及徐州撤退作戰。[36]

雖然第二階段台兒莊以及臨沂反攻戰曾創造轟動國內外的大捷，為世人所矚目，但從作戰的規模與日本大本營的意圖來看，第三階段才是徐州會戰真正的開始。因為台兒莊之役之前，日軍在津浦線北段參戰的不過是第 5、第 10 師團各一個支隊；在津浦線南段參戰的也只有一個第 13 師團，構不成會戰的規模。

正是台兒莊之戰，才促使日本大本營決心以大兵力投入徐州會戰，先後抽調 10 個師團，20 餘萬大軍，企圖圍剿中國第五戰區主力部隊。蔣介石也毫不相讓，增調了 10 多個軍將近 30 萬人，加上原第五戰區的 30 萬人，形成 60 萬大軍，希望打出「第二個台兒莊大捷」。[37] 值得注意的是，在國軍方面，此時擔起防衛華中重任的主力部隊，不再是中央軍，絕大部分是來自廣西、四川、廣東、山西的地方部隊。

36　參見《抗日戰史・徐州會戰》（一）；《抗日戰史・運河垣曲間黃河兩岸之作戰》（一）（台北：國防部史政編譯局編印，1982）；日本防衛廳防衛研究所戰史室編，《支那事變陸軍作戰史（2）》。

37　《李宗仁回憶錄》下，頁 541-542。

津浦鐵路南北兩線攻防戰

徐州會戰第一階段是沿著津浦鐵路，在南線和北線同時開展攻防戰。

津浦南段：1938 年 1 月底以後，日本華中派遣軍第 13 師團開始沿著津浦鐵路向北推進，遭遇桂軍、東北軍、西北軍等國軍地方部隊的游擊戰，不斷受到襲擾，首尾不能相顧，最後被迫退回淮河南岸，中日雙方繼續隔河對峙。[38]

津浦北段：1938 年 2 月 6 日，第五戰區司令長官李宗仁命令東北軍、川軍、西北軍收復蒙陰、泗水。起初各部的反攻都有一定的成果，但最後都沒能站穩，未能收復失地。[39]

中國軍隊的強勢反攻讓日軍非常頭疼，日軍第 2 軍參謀長在 2 月 17 日下達指示：

(1) 第 10 師團驅逐進攻汶上、濟寧附近之敵；
(2) 第 5 師團派出一個支隊向臨沂方向攻擊，協助第 10 師團作戰。[40]

第 10 師團派遣第 8 旅團長長瀨武平少將指揮的長瀨支隊（兵力接近一個旅團），於 2 月 17 日開始攻擊濟寧附近的中國軍隊。中日雙方發生激烈戰鬥。由於日軍有飛機大砲助戰，國軍損失慘重。26 日，長瀨支隊渡過運河，攻陷嘉祥。中國軍隊攻堅乏力，難以收復濟寧城。3 月初，蔣介石下令暫停對濟寧方面的進攻。

臨沂方向，日軍第 5 師團先是由第 21 聯隊長片野定見大佐編組片野支隊（兵力約 2 個大隊），2 月 21 日開始進攻臨沂北邊的莒縣。23 日，莒縣陷落，守軍第二路游擊司令劉震東中將陣亡。第五戰區令龐炳勛

38　《抗日戰史・徐州會戰》（一），頁 19-20；《李宗仁回憶錄》下，頁 518-519。

39　同上，頁 20-21。

40　日本防衛廳防衛研究所戰史室編，《支那事變陸軍作戰史（2）》，頁 26-27。

第 3 軍團救援莒縣。但龐炳勛率部趕到時，莒縣已經淪陷；龐軍與日軍片野支隊激戰，傷亡慘重。[41]

日軍第 5 師團立即派第 21 旅團旅團長坂本順少將率該旅團主力南下，增援片野支隊，將不足一個聯隊的片野支隊擴充為坂本支隊，兵力相當於一個旅團，約 6 千餘人。3 月 5 日占領湯頭鎮，準備大舉進攻臨沂。

第五戰區則命張自忠第 59 軍趕來增援，和龐炳勛部合力固守臨沂。[42]臨沂保衛戰將成為下一階段的重頭戲。

日軍鑒於中國軍隊停止進攻，也轉入對峙狀態；至此，徐州會戰第一階段結束。

徐州會戰第二階段包括台兒莊之役，以及它的兩個前哨戰：滕縣和臨沂保衛戰。

三、滕縣與臨沂保衛戰

都是韓復榘惹的禍，津浦路正面缺口大開，使得沿津浦路南下的磯谷廉介第 10 師團得以輕鬆地攻城掠地。李宗仁要堵住這個缺口，但沒有預備隊可用，正好川軍第 22 集團軍從山西經河南抵達滕縣。22 集團軍總司令是鄧錫侯、副總司令孫震。川軍的裝備及訓練比較弱，一路過來，第二戰區閻錫山以及第一戰區程潛都沒有收留他們，副參謀總長白崇禧問李宗仁要不要這支部隊，李宗仁正無兵可用，馬上同意。白崇禧提醒李：「他們的戰力較差。」李說：「諸葛亮紮草人做疑兵，

41　「龐炳勛關於莒縣招賢集等地戰況密電」（1938 年 2 月 22-23 日），中國第二歷史檔案館，《中華民國史檔案資料彙編》第五輯第二編軍事（二），頁 533-534。

42　以上除另注外，綜合，《抗日戰史‧徐州會戰》（一），頁 20-21；日本防衛廳防衛研究所戰史室編，《中國事變陸軍作戰史》第二卷第一分冊，頁 27-28。

他們總比草人好些吧？快調來！」[43]

滕縣保衛戰

鄧錫侯這批川軍用的是土造步槍及輕重機槍，李宗仁從五戰區軍械庫撥出 500 枝全新的中正式步槍，還有大批子彈、手榴彈、迫砲彈，加強他們的裝備。該集團軍表面上編制是 2 個軍 4 個師，實際上只有相當於 2 個師的兵力，共 2 萬人左右。

此時為 2 月中旬，因平原無險可守，孫震命令各師主要在滕縣外圍陣地布防，修築工事。滕縣城內則有步兵、砲兵、保安團隊及員警，合計僅約 3 千人。[44]

3 月上旬，日本大本營認可了第 2 軍在黃河以南「掃蕩」中國軍隊的計畫。3 月 13 日，第 2 軍下達了以第 10 師團為主、第 5 師團配合，進攻滕縣、臨沂（當時叫沂州）一線的命令。

第 10 師團立即編組瀨谷支隊，由新任旅團長瀨谷啟少將指揮，兵力約等於 5 個聯隊（2 個步兵聯隊、2 個砲兵聯隊，其他裝甲車、工兵等特種兵合計約相當於 1 個聯隊），約 1 萬 5 千人，火力十分強大，直撲滕縣而來。[45]

川軍第 22 集團軍早已在滕縣附近布防完畢，嚴陣以待。此時鄧錫侯不在軍中，回到四川接替病故的四川省主席劉湘職務，孫震代理總司令，原 122 師師長王銘章代理第 41 軍軍長，統一指揮 122、124 兩個師，沿城牆防守；45 軍的 125、127 師則防守滕縣以北的外圍陣地；滕縣城裡還放了兩個團的兵力。

43　《李宗仁回憶錄》下，頁 531-532。

44　「鄧錫侯部署作戰任務電」，1938 年 2 月 14 日，《中華民國史檔案資料彙編》第五輯第二編軍事（二），頁 513。

45　日本防衛廳防衛研究所戰史室編，《支那事變陸軍作戰史（2）》，頁 31。

　　3月14日拂曉，瀨谷支隊開始進攻滕縣外圍陣地。在飛機、裝甲車、重砲的掩護下，竟日猛攻；但守在這裡的川軍45軍堅守陣地，屹立未動。孫震得知日軍猛攻滕縣，立刻從臨城坐火車趕到滕縣，要求部隊抱必死決心，與敵死拚。

　　16日上午，瀨谷支隊開始攻城，日軍大砲猛轟滕縣東關和西關火車站，還有12架飛機飛臨轟炸。市民蜂擁出城逃生，大約半個小時，全城百姓逃亡一空。日軍用30多門火砲轟垮了數段城牆，兩個小隊日軍向缺口衝入，遭到守軍手榴彈雨狂炸，日軍非死即傷。日軍多次衝鋒均被彈雨炸回。守城的王銘章師長將城內糧食店的鹽包糧包運來堵住城牆缺口，雙方均傷亡慘重。

　　同日，瀨谷支隊兵分兩路：第63聯隊繞開滕縣，迂迴南下，威逼臨城，切斷了滕縣和臨城的火車聯繫；第10聯隊則繼續進攻滕縣。

　　17日，日軍再發動攻擊，以重砲、飛機、輕型裝甲車、步兵猛攻四面城牆。川軍靠大刀加手榴彈力拚，一部分日軍衝進城牆，但被守軍殲滅。瀨谷支隊以所有的重砲加強轟擊，步兵在坦克的支援下攻入南關；不久東關也陷落了。王銘章師長下午率部向西關轉移，途中被日軍重機槍掃射，被擊中七發子彈殉國。

　　王銘章師長犧牲後，守軍在團長張宣武、旅長王志遠領導下，繼續抵抗。到17日黃昏，東門終於失守。張宣武、王志遠皆負重傷，中方有組織的抵抗基本結束。此時，失去聯繫的川軍士兵仍堅持巷戰一天一夜，到18日中午，瀨谷支隊第10聯隊才占領滕縣全城。只有城北2百餘名殘兵突圍出去，其餘川軍全部陣亡。

　　滕縣保衛戰，守城的41軍傷亡5千餘人；在城北外圍陣地作戰的45軍，亦傷亡4、5千人，合計第22集團軍傷亡共約1萬人，超過全軍實有人數的一半；尤其城內的守備部隊，傷亡率達80%左右。[46] 川

46　以上主要參考：張宣武等親歷者的回憶文章，參見《徐州會戰》，頁61-104；日本

軍雖然裝備及訓練落後，但是他們和中央軍及其他地方部隊一樣，保衛國土，寸步不讓，在滕縣用自己的血肉之軀，抵擋日軍頭等主力磯谷廉介師團的瀨谷支隊，為保衛台兒莊爭取時間。

臨沂反攻戰

　　滕縣在台兒莊的西北，臨沂在台兒莊的東北，三個地方距離差不多，很像一個倒著放的等邊三角形，向下的頂角就是台兒莊。日軍要拿下台兒莊，打開隴海線和津浦線交匯點徐州的鎖匙，必須先拿下滕縣和臨沂。第 10 師團磯谷廉介手下的瀨谷支隊已攻占了滕縣，下一個目標就是臨沂，這個任務落在第 5 師團板垣征四郎手下的坂本支隊身上。

　　由於韓復榘不戰而退，濟南和青島雙雙淪陷，五戰區魯南防線的北邊和東北邊都出現缺口。日本陸軍兩支王牌部隊來勢洶洶，磯谷師團從濟南方向南下，板垣師團從青島方向殺來。李宗仁沒有預備隊堵住這些缺口，只好緊急調派西北軍龐炳勛第 3 軍團到臨沂，阻擋板垣部隊南下。

　　龐炳勛的第 3 軍團號稱軍團，其實編制不足一個軍團，下面僅有一個軍（第 40 軍，龐炳勛本人兼任軍長），軍下又僅有一個師（第 39 師），這個師倒是齊裝滿員，有 4 個步兵團加一個補充團，共 1 萬 3 千人。龐炳勛是位老資格的地方軍事領袖，比蔣介石還年長 8 歲，此時（1938年）已虛歲 60。此前內戰時期，龐炳勛為求自保，曾多次倒戈。李宗仁用這樣一支人員不齊、裝備差的雜牌軍來抗衡號稱「大日本皇軍中最優秀的板垣師團」，也是沒有辦法的辦法。[47]

　　不過，龐炳勛部隊裝備雖差，但他們久歷戰爭，以善於構築防禦

續 ⋯⋯⋯⋯⋯⋯⋯⋯⋯⋯⋯⋯⋯⋯

　　防衛廳戰史室編，《支那事變陸軍作戰史（2）》，頁 31-32。

47　《李宗仁回憶錄》下，頁 471-472。

工事聞名。龐炳勛臨危受命，迅即在臨沂外圍構築防禦工事，迎戰日軍。

龐炳勛率領 1 萬 3 千名官兵，從 3 月 5 日到 12 日，整整 7 天，死守臨沂外圍的村莊。他們缺乏重武器（只有 4 門山砲，十數門迫擊砲、擲彈筒，加上輕重機槍、步槍、手槍），連大刀都用上了，傷亡慘重。

板垣第五師團的坂本支隊於 3 月 9 日開始，向龐炳勛的陣地發動猛攻。日軍出擊，天上有飛機，地上有戰車，進攻前先用大砲猛轟，龐炳勛部雖拚死抵抗，但難敵日軍猛烈的砲火，臨沂外圍多個據點，還是先後失守了。龐部邊打邊撤，逐步向西南方向退卻，一直退到臨沂城內。

臨沂告急，李宗仁命張自忠第 59 軍由滕縣轉往臨沂，準備增援。張自忠、龐炳勛都出身西北軍，兩人曾有很深的過節，李宗仁擔心張自忠不願救援龐炳勛，故一邊致電龐炳勛，囑咐他堅守臨沂；一邊致電張自忠，囑咐他以大局為重，和龐軍共同退敵；同時派第五戰區參謀長徐祖貽中將前往臨沂督導協調。[48]

張自忠率第 59 軍日夜急行軍，在 3 月 12 日晚趕到臨沂，當即在 14 日拂曉與龐炳勛第 40 軍聯合作戰。張自忠、龐炳勛都是悍將，兩軍聯手作戰，以第 40 軍為右翼，第 59 軍為左翼，兩軍夾沂河兩岸並列北上；然後在河西的第 59 軍主力右旋渡河，與第 40 軍合圍，逼得坂本支隊分散在各個據點的守軍無力招架，紛紛後撤。16 日拂曉，日軍增援兵力到達，還有十幾架飛機助戰。

日軍戰力增強，張自忠緊急調整戰術，回渡河西，誘敵深入，再反身包圍。從 14 日到 17 日，激戰 3 天，重創日軍並乘勝追擊，於 18 日追到湯頭鎮，稱為「臨沂大捷」。[49]

48　《李宗仁回憶錄》下，頁 525-526。

49　《抗日戰史・華東地區作戰（四）》，頁 260-261。

　　這一仗，59軍傷亡6千多人，營長傷亡一半，連排長全部傷亡，但也重創日軍。坂本支隊傷亡2千餘人，第11聯隊長野祐一郎大佐陣亡。龐炳勛向李宗仁彙報，誇大戰績，說殲滅坂本支隊8千餘人。李宗仁信以為真，認為日軍已遭重挫，無力反擊，便命張自忠軍主力準備乘勝收復滕縣。張自忠奉命留下114旅，其餘調往台兒莊、滕縣方面。[50]

　　沒想到，坂本支隊經過短暫休整，3月19日捲土重來。龐炳勛只剩7千多人，張自忠部隊只留下一個旅，而且激戰後還來不及整補，只得緊急向李宗仁求援。

　　臨沂告急，蔣介石3月23日直接發電張自忠，令他折回救援臨沂。張自忠立刻率領59軍折返臨沂地區，加入戰鬥。[51]

　　從3月26日到29日，中日雙方激戰。59軍已經連續多天作戰，未得休整，戰鬥力下降，遭到坂本支隊圍攻，傷亡慘重，形勢危急。李宗仁急調韓德勤部一個旅和湯恩伯的騎兵團馳援臨沂，於29日抵達。

　　正好此時，台兒莊方面的瀨谷支隊攻勢受挫，日軍第2軍命令第5師團暫停攻擊臨沂，於是坂本支隊主力從3月29日夜開始撤圍收縮，轉而南下台兒莊救援瀨谷支隊。臨沂反攻戰這才結束。[52]

　　臨沂反攻戰歷時1個月，張自忠第59軍原有2萬2千人，一戰下來，傷亡約1萬人；[53]龐炳勛第40軍原有1萬3千人，傷亡超過1萬。[54]

50　《抗日戰史・華東地區作戰（四）》，頁265。

51　同上。

52　以上臨沂反擊戰過程，除另注外，主要綜合李宗仁、龐炳勛、張自忠、孫震、熊斌和蔣介石之間，1938年3月5日至31日間共30餘封逐日戰況電報撰寫，《抗日戰爭正面戰場》上，頁630-668；日本防衛廳防衛研究所戰史室編，《支那事變陸軍作戰史》第二卷第一分冊，頁34、37。（按：因各個作者使用不同的版本。）

53　「李宗仁致蔣介石等密電轉報張自忠29日電」（1938年3月29日），《抗日戰爭正面戰場》上，頁664。

54　「龐炳勛致蔣介石何應欽密電」（1938年3月26日），《抗日戰爭正面戰場》上，頁657。

雖然損失慘重，但他們守住了臨沂，並數次反擊日軍。坂本支隊在臨沂受阻，沒有完成攻占臨沂的任務，最後因要救援進攻台兒莊的第 10 師團瀨谷支隊，主力匆忙撤離臨沂戰場，可謂鎩羽而走。中國的地方軍居然挺住日軍最精銳部隊的攻擊，「一時中外哄傳，采聲四起」，皇軍顏面盡失。[55]

四、孫連仲血戰台兒莊

3 月下旬，瀨谷支隊打完滕縣後，繼續前進台兒莊。此時，第 5 師團坂本支隊正在臨沂外圍受到龐炳勛和張自忠部隊的強力抵抗，陷入苦戰。日軍第 2 軍在 3 月 29 日當日要求第 10 師團增援第 5 師團。

第 10 師團師團長磯谷廉介將救援任務交給正向台兒莊挺進的瀨谷支隊，命令該支隊以一部控制台兒莊、運河沿線，以主力向臨沂攻擊前進，支援第 5 師團作戰。

瀨谷支隊長 3 月 22 日把部隊分為兩路，第 10 聯隊主力組成沂州支隊，前往臨沂救援。第 63 聯隊（一個步兵大隊、一個野砲兵大隊）則組成台兒莊派遣隊，進攻台兒莊。

孰料，前往臨沂救援的沂州支隊因情報錯誤，耽誤了一天時間，在 3 月 24 日才到達棗莊的郭里集，卻碰到湯恩伯軍團主力共 4 個師的兵力，被包圍陷入激戰，無法動彈。

同一時間，台兒莊派遣隊在 3 月 24 日開始進攻台兒莊，防守在那裡的是孫連仲的第 2 集團軍。

台兒莊在徐州東北方，位於大運河與鐵路台棗支線的交會處，臨近津浦與隴海鐵路，是航運、鐵路、公路的重要樞紐。台兒莊東、西、

---

55 《李宗仁回憶錄》下，頁 527。

北三面有 2 米高的磚石寨牆，有 9 座砲樓、6 個寨門以及大小碉堡，莊內有 10 條大小街道，房屋都是磚石結構，是個易守難攻的寨子。

孫連仲是西北軍宿將，中原大戰後率 4 萬部隊棄馮玉祥投靠蔣介石，編為 26 路軍，抗戰爆發，參加保定、娘子關戰役，因表現出色而改編為第 2 集團軍，轄第 30 軍（軍長田鎮南，30 師、31 師）及 42 軍（軍長馮安邦，27 師、獨立 44 旅），以善於防守聞名。

孫連仲派 31 師守台兒莊，27 師和獨 44 旅在東面防守，30 師在西面防守，再往西則有集團軍直屬的 110 師防守。

31 師師長池峰城以 184 團在莊內防守，另外 3 個團（181、182、183 團）在莊外東、西、北三面掘壕固守。善守的西北軍，挖的工事深達 2 米，可在裡面直立行走，上覆厚木板再蓋上半米的泥土，防砲效果極好。

3 月 24 日，日軍進攻的第一天，就有部分日軍從大砲轟垮的台兒莊東北方一段寨牆缺口處衝進莊內，占據幾所房屋企圖擴大陣地。守軍 184 團在夜間組織敢死隊，大刀、手榴彈、刺刀、步槍、手槍、衝鋒槍齊上，全殲衝入莊內的日軍。

25 日，瀨谷支隊台兒莊派遣隊得到約一個步兵大隊的增援，繼續猛攻台兒莊。當天又有部分日軍衝入莊內占據城隍廟。攻守雙方都筋疲力盡，難以剷除對方，從此形成日軍和守軍在台兒莊內各占一塊地的對峙態勢。

26 日，瀨谷支隊長命令步兵第 63 聯隊長福榮真平大佐組織台兒莊攻略部隊，率領步、砲、坦、工等共約 4 個大隊兵力，增援台兒莊派遣隊。

27 日，日軍台兒莊派遣隊得知有援兵要來，精神大振，以猛烈砲火攻擊台兒莊北面守軍陣地，守軍 181 團第 3 營與日軍血戰竟日，傷亡殆盡。部分日軍占有莊內東北角，池峰城師長下令 184 團在日本援軍到達前將進入莊內的日軍趕走。但 184 團傷亡過重，實已無力反擊，

孫連仲命令莊外的 27 師及 30 師各派一個營潛入莊內，連夜組織敢死隊，以大刀及手榴彈摸黑襲擊日軍莊內據點，將日軍包圍住，但無力殲滅日軍。

28 日早上，日軍台兒莊攻略隊到達。在福榮大佐指揮下，發動新的猛烈攻勢。在大量火砲、重機槍掩護下，步兵伴隨戰車衝入台兒莊北門，占據莊內西北角，立刻遭到東邊及東北面中國守軍的反擊，無法推進，4 月 1 日被迫撤退。

台兒莊內，中日雙方人員混在一起展開巷戰。日軍的野砲、重砲不能使用；機槍射界受限火力難以發揮；戰車在狹窄街道上，容易遭到中國守軍的手榴彈攻擊。總之，日軍的優勢重武器在野戰時威力極大，但巷戰時卻無用武之地。

孫連仲的部隊以大刀、手榴彈與日軍浴血巷戰。為避免在街上遭襲，他們在牆上打洞，穿街走巷都在屋內。敢死隊員全身掛滿手榴彈，衝進日軍占據的房子，與日軍同歸於盡。從 24 日到 28 日，31 師 4 個團已傷亡 2 千 8 百人，但日軍在莊內的進展也不大。28 日到 31 日，進莊的日軍漸多，守軍控制的地盤愈來愈小。激烈的攻防戰一直持續到 4 月 2 日，日軍始終未能全部占領台兒莊。[56]

孫連仲的部隊大多是陝西人，他們在牆上寫著「生在陝西，死在山東」的大字，誓與台兒莊共存亡。敢死隊一批接著一批，令日軍既畏且敬。日軍戰報這樣記載中國第 2 集團軍的將士：中國守軍「決死勇戰的氣概，無愧於蔣介石的極大信任。全部守兵憑藉散兵壕，頑強抵抗直到最後。壯哉！在狹窄的散兵壕內，敵兵重疊相枕，力戰而死之狀，雖為敵人，睹其壯烈，亦為之感歎。曾使翻譯勸其投降，應者絕無。屍山血河，非獨日軍所特有。」[57]

56　日本防衛廳防衛研究所戰史室編，《支那事變陸軍作戰史（2）》，頁 32-36。

57　〈台兒莊附近戰鬥詳報·步兵第十聯隊〉（1938 年 3 月 30 日-4 月 8 日），日本防衛廳戰史室藏，典藏號：C11111171000。

莊內拚死作戰，莊外的部隊同樣是整日激戰。3 月 31 日，瀨谷支隊第 10 聯隊主力脫離與 30 師的纏鬥，全力協同 63 聯隊，以 40 多門火砲、戰車攻擊台兒莊東的 27 師及 31 師。此時，孫連仲的第 2 集團軍各部都已傷亡過半，但他仍下令 27 師拚死擋住瀨谷支隊主力第 10 聯隊，31 師牽制住福榮率領的台兒莊攻略隊（63 聯隊），30 師迅速回援台兒莊。

27 師在台兒莊東面與瀨谷支隊第 10 聯隊激戰，以血肉阻擋日軍進入莊內，最後全師 80% 戰死，只剩下 2 千多人。31 師也是 85% 戰死，在莊北及莊內只剩下 1 千 4 百人，仍然寸土不讓。日本步兵第 10 聯隊 4 月 2 日的戰報記道：「國軍 27 師不愧為支那部隊精英，79 個戰壕內 250 人全部陣亡，無一投降逃脫。」[58]

湯恩伯連挫日軍救援部隊

瀨谷支隊在台兒莊陷入激戰，久攻不下。3 月 19 日，日軍第 5 師團命正在臨沂地區與張自忠 59 軍激戰的坂本支隊儘速前往救援。坂本支隊立即撤出臨沂的戰鬥，前往台兒莊。但他們還沒走到台兒莊，就碰到了湯恩伯第 20 軍團的第 75 軍（軍長王仲廉）。

湯恩伯軍團是蔣介石的中央軍嫡系裝備精良的勁旅，最早轄有 52 軍、85 軍、13 軍等 3 個軍，後來增加周嵒的第 75 軍。第 20 軍團總共有 4 個軍、7 個步兵師、1 個騎兵師，配有德式重砲，共 7 萬多人。[59]

湯恩伯軍團原在河南歸德、商丘一帶整訓，準備參加華北之戰，怎麼會出現在台兒莊的外圍呢？原來早在川軍 22 集團軍激戰滕縣的時候，湯恩伯就奉李宗仁之命，從河南趕到徐州附近去解台兒莊之圍。

58　轉引自《初期陸軍作戰（二）》，頁 55。

59　湯軍團參戰共 72,278 人、馬 6,850 匹；在台兒莊戰役傷亡失蹤 20,342 人，損失馬 1,047 匹。《抗日戰史・徐州會戰（三）》，頁 146。

但湯部除了在郭里集露了一下臉後，主力祕密隱藏在魯南抱犢崮山區裡，沒有前往台兒莊，以至於後來很多人指責湯恩伯軍團躲在抱犢崮山區，不聽李宗仁的命令，遲遲不向台兒莊出擊。[60] 事實並非如此。

前已述及，瀨谷支隊長 3 月 22 日命令第 10 聯隊組成沂州支隊，前往台兒莊支援。24 日，沂州支隊在趕赴台兒莊途中，分別在郭里集、嶧縣，碰到了湯恩伯軍團的 85 軍和 52 軍，立刻被湯恩伯部隊包圍，雙方激戰，無法脫身。

4 月 2 日，另一批從臨沂前往台兒莊增援的第 5 師團坂本支隊主力，抵達台兒莊東面 6 公里陳瓦房一帶，也遇到湯恩伯軍團。日軍因為趕小路而來，捨棄運補的大車，每人輕裝背負糧彈，以至糧食彈藥不足，又聯繫不上瀨谷支隊，結果被湯軍團王仲廉率領的第 75 軍纏住。

兩支馳援部隊均被湯恩伯軍團纏住，以至沂州支隊未能及時到達臨沂與第 5 師團部隊會合，坂本支隊也未能到達台兒莊與第 10 師團部隊會合。這一耽擱，使得坂本支隊、瀨谷支隊主力部隊無法依原計畫會師，等不到援軍，只得各自為戰，繼續與中國守軍對峙，遲遲無法占領台兒莊。

中方這邊，湯恩伯軍團分別在郭里集、台兒莊東面牽制住日軍兩支救援部隊，隨即大舉南下，一部分部隊切斷日軍補給線，一部分攻擊日軍外圍據點。雖然沒有從背後直接攻擊圍攻台兒莊的日軍，但湯恩伯大軍出現在日軍背後，已使得進攻台兒莊的日軍大驚失色。

李宗仁命令孫連仲部正面出擊，與湯恩伯部形成南北夾擊的戰略態勢。孫連仲部隊久戰兵疲，本已無力反擊了，他在 4 月 3 日命令炸毀台兒莊南的大運河浮橋，不許任何人後退，決心背水一戰，與台兒莊共存亡。他親赴前線，重賞敢死隊成員，一連兩夜組織敢死隊反擊

60　李宗仁口述、唐德剛撰，《李宗仁回憶錄》下（香港：南粵出版社，1986），頁479-480。

莊內日軍。他們用大刀、手榴彈、步槍，硬是把進入莊內、盤踞在東北及西北角的日軍1百多人都殺掉了。台兒莊內的日軍只能守住北門一角。

4月5日，日軍鑒於台兒莊方向無法取得進展，湯恩伯部隊在身後又形成巨大的威脅，便匆匆決定撤退了。第5師團坂本支隊奉命暫時配屬給第10師團，和瀨谷支隊一起向嶧縣附近撤退。撤退途中，配屬的重砲部隊被湯恩伯軍隊包圍，坂本和瀨谷支隊不得不去救援，又遭到湯軍猛攻。結果，坂本和瀨谷支隊被迫放棄或燒毀大量輜重物資，甚至連士兵的屍體都來不及處理，匆匆狼狽撤退了。

4月6日，台兒莊一帶已無敵蹤。至此，台兒莊之役以日軍全面撤退，中國軍隊防守勝利告終。[61]

這是日軍侵華以來，最大的挫敗。

舉國歡騰，乘勝追擊

「台兒莊大捷」對中日雙方，都有深長的影響。對中國而言，從「淞滬會戰」結束到首都南京失陷，民心士氣普遍陷入低潮，國民政府堅持抗戰到底的決心面臨考驗。「台兒莊大捷」正好為低迷的士氣，注入一劑強心針。當時主管宣傳的國民政府政治部第三廳長郭沫若表示：「碰到台兒莊大捷，⋯⋯真是來的是時候！」[62]

反觀，日方自詡「無敵皇軍」在這次的挫敗，顏面盡失。日方宣稱沒有戰敗，是主動撤退，當有掩飾事實，上下交相推卸責任，以全其皇軍的光輝之嫌。

61　以上除另注外，均參照：《抗日戰史・徐州會戰（三）》，頁131-161；步二一會編，《濱田聯隊史》（島根縣濱田市：步二一會，1973），頁182-193；日本防衛廳防衛研究所戰史室編，《支那事變陸軍作戰史（2）》，頁31-40。

62　郭沫若，〈抗日回憶錄〉，時任國民政府政治部第三廳（宣傳）廳長，引自《日軍對華作戰紀要（二）：華中華南作戰及對華戰略之轉變》，頁60。

不過，不少軍隊和人民沉浸在勝利欣喜中，以為抗戰從此可以「速勝」，軍令部長徐永昌在 4 月 7 日看到「街市驟有多處爆竹聲，接連不斷，詢為慶祝勝利者，且有軍樂隊乘汽車遊行。耳聞目睹，竟使余坐不安席，……因立函蔣先生請制止」。[63]

蔣介石與徐永昌所見略同。他在當日日記寫道：「上午接到台兒莊捷報，即令宣傳部勿事鋪張。下午滿城鞭爆聲，自午至夜不絕於耳，聞聲生憂而作歎矣！」[64]

儘管蔣介石告誡自己要「戒慎而勿驕」，但他還是高度評價：「台兒莊勝利建立東亞和平基礎，轉危為安之機在此！」[65]

日軍從台兒莊敗退後，李宗仁決定乘勝追擊。4 月 7 日，李宗仁命湯恩伯、孫連仲部追擊從台兒莊逃離的日軍。於是徐州會戰進入第三階段：嶧縣東南地區拉鋸戰階段。

這一階段從 4 月 7 日至 5 月 6 日，1 個月的時間又可分為前後兩小段，第一段是中方進攻，日軍防禦；第二段日方發動反攻，中方轉為防禦。前後兩段的轉換點是 4 月 18 日。

4 月 14 日，蔣介石要求中國軍隊全線反擊。他致電各戰區司令長官：「據確報，敵自魯南慘敗後，自晉綏、冀豫、江淮各方抽調兵力增援魯南，以圖挽救。仰各戰區本前頒游擊計畫，嚴督所屬積極行動，牽制敵人，使魯南作戰容易，務期徹底殲滅該方面敵軍，以收最後勝利為要。」[66]

在中國軍隊的連日猛攻下，日軍損失慘重。日軍戰報記載「中國軍隊幾乎整夜的發動夜襲，令人非常頭疼，多次戰鬥幾乎突破了陣地，

63　徐永昌日記，1938 年 4 月 7 日；《徐永昌日記》第四冊，頁260。
64　蔣介石日記，1938 年 4 月 7 日。
65　蔣介石日記，1938 年 4 月 9 日。
66　「蔣介石致程潛等電稿」（1938 年 4 月 14 日），中國第二歷史檔案館編，《抗日戰爭正面戰場》上，頁685。

我軍勉強才能守住陣地」。[67] 但由於日軍總體實力依然強勁，因此，直到 17 日，中國軍隊在嶧縣、棗莊附近，雖然浴血奮戰，但依舊未能突破日軍陣地。

日軍決定發動徐州作戰

日軍這邊，鑒於在台兒莊失敗的經驗，特別在遭到湯恩伯軍團一連串打擊之後，大本營認為，有必要給予蔣介石嫡系部隊沉重的打擊，以挫敗中國軍隊的抗戰意識。於是，大本營決定發起徐州作戰。

大本營陸軍部在 4 月 7 日以「大陸命第 84 號」和「大陸指第 106 號」下達徐州作戰命令，指示「華北方面軍以有力之一部，並在華中派遣軍之策應下，擊破徐州附近之敵，占領津浦線及廬州（合肥）附近地區。作戰預定四月下旬開始」。[68]

日軍對徐州會戰戰略規劃如下：華北方面軍 4 個師團（5、10、16、114 師團）及關東軍兩個混成旅團（獨混第 3 和第 13 旅團）由北往南，華中派遣軍 4 個師團（6、9、13、101）由南向北，一起向徐州大包圍。同時，屬華北方面軍的第 1 軍第 14 師團由山東西部渡黃河向隴海路進軍，準備奪取隴海路上的要站商丘（當時稱為歸德），截斷國軍西撤的通道。[69]

從大本營調動防備蘇聯的關東軍南下，可見日軍對華作戰捉襟見肘，沒有等到戰備充實後集結優勢的兵力，便逐次發動會戰，戰略上十分被動。

並且，命令頒布後大本營與戰地指揮官間對作戰部署產生了重大

67 〈步兵第十聯隊・嶧縣南方地區防禦作戰戰鬥詳報〉（1938 年 4 月 9-18 日），日本防衛廳戰史室藏，典藏號：C11111173800。

68 《日軍對華作戰紀要（二）：華中華南作戰及對華戰略之轉變》，頁 69。

69 日本防衛廳防衛研究所戰史室編，《中國事變陸軍作戰史》第二卷第一分冊，頁 44-52。

分歧：此次作戰目的究竟是「殲滅敵軍？抑或占領要地？」[70] 為此，日軍於 4 月 17、18 兩天在濟南召開協調會。兩種部署在戰略上有不同的意涵。前者意在殲滅國軍有生力量，達到屈服中國抗戰意志的目的，所需兵力及會戰規模必須擴大，否則成效不彰；而占領要地，則是攻陷徐州此一重要城市，把國軍驅逐出徐州地區，連接津浦路南北段，先使華北方面軍及華中派遣軍的戰力會合，待新戰力到達再圖後效。

華中派遣軍司令部和第 1 軍認為應以消滅徐州附近的中國軍隊為首要任務；華北方面軍司令部和第 2 軍則主張以攻陷徐州和打通津浦線為首要任務。會議沒有達成共識，但第 1 軍對豫東作戰的構想已經大致成形了。[71]

這為日後更大的分歧埋下了伏筆。

日軍對徐州會戰部署產生分歧的時候，中國統帥部和第五戰區對於後續的戰略及部署也出現不同的意見。

孫連仲、湯恩伯在 4 月上旬奉命追擊日軍，一開始（4 月 7 日至 17 日），還算順利，中方進攻，日軍防禦；但 17 日之後，日方發動反攻，中方轉為防禦。孫、湯部隊雖拚命作戰，仍難控制局勢。因此，軍事委員會在 4 月下旬召開第五戰區指導會議，研究如何因應這個問題。

軍令部作戰廳長劉斐建議，如果湯恩伯軍團不能儘快消滅從台兒莊逃到嶧縣、棗莊山區的日軍，就該暫停攻勢，調整部署，集結有力部隊，另外尋機，以機動防禦方式來打擊日軍。但第五戰區司令長官李宗仁則力主把所有部隊都投入到第一線，要重創日軍。

蔣介石採納了劉斐的建議，認為確實有必要進行機動防禦，並在 4 月 21 日簽發作戰電文，命第五戰區抽調預備隊進行機動防禦。但是，李宗仁對形勢判斷過於樂觀，不但沒有抽調預備隊進行機動防禦，反

70　「第一軍機密作戰日誌」，會議內容摘要，引自《日軍對華作戰紀要（二）：華中華南作戰及對華戰略之轉變》，頁 73。

71　《第一軍機密作戰日誌》第 13 卷，日本防衛廳戰史室藏，典藏號：C11110969500。

而將第 46 軍投入馬頭鎮，湯恩伯軍團也在邳縣附近陷入陣地戰。[72]

李宗仁原意是想乘勝追擊，但事與願違，國軍的進攻並不順利，因為磯谷、板垣師團雖然遭受重挫，但並未傷到元氣，實力猶在，使得在追擊戰中，台兒莊的功臣湯恩伯、孫連仲部都陷入苦戰，無法收復嶧縣、棗莊。

攻防轉換，由勝到衰

4 月 18 日，日本華北方面軍第 2 軍決定不理會第 1 軍和華中派遣軍的意見，自行開始全面反攻。此時原隸屬華中派遣軍的第 5 師團國崎支隊已經歸建，原隸屬華中方面軍的第 16 師團和第 114 師團也已調回華北，以至於華北方面軍的力量大為增強。華北方面軍又把這兩個師團配屬給第 2 軍。一心想擴大戰線的第 2 軍有了更多的「子彈」，就更加迫不及待要發動戰鬥了。

魯南反攻的急先鋒，正是 4 月上旬從台兒莊撤退的磯谷師團以及板垣師團。第 10 師團長磯谷廉介懷著雪恥的心態，親自坐鎮指揮。他把 4 個旅團編為 4 個支隊，再分別配備砲、工、坦等特種兵；後又增加了從華中調來的草場支隊，從 4 月 18 日開始，由北往南，浩浩蕩蕩向嶧縣東南方向推進。5 個支隊一字排開，並肩掃蕩，分別進攻台兒莊、禹王山、蘭陵鎮、馬頭鎮、泥溝、臨沂、郯城等各地。

在這一帶防守的國軍是孫連仲第 2 集團軍、湯恩伯 20 軍團、新增援的滇軍盧漢 60 軍，以及中央軍樊崧甫 46 軍；雙方都派出大軍，頑強抵抗，進行拉鋸式的混戰。

激烈的戰鬥中，國軍給予日軍重大的打擊，中國軍隊在這個階段也徹底陷入了膠著的陣地戰，損失非常巨大。[73]

....

72　劉斐，〈徐州會戰概述〉，《徐州會戰》，頁 32-34。
73　「龐炳勛致蔣介石等密電」（1938 年 4 月 19 日），中國第二歷史檔案館，《抗日戰爭

　　後來日軍增調兵力，全線轉入攻擊，在飛機、大砲、坦克的掩護下，日軍轉為上風，臨沂、郯城，先後失守。[74]

　　在津浦鐵路南段，華中派遣軍也相應發動攻勢。首先派出兩支先遣隊（阪井支隊、佐藤支隊），先後占領了和縣、含山、巢縣、鹽城、阜寧。5月5日，久已集結在懷遠、蚌埠一線的日軍，突然大舉出動。第13師團和第9師團主力開始北進，突破桂系精銳第7軍及31軍鎮守的北淝河、渦河防線；5月9日，攻占皖北重地蒙城。

　　至此，淮南、淮北都出現了日軍。尤其是淮北有2萬人以上的日軍主力師團，可以從蒙城直接北上，插到歸德（今商丘），切斷隴海鐵路。交通線及後路可能被斷，這是非常危險的事情，第五戰區南線陣地已經出現重大危機。[75]

　　此時，軍令部作戰廳長劉斐發現情況不對，他看出日軍正企圖對徐州做大包圍，忙向蔣介石報告。蔣也看出戰局危險，但他還是比較樂觀，認為國軍有辦法對付這些日軍。[76]

　　第三階段（4月8日到5月5日）的作戰，蔣介石、李宗仁要求各部發動全線反攻，為了阻擋日軍攻勢，國軍拚死抵抗，徹底陷入了膠著、慘烈的陣地戰，血戰將近一個月，重創了日軍，但也造成國軍巨大的傷亡。

續 ⋯⋯⋯⋯⋯⋯⋯⋯⋯⋯⋯⋯⋯⋯⋯⋯⋯⋯⋯⋯⋯

　　正面戰場》上，頁621。

74　以上除另注外，均參見日本防衛廳防衛研究所戰史室編，《中國事變陸軍作戰史》第二冊第一分冊，頁55-63。

75　《抗日戰史‧徐州會戰》（一），頁54-56；《中國事變陸軍作戰史》第二冊第一分冊，頁72-74。

76　「蔣介石致李宗仁、白崇禧密電」（1938年5月10日）說：「魯南戰場不宜急轉消極，應出處決行戰術上之攻擊，不僅我軍交替容易，敵之抽出專用自必困難，尤以嚴防敵向魯西專用，粉碎其策應由蒙城直驅歸德使徐州不攻自陷之企圖⋯⋯」《抗日戰爭正面戰場》上，頁700。

這一個月內，日軍第 10 師團所轄 4 個聯隊合計傷亡 3,953 人。[77]
第 5 師團在 4 月下旬至 6 月上旬間，傷亡 2,323 人。[78] 從華中歸建的國崎支隊（第 5 師團第 9 旅團）4 月 16 日到 5 月 15 日一個月內傷亡 2,785
人。[79] 僅這兩個師團的三支部隊，就合計傷亡 9,061 人。在華北還有 16
和 114 師團參戰，再加上華中派遣軍的損失，估計日軍在第三階段總損
失應在 9 千到 1 萬人之間。

中國軍隊在第三階段的傷亡比日軍更嚴重。據統計，在嶧縣東南
地區拉鋸戰中（4 月 8 日－4 月 19 日），右翼軍湯恩伯指揮的 4 個軍
共 10 個師又 1 個旅，參戰總兵力 46,150 人，傷亡失蹤共計 7,560 人。[80]
在禹王山附近戰鬥中（4 月 24 日－5 月 13 日），僅一個滇軍 60 軍（3
個師又 1 個團），參戰總兵力 36,161 人，傷亡失蹤就高達 18,842 人（其
中陣亡高達 13,869 人）。[81]

還有參加禹王山戰鬥的其他部隊，損失也相當驚人。防守臨沂的
龐炳勛第 3 軍團、張自忠第 59 軍，以及海軍陸戰隊等部，共近 7 個師，
參戰總兵力 57,875 人，傷亡失蹤高達 11,921 人（4 月 1 日到 20 日）。[82]
這可稱為第三次臨沂戰鬥，這一次失守臨沂的傷亡大大超過前兩次「臨
沂大捷」殲敵的總和。

....

77　「磯谷兵團（第十師團）各期戰鬥死傷表」（1937 年 8 月 20 日 -1939 年 3 月 13 日），
　　日本防衛廳戰史室藏，典藏號：C11111031400。

78　「第二軍戰死傷表」（1937 年 8 月 -1938 年 7 月），日本防衛廳戰史室藏，典藏號：
　　C11111014300。

79　第 9 旅團損失資料根據〈步兵第九旅團・沂州附近戰鬥詳報〉（1938 年 4 月 16
　　日 -20 日）；〈步兵第九旅團・郯城馬頭鎮附近戰鬥詳報〉（1938 年 4 月 22 日 -25
　　日）；〈步兵第九旅團・黃村北勞溝附近戰鬥及運河方向追擊戰戰鬥詳報〉（1938
　　年 4 月 25 日 -5 月 15 日）累計所得。均日本防衛廳戰史室藏，典藏號分別為：
　　C11111142900、C11111143000、C11111143300。但在公布的資料中，僅 1,401 人。

80　《抗日戰史・徐州會戰（三）》，頁 165。

81　同上，頁 192。

82　《抗日戰史・徐州會戰（二）》，頁 129。

以上僅僅在魯南三地的戰鬥，傷亡人數即達 38,323 人。如果把其他參戰部隊都算上，國軍在第三階段的損失，大概在 5 萬人左右。

顯然，蔣介石、李宗仁都低估了日軍的實力和恢復戰力的速度。

日軍在這一階段的後期集中全力進攻，一線國軍抵擋不住，開始後撤。而華中派遣軍北上攻占蒙城，都對中國第五戰區造成莫大的威脅。這一階段的作戰是日軍在徐州會戰期間損失最嚴重的時期，也是徐州會戰中國軍隊由進攻轉為撤退的轉折時期。

徐州撤退

蔣介石在 4 月底研究徐州會戰戰況時，曾思考過放棄徐州，經營游擊根據地的方策。4 月 27 日他寫道：「萬一徐州失陷，隴海路被截斷，則魯南、江北、河北各部隊之接濟困難矣；如敵由徐州而西，侵至汴、鄭，則我軍在魯西、皖北、豫南各部隊，皆留住不撤，以發展游擊戰。」[83]

5 月 11 日，蔣介石命令第五戰區轉入守勢。同一天，占領巢湖一帶的坂本支隊開始北上，5 月 14 日攻占合肥。同日，華北日軍第 1 軍 14 師團已在蘭封、商丘間切斷隴海鐵路，眼看著第五戰區數十萬大軍後方的命脈被切斷，中國軍隊將陷入日軍的大包圍中，蔣介石開始考慮放棄徐州。

5 月 16 日，李宗仁知道形勢已不可為，決定放棄徐州，下達撤退命令：以孫連仲指揮魯南部隊，堅守徐州一帶，掩護大軍轉移，其餘隴海、淮北、淮南兵團，分別撤退，蘇北兵團韓德勤部和石友三部，堅持蘇北和魯南山區游擊戰，牽制敵軍。[84]

過去的研究，都指出徐州撤退非常成功，而且，可能受到李宗仁

83　蔣介石日記，1938 年 4 月 27 日。

84　《抗日戰史・徐州會戰（一）》，頁 68-69。

回憶錄的影響，將此功績歸功於李宗仁部署得當，及早撤出。然而，蘇聖雄的研究指出，李宗仁指揮台兒莊、徐州會戰，中國軍隊打出了難得的水準，但撤退的過程仍顯得混亂。事實上，李宗仁是在日軍兵臨徐州城下，才下令撤退，其實已經有些晚了。撤退時，國軍之所以未遭到日軍圍殲，主要是因為徐州一帶戰地廣大，日軍兵力不足，無法形成堅固的包圍圈，國軍才得以鑽隙撤離，保全了有生力量。[85]

因此，徐州撤退，與上海、南京兩戰慌亂撤退大不相同。李宗仁於 5 月 16 日下達突圍令後，各部隊交替掩護撤出現有陣地，各自向指定方向、日軍包圍的薄弱環節處突圍。主力部隊在 18 日晚之前，都撤離了徐州。到 5 月 28 日，抵達預定的集結地區，撤退過程中的損失較京滬之戰要低得多。

日軍在 5 月 19 日占領徐州。國軍主力並未被殲滅，得以與日軍繼續鏖戰。

五、蘭封會戰

中國軍隊撤出徐州、往西推進，日本第 1 軍 14 師團想要切斷中國軍隊向西的退路，緊急從河北往河南進攻，中日之間又有一場大戰。

此時，日軍高層對於下一步作戰的分歧更大了。華北方面軍要求第 1 軍 14 師團向東，攻占商丘（歸德），配合第 2 軍對徐州的中國軍隊進行迂迴包圍。但是第 1 軍司令官香月清司卻要求 14 師團先向西占領蘭封。[86] 華北方面軍 16 日和 18 日兩次對香月清司重申意見，香月都不予理睬。

85　蘇聖雄，《戰爭中的軍事委員會：蔣中正的參謀組織與中日徐州會戰》，頁197-206。

86　《第一軍機密作戰日誌》第 15 卷，日本防衛廳戰史室藏，典藏號：C11110970700。

這其實是之前爭論的延續。第 1 軍之前就主張攻占開封，對中國第五戰區軍隊實施更大範圍的戰略包圍。現在一路推進，轄下的第 14 師團已經到達蘭封附近，開封近在咫尺，自然不願放棄這麼好的機會。面對兩個不同的命令，第 14 師師團長土肥原賢二決定遵從頂頭上司的意見，向西進攻蘭封，把更上級的華北方面軍司令部的命令丟在腦後。

第 14 師團（土肥原師團）是日本陸軍的甲種師團，是日軍精銳中的精銳，還是個加強師團，配屬了額外的重砲聯隊、戰車大隊、裝甲車中隊、工兵聯隊。配屬給他們的兩個重砲聯隊有 48 門 150 公釐重榴彈砲，另外還有野戰重砲（105 公釐加農砲）、山砲、重機槍，再加上戰車、工兵等。14 師團原有 2 萬 2 千人，加上配屬部隊總共將近 4 萬人，戰力強、機動性高。[87] 5 月 12 日凌晨，土肥原師團在濮縣境內董口附近南渡黃河，進入菏澤地區。

土肥原率領該師團分乘數百輛戰車、汽車和大砲牽引車，從菏澤南下，幾天之內，攻陷了鄆城、曹縣、內黃、儀封、野雞崗等地，師團各部駐紮在蘭封、考城一線各村鎮。15 日上午 7 時，該師團第 18 騎兵聯隊在內黃（蘭封和商丘之間）附近炸斷了隴海鐵路。[88]

蘭封位於黃河轉彎的地方，隴海鐵路橫貫其間，公路四通八達，築有國防工事，是戰略要地。蘭封如果失守，不僅對開封、鄭州形成威脅，更直接切斷隴海鐵路，將阻斷第五戰區部隊西撤的退路。

蔣介石很著急，為支援第五戰區，決定由第一戰區發起蘭封會戰（也稱豫東作戰），企圖消滅孤軍深入的土肥原師團。5 月 20 日，蔣介石親自飛到鄭州部署和指揮。他把蘭封地區從第五戰區劃歸第一戰區；從第三戰區抽調戰將薛岳來開封擔任第一戰區前敵總司令，組建第一戰區第 1 兵團（又稱豫東兵團），調集中央軍為主的精兵強將 27

---

87 《日軍對華作戰紀要（二）：華中華南作戰及對華戰略之轉變》，頁 63-64。

88 日本防衛廳防衛研究所戰史室編，《中國事變陸軍作戰史》第二卷第一分冊，頁 71-72。

軍（桂永清）、71 軍（宋希濂）、74 軍（俞濟時）、64 軍（李漢魂），
以及第 8 軍（黃杰），後又增調胡宗南第 17 軍團（主力是第 1 軍，軍
長李鐵軍）。這幾支部隊都是蔣介石嫡系的精銳，領軍的也都是著名
的戰將，蔣介石對蘭封會戰寄以厚望。

　　薛岳指揮新組建的第 1 兵團和原來負責防守黃河的商震第 20 集團
軍及第 39 軍（軍長劉和鼎），在蘭封附近三面圍攻土肥原師團，計畫
一舉把它殲滅掉。

　　蔣介石這個全盤圍攻的部署雖然集中了優勢兵力，但是在西南方
卻留下了一個缺口：從蘭封到杞縣附近，沒有部署有力的部隊。

　　這個缺陷很快就被土肥原發現。5 月 20 日，14 師團的先鋒部隊擊
潰第 61 師鍾松部，隨即向北攻擊，當天就繞到了蘭封西面，攻占了羅
王車站，在蘭封和開封之間再次切斷了隴海鐵路。土肥原師團還在 23
日占領了蘭封，並攻占了黃河上的重要渡口陳留口，以取得武器彈藥
的後勤補給。

　　薛岳的第 1 兵團（豫東兵團）從 21 日開始就向土肥原師團發動進
攻。74 軍和 71 軍先後收復了內黃、儀封以及西毛姑寨、楊樓、和樓等
被占村莊，給土肥原師團以重大打擊。隨後在 25 至 27 日，薛岳指揮
豫東兵團向土肥原發動猛烈的總攻，血戰 3 天，雙方均有重大傷亡。

　　25 日，宋希濂 71 軍奪回蘭封車站；26 日，俞濟時 74 軍奪回羅王
車站；27 日晚，71 軍收復蘭封縣城；國軍一度打通了隴海鐵路。很短
的時間內，就通過了 40 多列停在商丘多日運送第五戰區撤退官兵和物
資的火車。27 日，李漢魂 64 軍又攻克了羅王寨。土肥原師團殘部收縮
至隴海線和黃河之間狹窄的三義集、曲興集一帶。但是桂永清 27 軍和
俞濟時 74 軍在向三義集一線的土肥原司令部進攻時，遭遇日軍頑強抵
抗，久攻不克。

　　桂永清、俞濟時都是黃埔一期，蔣介石的嫡系門生，蔣對他們的
久攻不克，非常不悅，親下手令怒斥，要求他們立即反省，振起精神，

戴罪圖功，嚴督所部將敵完全殲滅，如再敷衍、玩忽因循，決不姑寬。[89]

接到命令後，27 軍和 74 軍加緊攻打三義集等地，但是面對土肥原師團的強大火力，依舊沒有進展。

蘭封會戰激戰不止，中方拚死硬攻，土肥原 14 師團身陷重圍。為解土肥原師團之危，華北方面軍被迫放棄夾擊西撤國軍第五戰區主力，緊急抽調第 2 軍第 16、10 師團，以及從東北調來參加徐州作戰的關東軍第 3、13 混成旅團、豫北封丘縣貫台村的駐軍等，從三個方向趕赴蘭封地區救援。

5 月底，日軍各路援兵向蘭封迫近，薛岳的豫東兵團反而處於被動。

眼看日軍的援兵已逼近蘭封，剿滅土肥原師團的計畫已無法完成，國軍反而將陷入日軍包圍之中。為避免更大損失，5 月 31 日，蔣介石忍痛指示第一戰區停止圍攻土肥原師團，命薛岳兵團向西撤離。6 月 1 日，薛岳下令停止圍攻，全面撤退。[90] 蘭封會戰至此落幕。

蘭封會戰功虧一簣，中國軍隊以精銳部隊 13 個師約 15 萬人，竟未能殲滅被圍困的土肥原師團 4 萬人。[91] 蔣介石震怒之下，槍斃了 5 月 23 日失守蘭封的 88 師師長、黃埔一期的龍慕韓。

黃河花園口決堤

國軍西撤，日本大本營 5 月底下達了停止追擊的命令，不准華北方面軍越過蘭封繼續西進。但華北方面軍司令官寺內壽一大將根本不聽東京的指令，反而命剛脫險的土肥原第 14 師團配合第 2 軍 16 師團，

89　「蔣介石手令」（1938 年 5 月 27 日），轉引自張憲文主編，《中國抗日戰爭史（1931-1945）》，頁 465。

90　《抗日戰史・運河垣曲間黃河兩岸之作戰（二）》（台北：國防部史政編譯局，1981），頁 128。

91　以上蘭封戰役過程，主要綜合下列資料：河南省地方史志辦公室編撰，《河南省志・軍事志》（河南人民出版社，1995），頁 101-102；《抗日戰史・運河垣曲間黃河兩岸之作戰（二）》，頁 107-127。

繼續沿隴海線向西追擊。

6月3日，16師團攻占杞縣、通許、陳留；4日，14師團占領蘭封；6日，日軍占領開封；同時，日軍還占領了尉氏、扶溝、柘城；9日，中牟失守，這裡西距鄭州只有約30公里。日軍還在鄭州南面炸毀了一座鐵橋，切斷了鄭州南邊的平漢鐵路。鄭州已成一座孤城！

鄭州若失，武漢就岌岌可危了。6月7日，美國駐武漢領事館一等秘書報告國務院，日軍已占領開封，離鄭州僅40公里。如果日軍拿下鄭州，沿平漢路南下，國軍將無險可守，日軍僅需7到12天，就能拿下武漢。[92]

而武漢是抗戰第一期戰略上必保之地。到了這個地步，軍事委員會不得不緊急執行規劃已久的黃河決堤計畫——掘河堤引黃河水阻擋日軍南下。

黃河決堤方案，從1935年起，就有中外軍事專家、黨政要員醞釀提出。1935年8月，德國軍事顧問團總顧問法肯豪森將軍曾向蔣介石提交〈中國抗日戰備建議書〉，建議：「最後的戰線為黃河，宜作有計畫之人工氾濫，增厚其防禦力。」[93] 所以，決堤「以水代兵」的觀念，一直在國軍高層醞釀。

開封失陷前後，決堤之事再次提上議程。1938年徐州會戰期間，第一戰區參謀長晏勛甫等提議，由第一戰區司令長官程潛報請蔣介石批准後，把決堤的工作交給擔任黃河河防的第20集團軍總司令商震負責，商震命第39軍軍長劉和鼎統一指揮、督工實施。

劉和鼎首先選擇在中牟縣的趙口決堤，並親赴現場指揮調度。6月4日晨開始施工，挖了將近36小時，5日晚上開始引流，但因決口太窄，

92　轉引自Rana Mitter, *Forgotten Ally: China's World War II, 1937-1945* (Houghton Mifflin Harcourt Publishing Company, 2013), pp. 201-205. (《被遺忘的盟友》)

93　〈德國總顧問法肯豪森關於中國抗日戰略之兩份建議書〉（1935年8月20日），《民國檔案》二（1991），頁26。

流沙塌方，堵塞決口，引流失敗。第二天（6日）劉和鼎在決口東 30
米處，再掘一口，至 7 日晚 7 時完成。但引流仍不成功。

根據防守鄭州附近河防的第 8 師師長蔣在珍的提議，6 日晚改在花
園口再行挖掘。

吸取前兩次失敗的教訓，決口由原來規劃的幾米寬擴大為 30 米，
8 日晚開始施工。時間緊迫，20 集團軍總司令商震向挖堤的士兵宣布：
如果午夜前竣工，每人發 2 千元獎金，如次日（9日）上午 6 點前完成，
每人仍可領 1 千元獎金。

重賞之下必有勇夫，工兵營全營徹夜挖掘，到 9 日早上 6 時，土方
工程終於完成；然後開始用炸藥爆破堤內斜面石基，上午 9 時全部完工，
開始放水。

一開始水流不大，緩緩而流，沒想到一小時後天降大雨，黃河水
位逐漸增高，到中午水勢愈來愈大，把缺口沖刷擴大到數百公尺寬；
下午愈沖愈大，決堤引流終於成功。又過了幾天，大雨不止，花園口
決堤處被沖成了 1 千多米寬的大口，滔滔黃河水從決口處湧出，花園
口決堤這才算是真正告成。[94]

美國《時代》（Time）雜誌記者懷特（Theodore White）在 1938
年 6 月 27 日報導：「黃河洪流經堤防缺口造成的大水，不僅改變了流向，
而且改變了中日戰爭。」[95]

....

94 以上決堤過程，除另注外，主要綜合下列資料，〈黃河氾濫概況〉，《抗日戰史・
運河垣曲間黃河兩岸之作戰（二）》之附錄，頁 157-159；魏汝霖，〈黃河決口經
過〉（1938 年 6 月 4 日-6 月 9 日日記，1939 年 3 月完稿）；熊先煜（新編第 8 師參
謀），〈花園口掘堤日記〉（1938 年 6 月 6 日-6 月 15 日）；陳慰儒，〈黃河花園口決堤
經過〉；黃鐸五（第 39 軍司令部參謀處長），〈黃河決口親歷記〉，均見全國政協該
書編寫組編，《中原抗戰：原國民黨將領抗日戰爭親歷記》，頁 154-157、165-171、
158-160、161-164；晏勛甫遺稿，〈記豫東戰役及黃河決堤〉，全國政協文史委編，
《文史資料選輯》第 54 輯（文史資料出版社，1962），頁 172-176；王果夫，〈花園
口決口紀實〉，承德市政協文史委編，《承德文史》第 3 輯（1987 年 7 月），頁 34-36。

95 Rana Mitter, *Forgotten Ally: China's World War II, 1937-1945*, p. 162.

　　5 尺高的水流氾濫了 500 平方哩地區，吞沒了日軍 14 師團大部分及 16 師團一部分官兵；輜重陷入洪水和爛泥之中，不能動彈。華北方面軍不得不用飛機空投糧食及飲水給被困的日軍，調動工兵聯隊，出動大批渡河舟橋部隊，解救被困的日軍；但兩個師團的所有重裝備（車輛、火砲、工具、通訊器材等），全部丟棄了。

　　黃河水阻絕了日軍，中國百姓也付出很大的代價。大水在鄭州及平漢路以東造成 100 公里寬的黃氾區，水深及膝，泥濘滿地。儘管決堤之前，政府曾派人到決口附近村莊宣傳，要求、甚至是限期民眾搬遷，並分發遷移費，[96] 但還是有些百姓不願意離開自己的家園。而且，決堤後幾天水勢不大，下游的水位是慢慢上漲的，當時並沒有立刻淹死很多人，所以上游（尤其是決口附近）的百姓大多搬遷了，而下游百姓大部分沒有搬遷，他們以為沒什麼，頂一頂就過去了。

　　但是，真正的傷害是過了一段時期才顯現出來。積水和汙泥導致衛生環境極差，蚊蠅細菌叢生，人民因染疾病而亡；農田被淹沒，農作物泡爛，造成饑荒；導致近 90 萬平民因為洪水、疾病、飢餓而死，390 萬人流離失所成了難民。[97]

　　國民政府當時沒有公布真相，以免遭到各方指責，藉口說是日機轟炸堤防造成災難，結果引起了人民同仇敵愾，激發了更高的抗戰熱情。日方則極力否認。[98]

　　黃河決堤，日軍不得不停止進攻，徐州會戰戛然而止。

　　徐州會戰把日軍想殲滅中國第五戰區主力軍的企圖徹底破壞，由鄭州南下武漢的捷徑又受阻於黃氾區，最後，日軍放棄沿平漢線南下

....

96　詳見本章最後一節的分析。

97　〈1938 年黃河決堤記錄〉，《民國檔案》，1997 年第 3 期；Diana Lary, "Drowned Earth: the Strategic Breaching of the Yellow River Dyke 1938," *War in History*, 8, no.2(2001), pp. 198-202.

98　Rana Mitter, *Forgotten Ally: China's World War II, 1937-1945*, pp. 201-205.

的企圖，經過調整，改從江西、安徽長江下游溯江而上進攻武漢，這個進攻路線正是蔣介石大戰略布局的規劃。鄭州因此得以維持了 6 年，直到 1944 年豫中會戰才淪陷；而在黃泛區兩側，中國軍隊和日軍也開始了長達 6 年的對峙。

六、徐州會戰觀察與檢討

徐州會戰究竟是誰先發起的進攻？

南京之役結束後，日本大本營以不擴大戰事為方針；御前會議也明確指出，對華作戰以守勢為主。大本營把對華作戰嚴格控制在黃河以北及山東大部、蕪湖杭州以東的江南地區，並加緊進行廣州攻略。日軍計畫用 2 年時間，積極擴建部隊，準備在 1939 年下半年或 1940 年，集中 20 至 30 個師團，對平漢線和長江流域的中國軍隊發動攻勢，最後在武漢附近一舉包圍全殲中國軍隊主力，從而達到迫使中國屈服的目標。[99]

所以，在 1938 年 2 月初以前，華北方面軍確實一直處於防衛狀態，華中派遣軍也在淮河南岸和中國軍隊對峙。

但是，蔣介石認為應該要主動出擊。1938 年 1 月 29 日，蔣介石指示軍令部長徐永昌要第一、二、三戰區出擊：「現在敵南北各戰場主力，均向津浦路徐蚌方面轉移，應督令第一戰區主力向太原及平漢線石家莊；第二戰區向津浦路北段德州，滄州；第三戰區向湖州，嘉興，蕪湖方面；從速出擊為要。」[100] 軍令部秉持這個原則，制定了主動出

---

99 堀場一雄著，王培嵐等譯，《日本對華戰爭指導史》（北京：軍事科學出版社，1988），頁 118-121。

100 「蔣介石指示軍事委員會軍令部部長徐永昌手令」（1938 年 1 月 29 日），秦孝儀主編，《中華民國重要史料初編・對日抗戰時期・第二編・作戰經過（二）》，頁 249。

擊的指導方針。[101]

　　東京大本營要守，但在中國戰場的華北方面軍、華中派遣軍卻要繼續進攻，使得戰地軍隊與中央意見不一致。因為中國軍隊有積極出擊的部署和行動，使得駐華中、華北日軍有了理由，逼著大本營同意採取「在戰局不擴大方針下」，開展有限反攻、擊敗敵人的「限定作戰」行動，[102]於是才有了華北方面軍第2軍派遣兩個支隊，進攻滕縣、臨沂、台兒莊的舉動。

　　日軍在滕縣、臨沂都遭到中國軍隊強烈的反擊；台兒莊更是久攻不下，日軍損失重大，最後不得不後撤。失掉台兒莊，第2軍司令部向大本營提出攻略徐州的建議。而大本營在台兒莊發現了湯恩伯部隊的蹤跡，判定蔣介石打算在徐州附近與日軍決戰，從而倉促決定進攻徐州，重擊中國軍隊主力，打通津浦線。

　　蔣介石率先下令中國軍隊發起攻擊，可說是主動打響了徐州會戰。而在整個徐州會戰中，無論第五戰區，或是第一戰區的作戰計畫及戰鬥部署，都是圍繞著「攻勢防禦」的精神。最高統帥部幾乎在每次作戰命令中都強調發揚攻擊精神，有力殲敵，這可視為1939年冬季大反攻的一次預演，而正是由於不停的攻勢，才導致日軍的重大損失和戰略指導的徹底改變。

　　簡言之，在1938年初，日本原本還不急著進攻徐州；徐州會戰的導火線是中國軍隊的主動出擊，然後日軍進行「反擊」式的進攻。徐州會戰的四個階段中，都可以看到中國軍隊反覆在進攻；但這種進攻，並非戰略進攻，而是「以攻為守」的「攻勢防禦」。

101　日本防衛廳防衛研究所戰史室編，《支那事變陸軍作戰史（2）》，頁26。

102　日本防衛廳防衛研究所戰史室編，《中國事變陸軍作戰史（2）》（北京：中華書局，1979），頁44。

台兒莊大捷評析

　　台兒莊之役是抗戰以來國民政府軍第一次挫敗日軍的大勝利，雖只是個局部性的勝利，但打擊了日軍的氣勢，鼓舞了全中國軍民抗戰的決心。

　　與淞滬、南京戰不同，這次主力不再是中央軍，而是地方部隊。第五戰區司令長官李宗仁是桂軍，指揮的部隊也以西北軍、川軍為主，輔以湯恩伯的中央軍。湯恩伯部隊打得靈活，西北軍、川軍也同樣打得精彩。孫連仲和他的部隊死守台兒莊，寸土不讓，連日軍都嘆服。而川軍的表現，同樣讓人刮目相看。

　　然而，令人佩服的戰績是以血肉拚出來的。防守滕縣的川軍第 22 集團軍死傷近萬人；[103] 防守臨沂的西北軍第 3 軍團傷亡逾萬；[104] 增援臨沂的西北軍第 59 軍傷亡近萬；[105] 防守台兒莊的西北軍第 2 集團軍死傷約為 1 萬人，[106] 中央軍第 20 軍團共計死傷 20,342 人，[107] 單單台兒莊內外的作戰，國軍損失約 3 萬人；若包括滕縣和臨沂的戰鬥，國軍死傷高達 6 萬人。

　　至於日軍的傷亡，當年國民政府官方的宣傳，說殲滅日軍 1 萬 7 千人。最近 2、30 年來，海峽兩岸的學者大多引用華北方面軍參謀部第三課在昭和 13（1938）年 6 月編寫的資料，台兒莊之役日軍總計傷亡約 1 萬 2 千人。[108]

103　張宣武，〈台兒莊戰役的前奏〉，《徐州會戰》，頁 77。

104　「龐炳勳致蔣介石何應欽密電」（1938 年 3 月 26 日），中國第二歷史檔案館編，《抗日戰爭正面戰場》上，頁 657。

105　「李宗仁致蔣介石等密電轉報張自忠 29 日電」（1938 年 3 月 29 日），同上，頁 664。

106　「李宗仁致蔣介石等密電」（1938 年 4 月 7 日），同上，頁 615。

107　《抗日戰史‧徐州會戰（三）》，頁 146。

108　這是第 5 師團和第 10 師團在整個徐州會戰期間的總傷亡，若僅計台兒莊之役第 10 師團瀨谷支隊傷亡約 2 千（1,878）人，第 5 師團坂本支隊傷亡約 5 千人，合計日軍傷亡約為 7 千人。第 10 師團數據參見：〈步兵第六十三聯隊‧台兒莊攻略戰戰鬥

　　雖然這個數字沒有當年國民政府宣傳的那樣多，但被殲滅的是日軍最精銳的作戰部隊，對於裝備遠遜於日軍的中國軍隊來說，是很難得的戰績。在淞滬、南京接連慘敗後，地方部隊和中央軍共同作戰取得這個勝利，尤具特別意義。

　　總之，台兒莊之役，中國軍隊表現英勇、機動靈活，而日軍損傷重大，左支右絀，頗為狼狽。此役，國軍無論戰略上還是戰術上的表現，都值得鼓掌。

　　不過，正因為日軍在台兒莊受挫，東京大本營決定打破「不擴大方針」，全力拿下徐州。大本營大規模調兵遣將，甚至動用了對付蘇聯的部隊，這對後來戰局的發展產生了複雜而重要的影響。

湯恩伯軍團在台兒莊戰役前後的作用

　　湯恩伯第 20 軍團下轄兩支主力，第 52 軍軍長關麟徵在郭里集不但打擊瀨谷支隊的步兵第 10 聯隊，還牽制住瀨谷支隊主力好幾天，動彈不得。[109] 85 軍軍長王仲廉對於郭里集和棗莊附近的猛烈攻擊，也徹底打亂了日軍部署。[110]

　　而在臨沂正面的日軍第 5 師團坂本支隊從臨沂趕往台兒莊途中，在陳瓦房一線與湯軍團王仲廉部隊陷入激戰。湯恩伯把關麟徵部隊也

續 ....
　　詳報〉附表，日本防衛廳戰史室藏，典藏號：C1111125400。〈步兵第十聯隊・界河西方地區戰鬥詳報〉附表（1938 年 3 月 8 日– 15 日）；〈步兵第十聯隊・滕縣附近戰鬥詳報〉附表（1938 年 3 月 15 日– 18 日）；〈步兵第十聯隊・郭里集附近戰鬥詳報〉附表（1938 年 3 月 24 日– 29 日）；〈步兵第十聯隊・台兒莊附近戰鬥詳報〉附表（1938 年 3 月 30 日– 4 月 8 日）合計所得。均日本防衛廳戰史室藏，典藏號：C11111170100、C11111170700、C11111171000、C11111172600。第 5 師團的資料參見：「第二軍戰死傷表」（1937 年 8 月– 1938 年 7 月），日本防衛廳戰史室藏，典藏號：C11111014300。

109　〈步兵第十聯隊・郭里集附近戰鬥詳報〉附表（1938 年 3 月 24-29 日），日本防衛廳戰史室藏，典藏號：C11111171000。

110　《抗日戰史・徐州會戰（三）》，頁 137。

轉調到臨沂方向，直接插到坂本支隊身後，形成對坂本支隊前後夾擊之勢。[111]

從台兒莊之役總體來看，這是一個明顯的轉捩點。日軍在這之後大幅調整部署，企圖找到湯軍團，結果還是撲了空。湯軍團阻止了瀨谷支隊主力對台兒莊正面的增援，拖住了日軍兩個支隊，對台兒莊之役初期，功不可沒。湯軍團從 3 月 17 日至 4 月 6 日，一直盯著日軍攻擊予以牽制，以致日軍無法拿下台兒莊，眼看後路很快會被湯軍團切斷，最後決定撤退。

但是，蔣介石對這樣的戰績並不滿意，甚至有人批評湯恩伯未遵照李宗仁的命令，按照原定規劃出現在台兒莊。戰區司令長官李宗仁也抱怨湯軍團來得太遲，「已不及挽回頹勢，只消極地掩護友軍退卻和遲滯敵人的南進而已」。[112]

為此，蔣介石 4 月 5 日發電報責備湯恩伯進攻不力：「台兒莊附近會戰，我以十師之眾對敵師半之敵，歷時旬餘未獲戰果。該軍團居敵側背，態勢尤為有利，攻擊竟不奏效，其將何以自解？急應嚴督所部於六、七兩日奮勉圖功殲滅此敵，毋負厚望。」[113]

事實上，日軍正是發現後路即將被湯軍團切斷之後，才決心後撤的，這說明湯恩伯軍團的解圍方式是有效的，並非不及時救援台兒莊。

所以，湯恩伯軍團在台兒莊之役中發揮相當重要的作用。首先有效阻止了日軍瀨谷支隊對台兒莊正面的支援；後來瀨谷支隊全力攻打台兒莊時，湯軍團又果斷快速地襲擊日軍後方。日軍要坂本支隊暫停臨沂的攻勢，趕到台兒莊來救援，這就也解了臨沂張自忠、龐炳勛部的圍，可謂「一石二鳥」。

---

111 《抗日戰史・徐州會戰（三）》，頁 155。

112 李宗仁口述、唐德剛撰寫，《李宗仁回憶錄》，頁 478。

113 「蔣介石致湯恩伯密電」（1938 年 4 月 5 日），《抗日戰爭正面戰場》上，頁 674-685。

之後，坂本支隊在去台兒莊的路上，又與湯恩伯軍團陷入苦戰，最終不得不全部撤離台兒莊。這說明湯恩伯軍團在台兒莊之戰，牽制了日軍，這才是台兒莊之戰獲勝的關鍵要素。

湯恩伯沒有按照李宗仁布置的時間出擊，是因為他在趕往台兒莊途中碰到日軍，當機立斷改變了計畫。湯恩伯 1937 年守南口時，可能就注意到游擊戰的重要性；1939 年他擔任南嶽游擊幹部訓練班教育長，實際是主持人；1940 年又被胡宗南請到西安去做西北游幹班的總教官，顯示他對於游擊戰、運動戰、陣地戰的結合運用，很可能超越當時大部分習慣傳統陣地戰的國軍高級將領。

台兒莊戰後，日軍撤回原出發地區，軍令部作戰廳長劉斐認為是湯恩伯部行動遲緩，未能捕捉到日軍主力，所以導致台兒莊之戰未能消滅日軍主力。[114] 但實際情況是日軍坂本支隊在 4 月 5 日就已經察覺到湯恩伯軍團的迂迴行動，決心不經指示即開始後撤，而以當時中國軍隊的機動速度，是不可能趕上用汽車機動的日軍部隊的。何況，縱使裝備交通遜於日軍，湯軍團還是在 4 月 6 日包圍了坂本支隊的第 21 聯隊，21 聯隊不僅不能增援台兒莊，反而要求在台兒莊正面的日軍抽調部隊來救援它。[115]

此外，日軍後撤完成後，湯軍團開始向嶧縣南部的日軍反擊，雖然沒有突破日軍陣地，但是造成了日軍相當大的損失，日軍死傷人數遠遠超過台兒莊之役時期。而且，正是由於湯恩伯軍團的出現，才導致日軍決定發動徐州作戰，尋求與中國軍隊決戰。

這一點，劉斐不清楚，蔣介石也不清楚，但日軍大本營對湯恩伯軍團的威脅倒是記錄得非常明確。根據當時參謀本部作戰課長稻田中佐的記錄：在台兒莊方面得到「湯恩伯軍團出現的情報，成為一件大

114　劉斐，〈徐州會戰概述〉，《徐州會戰》，頁 30。
115　日本防衛廳防衛研究所戰史室編，《支那事變陸軍作戰史（2）》，頁 37-41。

事，擔心前進過前的第二軍一部，如果不早點集結的話，就會有危險。湯恩伯軍團的出現，意味著蔣介石主力謀求決戰。瀨谷、坂本兩支隊由於脫離了危險後退而安心的同時，還造成了將敵人主力吸引過來的結果。於是決心進行徐州作戰，急忙著手準備。」[116]

這段話說明日軍是因為湯恩伯軍團出現才慌了手腳，倉促的進行徐州會戰。而最後在徐州會戰中，中國軍隊雖然撤出徐州，但主力未損，說明湯恩伯軍團在台兒莊之役，以及徐州會戰前後的重要作用。

正因為中央軍湯恩伯軍團善戰，從此日軍將他視為死敵，務必殲滅之。1938 年底日軍占領武漢後，也就是抗戰第二階段，日軍發動幾次攻略的目標之一，都是湯軍團。

蘭封會戰評析

蘭封會戰最終以失敗而告終，但卻體現了薛岳和蔣介石敢於集中大量兵力對日軍孤立部隊進行圍殲，說明蔣介石和薛岳具有主動反攻的決心。

但是，蘭封會戰失敗還是有原因的。首先，在戰略上，蔣介石判斷有誤。他只看到土肥原師團孤軍深入，為中國軍隊提供了一個聚殲它的機會；但沒有看到日軍華北方面軍、華中派遣軍幾乎傾巢出動，投入大量兵力到徐淮戰場，目的就是企圖消滅中國軍隊的主力軍。此時集中 6 個軍的中央軍打大規模的殲滅戰，是相當冒險的決策。因為，土肥原師團也可能成為一個誘餌，將中國的精銳部隊引入絕地。如果第一戰區損失這一大批中央軍，那就無形中抵消了第五戰區的徐州相對成功的大撤退。

其次，在戰術上，輕敵急躁。5 月下旬，對土肥原殘部久攻不克，蔣介石大怒，責備部屬作戰不力，卻沒有冷靜分析原因。八一三淞滬

116　日本防衛廳防衛研究所戰史室編，《支那事變陸軍作戰史（２）》，頁43-44。

會戰，為什麼 4 個德械師都打不下日本素質較差的海軍特別陸戰隊？事實是，以當時中國軍隊的實力，可能要用十比一的絕對優勢的兵力，才可能打一場殲滅戰。想一次殲滅日軍一個精銳師團，談何容易！之前從未出現過這樣的戰例，蔣介石何以如此自信？縱觀整個 8 年抗戰，唯一的例子是武漢會戰的萬家嶺之役，但被殲滅的並不是日軍的甲種師團。

說到底，根本的原因還是中日軍力相差太大。單單土肥原 14 師團的一個野戰重砲兵旅團，它的重砲數量就比全中國的重砲總數還要多。以 150 公釐重型榴彈砲來說，14 師團的兩個重砲聯隊就有 48 門，而當時全中國僅有 44 門，這 44 門重砲還是 1937 年淞滬會戰時的數量，到徐州會戰時，早已損失過半，剩下的恐怕不足 20 門了。

好在蔣介石及時決定撤退，豫東兵團最後安全撤退了，保留了實力。

至於花園口決堤，表面看起來是蘭封會戰受挫的結果，其實不然。以日軍的實力，即使土肥原的 14 師團被殲滅，但第 2 軍增援的兩個師團加兩個混成旅團的兵力仍然強大；在淞滬、南京會戰大傷元氣的第一戰區的中央軍，是阻擋不了日軍攻下商丘和蘭封的。蘭封會戰的受挫，只是加速了豫東的淪陷，並不會影響會戰最後的結果。

花園口決堤的是與非

黃河花園口決堤，是抗戰中一個慘重的事件。當年雖然被國民政府巧妙地用外交和宣傳手法嫁禍給了日軍，沒有引起百姓對政府的怨恨，但隨著戰後聯合國救濟總署的干預，逐漸成為國際關注的事件，國民政府也備受批評。

那麼，黃河決堤的是非成敗究竟如何呢？

1. 這是件不得已而為之的事情

有學者指出，蘭封會戰將告一段落的時候，日本大本營沒有要繼續西進，也沒有打下鄭州後，馬上南下進攻武漢的企圖，所以批評花園口決堤是沒有必要的，徒然使中國人民流離失所，大量死亡。

但是，事實顯示，日本對華戰局一直都是東京大本營被戰場上的部隊拖著走。當時第一線部隊打得如此順利，不是沒有可能占領鄭州後，乘勝追擊，長驅直入。果若如此，日軍極可能打通平漢線、拿下鄭州；鄭州失陷則日軍快速南下，武漢危殆，中國大半壁江山可能要落入日軍之手。蔣介石拿不出足夠的兵力來阻擋日軍的進攻，為了保衛河南大片土地並捍衛武漢中樞，不得不挖開黃河大堤，以水作軍，阻擋日軍攻勢。

何況，決黃河以阻日軍，是「焦土抗戰」的一環，國民政府早有的計畫，也是中國傳統兵家的戰法之一，德國軍事總顧問法肯豪森也主動提出過這個構想。弱勢一方以自殘手法對付敵方，實在是不得已。

2. 花園口決堤確實發揮禦敵的效果

決堤，在戰略及戰術上都發揮了相當的效果。戰術上，花園口決堤使土肥原賢二 14 師團和中島今朝吾 16 師團陷入一片汪洋之中。華中派遣軍、關東軍、甚至日本全國，為營救這兩個師團，動員了所有的鐵舟部隊、工兵隊，與洪水搏鬥 1 個月，才把他們救出來。[117]

決堤 1 個月後，中國軍隊展開反攻，豫東地區的日軍遭受重大打擊，紛紛逃到豫皖交界處。黃河決堤直接造成日軍的傷、亡、病數字，目前尚不見精確的統計，一般估計，少則 7 千，多則 2 萬；還有那看不見的心理陰影，更是無法統計。

117　土肥原賢二刊行會編，天津市政協編譯組譯，《中華民國史資料叢稿譯稿・土肥原祕錄》（北京：中華書局，1980）。16師團的情況，還可參閱當年16師團20聯隊上等兵東史郎的日記。

戰略上，黃氾區不但阻擋了日軍兩個精銳師團進攻，而且這一轉折，氾濫的黃河足足把日軍阻擋了 6 年之久，也直接導致了日軍改變作戰軸線。決堤後，日軍不得不沿著長江仰攻武漢，不但消耗巨大的人力物力，而且落入蔣介石大戰略的布局中。僅以這點來說，花園口決堤的確發揮了重要的效果。

3. 這樣巨大的損失，有可能避免嗎？

很多人都責怪國民政府在決堤之前不作為，導致重大的損失。

前已述及，其實國民政府還是做了一些防備的。例如，參與其事的陳慰儒回憶：當時鄭州專員羅震拿著程潛批准的 1 萬元，帶領縣長向居民發放遷移費，還有縣長沿著賈魯河通知兩岸居民遷避。[118] 黃鐸五回憶說：當局有安置居民的計議，鄉、保長曾挨戶催促居民遷移，但願意遷徙者不多。[119] 熊先煜 1938 年 6 月 8 日日記也記載：「（新 8 師蔣在珍）師長一面督工掘堤，一面電話派員放賑，以救濟決口附近行將被淹沒之人民。」[120]

又如，王果夫回憶說：在趙口決堤施工的第一天，「鄭州的專員和縣長組織代表團到工地來慰問，並到決口附近一些村莊發放款，每人發五元逃荒費，動員老百姓限兩天之內一律遷出去。下午在大堤上即看到老百姓扶老攜幼大車小輛的向西逃難，一直延續到第三天上午才逃完。」[121]

事實上，當時黃河尚未到汛期，河水非常淺，[122] 所以之前兩次決

118 陳慰儒，〈黃河花園口決堤經過〉，《中原抗戰》，頁160。
119 黃鐸五，〈黃河決口親歷記〉，《中原抗戰》，頁163。
120 熊先煜，〈花園口掘堤日記〉，《中原抗戰》，頁167。
121 前引《承德文史》第3輯，頁35。
122 非汛期時的黃河，下游靠出海口較近的地方（東營市範圍的幾個縣都是如此），整個河床一片耀眼的白沙，沒有一滴水（過去據說非汛期黃河從濟南開始下游斷流，現在斷流的現象日益嚴重，據說從鄭州就開始斷流了），河床上隔一定距離就有一

堤都失敗。第三次在花園口決堤成功，也有一些偶然性。因為決口完成後，突然下大雨了！黃河的汛期提前了！那幾天，蔣介石還有很多軍政領導以及決堤參與者，都在密切關注此事，他們擔心的不是水太大了，而是水太小了，生怕引流失敗，擋不住日軍。一些百姓知道要決堤了，也不願遷移，他們覺得水不會有多大，過不久就會退掉，不致造成什麼重大傷害。但是，人算不如天算，沒有人算到連下幾天大雨，河水上漲。

所以，花園口決堤是不得已、不得不實施的，即使歷史重新來過，面對日軍強大攻勢，在國家存亡的考量下，國民政府恐怕還是會做的。

地方部隊在徐州會戰中大展身手

淞滬、南京會戰後，國軍精銳的中央軍損失慘重，一時無力負擔戰鬥的主力任務，防衛華中的重擔大多落在地方軍隊身上。徐州會戰，以及隨後的武漢會戰，多是由地方部隊挑大梁。桂軍、西北軍、粵軍、川軍、東北軍，他們的指揮官、中級軍官，以及士兵都有令人驚豔的表現。李宗仁、白崇禧指揮若定；孫連仲和他的部隊在台兒莊兩次組織敢死隊與日軍對抗，令日軍畏而生敬；張自忠、龐炳勛兩支西北軍在臨沂奮戰，視死如歸；而川軍在滕縣英勇犧牲的精神，毫不遜於中央軍。

值得一提的是，這些地方部隊的指揮官大多是保定軍校畢業生，以前保定軍校校長蔣百里為首（蔣百里時任蔣介石的顧問），陳誠、白崇禧、薛岳、羅卓英、李漢魂，都是保定畢業的。第五戰區司令長官李宗仁畢業於雲南講武學堂，而雲南講武學堂正是依照保定軍校標

續 ……………………………………………………

條浮橋：由一條條木船組成，上面鋪著跳板，當然船都是擱淺在河床底的，過河的人踩著浮橋走，否則就要在滾燙的沙地上行走了。即陳慰儒回憶錄裡所說「晒河底」的情形。

準設立的。這些或許是巧合，但顯示抗戰開始後，中國各地部隊都效忠中央，同心保國，發揮了各自的特長與優勢。

對徐州會戰的總體評價

徐州會戰最終以中國軍隊失利而告終，但中國軍隊在徐州會戰表現出驚人的英勇和頑強。日軍華北方面軍在 1938 年 2 月至 5 月死傷 35,086 人，[123] 其中絕大部分是在徐州會戰中傷亡的。華中派遣軍損失情況雖然不清楚，但是根據主要投入作戰的幾個聯隊的損失累計，傷亡也在 5 千人左右，所以估計整個徐州會戰日軍損失當有 4 萬人。

徐州會戰也顯示蔣介石、陳誠、李宗仁等吸取了淞滬、南京的教訓，不再拘泥於被動的陣地防禦戰，除了加強游擊戰，並且多方嘗試「攻勢防禦」，也就是以部分兵力固守陣地，吸引和消耗敵人；主力兵團則迂迴到敵軍側背，主動攻擊。這種戰法在之後的武漢會戰及其他作戰頻頻出現，運用也逐漸靈活。

徐州會戰把日軍主力拖住達 4 個月之久，中國政府趁這個時間把華中地區的機關學校、工廠企業、文物檔案向西遷往四川、雲南，保全國力，保全人才。

最後中國軍隊相對順利地撤離徐州，粉碎了日軍企圖圍殲中國軍隊主力的幻想，為之後的武漢會戰積蓄了軍事人力資源。更重要的是，徐州會戰為中國統帥部部署持久戰，實現「以空間換時間」的戰略設想，贏得了寶貴的時間。日軍多數戰史中都承認，徐州會戰並沒有達到他們的目的，不僅讓中國軍隊主力溜掉，而且還破壞了日軍的大戰略規劃。[124]

---

123 「北支那方面軍軍醫部‧戰死戰病死戰傷內地送還者調查表」（1938 年 -1940 年），日本防衛廳戰史室藏，典藏號：C07092284000。

124 日本防衛廳防衛研究所戰史室編，《大本營陸軍部（1）》，頁 537。

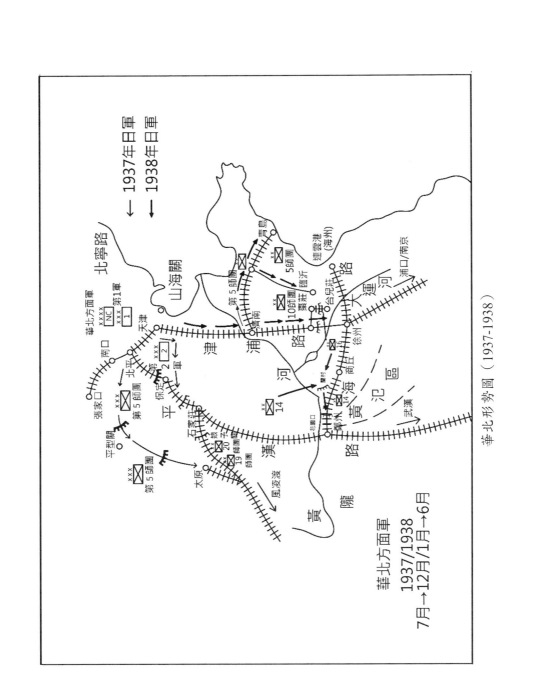

華北形勢圖（1937-1938）

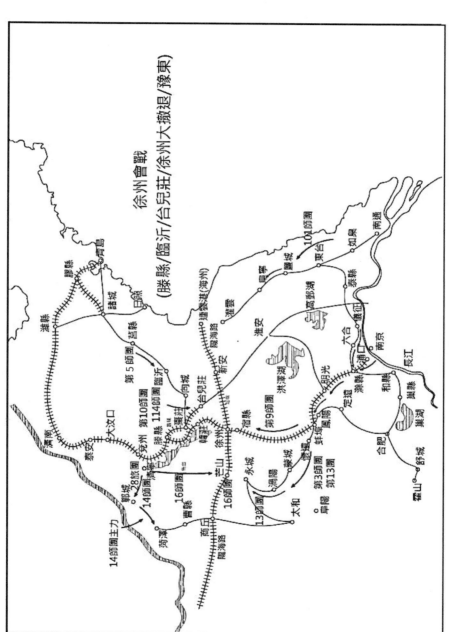

徐州會戰形勢圖

重探武漢會戰

傅應川（前中華民國國防部史政編譯局局長）
洪小夏（上海師範大學法政學院教授）

　　武漢會戰是 8 年抗戰中戰線最長、範圍最廣、時間最長、參戰兵力最多、殲敵人數也最多的一次重要會戰，也是抗戰第一階段（戰略防禦階段）的終結。

　　武漢為華中重鎮，長江由西向東流經武漢，將中國分為南北兩半；平漢、粵漢鐵路縱貫其間，將中國隔為東西兩半；鐵路和長江的交匯點，就是號稱「九省通衢」的武漢。長江最大的支流漢江（又稱漢水、襄河）在此流入長江；兩江交匯，將武漢分為武昌、漢口、漢陽三鎮。

　　淞滬失陷後，國民政府宣布遷都重慶。但軍事委員會設在武漢，大部分政府機關在武漢辦公；蔣介石自從 1937 年 12 月 7 日離開南京，除短暫在廬山停留外，一直駐節武漢。此外，各黨派、抗日團體和大批文化人也集聚武漢，武漢是當時中國軍事、政治、經濟及文化中心。日軍相信只要拿下武漢，定可徹底摧毀國民政府的作戰力與意志力。[1]1938 年初夏，徐州會戰剛剛落幕，日軍沿隴海線西進的攻勢被氾濫的黃河阻擋，但日軍並未停止進攻，而是調集了前所未有的巨量兵力，

1　日本防衛廳防衛研修所戰史室著，天津市政協編譯委員會譯，《中國事變海軍作戰史》（北京：中華書局，1979），頁 306、307。

準備溯長江而上，直搗武漢。

此時，抗戰已近一年，國民政府主要財稅及工商業中心地區都陷入日軍手中，中央軍及地方部隊較為精銳的部隊在之前多場激戰中傷亡慘重，新補充徵募來的新兵，體能與素質都較差，相當大的比例是文盲，更缺乏軍事訓練；至於武器裝備，更是每下愈況。雖然戰局慘淡，但中國軍隊保家衛國，誓死「保衛大武漢」。

一、中日雙方對武漢會戰的部署

武漢會戰其實是一系列大小戰鬥的組合。時間從 1938 年 6 月到 11 月初，長達 5 個多月；作戰地點在武漢外圍，沿長江南北兩岸展開，包括安徽、江西、河南、湖北，綿延數百里，大小戰鬥數百次，但就是沒在武漢打過（空戰除外）。

國民政府：守武漢而不戰於武漢

國民政府軍事委員會在南京淪陷的當天（1937 年 12 月 13 日），就在武昌制定了第三期作戰計畫，方針是：「國軍以確保武漢為核心，持久抗戰，爭取最後勝利之目的，應以各戰區為外廓，發動廣大游擊戰，同時重新構成強韌陣地於湘東、贛西、皖西、豫南各山地，配置新銳兵力，待敵深入，在新陣地與之決戰。」[2]

如何確保武漢呢？軍委會在 1938 年初分析，武漢已為中國抗戰的政治經濟及資源中樞，得失關係至巨，但武漢三鎮不易守，如在武漢三鎮作戰，則此地將成一片焦土，且受敵之包圍如甕中之鱉。因此，軍委會判斷欲確保武漢，「應戰於武漢之遠方，守武漢而不戰於武漢，

2　「軍事委員會第三期作戰計畫」（1937 年 12 月 13 日），第二歷史檔案館編，《抗日戰爭正面戰場》上，頁 52-53。

是為上策」。[3]

　　1938 年 6 月 3 日，國民政府在武漢召開國防最高會議；軍事委員會同一時期也在武漢連續召開高級軍事會議，一致確定了保衛武漢、誘敵深入、長期抗戰的原則。[4]陳誠、白崇禧、李宗仁等高級將領建議，戰略上以空間換時間，不進行主力正面決戰，不爭一城一地的死守，只打外圍消耗戰。戰術上以側面伏擊、後退包圍等方式，消耗日軍有生力量。蔣介石採納了這個建議，決定置重兵於武漢周邊的山地湖沼，保持機動。[5]另外，各戰區同時大規模發動游擊戰，牽制各自當面的日軍。[6]

　　這個部署，不但要盡量保存武漢的資源與兵力，展開持久戰，而且便於爭取時間，把武漢地區的人力、物力、財力往西南大後方轉移。

　　這一次蔣介石決心汲取之前的教訓，淞滬、南京兩役在人口密集區域作戰，平民死傷慘重，這次決心「保武漢而不戰於武漢」，減少平民死傷，而且拉長戰線，拖延、消耗日軍戰力。此外，蔣介石告誡自己，不可讓靠不住的國際因素左右國內的軍事決策，一切立足於自己，「革命應注重本身之實力，不可遷就外交」；[7]「革命軍無外交可恃，惟能自立自強，獲得最後勝利，……此時切勿以軍事遷就外交也」。[8]

　　先前，1938 年 1 月初，軍委會調整戰區，在六個戰區之外，還成立了武漢衛戍總司令部，以陳誠為總司令。6 月 14 日，將武漢衛戍總

3　「對武漢附近作戰之意見」（1938 年），《抗日戰爭正面戰場》上，頁 713。

4　徐永昌日記，1938 年 6 月 2-6 日，《徐永昌日記》第四冊，頁 318-320；《蔣中正總統檔案・事略稿本》第 41 冊，頁 591-598。

5　參見《中華民國重要史料初編・對日抗戰時期・第二編・作戰經過（二）》，頁 308-311。

6　賈廷詩等訪問，《白崇禧先生訪問紀錄》上冊（台北：中研院近代史研究所，1989），頁 181。

7　蔣介石日記，1938 年 6 月 4 日。

8　蔣介石日記，1938 年 6 月 5 日。

司令部改組為第九戰區，仍以陳誠為司令長官。7月，將參戰部隊重新編組為四個兵團，江南、江北各兩個。

武漢衛戍總司令部藉助地形地障，沿著長江兩岸，包括安徽、江西、河南、湖北，綿延數百里，層層布置。這麼長的戰線，日軍必須一個山頭、一個山頭的打，一個鎮、一個鎮的推進。

陳誠自兼第九戰區司令長官，為右翼兵團，防衛武漢的東部。陳誠率領 58 個步兵師加 3 個要塞部隊，在長江以南，依託幕阜山、九宮山、廬山等陡峭的山地布防。第五戰區司令長官仍是李宗仁（前期因病由白崇禧代理），為左翼兵團，防衛武漢的北部和東北。李宗仁率領 49 個步兵師又 2 個旅，在長江以北、淮河兩岸和大別山、富金山構築堅固陣地。[9]

會戰中，第三戰區第 21 軍前來增援；還有江防軍、江防要塞守備部隊共 6 個師，以及要塞砲兵、通信兵、工兵、騎兵、水雷兵等技術兵種，約相當於 3 個師的兵力；安徽、江西等省的地方保安團也有部分參戰。

最後合計參戰兵力，陸軍達 50 個軍（約為 122 個步兵師），共約 80 萬人。海軍參戰有各類艦艇 40 餘艘；空軍參戰有各型飛機 220 架（其中中國空軍 130 架，蘇聯空軍志願隊 90 架）。[10]

日本華中派遣軍：拿下武漢結束中國事變

日本在中國戰場將近一年，贏得絕大多數的會戰，但卻一直無法結束在華作戰。他們不把這場戰事稱作「戰爭」，而稱作「中國事變」

9　第九和第五戰區初期沒有這樣多部隊，後來逐漸增加。這裡列舉的是會戰中達到的最高部隊數和人數。

10　以上均參見《抗日戰史・武漢會戰（一）》（台北：國防部史政編譯局，1981），頁 1-2、插表第三至插表第六；郭汝瑰、黃玉章主編，《中國抗日戰爭正面戰場作戰記》下冊（南京：江蘇人民出版社，2002），頁 783-784。

（日文：支那事變）。

此時在東京，日本政府與軍方對如何解決中國事變，有不同的看法。自九一八事變以來，日本政府都是被前線的軍人拖著一步一步往中國內陸走，政府控制不了軍方擴大戰事的行動。問題是，占領上海，中國並不認輸；拿下南京，中國仍不投降。接著，台兒莊之役失利，徐州會戰未能捕捉到中國軍隊的主力部隊，再加上花園口決堤，把日軍阻隔在黃汜區東邊，日軍逐漸陷入持久戰的泥沼之中。

日本政府在 1938 年 5 月底改組，宇垣一成任外相，板垣征四郎這位不久前在台兒莊之役中受挫的原第 5 師團師團長出任陸相。宇垣是陸軍大將，在日本軍方甚有威望，曾三任陸相，和蔣介石、張羣等保持交往，他認為武力不能屈服中國，應以和談方式來解決中日戰爭。

近衛首相希望藉著宇垣的人脈來推動和談，以免日本陷入中國的戰略泥沼之中。但是新任陸相板垣征四郎極力反對，他認為中國並不具備真正的抵抗能力與意志，不如一舉拿下武漢，以戰養戰。陸軍（尤其是在中國前線的陸軍）態度強硬，一味要戰，首相近衛文麿政權幾乎不保，宇垣上任不到 4 個月就辭職了。

宇垣去職，主戰派更占上風。早在 1938 年 6 月 15 日天皇御前會議中，軍方就曾表示：蘇聯正忙於內憂（史達林大整肅），估計不會參戰，而漢口攻略是結束戰爭的最大機會，只要攻下漢口、廣州，就能控制中國。最後，五相會議決定同時實施漢口攻略和廣東攻略，儘速結束在華作戰。[11]

為了進行武漢攻略大規模作戰，日本大本營在國內新編組了 9 個師團，還將原來的中國駐屯旅團擴充為第 27 師團，一共動員了 40 萬人。此時日本全國陸軍由七七事變之前的 17 個師團擴張到了 34 個師團，10 個多月時間居然翻了一倍！其中 2 個在日本本土，1 個在朝鮮，

11　日本防衛廳防衛研究所戰史室編，《初期陸軍作戰（二）》，頁132-133、168。

半個混成旅團在台灣，其餘近 31 個師團全部在中國，共 80 餘萬人，占日本陸軍將近 90%。

　　大本營在中國國內也調整布局，將原隸屬華北方面軍的第 2 軍加以充實，編入華中派遣軍，新編組第 11 軍。如此，在華日軍分布為：關東軍 8 個師團；華北方面軍 9 個師團；而華中派遣軍則有 14 個師團，高達 30 萬餘人，接近在華日軍的一半，可見此時華中是日本作戰的重心。[12]

　　華中的氣候在夏天炎熱潮濕，疾病叢生，本不利於行軍作戰。日本陸軍原來計畫秋天後再進行武漢會戰，但海軍堅持要在長江豐水季節（夏季及初秋）作戰，一旦進入秋冬，長江水淺，中大型砲艦只能在有限的航道內低速慢行，很容易成為中國部隊的水雷、漂雷、飛機、岸砲的活靶。陸軍想拿下武漢，必須要海軍合作，所以只得硬著頭皮在攝氏 35 到 40 度的高溫及高濕度下作戰。[13]

　　大本營在 5 月下旬確定了攻略武漢的作戰方案。調整後的日本華中派遣軍，於 7 月 4 日正式成立，司令官畑俊六大將，下轄第 2、第 11 軍，分別負責長江兩岸的攻勢。

　　第 11 軍司令官岡村寧次中將，為長江南岸指揮官，統領第 6、9、27、101、106 等 5 個師團和來自台灣的波田支隊以及海軍陸戰隊一部，集結於南京、蕪湖地區，作為攻略武漢的主力軍，沿長江兩岸南北並進，溯江攻擊武漢，並擬攻克武漢後再向長沙附近推進，策應廣東作戰。

　　第 2 軍司令官東久邇宮稔彥王中將擔任長江北岸指揮官，指揮第 3、10、13、16 等 4 個師團和騎兵第 4 旅團等，集結於合肥、正陽關地區，

12　日本防衛廳防衛研究所戰史室編，《中國事變陸軍作戰史》第二卷第一分冊，頁 90、108-110。

13　Edited by Mark Peattie, Edward Drea, and Hans van de Ven, *The Battle for China*, p. 197.

擔任淮河流域和平漢線作戰，沿大別山北麓西進，從北面攻擊武漢，主要任務是牽制消耗中國第五戰區軍隊，配合第 11 軍作戰。

直接參加攻略武漢作戰的有步兵 9 個師團 3 個旅團和砲兵部隊、海軍陸戰隊各一部，飛機 300 餘架，艦艇 100 餘艘，共約 25 萬人。此外，還有華中派遣軍 4 個預備師團，總兵力超過 30 萬人。[14]

中日雙方參戰總兵力之比，約為 3:1。但中國軍隊缺少野砲、山砲、大口徑機關砲等重砲裝備，所以火力遠遠弱於日軍。

中日兩軍蓄勢待發，大戰在即。1938 年 7 月，美國駐華大使詹森（Nelson T. Johnson）給國務院的報告分析當時情勢：「國民黨守不住武漢三鎮，而日本占領北平、上海、南京、武漢這樣廣大區域後，因兵力不足，將備受壓力。」他進一步預測，「武漢丟失不會導致中國放棄抵抗，只會是一個時期的結束，而非日本人所希望的結束中國戰事」。國務院遠東司官員根據這份報告，建議國務院經援中國，拖住日軍，並對日本限制貿易、實行經濟制裁。[15]

二、武漢會戰的經過

日軍華中派遣軍兵分 4 路進攻武漢：一路乘船直接溯江西上，另外三支陸上部隊則分別沿長江南岸、北岸以及大別山北麓挺進，企圖以鉗形攻勢圍攻武漢。

整個會戰分為五個階段：序戰階段（6 月初 -7 月 20 日）；初期前

14　以上幾段，均參見《中國事變陸軍作戰史》第二卷第一分冊，頁110-112；郭汝瑰、黃玉章主編，《中國抗日戰爭正面戰場作戰記》下冊，頁778。和中方一樣，日軍開始投入的兵力也沒有這樣多，後逐漸增加，這裡列舉的是會戰中達到的最多番號和人數。

15　Rana Mitter, *Forgotten Ally: China's World War II, 1937-1945* (Boston: Houghton Mifflin Harcourt, 2013), p. 200.

進陣地作戰（7月21日-8月下旬）；中期主陣地作戰（8月下旬-10月中旬）；後期武漢周邊作戰（10月中旬-10月25日）；武漢淪陷後作戰（10月26日-11月11日）。

要塞失守

6月初至7月20日為序戰階段。日軍第11軍波田支隊和第6師團分別由鎮江、合肥出發，在海軍的配合下，先攻占江北的安慶、桐城等重鎮，後占領江南的馬當、彭澤、湖口等要塞，迫近九江，取得沿江西進攻的有利態勢。

最先出動的是11軍第6師團和波田支隊，進攻當時的安徽省會安慶，打響了攻略武漢的前哨戰。日軍兵分兩路：一路是波田支隊，走水路，乘坐軍艦，溯江西進，從東邊正面逼近安慶；另一路由第6師團組成，走陸路，從合肥出發，配以空軍，南下進攻舒城、桐城、潛山、太湖、宿松等地，從西邊包抄安慶，策應波田支隊。

波田支隊就是曾活躍在淞滬戰場上的台灣重藤支隊，只是走馬換將，由新上任的波田重一中將取代了原來的重藤千秋少將。該部兵員基本上還是台灣的兩個步兵聯隊，充實了重機槍中隊、山砲兵大隊、迫擊砲中隊、工兵聯隊、燃氣部隊、無線電小隊、停泊場司令部等技術兵種，合編為混成旅團。人數雖僅6千餘人，但因有艦砲和空中支援，接受過兩棲登陸作戰專門訓練，水路運輸能攜帶大量野戰重兵器和充足的彈藥，所以攻擊力、機動力、火力都很強大，自稱「擁有和一個師團相匹敵的戰鬥力」[16]；台灣兵耐熱，在華中炎熱的夏季仍能打仗，又因行動迅速被稱為「陸上魚雷」。[17]

---

16 〈熊本兵團戰史〉，楊衛東主編，《武漢會戰日方資料叢編（5）日軍參戰部隊戰史選譯》（武漢出版社，2012），頁22。
17 〈熊本兵團戰史〉，頁21。

波田支隊 6 月 7 日在鎮江登船，溯江西進；10 日在蕪湖集結；11 日晨出發，奔襲安徽省會安慶。12 日凌晨，波田支隊主力在長江北岸、小部在長江南岸登陸，冒雨逼近安慶。

安慶守軍為第五戰區川軍楊森等部隊，戰鬥力較弱。日軍第 6 師團還沒抵達安慶，波田支隊及海軍陸戰隊就在 12 日半夜攻下了安慶。幾天之內，日軍第 6 師團又相繼攻占了桐城、舒城、潛山等地。[18]

在安慶的上游至武漢之間，一字排開馬當、湖口、九江、田家鎮四個江防要塞，共有 6 個守備師，還有砲兵等特種兵，由江防總司令劉興統一指揮。

位於江西和安徽接壤處的馬當（今馬垱）要塞，是戰略要地，中日兩軍必攻必守之處。日軍波田支隊攻占安慶後，繼續溯江而上進攻馬當，沿途遭到中國沿江江防要塞砲擊和江中水雷的阻擋，進展緩慢。6 月 24 日凌晨，波田支隊和第 11 戰隊海軍陸戰隊 8 百餘人，在馬當東北的香口附近茅林洲、白石磯一帶登陸。駐防香口的國軍大部分主官，當時都在參加 16 軍開辦的幹部短訓班「抗日軍政大學」的結業典禮，並不在隊中。缺乏主官的中國守軍難以組織有效的抵抗，傷亡慘重，迅速被波田支隊擊潰，香口和附近的高地香山、黃山失守。

波田支隊的攻勢毫無停頓，立刻在高地設立砲兵陣地，配合江面上的日本軍艦和陸軍航空部隊的飛機，攻擊馬當要塞。遺憾的是，馬當要塞的司令也在參加抗日軍政大學的結業典禮，於是馬當要塞同樣陷入混亂中。得到消息的 16 軍軍長李韞珩認為日軍只是小股偷襲部隊，援軍很快會趕到，故未派其他部隊增援馬當要塞。但援軍因迷路沒能及時趕到，戰至 26 日下午，黃山陣地和馬當要塞先後陷落。

蔣介石曾對馬當寄予厚望，希望能在這裡阻止日軍攻勢 1 個月，

18　《抗日戰史·武漢會戰（一）》，頁 22-23；《中國事變陸軍作戰史》第二卷第一分冊，頁 112-114；〈熊本兵團戰史〉，頁 21-23。

結果 3 天就失守了。氣急的蔣介石把第 16 軍軍長李韞珩以怠忽職守罪撤職查辦，迷路的援軍 167 師師長、黃埔一期的薛蔚英以貽誤戰機罪槍決。

香口、馬當失守，全域震動。緊靠馬當的第三戰區羅卓英 15 集團軍奉命收復失地。羅卓英命所部即刻反攻，經過激烈的白刃戰收復黃山（旋即再次失守）；後又增加部隊加入反擊，收復香山。波田支隊在馬當爭奪戰中死傷了 574 人，遭到一定創傷。[19]

但此時波田支隊決定展開「蛙跳」式作戰：不管後方的香山，直接進攻馬當西邊的彭澤。因中國軍隊主力當時正在反攻馬當，故彭澤地區兵力薄弱，結果彭澤縣城及江邊的將軍山、磨盤山等陣地均陷落。

馬當未復，彭澤又失！羅卓英緊急調集 3 個師反攻彭澤。由於反攻目標確定為三個地點，兵力分散，均未能得手。

波田支隊獲得 106 師團增援，繼續向湖口以東發動進攻，一路向前，到了 7 月 3 日，已打到離湖口只有幾公里的龍潭山。

羅卓英看態勢不利，下令停止反攻馬當等地，集中兵力確保湖口。可是日軍並沒有給羅卓英這個機會。第 106 師團以主力配合波田支隊進攻湖口，另以一部在湖口以西登陸，將湖口要塞包圍。國軍反擊失利，最後被迫撤離，湖口縣城和要塞於 7 月 4 日夜陷落。不過，國軍頑強的抵抗，也給日軍一定打擊，波田支隊湖口作戰傷亡 1,422 人。

至此，前方要塞盡失。日軍為打通湖口至後方的陸上交通，繼續進攻第三戰區部隊。7 月 9 日，日軍 106 師團 145 聯隊第 2 大隊長福島橘馬少佐被國軍彭善的 11 師擊斃，成為 106 師團組建以來第一個陣亡的大隊長（相當於國軍的營長）。[20] 黃維第 18 軍對日軍的反擊持續到 7 月 20 日。岡村寧次鑒於日軍已經突破武漢的東大門，決定不顧中國

19　〈熊本兵團戰史〉，頁 26。

20　同上，頁 35。

軍隊的反擊，調 101 師團接替馬當的防務，集中主力準備開始九江作戰。至此，武漢會戰序戰階段正式結束。[21]

九江失守

　　7 月下旬至 8 月下旬，是前進陣地爭奪作戰的階段。在江北，中日雙方在鄂皖邊的太湖、宿松、黃梅等地反覆爭奪。在江南，日軍海陸空協同全力進犯九江，攻下九江後又向其四周擴大戰果，雙方展開前進陣地爭奪戰。

　　馬當、湖口失守後，中國軍隊開始重新布置防禦。日軍的下一個目標毫無疑問是長江南岸的重要城市九江。第九戰區判斷日軍可能主力在姑塘鎮（鄱陽湖的渡口，九江東南方）登陸，一部在九江附近登陸，然後進犯瑞昌，逼近武漢。便決定薛岳第 1 兵團守備鄱陽湖以西防線，阻擋從陸路進犯的日軍；張發奎第 2 兵團固守姑塘、星子、九江、田家鎮沿江沿湖防線，殲滅從水上來犯之敵。

　　張發奎第 2 兵團有 9 個軍在九江一帶布防。因九江原本並非固守區，為阻斷日軍前進，國軍把公路全部挖斷了，前線與後方聯絡的唯一通道是九江到馬回嶺的一條小路，這反而大大降低了國軍前線十幾萬大軍的補給和彈藥輸送能力，官兵食物、彈藥嚴重不足，影響了九江一線守軍的作戰能力和士氣。張發奎描述守軍的慘狀：九江一線守軍「糧彈之補給、傷兵之運送均無法實施。士兵枵腹應戰，傷兵呻吟道左，作戰精神，頓形頹喪」。[22]

21　以上馬當至湖口要塞戰，主要綜合，《抗日戰史‧武漢會戰（二）》，頁 113-143；《支那事變陸軍作戰（2）》，頁 113；《中國事變海軍作戰史》，頁 373-383；〈熊本兵團戰史〉，頁 24-30；杜隆基，〈馬當要塞長山陣地保衛戰〉，中國人民政治協商會議全國委員會文史資料研究委員會該書編審組編，《武漢會戰》（北京：中國文史出版社，1986），頁 30-39。

22　〈第二兵團張發奎報告書〉（1938 年 8 月 7 日），《抗日戰爭正面戰場》上，頁 760。

　　7 月 19 日夜，日本第 11 軍發布第九號作戰令，要求波田支隊在 106 師團支援下攻克九江。7 月 22 日夜，波田支隊從湖口出發，23 日凌晨其前鋒部隊在姑塘登陸。姑塘守軍奮起抵抗，但寡不敵眾，全營陣亡。波田支隊迅速攻擊前進；等中國援軍趕到，波田支隊前鋒已在姑塘站穩腳跟了。

　　蔣介石得知日軍登陸姑塘，要求羅卓英繼續反攻馬當、湖口，牽制日軍；又命張發奎第 2 兵團全力反擊。第 2 兵團投入兩個師又一個旅反擊，但仍未能擊敗波田支隊，而波田支隊主力和 106 師團也隨即全部從姑塘登陸完畢。日本海軍陸戰隊又在軍艦和飛機的掩護下，強行從九江登陸，攻占九江機場。九江守軍李漢魂的 64 軍由於火力和兵力均處於劣勢，無力阻止日軍的進攻，緊急求援。此時，張發奎認為：為守住贛北、鄂東主要陣地，不宜再向九江投入兵力而徒增損失，便沒有命令主力增援九江，而是決定放棄九江，退守第二線陣地。7 月 25 日夜 22 時，張發奎下達了撤退命令，守軍有條不紊地撤出。次日晨，日軍進占九江，對中國軍民大肆屠殺，重演在南京的暴行。[23]

　　姑塘、九江及其周邊作戰，中國軍隊參戰約 13 個師、傷亡失蹤共 8 千餘人。[24]

　　九江地扼鄂、贛門戶，戰略地位極為重要。如守住九江，可限制日軍沿江西進，確保武漢安全；如被日軍占領，日軍西可威脅武漢，南可迂迴南昌、長沙。[25] 因而，九江失守對武漢會戰極為不利。7 月 29 日，蔣介石下令撤守九江的第 2 兵團總司令張發奎革職查辦。[26]

23　日軍史料對九江屠殺隻字未提，但證據確鑿，參見 Edited by Stephen R. MacKinnon, Diana Lary, Ezra F. Vogel, *China at War: Regions of China, 1937-1945* (Stanford: Stanford University Press, 2007), pp. 288-313.

24　以上九江作戰情況，主要參見，《抗日戰史・武漢會戰（二）》，頁160-188；〈熊本兵團戰史〉，頁46-49。

25　郭汝瑰、黃玉章主編，《中國抗日戰爭正面戰場作戰記》下冊，頁806。

26　蕭李居編輯，《蔣中正總統檔案・事略稿本》第 42 冊（台北：國史館，2010），頁115。

從九江撤出的粵軍，聯合第 1 兵團的部隊，聯手建立了九江第二線陣地，在牛頭山、金關橋、十里山等地，和進攻的日軍 106、101 師團反覆拉鋸，雙方鏖戰月餘，傷亡慘重，不分勝負，形成對峙。[27]

贛北激戰

日本 11 軍攻占九江後，兵分兩路，擴大戰果：右翼軍為波田支隊（後增加第 9 師團），溯江西攻瑞昌，然後擬續攻武漢；左翼軍由 106 和 101 師團組成，沿南潯線南攻德安，擬再續攻南昌。

第九戰區針鋒相對，制定了「北守西攻」的策略：第 1 兵團「背南面北」，關上日軍沿南潯線擴展的大門，保衛南昌；第 2 兵團「背東面西」，扯住進犯瑞昌日軍的後腿。[28]

瑞昌方面，日軍西進部隊開始只有來自台灣的波田支隊。但激戰半個月，守軍西北軍孫桐萱第 3 集團軍在日軍飛機轟炸、艦砲齊鳴、大砲猛擊，以及施放毒氣彈的情況下，始終拚死搏鬥，使日軍每前進一公里都要付出高昂的代價。日本第 11 軍司令官岡村寧次眼看不能取得突破，決定：一面要求波田支隊儘快拿下瑞昌；一面先後增調第 9 師團（8 月中旬）和 27 師團（8 月底）投入江南前線，第 9 師團增援右翼軍，27 師團本擬增援左翼軍，後插入左、右兩翼軍中間，形成中央軍。中國守軍也增調中央軍 92 軍（李仙洲），前來增援。

日軍 27 師團由中國駐屯旅團升級而來，作戰經驗豐富，是江南戰場裝備最好的部隊。第 9 師團在之前的淞滬和南京作戰損失巨大，但是作為日軍三大主力之一的常備師團，在優先得到補充後迅速恢復戰鬥力。該師團 8 月 16 日在九江登陸，投入作戰後，在波田支隊的支援

27　廬山游擊戰概況，主要參見，《抗日戰史·武漢會戰（三）》，頁 303-350；〈熊本兵團戰史〉，頁 50-52。

28　趙子立，〈武漢會戰及贛北之役〉，《武漢會戰》，頁 72。

下，利用重火力猛攻中國守軍；8 月 24 日攻陷瑞昌。[29]

日軍左翼軍又分為兩路：106 師團沿南潯線正面主攻德安；101 師團在東邊沿德（安）星（子）公路協攻。

蔣介石 7 月底撤銷張發奎職務後，臨時指定第 1 兵團司令薛岳兼任第 2 兵團司令。8 月 1 日，薛岳走馬上任，指揮南潯線以及鄱陽湖周圍戰事，以 7 個軍的兵力，在瑞昌、德安（馬回嶺）、星子（廬山）之間，擺出一個反八字形陣地，準備迎戰來犯日軍。

7 月 26 日九江淪陷後，日軍 106 師團未進九江城，開始沿南潯鐵路兩側從九江向德安方向推進。30 日到沙河鎮、南昌鋪一線，遭到國軍包圍。從 7 月底到 8 月上旬，晝夜進行拉鋸戰。106 師團第 113 聯隊長田中聖道大佐被中國第 70 軍擊斃；與國軍第 8 軍正面作戰的日軍步兵第 145 聯隊損失巨大，聯隊長市川洋造中佐重傷，整個聯隊幾乎喪失戰鬥力。

中日拉鋸戰持續到 8 月 9 日，日軍 106 師團投入作戰的 3 個步兵聯隊，聯隊長 1 死 1 傷，9 個大隊長 3 死 3 傷，各部隊中隊長和小隊長半數死傷，全師團傷亡了 8 千餘人，基本喪失了戰鬥力，被迫停止進攻，在沙河鎮就地休整。[30]

當時 106 師團一位戰死的少尉伊東賢治在陣地上留下了這樣的遺詩：

> 旁邊戰友的屍體被雨水打濕，
> 為保衛陣地激戰通宵。
> 昨夜沒有了氣息的士兵殘骸，
> 整個夜晚都在那裡燃燒。[31]

29　*The Battle for China*, p. 198；《抗日戰史‧武漢會戰（三）》，頁 303-311。

30　《中國事變陸軍作戰史》第二卷第一分冊，頁 135；〈熊本兵團戰史〉，頁 52-56。

31　〈熊本兵團戰史〉，頁 57。

日軍損失慘重不言而喻。中國軍隊為了阻擋日軍的攻勢也付出了不小的代價。第 8 軍喪失了作戰能力，8 月 13 日撤到後方休整，由第 4 軍接替第 8 軍的防禦陣地。[32] 國軍在南潯線第一次大敗日軍 106 師團，可以看作薛岳後來在三次長沙大捷中運用得爐火純青的「天爐戰術」的最初實踐。

日軍 101 師團，本來作為預備隊，接替 106 師團負責從湖口至九江各要塞、江防陣地的守備任務；後因 106 師團在沙河鎮受挫，奉命進攻星子縣，開闢南潯線東側戰場，協攻德安。

由於中國海軍在鄱陽湖和長江口布放了數百枚水雷，101 師團等待海軍掃雷，直到 8 月 19 日才開始在鄱陽湖姑塘登陸，20 日全師團登陸完畢，立即開始進攻。在海軍陸戰隊的配合下，與中國守軍激戰一天，8 月 21 日晚占領星子。[33]

第 2 軍江北行動

7 月底，江北的日軍第 2 軍也開始行動了：第 13 師團從舒城附近出發，攻向鄂皖邊。第 10、16 師團後來集結於合肥，也奔向豫皖邊。日本第 2 軍各師團和南邊沿江的 11 軍第 6 師團配合，從 7 月下旬至 8 月下旬，與中國軍隊在太湖、宿松、潛山、黃梅、廣濟、霍山、六安地區反覆爭奪。

先是第 6 師團主力 7 月 24 日半夜從潛山出發，26 日攻占太湖；隨後遭到擅長山地游擊戰的桂系精銳韋雲淞 31 軍的猛烈反擊，陷入苦戰；後因海軍陸戰隊一個大隊登陸，切斷中國守軍後路，國軍主動撤守宿

32　第 11 軍參謀部，〈11 軍機密作戰日誌〉，《初期陸軍作戰（二）》，頁 210-212；〈熊本兵團戰史〉，頁 50-59。

33　《中國事變陸軍作戰史》第二卷第一分冊，頁 136-137；趙子立，〈武漢會戰及贛北之役〉，《武漢會戰》，頁 74-75。

松，第 6 師團隨即在 8 月 2 日進入宿松；3 日晚，第 6 師團攻占黃梅。[34]

　　第五戰區代司令長官白崇禧得知黃梅失守，調集第 7、48、31 軍三個桂系的主力軍，大舉反攻，收復太湖、宿松。[35] 白崇禧集結更多的兵力，先後投入 7 個師到反攻黃梅的作戰中，反攻一直持續到 9 月 7 日，最後沒能收復黃梅。中日雙方都損失慘重。[36]

薛岳贛北大戰岡村寧次

　　自 8 月下旬至 10 月中旬，是武漢外圍主陣地作戰階段。第九戰區部隊在贛北抵抗日本第 11 軍，打了一場了不起的「萬家嶺大捷」；第五戰區部隊在江北鄂豫皖大別山區對陣日本第 2 軍。

　　8 月 22 日，日本大本營下達了進攻武漢的作戰命令，要求華中派遣軍與海軍協同，進攻並占據漢口及其附近要地。依據大本營的命令，華中派遣軍也向所屬下達了進攻武漢的命令：

(1) 令第 11 軍在海軍配合下，沿長江兩岸進攻武漢。主力置於長江以南，從咸寧、賀勝橋地區切斷粵漢鐵路，由南面向武漢迂迴；並以一部向德安、永修進攻，相機攻占南昌。

(2) 令第 2 軍主力從大別山北麓進攻信陽，爾後沿平漢路及其以西地區南下，從北面和西面迂迴，包圍武漢；以一部從商城南下，橫越大別山進至湖北麻城地區，由東北方向策應沿江進攻的部隊作戰。

(3) 令航空兵團以主力支援第 11 軍，以一部支援第 2 軍；預定 8 月 27 日開始進攻。[37]

34　《抗日戰史・武漢會戰（三）》，頁 258-259。

35　參見《抗日戰史・武漢會戰（二）》，頁 231-234；〈熊本兵團戰史〉，頁 39-44。

36　《抗日戰史・武漢會戰（三）》，頁 258。

37　《中國事變陸軍作戰史》第二卷第一分冊，頁 139-140。

8月27日，日軍第11軍從九江分三路向武漢進犯。

沿江方面，波田支隊和第9師團由瑞昌出發，向馬頭鎮（今碼頭鎮）和富池口要塞進犯，隨即攻占馬頭鎮，然後向富池口進犯。中國守軍54軍18師與波田支隊在富池口激戰8天8夜，幾乎傷亡殆盡。9月24日，波田支隊占領長江南岸的富池口要塞。

江北方面，第6師團主力向武穴、廣濟[38]進攻。第五戰區第4兵團司令李品仙決心從兩面夾擊日軍，中日雙方便在廣濟展開了激烈的較量。第6師團雖占領廣濟，但隨後就遭到中國軍隊多路反攻，陷入重圍之中，傷亡慘重，被迫就地守備和休整。

9月15日，第6師團編組今村支隊（11旅團長今村勝次少將指揮），在海軍第11戰隊的配合下進攻田家鎮。雙方激戰2週，日軍才占領田家鎮要塞。主攻的第6師團今村支隊死傷1,150人，包含軍官115人。[39]日本報紙《東京朝日新聞》在1938年10月1日的報導中把田家鎮攻防戰比作日俄戰爭時期的旅順攻防戰，稱田家鎮附近「屍山血海」[40]。

中國軍隊也在田家鎮要塞的攻防戰中付出慘重的代價，傷亡超過1萬3千1百人。[41]田家鎮要塞失陷，武漢門戶就洞開了。[42]

江南方面，攻下九江、瑞昌後，日軍的下一個戰略目標是攻占德安，然後伺機擴大戰果，占領南昌。日軍的部署是兵分三路：101師團在東邊，攻占星子後，沿德星公路進攻德安；106師團是中路，沿南潯

38　武穴鎮瀕臨長江邊，是廣濟縣南的一個港口名鎮，屬於省轄縣級鎮，與廣濟縣平級。1953年3月合併進廣濟縣，變成廣濟縣城關鎮。1987年廣濟縣更名為武穴市。

39　田家鎮（含武穴）戰役，參見：《支那事變陸軍作戰史（2）》，頁218-221；〈熊本兵團戰史〉，頁118-154；《抗日戰史・武漢會戰（五）》，頁443-485。

40　楊衛東主編，《武漢會戰日方資料叢編（4）朝日新聞武漢會戰報導彙編》（武漢：武漢出版，2012），頁11。

41　《抗日戰史・武漢會戰（五）》，頁485-486。

42　田家鎮要塞在江北，富池口要塞在江南，兩地隔江相望，扼長江水運之咽喉。田家鎮到漢口之間，再沒有江防要塞了。

鐵路直下德安；新組建的 27 師團在西邊，先向國軍第 1、2 兵團的結合部、德安之西的箬溪進軍，一部保障第 9 師團和波田支隊沿江西進的側翼安全，主力攻占武寧後，再沿武德公路，和 101、106 師團一起，三路會攻德安。[43]

第九戰區薛岳兵團[44]悄悄移動，擔任正面防守。以一部兵力擔任都陽湖以西以南之湖防守備，以主力擔任南潯路附近作戰，保衛南昌。[45]

日軍計畫的實施情況如下：

首先，中路 106 師團進攻受挫，只得滯留馬回嶺一帶短期休整。

8 月 24 日，日軍第 9 師團攻占瑞昌，並由瑞昌向西南方向掃蕩。第 106 師團為配合第 9 師團的掃蕩，結束休整，奉命出征，沿南潯鐵路向德安進發，激戰不已。田中死後代理 113 聯隊長的該聯隊原第一大隊長橫山中佐陣亡；第 123 聯隊第一大隊長上田信一中佐陣亡。9 月 3 日夜，106 師團攻占了德安之北的馬回嶺；因傷亡過大，無力再戰，次日開始奉命在馬回嶺地區就地休整。[46]這是 106 師團在南潯線上第二次遭受重挫。

其次，東路 101 師團受到國軍廬山游擊戰的干擾，進展遲緩。

101 師團 8 月 21 日攻占星子縣後，中國守軍退到廬山，依託山地頑強抵抗，經常騷擾山下的日軍。101 師團要沿德星公路配合 106 師團打德安，廬山雄踞公路邊，繞不過去。9 月初開始，中日兩軍在廬山地區反覆拉鋸；苦戰至 10 月初。國軍逐步後撤，在金雞山一線和 101 師團繼續對峙。廬山國軍不消滅，101 師團被扯住了腿，沒法南下去打德

43　《中國事變陸軍作戰史》第二卷第一分冊，頁 156-158。

44　此時薛岳兵團包括原第 1 兵團全部和第 2 兵團約一半兵力，全權負責贛北地區的防衛。張發奎被撤職又復職之後，第九戰區和軍委會另外調給他一些部隊重組新第 2 兵團，負責瑞昌以西至武漢沿江的防衛。參見《張發奎上將回憶錄》，頁 245。

45　「第 1 兵團作戰計畫」，轉引自郭汝瑰、黃玉章主編，《中國抗日戰爭正面戰場作戰記》下冊，頁 838。

46　〈熊本兵團戰史〉，頁 61-76；《抗日戰史・武漢會戰（七）》，頁 626-634。

安。岡村寧次不得不增調三個步兵大隊和兩個野砲大隊由湖口趕來支援，再加上飛機、艦砲支援，還動用了毒氣彈，掃蕩廬山國軍，但效果不佳。廬山國軍堅持游擊戰40餘天，給予101師團重大打擊。

101聯隊長飯塚國五郎大佐素有「猛將」之稱，他在9月3日廬山「掃蕩」戰中陣亡；師團長伊東政喜中將也負傷住院，使101師團士氣更為低落。加之該師團又調一個旅團去解救萬家嶺的106師團，餘部只得改為守勢作戰。等到106師團被救出來，基本上打殘了。101師團沒有辦法，只好助攻變主攻，獨挑大梁，承擔攻打德安的任務。這一耽擱，直到10月27日才打進德安城；又苦戰3天，29日占領全城。德星公路長度僅30多公里，101師團足足花了兩個多月才「走」完全程。可見國軍廬山游擊戰的厲害和南潯線日軍作戰的艱難。[47]

西邊的一路情況特別複雜，27師團和106師團陷入互相救援的死套。

首先，27師團遭到國軍第18軍黃維部的頑強抵抗，苦戰8天，才前進20公里。其次，薛岳指揮大軍西移對付第27師團，被日軍飛機偵察到，岡村寧次命令106師團停止休整，靠近27師團轉到南潯線西側作戰，結果106師團反被包圍於萬家嶺地區（詳下）。最後，27師團和華中派遣軍新調來的17師團以及101師團各一部等合起來拚命救援106師團，薛岳兵團10月中旬被迫撤圍。[48]

萬家嶺大捷

9月20日，第2軍司令官岡村寧次告訴106師團長松浦淳六郎，中國軍薛岳第1兵團正在瑞（昌）武（寧）公路上作戰，南潯鐵路和

47　《中國事變陸軍作戰史》第二卷第一分冊，頁160、190-191；王生明，〈德安馬回嶺激戰經過〉，《武漢會戰》，頁87-93。

48　《抗日戰史・武漢會戰（七）》，頁597-616；《支那事變陸軍作戰史（2）》，頁161-176。

瑞武公路之間出現了一片空隙，既然106師團沿南潯線正面進攻不順，命其改為向西開拔，穿過中國守軍的這片空隙，背靠新到的27師團，從西南迂迴進攻德安。

休整了20天剛恢復元氣的106師團，未等已抵達九江的2千7百餘名[49]補充兵來隊，僅配屬了從杭州附近調來的山砲兵第52聯隊（原配屬給17師團），便再次披掛上陣。該師團重裝備原來是按照汽車運輸配置的，因贛北戰地的公路交通已被中國人徹底破壞，汽車走不通，106師團花了好幾天時間，改成馱馬編成，野砲、醫院和大行李輜重帶不動，只好放棄，帶著地圖和指南針，匆匆上路了。

106師團從馬回嶺出發西進，山路崎嶇，且戰且走。10月1日晚，到達德安縣箬溪鄉西南的萬家嶺地區，受到國軍歐震第4軍的狙擊。薛岳得到消息，下決心聚殲這支孤軍。薛岳陸續從南潯鐵路、瑞武公路、瑞星公路三個方面抽調第66軍、74軍以及另外7個師2個旅，會同萬家嶺當面的第4軍，共3個軍又7個多師，合計13個師又2個旅、10萬餘人。

從10月3日起，國軍以絕對優勢兵力對106師團四面包圍，全力出擊。戰至10月7日，薛岳下令，對已被打得暈頭轉向的106師團發起總攻。

這次總攻最關鍵的戰鬥是第74軍攻占張古山的戰鬥。張古山是日軍106師團部所在地（雷鳴鼓劉村）唯一的制高點，扼通往要地甘木關的小路，海拔標高300多米，[50]實際在當地只有30多米高。[51]這個小山頭原已被國軍占領，但在7日清晨又被日軍反擊奪走，現在必須再次奪回來。

49　〈熊本兵團戰史〉，頁105。

50　平松鷹史，〈鄉土部隊奮戰史〉，《武漢會戰日方資料叢編（5）日軍參戰部隊戰史選譯》，頁286。

51　唐永良，〈我親眼看到的萬家嶺戰場殘景〉，《武漢會戰》，頁116。

　　51 師師長王耀武收到總攻命令後，立即召開作戰會議。會上有人指出：張古山日軍肯定嚴防死守，我軍如果正面仰攻，傷亡會很大。153 旅副旅長張靈甫提出一個方案：派一個團夜間從山後小道偷襲上山，得手後，正面主力再展開攻擊。師長王耀武當場批准。[52]

　　153 旅當時轄 305、306 兩個團，王耀武擔心兵力不足，又將 302 團配屬給張靈甫，這樣就是三個團進攻張古山。

　　日軍非常明白張古山的重要性。106 師團 147 聯隊長園田良夫大佐派第一大隊長鬼塚義淳少佐率領一個 8 百多人的大隊在 10 月 6 日深夜用偷襲的戰術，在 7 日清晨攻占了張古山，然後命令該大隊死守該高地。

　　鬼塚收復張古山，僅得意了一天。當天深夜，也就是 8 日凌晨，張靈甫以其人之道還治其人之身，讓鬼塚也品嘗了被偷襲的滋味。張靈甫指揮三個團夜襲張古山，成功拿下張古山。但 153 旅損失很大，305 團營長王之幹少校在激戰中陣亡。

　　日軍戰史對這次夜襲有詳細生動的描述：凌晨四點，分散在密林裡的中國軍隊向鬼塚大隊發起了充滿力度的強烈反擊。中國軍隊分成數條線，交互投擲手榴彈，高聲大喊著打過來。手榴彈毫無空隙地陸續飛來，鬼塚大隊連頭都抬不起來。鬼塚的敢死隊多次反突擊，第一波手榴彈幕下，日軍敢死隊大多死傷；第二波手榴彈幕下，完全將日軍擊垮。鬼塚面色通紅，大聲訓斥。但是中國軍隊的戰鬥力比預想的還要強大，槍彈如狂風暴雨般降落下來，日軍敢死隊一衝出壕溝，就倒在濃密的彈幕下。一線、二線及前進陣地陸續被攻克，中國軍隊乘勝一氣攻上山頂。日中兩軍官兵的屍體堆成了小山，鮮血橫流，淹沒了壕溝。[53]

....

52　吳鳶，〈智取張古山〉，歐陽存鳳編，《江西黨史資料第 42 輯・萬家嶺大捷》（南昌：江西教育出版社，2010），頁 337-338。

53　平松鷹史，〈鄉土部隊奮戰史〉，頁 291。

　　10 月 8 日早晨，日軍得知張古山丟失，大驚失色，以 20 餘架轟炸機密集轟炸張古山陣地。根據吳鳶的回憶，上午 10 點，日軍反攻張古山，張靈甫親上張古山，到 305 團陣地督戰，下令死守。但是日軍白天有強大的砲火優勢，在飛機和大砲的轟擊之下，戰至黃昏，305 團損失殆盡，團長唐生海在與日軍肉搏中重傷，代團長于清祥剛剛接任即壯烈犧牲。305 團被日軍壓下山去，張古山又被日軍攻占。[54]

　　薛岳得知張古山二度失守，立刻命令限期收復。因為，張古山如落入日軍之手，日軍將以此為跳板在包圍圈上撐開一個大口。薛岳在 10 月 9 日 15 時下達命令，要求 51 師組織 5 百人的敢死隊，於 19 時向張古山、嗶嘰街方向發起反攻，砲兵則在 18 時開始掩護射擊，限次日達成任務。

　　王耀武隨即組織敢死隊，向張古山突擊。[55] 張古山上的日軍鬼塚大隊經過連日血戰，實力已經非常虛弱了，中國軍隊強攻過來，鬼塚大隊無力抵擋，死傷慘重。8 百多人的大隊，經過 2、3 天的血戰，還能戰鬥的只剩十幾人。11 日晚，鬼塚向 147 聯隊長園田良夫大佐最後報告戰情：

(1) 山上殘兵有十幾名，屍橫遍野。
(2) 傷兵為了鬼塚部隊的名譽，一個都沒有退下戰線。
(3) 還剩重機槍一挺。
(4) 在山上竭盡全力，這是最後的戰鬥。山上不要援兵了，請轉用他方面，但希望能夠從中國軍隊背後派遣重機槍部隊進行攻擊。[56]

54　吳鳶，〈智取張古山〉，頁 342。
55　《抗日戰史・武漢會戰（七）》，頁 654。
56　平松鷹史，〈鄉土部隊奮戰史〉，頁 292。

　　鬼塚的報告真實地說明日軍當時的慘重損失。園田聯隊長趕緊讓147 聯隊的預備隊增援，和中國軍隊展開了慘烈的拉鋸戰。雙方浴血抗擊，反覆爭奪陣地，9 日晚至 11 日白天，張古山易手達五次之多。但是最終張古山還是被中國軍隊攻克。[57]

　　在張古山血戰中，中日兩軍都付出了非常慘重的損失。日軍 147 聯隊第一大隊除了鬼塚大隊長等幾個人倖存外，幾乎死光。日軍戰史記錄這次血戰：「茂密的樹林在兩軍激烈的砲火攻擊下灰飛煙滅，變成了光禿禿的山，兩軍士兵的屍體漫山遍野。實在是非常艱苦的戰鬥。這是德安迂迴戰中出現的最大死傷人數。」[58]

　　10 月 8 日上午，雨過天晴，日機 20 多架飛來空投補給，轟炸掃射，協助 106 師團突圍，試圖使之向 27 師團靠近。但 27 師團等被國軍狙擊在跑馬嶺以西地區，無法會合。

　　蔣介石下令，務必在 10 月 10 日雙十節前全殲 106 師團，為中華民國的國慶節獻禮！前線指揮官吳奇偉命令參戰各部隊均組織數百人的奮勇隊，由軍官帶隊衝鋒。終於在 10 日上午攻占了 106 師團各主要陣地，消滅了該師團約三分之二的官兵。日軍殘部 11 日退守雷鳴鼓劉村等幾個小村，固守待援。

　　岡村寧次命令增援部隊，不惜代價，解救 106 師團。由於國軍圍殲部隊自身也傷亡巨大，而面對日軍 27 師團鈴木支隊、101 師團佐枝支隊、106 師團 2 千 7 百餘名補充兵和新配屬給該師團的野砲兵 106 聯隊等大量援兵，狙擊兵力不足，薛岳 10 月 17 日果斷決定停攻撤圍。[59]

57　平松鷹史，〈鄉土部隊奮戰史〉，頁293-295。

58　同上，頁294。

59　以上萬家嶺大捷，除另注外，主要參見，《中國事變陸軍作戰史》第二卷第一分冊，頁174-177；《薛岳將軍與國民革命》，頁323-326；《抗日戰史‧武漢會戰（七）》，頁647-665；〈熊本兵團戰史〉，頁90-114。

這次萬家嶺大捷，殲敵106師團大部，「殲敵逾萬」。[60] 國軍傷亡
2萬餘人。是繼台兒莊之役，中國軍隊另一次難得的大勝。

第五戰區大別山抵抗日本第2軍

與此同時，日軍第2軍與中國第五戰區各軍在大別山展開了激烈
的較量。8月22日，日華中派遣軍命令第2軍，以主力沿大別山北麓
攻占信陽，再由平漢路南下進攻武漢；以一部經商城穿越大別山策應
主力作戰。

8月27日，日第2軍第10師團和第13師團兵分南北兩路西進。
北路第10師團向六安進攻，南路第13師團向霍山進攻。中國第五戰
區第3兵團以西北軍馮治安第77軍守霍山，東北軍于學忠第51軍守
六安，中央軍宋希濂第71軍守商城、潢川，川軍第27軍團防守信陽。

面對來勢洶洶的日軍，六安、霍山接連失陷，[61] 中國第五戰區第3
兵團總司令孫連仲調整部署，在六安至信陽的公路布置了5個軍，在
商城以南和固始附近布置了1個軍及騎兵部隊，憑險頑強阻擊日軍的
進攻。

日軍第10、13兩個師團全力西進，進逼史河。守衛在這裡的是中
央軍宋希濂第71軍，轄36、78、61三個師，戰鬥力比較強。憑藉在
富金山高地修築的堅固工事，重挫了日軍第13師團，兩軍惡戰數日。
在日軍中算得上是勁旅的第13師團被拖住了整整9天，陣亡上千。慘
重損失導致第13師團進攻乏力，第2軍只好命令12日剛剛到達的第

---

60 「蔣介石致薛岳等密電」，1938年10月10日，《抗日戰爭正面戰場》上，頁820。
據日軍史料：106師團1938年5月中旬動員、6月初組建，即投入武漢會戰，到
1938年11月末，共戰死3,321人，戰傷4,085人，入院病患9,905人，合計17,311
人（〈熊本兵團戰史〉，頁30、180）。這死傷病的1萬7千餘人，有多少是由萬家嶺
之役造成的，難以確切區分。但萬家嶺參戰官兵，非死即傷或病；該師團被打殘，
經過幾個月休整才緩過氣來。

61 《初期陸軍作戰（二）》，頁220。

16 師團和第 10 師團一起打頭陣。

　　第 10 師團隨即攻占固始，接著 3 個日軍師團合力占領商城，然後第 13 和 16 師團企圖穿越大別山，攻占麻城，但遭到中國軍隊的頑強阻擊，未能得逞。直至 10 月中旬中國軍隊主動放棄武漢後，日軍才能進入麻城。[62]

　　與此同時，日軍命令第 10 師團攻占潢川、羅山，西進信陽，切斷平漢路。然而，第 10 師團同樣也遭到中國守軍頑強阻擊，傷亡較大。第 10 師團占領潢川、光山、羅山，看似勢如破竹；其實是一路苦戰，傷亡慘重，兵員大減。例如它的第 8 旅團第 39 聯隊，8 月底由合肥（時稱廬州）出發時有 2 千 8 百人，9 月下旬羅山戰鬥後，僅剩 8 百餘人。因此第 2 軍不得不把第 3 師團由合肥調到羅山，充當主力，和第 10 師團並肩作戰，西攻信陽。[63]

　　為了防守信陽，中國第五戰區再次調整部署，羅卓英第 19 集團軍擴編為第 5 兵團，下轄第 17 軍團（胡宗南）和第 15 軍團（萬耀煌），負責平漢路及信陽方面的作戰。中日雙方激戰到 10 中旬，信陽終於失守。日軍第 10 師團瀨谷支隊開始沿平漢路南下，第五戰區奉命逐次抵抗與西撤。隨後武漢放棄，第五戰區開始轉移。至 10 月 25 日，第五戰區部隊全部撤到平漢鐵路以西，大別山作戰基本結束。[64]

中國軍隊主動撤離武漢

　　10 月 12 日，日軍登陸廣東大亞灣（Bias Bay），21 日，廣州淪陷。蔣介石認為，廣東落入日軍之手，「此時武漢地位已失重要性，如勉強保持，則最後必失，不如決心自動放棄，保存若干力量，以為持久

62　《抗日戰史・武漢會戰（三）》，頁 279-301；《支那事變陸軍作戰史（2）》，頁 141-145。
63　《初期陸軍作戰（二）》，頁 228-229。
64　《抗日戰史・武漢會戰（九）》，頁 807-817。

抗戰與最後勝利之基業」。[65] 決定保全實力，放棄武漢。

其實，當時多位軍事高層對於過早撤退不以為然，軍令部長徐永昌、次長熊斌與林蔚、軍委會辦公廳主任賀耀組等都認為還不到轉移態勢的時候。蔣介石雖然因此推遲後撤時間，最後仍然堅定決心撤退。[66] 這個過程，可以看到蔣介石已經吸收淞滬、徐州過晚撤退的教訓。

10月中旬到10月25日是後期武漢周邊作戰階段。日軍從長江南北兩岸，多路推進，直逼武漢而來。

在大別山南麓、長江北岸活動的第11軍第6師團，因傷亡太大，本來已經奉命在廣濟休整、等待補充兵員後再西進，但後來第2軍發現中國第五戰區部隊已經在撤離了，便命令第6師團停止整補，開始進攻。

第6師團攻占浠水、新洲、黃陂，離漢口僅30公里。10月25日第6師團佐野支隊進到岱家山，離漢口只有4公里。

前一天（24日），蔣介石離開武漢，飛到衡陽。10月25日，中國軍隊依照預先規劃，炸毀武漢的軍事設備，井然有序地撤退。

在長江南岸，一直和波田支隊聯合作戰，為該支隊提供陸上保障的第11軍第9師團主力，繼續西進，攻陷陽新，過三溪口攻克大平塘，再進攻馬鞍山，又攻陷金牛。然後轉入粵漢線，進入湖北咸寧縣賀勝橋，切斷了粵漢鐵路。配合第9師團行動的27師團，更早左轉，進入湖南臨湘縣桃林鎮，切斷了粵漢鐵路。[67]

乘坐軍艦西行的日軍第11軍波田支隊，占領大冶、鐵山，攻克鄂城，進到葛店，此地離武昌僅30公里。10月26日清晨，波田支隊進

65 　蔣介石日記，1938年10月22日。
66 　蘇聖雄，〈論蔣委員長於武漢會戰之決策〉，收入國防大學編，《國防大學慶祝建國100年「抗日戰史」學術研討會論文集》（台北：國防大學，2011年12月），頁131-132。
67 　《中國事變陸軍作戰史》第二卷第一分冊，頁189-190。

入武昌。次日下午，一部渡江占領漢陽。[68] 11 月 3 日是明治天皇生日，日軍選在這一天進入漢口，並大肆慶祝，武漢會戰正式結束。

10 月 30 日，蔣介石發表〈為退出武漢告全國國民書〉，他指出：「我國抗戰根據，本不在沿江沿海淺狹交通之地帶，乃在廣大深長之內地，而西部諸省尤為我抗戰之策源地，此為長期抗戰之根本方略，亦即我政府始終一貫之政策也。武漢地位，在過去十七月抗戰工作上之重要性，厥為掩護我西部建設之準備與承接南北交通之運輸。故保衛武漢軍事之主要意義，原在於阻滯敵軍西進，消耗敵軍實力，準備後方交通，運積必要武器，遷移我東南與中部之工業，以進行西北西南之建設。」[69]

武漢三鎮淪陷，武漢會戰基本結束，但尚有尾聲。在大江南北，都還有戰鬥發生。日軍於 10 月 28 日占領德安；11 月 11 日，攻下岳陽。國軍主力轉移到岳陽之南的二線陣地布防，武漢會戰至此全部結束。[70]

武漢空戰

武漢會戰期間，還有兩件事值得一記。

第一，武漢空戰。中國空軍在淞滬空戰中遭到重大打擊，幾乎喪失戰鬥力。1937 年底飛到蘭州整補、訓練。同一時間，蘇聯志願航空隊（約 1 千名飛行員）和蘇聯援助的飛機等航空器材陸續抵達蘭州。直到 1938 年底，蘇聯共有 471 架各型飛機到達中國，其中有 SB-2 型轟炸機 143 架，伊 -15 戰鬥機 192 架。[71] 這些飛機彌補了之前的損失，

68　《抗日戰史・武漢會戰（九）》，頁 777-806；《支那事變陸軍作戰史（2）》，頁 187-188。

69　〈為退出武漢告全國國民書〉，《先總統蔣公思想言論總集》卷 30，頁 233。

70　《抗日戰史・武漢會戰（十）》，頁 827-850。

71　王真，《動盪中的同盟：抗戰時期的中蘇關係》（桂林：廣西師範大學出版社，1993），頁 97。

而成為中國空中抗戰的中流砥柱。

　　日軍在攻占南京、蕪湖、杭州後，利用這一線的機場不斷威脅武漢和南昌，經常轟炸。1938 年 2 月 18 日，日本海軍鹿屋航空隊、木更津航空隊共 15 架 96 式中型轟炸機，分別從南京和蕪湖機場起飛，在第 2 聯合航空隊 11 架 96 式艦上戰鬥機的掩護下，空襲武漢，拉開了武漢空戰的序幕。[72]

　　「二一八空戰」在當天中午 12 時 45 分打響，中國空軍分別由漢口和孝感機場起飛，加入戰鬥的有「志航大隊」英雄的中國空軍第 4 大隊第二任大隊長李桂丹率領的第 22 中隊，以及第 21 中隊和 23 中隊。這是淞滬戰後中國空軍首次和日軍交火。

　　幾小時下來，大隊長李桂丹座機被擊落，壯烈殉國。此戰共有 9 架中國空軍的伊 -15 型戰鬥機被擊落，還有一架著陸時損毀，共計損失 10 架飛機。而日軍被我軍擊落 11 架飛機，另有 1 架著陸時嚴重損壞，飛行員重傷。日軍空襲指揮官金子隆司大尉的座機被擊落，金子隆司當場死亡。[73]

　　4 月 29 日，中蘇聯合空軍事先得知日軍將要在日本天皇的生日「天長節」這天空襲武漢的情報後，做好了周密準備，中國空軍的 19 架伊 -15 戰鬥機會同蘇聯志願航空隊的 45 架伊 -16 戰鬥機合計 64 架，在武漢邀擊日本海航，下午兩點日軍第 2 聯合航空隊 18 架 96 式中型轟炸機在 27 架 96 式艦上戰鬥機的掩護下，合計 45 架飛機，空襲武漢。隨即雙方飛機展開激戰。戰鬥結果是中蘇聯合空軍損失 12 架戰鬥機，宣稱擊落日軍轟炸機 10 架，戰鬥機 11 架，合計 21 架，擊斃日軍飛行員 50 餘人，生俘 2 名跳傘的飛行員。中國損失戰鬥機 12 架，傷亡 5 人，

72　日本防衛廳防衛研究所戰史室編，《中國方面海軍作戰（1）》（東京：朝雲新聞社，1976），頁 533。

73　陳應明等，《浴血長空：中國空軍抗日戰史》，頁 76-78；《中國方面海軍作戰（1）》，頁 533。

成績傲人。[74]

5 月 31 日中午，日軍 36 架戰鬥機護航 18 架轟炸機再次飛臨武漢上空，中蘇空軍共出動 49 架戰鬥機迎擊。此戰中蘇空軍各損失 1 架戰鬥機，犧牲飛行員各 1 名，擊落至少 12 架日軍飛機。[75] 這次由於中蘇空軍掌握了精確的情報，所以大獲全勝。

之後日軍又對南昌、武漢多次空襲，整體說來，中國損失較多，日方較少。

雖然武漢空戰中蘇聯合空軍的損失不小，但是中國年輕飛行員在面對日軍絕對優勢的情況下，勇於作戰，並會同蘇聯飛行員取得了不錯的戰果。另方面，蘇聯志願航空隊來華，雖然反映了蘇聯希望中國拖住日本的策略，但在當時民族危亡的關頭，蘇聯對中國提供的幫助，確實產生了正面的作用。

盧作孚成功轉運人員物資到四川

第二件事是盧作孚的貢獻。

武漢會戰 4 個月的時間，民生公司創辦人盧作孚主持的船舶運輸司令部，把握這個機會，把原來從華北以及東南沿海運到武漢的物資、原料、機器設備、機關人員，平安運到宜昌，再由三峽運進四川。

民生公司當時有輪船 42 艘、16,884 噸，占有川江航運業務的 61%。抗日戰爭爆發後，國民政府任命盧作孚為軍事委員會水陸運輸管理委員會主任，盧坐鎮武漢、宜昌等地，負責把物資運到四川。盧作孚動員了公司所有的船和業務人員，採取分段運輸、晝夜兼程，大船、小船、木船、甚至拉縴的方式，在日軍飛機狂轟濫炸下，經過 40 天的

74　《中國方面海軍作戰（2）》，頁 74；陳應明等，《浴血長空：中國空軍抗日戰史》，頁 81-82。

75　陳應明等，《浴血長空：中國空軍抗日戰史》，頁 83-84；《中國方面海軍作戰（2）》，頁 74。

奮戰，終於在宜昌失陷前，將全部存放在宜昌的軍工物資、機關學校人員搶運到四川。估計，這 3 個月後撤四川的人員和工廠物資近 10 萬噸。這次搶運行動，矚目中外，被譽為中國的「敦克爾克」。

在整個抗戰期中，盧作孚的民生公司共搶運了各類人員 150 餘萬人、物資 100 萬餘噸、16 艘船被日本飛機炸毀，職工 100 多人喪命。

三、武漢會戰觀察與檢討

武漢會戰，前後共 4 個月又 23 天；如加上湖南、湖北、江西作戰，則是 5 個月零 4 天。日軍先後投入兩個軍、9 個師團、3 個旅團，加上會戰中 3 萬多補充兵，以及海空軍等，總共將近 30 萬人參戰，傷亡病 10 餘萬人，元氣大傷。

武漢會戰有幾件事值得觀察與探究。

萬家嶺大捷的歷史地位與張靈甫在會戰中的作用

萬家嶺大捷（日軍稱之為「德安迂迴戰」）是抗戰史上為數不多對日軍師團建制造成殲滅性打擊的作戰，意義重大，當可和台兒莊大捷、崑崙關大捷並稱為國軍抗戰三大捷。令人遺憾的是，其知名度遠不如後兩者，國內外的相關研究也不多。

當然，在萬家嶺遭到國軍毀滅性打擊的日軍 106 師團是戰力稍差的特設師團，而不是台兒莊大捷那樣的常設師團精銳部隊。特設師團，是由陸軍預備役和後備役人員組成的，裝備和戰鬥力遠低於由現役軍人組成的常備師團。日軍戰史坦承：「從攻占武漢的角度來看，常識上也應該將江北地區和長江溯江作戰作為作戰的重點。雖然江南地區有相當數量的敵人在行動，但是可以看出來，當時的判斷是『讓特設

師團差不多地打擊一下，然後再讓主力軍一口氣攻下武漢」。」[76] 可見當時日軍低估了中國軍隊的抗戰意志和戰鬥力，以為用特設師團 106 師團再加 101 師團輔助，就可以輕易拿下南昌。結果不僅南昌當年沒拿下，連小小的德安縣城都拖了兩個多月才攻占。

此外，造成 106 師團「壞滅」的不僅是一個萬家嶺苦戰。之前該師團在南潯線的沙河鎮、馬回嶺已經兩次遭受重挫；雖然人員得到休整，傷病員可以康復，但心理陰影並未完全消除，這對該師團在萬家嶺的戰鬥力是有影響的。

但無論如何，消滅一支成建制的日本師團，這支特設師團有 2 萬多人，對於中國軍隊來說，是很不容易的。從軍事學角度看，中國軍隊裝備訓練遠不如日軍，特設師團戰力也遠高於中國師的編制，國軍必須吸引敵軍進入口袋，集中絕對優勢兵力才能打勝仗，萬家嶺大捷提供了一個成功的例子。如果說豫東會戰的失敗使薛岳產生遺憾；那麼，贛北三打 106 師團的成功實踐，使薛岳的「天爐戰法」呼之欲出，直接導引了後來的長沙大捷。

萬家嶺大捷的首功是誰？張靈甫提議和指揮的張古山戰鬥是萬家嶺之役中最慘烈、也是最重要的戰鬥。可以說，因為有了張古山的勝利，才會有萬家嶺的大捷。74 軍由此一戰成名，張靈甫也成為萬家嶺大捷的功臣。

國軍 153 旅收復張古山的 10 月 8 日，正好是中秋節。日軍 147 聯隊聯隊長園田良夫戰後回到家鄉日本大分，友人贈送他兩句詩：「張古山天一輪圓，千秋萬古照忠魂。」[77] 形象地描述了日軍在張古山的慘重損失和參戰日軍沉痛的心情。

萬家嶺之役歷時 22 天，徹底粉碎了日軍迂迴攻占德安的企圖，延

76　平松鷹史，〈鄉土部隊奮戰史〉，《武漢會戰日方資料叢編（5）日軍參戰部隊戰史選譯》，頁281。

77　同上，頁295。

遲了德安的淪陷時間，保衛了南昌。更重要的是，該役是 8 年抗戰中
唯一的一次幾乎全殲日軍一個完整建制師團的作戰。該役既沒有平型
關偷襲的突然性，又沒有崑崙關的火力優勢，但取得戰果卻遠遠超過
這兩次作戰，甚至可能超過了台兒莊之役，可見其獲勝之不易。

日軍在武漢會戰為何減員如此嚴重？

日本第 11 軍司令官岡村寧次戰後指出，日軍在武漢會戰面對三大
強敵：（1）頑強的中國軍隊；（2）困難的地形；（3）炎熱的氣候。[78]

武漢會戰日軍傷亡慘重，對外發布的戰報，報喜不報憂，內部報
告也掩蓋損失數字。根據日軍戰史叢書《支那事變陸軍作戰（2）》和
《中國方面海軍作戰（2）》的資料，第 2 軍戰死 2 千 3 百餘人，戰傷
7 千 3 百餘人，合計死傷 9 千 6 百餘人。第 11 軍戰死 4,506 人，戰傷
17,380 人，合計死傷 21,886 人。[79] 此外，海軍戰死 337 人，戰傷 446 人，
死傷共計 783 人。[80] 以上總計日軍在武漢會戰共損失 32,269 人。但一
般相信，實際傷亡的數字不止如此。[81]

岡村寧次則提供了另一種演算法，他在 1940 年 3 月上報的《第
十一軍狀況報告》顯示：1938 年 7 月 23 日到 11 月 12 日，第 11 軍共
計戰死 6,558 人，戰傷 17,046 人，另患病 104,559 人，傳染病 1,386 人。[82]
也就是說，第 11 軍在武漢會戰中傷亡 23,604 人，非戰鬥損失（疫病）

78　稻葉正夫編，《岡村寧次大將資料：戰場回憶篇》（東京：原書房，1970），頁308。

79　《支那事變陸軍作戰（2）》，頁200。

80　《中國方面海軍作戰（2）》。

81　*The Battle for China*, p. 214-215. 還有其他資料顯示第2軍、第11軍死傷人數更多。
　　《第2軍狀況概要》（昭和13年12月10日），JACAR（アジア歷史資料センター），
　　防衛省防衛研究所藏，檔號：C11112086500。富山聯隊史刊行會編，《富山聯隊史》
　　（高岡：富山聯隊史刊行會印製，1964），頁340。

82　《第11軍軍狀報告》（昭和13年7月中-15年3月8日），JACAR（アジア歷史資料
　　センター），防衛省防衛研究所藏，檔號：C11112071600。

105,945 人，總損失 139,549 人，將近 14 萬人。

　　同理，第 2 軍死傷近 1 萬人，還應有 2、3 倍的戰病人員。估計第 2 軍戰鬥減員（包括疫病）傷亡約有 5 萬人。所以，日軍在武漢會戰總減員（包括戰病）應在 16 萬到 17 萬人之間。

　　日軍在武漢會戰損失如此之大，除了國軍浴血抗敵之外，還有著其他原因：

(1) 炎熱的氣候：華中夏秋的天候濕熱，高達華氏 105 度的高溫（攝氏 40 度以上）以及 90% 以上的濕度，使日軍行軍困難，體力不濟，106 師團 113 聯隊在湖口攻略戰的時候，就有一半人掉隊或中暑。[83] 抵抗力降低，許多官兵感染瘧疾、霍亂。

(2) 地形複雜：武漢會戰的作戰地域完全不同於淞滬的城市戰和徐州會戰的廣大平原，大量崇山峻嶺和湖沼，中國軍隊靈活利用地勢防衛及攻擊，使日軍倍感困擾。中國工兵掘堤淹沒大片地區，破壞道路系統，使得日軍的機動優勢使不上力。

(3) 日軍補給困難，物資匱乏：第 11 軍的補給完全依賴長江水運，運輸船舶經常遭受中國空軍和海軍的襲擊，導致補給事務困難，食物、飲水、藥品不足。在田家鎮要塞攻堅和萬家嶺之役中，日軍不得不使用空投物資的方式運送補給，補給不暢，以致日軍一線部隊缺醫少藥，大量傷病員得不到醫治而死去，106 師團將近 1 萬人因病無法作戰；田家鎮要塞攻堅戰期間，日軍第 6 師團在缺乏生理鹽水的情況下，甚至將煮開的食鹽水冷卻後當作注射劑使用。[84]

(4) 瘧疾、霍亂橫行：補給水嚴重不足，日軍不得不就地飲水；而野戰防疫部門沒有及時跟上。波田支隊在 8 月爆發了霍亂，一

83　〈熊本兵團戰史〉，頁 36。

84　同上，頁 152。

下子就病倒了大量士兵。[85] 第 6 師團在 6 月就有 2 千人罹患瘧疾住院。[86]

日本戰史研究學者兒島襄也在著作中坦承：華中戰場不適日軍作戰，這支以蘇聯為假想敵設置的部隊，不適合在華中戰場作戰。[87]

陳誠對武漢會戰的檢討

中國這邊，參戰兵力將近約 80 萬，傷亡近半，損失極大。但是，中國軍隊這次避免了淞滬、南京撤退的混亂，外圍的軍隊按照指示，退往鄂西、湖南、江西修水以南，120 個師基本保持了建制安全退到後方，再進行整補與訓練。

武漢會戰時擔任第九戰區司令長官的陳誠，事後做了深刻檢討，提出幾個缺失：

(1) 各機關部隊疊床架屋，中間指揮單位過多，影響軍事指揮的效率。

(2) 中國缺乏陸海空聯合作戰的經驗，更因為沒有海軍，使得長江不但不是天險，反而被日軍牽制了大量的江防部隊，防不勝防。空中部隊先期打得不錯，但畢竟裝備、數量遠遜於日軍，6 月之後，制空權幾乎都操在日軍手中，以致軍隊損失慘重，補給線也大受影響。

(3) 日軍的裝備、訓練都比中國軍隊強得多。中國軍隊人數多，但是素質差，作戰力差。陳誠指出，武漢會戰中有幾個部隊，素

85　〈熊本兵團戰史〉，頁 59。

86　戶部良一，〈華中日軍：以第 11 軍的作戰為中心 1938-1941〉，楊天石等編，《戰略與歷次戰役》（北京：社會科學文獻出版社，2009），頁 263。

87　兒島襄，《日中戰爭》第三卷（東京：文藝春秋社，1984），頁 338。

質太差，幾乎是與日軍一接觸，就立刻潰不成軍；有的甚至只聽到日軍的槍聲，士氣就散了。

(4) 中國軍隊協同作戰太差。不僅是陸海空的協同作戰，陸軍各部隊之間的合作也不順利。有高級將領各行其是、缺乏禍福與共的犧牲精神，不但不能發揮大軍的力量，反而是「幾百個師只等於一個師」。[88]

　　陳誠批評的都是事實，但當時的中國軍隊裝備訓練、文化水準本就差日軍甚多，而各地方部隊本就互不隸屬，武器、訓練、觀念各異；即使最優秀的中央軍德械師，也沒有陸海空協同、立體作戰的經驗。何況此時中央軍在淞滬、南京戰中大部分折損了，徐州、武漢會戰時挑重擔的是臨時從各地區湊集起來的部隊，他們拚死抵抗的精神不遜於中央軍。陳誠的確指出中國軍隊的問題，事實上這些問題在整個抗戰期間一直存在。

武漢會戰後，日軍對華戰略的轉變

　　1938 年底，日軍控制了武漢和長江下游，深入兩湖腹地，並且消滅了不少中國軍隊，戰術上是勝利了；但從戰略角度看，日軍並不是贏家。日軍的戰略目標（迫使中國屈服）完全沒有實現，反而由於中國的不屈，付出巨大的代價，同時陷入蔣介石持久戰的泥潭；這正是國民政府持久消耗戰「以空間換時間」戰略的要旨。

　　日軍在武漢會戰發現，他們奉行的「作戰至上」主義有嚴重的破綻，在中國投入了 40 萬的日軍，仍不能挫敗中國軍隊的作戰意志；奪取了一個個戰略要地，也無法消滅中國軍隊主力，反而付出的代價愈來愈大。正因為如此，1938 年 10 月底，日軍完成廣東、武漢攻略後，

88　《陳誠先生回憶錄・抗日戰爭》（上），頁92-95。

開始改變以軍事手段為主的策略，轉而注重政治謀略，強化誘降活動。此後，日軍再無能力維持大規模攻勢，不得不把「速戰速決」的戰略轉換到「持久作戰」。中日戰爭從此轉入戰略相持階段。

　　戰略層面的失敗顯示日軍在高層決策時出現了嚴重的問題。日軍在制定方案時，忽視了很多問題，也低估了中國軍隊的戰鬥力。此外，軍方過分膨脹，內閣被架空，導致國家軍政大事由一群軍人把持。更有甚者，軍中「下剋上」，參謀本部約束不了戰場指揮官，即使日軍高層做出了正確的決策，但面對短視戰地軍人時，依舊無法執行。1937年底大本營曾計畫就地整備，待1940年軍事準備更加充分後再進行武漢攻略。但這個規劃被在中國戰場的軍官破壞，最後演變成參謀本部被戰地軍官牽制、上級被下級牽著鼻子走的怪現象。這是日軍自建軍以來的痼疾，而這個問題一直伴隨日軍直到最後的失敗。

對武漢會戰的評價

　　武漢會戰是抗戰初期大會戰中規模最大的一次，時間之長、作戰範圍之廣，以及雙方的傷亡都相當驚人。

　　武漢會戰也是抗戰的第一個轉捩點，日軍雖然戰術勝利，但深陷中國內陸，不得不轉入持久戰。中國軍隊雖然喪城失地，但保存了有生力量，反而有了反攻的底氣，接下來的1939年成為了中國軍隊大反攻的一年，4月攻勢、7月攻勢、10月攻勢、冬季攻勢，這些大規模攻勢雖然沒能撼動日軍，但給日軍造成了相當大的損失。

　　武漢會戰的結果也讓日軍和西方列強大吃一驚。之前他們普遍認為落後的中國軍隊在近代化的日軍面前根本不堪一擊，可是武漢會戰證明了，中國軍隊不僅可以有效地阻止日軍推進的步伐，而且還能給日軍造成重大的損失。

　　武漢會戰也明確蔣介石作為中國抗戰最高領袖的權威。雖然國民黨內外的派系爭鬥還是存在，但地方實力派都願意妥協，一致抵抗外

侮。此外，中國軍隊的指揮系統原本鬆散不堪，但幾個會戰打下來，蔣介石在各派軍隊中的威信也逐漸樹立了起來。這就說明，隨著抗戰的進行，中國的人心不但沒有散，反而愈來愈凝聚，中國民族國家也逐漸確立。這一連串的發展，都是日本以及西方各國始料未及的。

另一方面，中國最富庶的地區幾乎全部淪陷了，導致了大量難民和工業基礎的重大破壞，大規模的西遷潮給中國社會造成了巨大的動盪。

此時，以汪精衛為首、本來就對抗戰沒有信心的人士，更加堅定要離開重慶政府，與日本妥協，不惜成立傀儡政權，也要終止戰爭。不過，這批人士的出走，也使得蔣介石可以更好地控制西南地區。

事實證明，蔣介石和他的幕僚團對 1938 年抗戰形勢的分析是正確的。首先，正確預測了日軍進攻武漢的路線和兵力。其次，承認中國軍隊的弱勢地位，提出「守武漢而不戰於武漢」的指導方針，利用武漢周邊的地形地勢，配合有效的游擊戰，對日軍節節打擊。最後，在無力阻止日軍強大的攻勢時，果斷放棄武漢，保全了國家的有生力量。

在武漢會戰中，另一件重要的事是：國民政府有計畫、有組織的大搬遷，雖然遭遇了日軍的轟炸，但是大量軍工企業依舊得以轉移。成千上萬噸物資從武漢經過宜昌到達重慶，為持久抗戰打下了基礎。特別是，大批學校、教員、學生西遷，弦歌不輟，為中華民族保存了國家建設的苗子。

此外，在一年多對日作戰中，中國軍隊逐漸總結出了一套有效的戰術，例如節節抵抗、逐次撤退。長久以來，學界批評中國軍隊消極抗戰的依據之一便是這種戰術，[89] 但是日軍的損失說明了一切。這種戰術並不是不抵抗的後撤，而是在不占優勢的情況下，大量殺傷日軍之

89　Hans van de Ven, *War and Nationalism in China, 1925-1945* (London; New York, N.Y.: Routledge Curzon, 2003), pp. 8-12.

後再及時撤退，這是既符合中國軍隊實力狀況，又能有效殺傷日軍的正確戰術。

薛岳在徐州會戰中不成熟的戰術，在武漢會戰終於有具體的實踐，萬家嶺大捷成為了「天爐戰術」的第一次成功實踐，之後的長沙會戰，薛岳還會使用這種戰術，繼續消耗日軍有生力量。

另方面，武漢會戰後，即使是日軍最激進的軍官，也明白打不下去了。日軍高層喪失了徹底摧毀中國抵抗意志的信心，反而開始把野戰師團逐步撤出中國，轉而投入新編組的警備師團和治安師團。

拿下一座座空城，中國就是不投降。日軍占領區擴大之後，兵力嚴重不足，補給線冗長，而且只能控制城市及沿江的帶狀地區，交通線隨時被破壞，甚至切斷，日軍的弱點畢露。

武漢撤守後，國民政府也改變了軍事戰略。四川人口充裕，糧產自給自足，四周山地屏障及長江三峽天險，是抑制日軍進攻的天然防線。國民政府以此為中心，利用日蘇在華北及東北的緊張關係，在華北敵後發展游擊戰，設立新戰區保護西北對蘇通道，發展南邊經中南半島及緬甸的戰略性補給線，不讓日軍向西北、西南、華中進一步擴大地盤。

總之，武漢會戰是日軍攻勢作戰能力的極限，也是日軍戰略轉變的轉折點，此後日本陷入中國戰略空間的泥沼之中，而中國則退到西南大後方，完成了持久戰的戰略布局。東京的軍事行動已走到盡頭，中日之戰從激烈的戰鬥進入僵持的階段。東京對華政策也從開始的「速戰速決」改為「以戰養戰」，並在中國扶植傀儡政權，鞏固占領區，防堵在重慶的國民政府。

最重要的是，國民政府政經文教重心西移，中國民族國家的建構與發展又揭開了新的一頁。

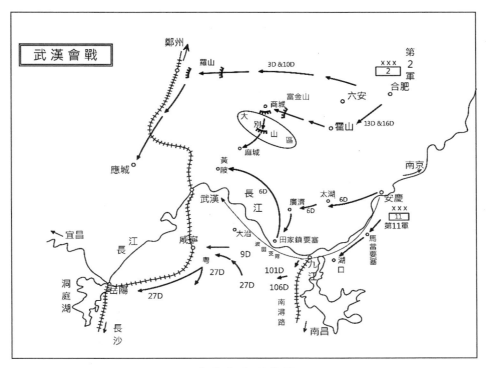

武漢會戰形勢圖

歷史大講堂

重探抗戰史（一）：從抗日大戰略的形成到武漢會戰1931－1938

2022年5月二版
2023年11月二版五刷
有著作權・翻印必究
Printed in Taiwan.

定價：新臺幣680元

主　　　編	郭	岱	君	
叢 書 主 編	黃	淑	真	
特 約 編 輯	方	清	河	
校　　　對	馬	文	穎	
內 文 排 版	葳 豐 企		業	
封 面 設 計	兒		日	

著者：
加藤陽子、肖平如、岩谷將、周珞、洪小夏、原剛、
深町英夫、郭岱君、張世瑛、張玉萍、傅應川、蘇聖雄
中日文翻譯：Kanou Seikichi

出　版　者	聯 經 出 版 事 業 股 份 有 限 公 司	副 總 編 輯	陳　逸　華
地　　　址	新北市汐止區大同路一段369號1樓	總　編　輯	涂　豐　恩
叢書編輯電話	（02）86925588轉5322	總　經　理	陳　芝　宇
台北聯經書房	台 北 市 新 生 南 路 三 段 94 號	社　　　長	羅　國　俊
電　　　話	（0 2）2 3 6 2 0 3 0 8	發　行　人	林　載　爵
郵政劃撥帳戶	第 0 1 0 0 5 5 9 - 3 號		
郵　撥　電　話	（0 2）2 3 6 2 0 3 0 8		
印　刷　者	世 和 印 製 企 業 有 限 公 司		
總　經　銷	聯 合 發 行 股 份 有 限 公 司		
發　行　所	新北市新店區寶橋路235巷6弄6號2樓		
電　　　話	（0 2）2 9 1 7 8 0 2 2		

行政院新聞局出版事業登記證局版臺業字第0130號

本書如有缺頁，破損，倒裝請寄回台北聯經書房更換。　ISBN　978-957-08-6346-8 (軟精裝)
聯經網址：www.linkingbooks.com.tw
電子信箱：linking@udngroup.com

國家圖書館出版品預行編目資料

重探抗戰史（一）：從抗日大戰略的形成到武漢會戰1931－1938/
郭岱君主編．加藤陽子、肖平如、岩谷將、周珞、洪小夏、原剛、深町英夫、
郭岱君、張世瑛、張玉萍、傅應川、蘇聖雄著．二版．新北市．聯經．
2022年5月．512面．17×23公分（歷史大講堂）
ISBN　978-957-08-6346-8（軟精裝）
[2023年11月二版五刷]

1.CST：中日戰爭

628.5   111007059